MICRO ÉCONOMIE

JOHANNA ETNER, MEGLENA JELEVA

Les contenus complémentaires : corrigés des exercices et approfondissements « Pour aller plus loin » sont disponibles en ligne sur dunod.com à la page du livre.

OPENBOOK

LICENCE / BACHELOR

MICRO ÉCONOMIE

JOHANNA ETNER, MEGLENA JELEVA

DUNOD

Conseiller éditorial : Lionel Ragot

Avec la participation d'Ikpidi Badji

Création graphique de la couverture : Hokus Pokus Créations
Création graphique de la maquette intérieure : SG Création
Illustrations : JC
Crédit iconographique couverture : © Master Lu – Fotolia.com

5 rue Laromiguière, 75005 Paris
www.dunod.com

ISBN 978-2-10-071000-3

Remerciements

Tout d'abord, nous tenons à remercier pour leurs contributions, Mohamed Baccouche, Éric d'Engenières, Christian de Perthuis, Gérard Moutet, Anne Perrot et Henri Wallard

Sans engager leur responsabilité, nous remercions Eric Avenel, Corinne Barlet, Michèle Cohen, Pierre-André Jouvet, Ludovic Julien, Eric Langlais, Olivier Musy, Natacha Raffin, Stéphane Rossignol et Sandrine Spaeter pour leurs précieux conseils.

Nous souhaitons également adresser des remerciements aux étudiants qui ont suivi nos cours de microéconomie. Leurs questions et commentaires nous ont aidés à rendre nos propos plus clairs et intuitifs.

Nous remercions aussi Lionel Ragot pour la confiance qu'il nous a témoignée tout au long de l'élaboration du manuel.

Enfin, nous remercions nos familles et nos proches pour leur soutien sans faille et pour leur compréhension lors de la phase de rédaction de cet ouvrage.

Sommaire

Introduction

Qu'est-ce que la microéconomie ? D'après Alfred Marshall (1842-1924), l'économie est « l'étude des êtres humains dans leur vie de tous les jours ». La vie quotidienne regorge de questions qui font appel à la théorie économique : quel modèle d'ordinateur acheter ? Quelles études choisir ? Quelle quantité de marchandises offrir sur un marché ? Quelle marque de produit promouvoir ? Le système économique est-il efficace et comment améliorer son efficacité ? Ces questions sont simples à comprendre, mais leurs réponses, contrairement à ce que certains peuvent penser, sont loin d'être simples.

La microéconomie, née à la fin du XIXe, est la branche de l'économie qui étudie les comportements des agents économiques (individus, entreprises et autorités publiques) et leurs interactions. Supposons, par exemple, que nous nous demandions quelle sera l'évolution des prix des tablettes tactiles dans 1 an. Pour répondre à cette question, nous devons comprendre les décisions des consommateurs de tablettes (attendent-ils de nouvelles fonctionnalités ? Souhaitent-ils en changer régulièrement ? Si leur salaire augmente, en profiteront-ils pour acheter le dernier modèle à la mode ?). Mais, nous devons aussi comprendre les décisions des producteurs et distributeurs de tablettes (combien de tablettes vont-ils mettre en vente ? Vont-ils s'orienter vers des tablettes très innovantes à prix élevés ou vers des tablettes basiques « low cost » ?). Enfin, nous devons connaître la situation concurrentielle sur ce marché (combien d'entreprises sont présentes ? Existe-t-il un « leader » sur ce marché et peut-on penser qu'il va le rester ? De nouvelles entreprises entreront-elles sur le marché ?).

La microéconomie permet d'abord d'identifier les variables économiques pertinentes (celles sur lesquelles se basent les décisions des acteurs) pour répondre à une question économique (par exemple l'évolution du prix des tablettes) et faire un certain nombre d'hypothèses (notamment sur les comportements et les conditions de marché).

À la suite de Antoine-Augustin Cournot (1801-1877), la théorie microéconomique s'appuie sur une formalisation mathématique. Un modèle économique est une représentation simplifiée de l'économie qui vise à étudier une question précise. Il ne s'agit, en aucun cas, de décrire l'ensemble de l'économie et toutes les relations, passées, présentes et à venir, qui peuvent exister entre les individus, les entreprises et les autorités publiques. Chaque modèle repose sur des hypothèses. L'important est de bien comprendre ces hypothèses et les conclusions auxquelles l'analyse microéconomique permet d'aboutir compte tenu de ces hypothèses.

Comme nous le verrons dans ce manuel, les hypothèses des modèles microéconomiques évoluent. Certaines hypothèses très restrictives ont été adoptées dans les débuts de l'analyse microéconomique pour permettre d'isoler certains mécanismes et aboutir à des résultats sans ambiguïté, servant de référence. Par la suite, pour se rapprocher de la réalité, un certain nombre d'hypothèses ont été relâchées… L'hypothèse de concurrence parfaite et celle d'information totale disponible pour tous, en sont des exemples.

Enfin, une des principales hypothèses de la microéconomie est la rationalité des agents (individus, firmes et autorités publiques). D'après Maurice Allais (prix Nobel d'économie), « Un homme est réputé rationnel lorsque : (a) il poursuit des fins cohérentes avec elles-mêmes, (b) il emploie des moyens appropriés aux fins poursuivies ». La rationalité implique que les agents utilisent au mieux toute l'information disponible pour satisfaire au mieux leurs objectifs (consommations, profits, investissements, etc.).

En quoi ce manuel est-il différent des autres ? Dans ce manuel, vous apprendrez à analyser et modéliser les comportements individuels ainsi qu'à étudier les interactions entre les différents agents sur les marchés ou hors marché. La modélisation microéconomique, bien qu'elle permette de mieux comprendre les comportements et les décisions des agents, peut paraître très abstraite. C'est pourquoi nous avons choisi, en conservant toute la rigueur nécessaire à l'analyse, de présenter les concepts et les résultats fondamentaux de façon simplifiée en illustrant nos propos. L'accent est mis sur la relation entre les modèles présentés et les questions concrètes qui se posent aux individus et aux entreprises.

Chaque chapitre commence par une mise en situation du ou des problèmes posés. De nombreux exemples permettent une meilleure compréhension des questions économiques et de leurs réponses. Vous trouverez des exercices, à la fin de chaque chapitre, qui vous permettront une auto-évaluation des connaissances acquises. Les notions et concepts sont présentés, d'abord, de façon littéraire, puis, sont données leurs formulations mathématiques. Ainsi, si vous vous sentez peu à l'aise avec les mathématiques, vous pouvez, en première lecture, laisser de côté les aspects formels. Cependant, pour une analyse plus fine, vous devrez faire un effort supplémentaire et vous plonger dans la modélisation mathématique. Dans ce manuel, nous ne rappelons pas les notions mathématiques nécessaires et nous renvoyons, par le signe Σ, les lecteurs à des manuels de mathématiques pour économistes.

Ce manuel présente plusieurs rubriques originales. Tout d'abord, si son objectif principal est de présenter les bases de l'analyse microéconomique, nous proposons, à la fin de chaque chapitre, une ou plusieurs extensions sous la rubrique « Pour aller plus loin » (certains éléments sont mis en ligne). Des questions qui font débat parmi les économistes sont évoquées dans la rubrique « Controverse ». Chaque introduction comprend une note sur un « Grand auteur ». Il y a, évidemment, plus de treize grands économistes et la sélection fut difficile. Nous avons choisi de présenter, soit des auteurs anciens « incontournables » en microéconomie, soit des auteurs plus contemporains ayant bouleversé la microéconomie et reconnus par un prix Nobel d'économie. Enfin, la théorie microéconomique n'est pas coupée du monde réel. Un objectif des études économiques est d'apporter une aide à la décision aussi bien pour les entreprises que pour les autorités publiques. Dans le souci de lier la théorie à la pratique, vous trouverez des interviews de quelques grands acteurs du monde professionnel, sous la rubrique « Questions à ».

Comment utiliser ce manuel ? Ce manuel est organisé en suivant l'évolution progressive des connaissances que doit acquérir un étudiant à la fin d'un cycle Bac +3 (licence d'université ou d'écoles de commerce). Une lecture linéaire du manuel n'est pas nécessaire pour une compréhension globale de l'analyse microéconomique. Certains chapitres sont plus techniques que d'autres et à l'intérieur de chaque chapitre plusieurs lectures sont possibles. Le chapitre 1 définit des notions microéconomiques générales : qu'est-ce qu'un marché ? la demande ? l'offre ? Les chapitres 2, 3 et 4 s'intéressent aux choix des entreprises. Dans les chapitres 2 et 3, nous présentons les technologies ou processus de production et les coûts de production. Ces deux chapitres permettent de poser les bases de la modélisation des choix des entreprises que nous étudions dans le chapitre 4. Les chapitres 5, 6 et 7 s'intéressent aux choix des consommateurs. Le chapitre 5 présente une analyse graphique des choix de consommation tandis que le chapitre 6 va plus loin et propose une approche analytique. Dans le chapitre 7, sont présentés les choix en présence de risque (assurance et titres financiers). En considérant les choix individuels des producteurs et des consommateurs, vous apprendrez à déterminer l'équilibre en concurrence parfaite dans le chapitre 8. Cette notion d'équilibre est au cœur de l'analyse microéconomique. Dans les chapitres 9, 11 et 12, la concurrence n'est plus parfaite. Le chapitre 9 présente les décisions d'un monopole. Pour analyser des situations « intermédiaires » entre le monopole et la concurrence parfaite, vous aurez besoin d'un outil mathématique supplémentaire, la théorie des jeux. Cet outil est présenté dans le chapitre 10. Les chapitres 11 et 12, proposent des analyses simples des situations d'oligopole et de concurrence monopolistique. Enfin, dans le chapitre 13, vous découvrirez des situations dans lesquelles les marchés ne sont pas parfaitement définis. Il s'agit de la présence d'externalités et de la production de biens publics.

Table des matières

Chapitre 1

Vous venez d'obtenir votre baccalauréat et vous apprêtez à entrer dans le supérieur après des vacances bien méritées. Comme chaque année, vous décidez de faire le ménage dans vos affaires scolaires et vous vous apercevez que vous avez de nombreux manuels dont vous ne vous servirez plus. Vous décidez de les vendre et cherchez un moyen de rencontrer des acheteurs potentiels.

Vous venez de vous transformer en vendeur (offreur de biens) et vous cherchez un « marché » pour les manuels scolaires. De nombreuses possibilités s'offrent à vous pour la vente des manuels (internet, librairies spécialisées, etc.). Reste le problème du prix. À quel prix pensez-vous pouvoir vendre vos manuels ? Vous espérez le prix le plus élevé possible mais existe-t-il des acheteurs prêts à acheter vos livres pour des prix élevés ? Vendriez-vous davantage à un prix faible ?

Ces questions, légitimes à un niveau individuel, sont cruciales à un niveau global. Comment les marchés fonctionnent-ils ? Qui fixe les prix ? Quels sont les effets d'une hausse du prix sur le nombre d'acheteurs potentiels ? sur le nombre de vendeurs ?

Dans ce chapitre, nous proposons d'apporter des premières réponses à ces questions.

LES GRANDS AUTEURS

Antoine-Augustin Cournot (1801-1877)

A.-A. Cournot, économiste mathématicien français, est considéré comme un des pères de l'analyse microéconomique moderne.

Un de ses principaux apports est la notion de fonction de demande au sens mathématique.

À partir de l'étude de la loi de la demande, il met en place les outils d'analyse qui permettront de définir l'élasticité-prix. ■

Demande et offre sur un marché

Plan

Objectifs

→ **Définir** ce qu'est un marché.

→ **Comprendre** ce que sont la demande et l'offre sur un marché.

→ **Déterminer** l'équilibre sur un marché concurrentiel.

→ **Définir** et calculer les élasticités de la demande et de l'offre.

1 Le marché

Scarlett va au marché acheter des fruits et légumes tous les dimanches matins. Elle y rencontre Rhett, le maraîcher, qui lui vend sa production. Mélanie a décidé d'investir son épargne dans des titres financiers. Elle choisit un portefeuille d'actions à la banque. Ashley veut vendre le vieux secrétaire hérité de son grand-père, il s'adresse à un commissaire-priseur pour le mettre aux enchères. Scarlett, Rhett, Mélanie et Ashley ont décidé de vendre ou d'acheter des biens. Ils ont réussi leurs opérations car ils ont été mis en relation avec des acheteurs et vendeurs potentiels. Ce sont les marchés qui permettent ces relations.

Définition 1

Un marché est l'ensemble des relations économiques entre acheteurs et vendeurs d'un bien ou d'un service.

Certains marchés mettent physiquement en relation acheteur et vendeur (Scarlett et Rhett), d'autres pas (Mélanie et les entreprises cotées en Bourse). Dans certains cas, le vendeur détermine le prix (Rhett décide des prix de vente de ses productions) et les acheteurs décident de l'achat ou non, dans d'autres, les vendeurs sont plus passifs (le secrétaire de Ashley sera vendu à la meilleure offre faite par un acheteur potentiel). Néanmoins, tous ces marchés remplissent la même fonction économique, à savoir la **détermination des prix**. Le processus de détermination des prix va dépendre des caractéristiques du marché et notamment du type de concurrence.

Les **caractéristiques d'un marché** sont en fait celles des biens et services qui y sont échangés. On distingue les biens et services selon trois principales caractéristiques :

- la localisation du bien : on pourrait distinguer le marché des nougats à Montélimar de celui à Paris ;
- la qualité : le marché des voitures familiales est différent du marché des voitures de sport ;
- la disponibilité : le marché des matières premières peut se diviser en un marché à court terme et un marché à long terme.

Enfin, nous évoquions le **type de concurrence**. Dans ce chapitre, nous considérons que la concurrence est pure et parfaite. Les agents économiques n'ont aucune influence au niveau individuel sur le prix déterminé sur le marché. Cette hypothèse sera relâchée dans les chapitres 9 à 12.

2 L'équilibre sur un marché parfaitement concurrentiel

Le marché des livres numériques semble en pleine expansion. Le nombre de livres proposés explose ainsi que le nombre d'acheteurs. Mais attention ! Pour un économiste l'offre de livres numériques ne correspond pas seulement à une quantité de livres offerts et la demande à un nombre d'acheteurs potentiels…

2.1 La demande, l'offre et l'équilibre

La demande et l'offre ne sont pas des quantités particulières mais expriment des relations entre les quantités demandées et offertes par les consommateurs et les vendeurs et les prix possibles.

Attention ! Bien faire la distinction entre demande et **quantité** demandée et entre offre et **quantité** offerte.

Définition 2

L'offre indique la quantité d'un bien ou d'un service que les vendeurs aimeraient vendre *pour chaque niveau de prix possible.*
De manière similaire, **la demande** indique la quantité d'un bien ou d'un service que les acheteurs sont prêts à acheter *pour chaque niveau de prix possible.*

Prenons l'exemple du marché des livres numériques et supposons qu'un institut indépendant estime la demande et l'offre suivantes.

Prix (€)	Quantité demandée (unités)	Quantité offerte (unités)
0	1 800	0
5	1 500	0
10	1 200	450
15	900	900
20	600	1 350
25	300	1 800
30	0	2 250

◀ **Tableau 1.1 Demande et offre de livres numériques**

Lorsque le prix est nul, la quantité demandée n'est pas forcément infinie. Une personne ne peut lire qu'un nombre limité de livres par mois. Ainsi, la quantité maximale de livres demandée (correspondant à un prix égal à zéro) atteint 1 800 unités. Lorsque le prix augmente, certains consommateurs ne souhaitent plus acheter de livres numériques, d'autres diminuent leur consommation. Au total, la quantité demandée diminue et cela à mesure que le prix augmente. La demande est décroissante.

En revanche, lorsque le prix est nul, aucune entreprise ne propose ce bien car les coûts ne seraient pas couverts. Lorsque le prix passe à 10 €, il peut être intéressant pour certaines entreprises de proposer des livres numériques. C'est d'autant plus vrai que le prix augmente. Ainsi, la quantité offerte augmente à mesure que le prix augmente. L'offre est croissante.

Nous venons de définir l'offre et la demande comme des relations entre des quantités et les prix possibles. Mais, comment se fixent les **prix** sur les marchés ?

Le prix et la quantité échangée sur un marché, notamment dans un cadre simple comme celui que nous venons de voir, sont obtenus à l'équilibre. Dans le cadre d'un marché parfaitement concurrentiel, l'équilibre est tel qu'**au prix d'équilibre, la quantité demandée est égale à la quantité offerte à ce prix**. Pour déterminer le prix d'équilibre, on doit combiner la demande et l'offre, soit le comportement des acheteurs et des vendeurs.

Dans l'exemple précédent, la quantité offerte est égale à la quantité demandée lorsque le prix vaut 15 €. Le prix d'équilibre est donc de 15 € et la quantité d'équilibre est 900. Si le prix était supérieur au prix d'équilibre, la quantité offerte serait plus élevée que la quantité demandée. On dit que l'on se trouve en **excès d'offre**. Si le prix était inférieur au prix d'équilibre, c'est la quantité demandée qui serait plus élevée que la quantité offerte. On parle d'**excès de demande**.

Une représentation graphique de l'équilibre va permettre une meilleure compréhension. La demande et l'offre sont des relations entre quantités et prix. Ces relations peuvent s'exprimer comme des fonctions au sens mathématique du terme. Nous pouvons représenter graphiquement ces fonctions par des courbes dans le plan (quantités, prix) comme dans la figure 1.1.

▶ **Figure 1.1**
Offre, demande et équilibre

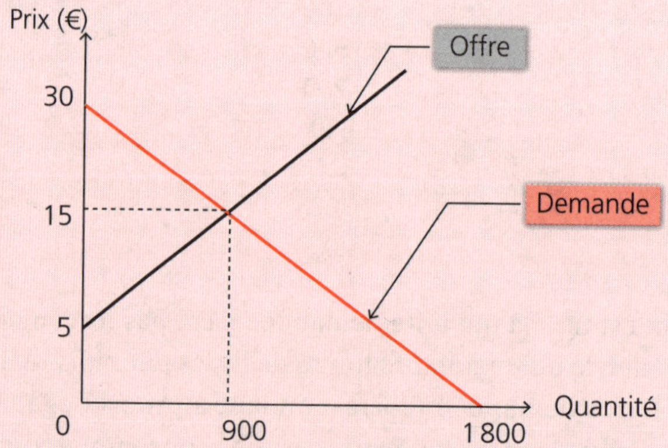

L'équilibre est représenté par le point d'intersection entre la courbe de demande (en orange) et la courbe d'offre (en noir). Si le prix est supérieur à 15 €, la quantité offerte sera supérieure à la quantité demandée. Il y aura excès d'offre. Si le prix est inférieur à 15 €, la quantité demandée sera supérieure à la quantité offerte. Il y aura excès de demande.

Peut-on affirmer que l'équilibre existe toujours ? Si oui, est-il unique ? La réponse précise à ces questions nécessite de maîtriser les outils techniques de détermination d'équilibres (▶ chapitre 7). Mais, nous pouvons répondre partiellement à ces questions de façon graphique.

POUR ALLER PLUS LOIN
▶ Voir p. 19

La demande et l'offre expriment des relations entre prix et quantités, toutes choses étant égales par ailleurs.

Or, supposons que les liseuses soient plus faciles d'utilisation, certains individus seront prêts à acheter plus de livres numériques au prix du marché. La relation entre les quantités demandées et les prix sera donc modifiée. La demande change et on s'attend à ce que l'équilibre ne soit plus le même non plus. Ainsi, la demande, comme l'offre, dépend fortement de différents facteurs dont les principaux sont présentés dans les deux sections suivantes.

2.2 Modification de la demande et équilibre du marché

Trois principaux déterminants de la demande pour un bien peuvent être distingués : le revenu, les prix des autres biens et les préférences (les goûts) des consommateurs.

- **Le revenu**. Considérons d'abord le revenu global. Le niveau de revenu des consommateurs influence leurs choix de consommation et donc les quantités de biens désirés pour tout niveau de prix. En général, une hausse des revenus entraîne une hausse de la demande de tout produit. Cependant, nous verrons qu'il y a des exceptions.
- **Le prix des autres biens**. Reprenons l'exemple des livres numériques. Si le prix des liseuses diminue, il est vraisemblable que la quantité demandée de livres numériques augmente. Ces deux biens sont **complémentaires** : les individus ont besoin de liseuses pour lire les livres numériques. Supposons maintenant que les prix des livres sur support papier diminuent. Il est raisonnable de penser que la quantité demandée de livres numériques diminuera, pour tout prix : la demande décroît avec le prix des livres papier. Ces deux biens sont donc **substituables** pour les individus : ce qui importe pour les consommateurs est le contenu du livre plus que son support. Le prix des biens « liés » a donc une influence sur la demande.
- **Les préférences des consommateurs**. La demande dépend des goûts, des coutumes, des attitudes sociales des consommateurs et des effets de mode. Si la mode est au numérique, la demande de livres numériques va fortement augmenter.

Quelles influences ces modifications de la demande vont-elles avoir sur les prix et la quantité d'équilibre ? À offre inchangée, une augmentation de la demande va se traduire par une augmentation de la quantité d'équilibre et une augmentation du prix (▶ figure 1.2).

De façon plus générale, la quantité demandée d'un bien dépend non seulement de son prix, mais également du prix d'autres biens liés et du revenu des consommateurs. Considérons un bien dont la quantité demandée, x, peut s'écrire comme une fonction, $x(R, p_x, p_y)$, avec R, le revenu des consommateurs, p_x, le prix de ce bien et p_y, le prix d'un autre bien y lié.

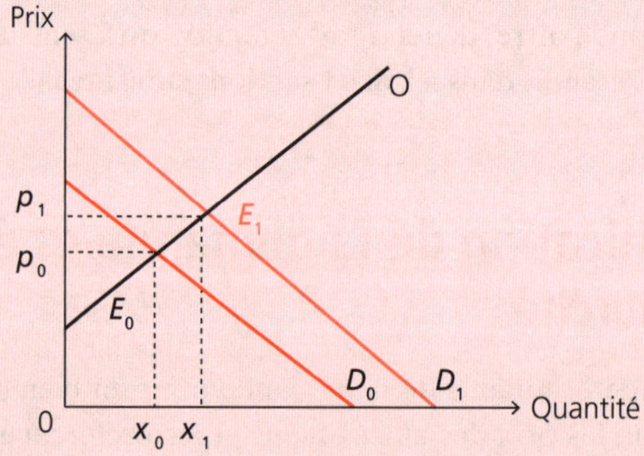

▶ **Figure 1.2** **Augmentation de la demande**

Lorsque la demande augmente, au prix d'équilibre initial, la quantité demandée x s'élève et il y a excès de demande. Pour rétablir l'équilibre, le prix doit augmenter ce qui va diminuer la quantité demandée et augmenter la quantité offerte. Il s'en suit une hausse du prix et des quantités d'équilibre.

2.3 Modification de l'offre et équilibre du marché

Les principaux déterminants de l'offre sont, comme pour la demande, au nombre de trois : la technologie, le coût des facteurs de production et la réglementation.

- **La technologie**. L'offre dépend des technologies disponibles pour les producteurs. La technologie doit être prise dans une acceptation très large : le savoir-faire relatif aux méthodes de production, le progrès technique, etc. Elle est assimilable à la productivité d'un facteur (▶ chapitre 2). Si les outils informatiques de fabrication d'un livre numérique sont plus performants, on peut s'attendre à une augmentation de la quantité offerte pour un même prix de vente. Ainsi, une amélioration de la technologie permet généralement de produire davantage et d'augmenter l'offre de produit.

- **Le coût des moyens de production**. Pour diffuser un livre numérique, l'éditeur (le fabricant) peut avoir à passer par une plateforme sur laquelle son offre sera mise en vente (par exemple Amazon). Si le coût de la mise en ligne des livres numériques diminue (par exemple, à la suite d'une baisse de la commission de l'intermédiaire), il est également vraisemblable que la quantité offerte augmente. Une baisse des coûts incite les firmes à produire davantage, ce qui fait augmenter l'offre.
- **La réglementation des pouvoirs publics**. Elle joue un rôle non négligeable. Par exemple, le producteur paye des taxes (impôts) sur les livres qu'il vend. Si ces taxes sont modifiées (à la hausse ou à la baisse), la quantité offerte sur le marché en sera influencée, et ce quel que soit le prix de vente.

Ces modifications de l'offre vont s'accompagner d'une modification du prix et de la quantité à l'équilibre. Une augmentation de l'offre va se traduire par une augmentation de la quantité d'équilibre et une baisse du prix (▶ figure 1.3).

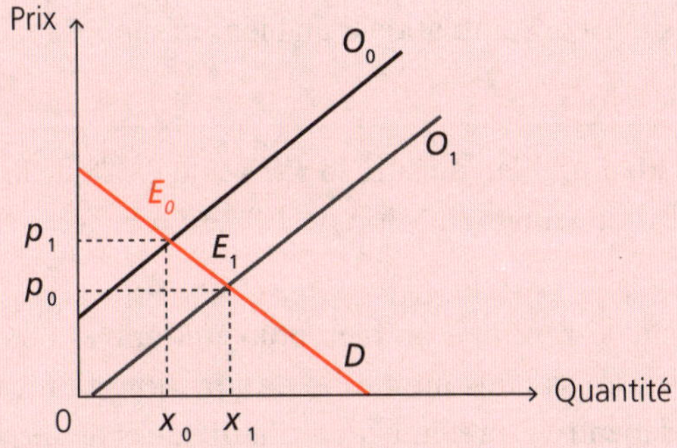

Lorsque l'offre augmente, au prix d'équilibre initial, la quantité offerte s'élève et il y a excès d'offre. Pour rétablir l'équilibre, le prix doit diminuer ce qui va diminuer la quantité offerte et augmenter la quantité demandée. Il s'en suit une baisse du prix et une hausse des quantités d'équilibre (passage de E_0 à E_1).

◀ **Figure 1.3**
Augmentation de l'offre

Quels sont les effets d'une modification de l'offre et de la demande ? Ils peuvent être ambigus. Par exemple, si l'offre et la demande augmentent, nous sommes sûrs que la quantité d'équilibre sera plus élevée, mais le prix peut augmenter ou diminuer selon l'ampleur des deux effets.

3 Élasticités

Nous venons de présenter les déterminants de la demande et de l'offre et leur influence sur l'équilibre. Les élasticités permettent de quantifier leur impact. Elles sont utilisées pour évaluer l'impact de différentes politiques sociales et fiscales sur les comportements de consommation des ménages et de production des firmes ainsi que sur les recettes fiscales.

3.1 L'élasticité-revenu

Supposons que les bourses sur critères sociaux des étudiants augmentent de 1 %, quelle sera la variation (en pourcentage) de la consommation de manuels universitaires ? Si l'impôt sur le revenu augmente de 1 %, de combien variera la consommation d'essence des ménages ? L'élasticité-revenu permet de quantifier l'impact du revenu sur la consommation d'un bien, en supposant les prix inchangés.

Définition 3

L'élasticité-revenu d'un bien mesure la variation en % de la demande pour ce bien à la suite d'une augmentation de 1 % du revenu.

Pour calculer l'élasticité-revenu d'un bien pour un individu en particulier, il est nécessaire de connaître sa consommation en fonction du revenu de l'individu. L'élasticité-revenu dépend des préférences de l'individu et des prix de tous les biens.

FOCUS

Formulation mathématique de l'élasticité-revenu

Soit $x(R, p_x, p_y)$, la demande d'un bien x en fonction du revenu R et des prix de ce bien (p_x) et d'un autre bien y (p_y). Si quand le revenu augmente de R_0 à R_1, la quantité demandée du bien x passe de x_0 à x_1, l'élasticité-revenu du bien x, notée ε_R^x, est obtenue par :

$$\varepsilon_R^x = \frac{\frac{\Delta x}{x_0}}{\frac{\Delta R}{R_0}}, \ \Delta x = x_1 - x_0, \ \Delta R = R_1 - R_0$$

Pour éviter de faire dépendre l'élasticité de R_1, on considère des variations infinitésimales de revenu ($\Delta R \approx 0$), et on obtient :

$$\varepsilon_R^x = \frac{\frac{dx}{x}}{\frac{dR}{R}} = \frac{\partial x}{\partial R}\frac{R}{x}$$

où $\frac{\partial x}{\partial R}$ est la dérivée de la fonction de demande par rapport au revenu.

Nous avons vu précédemment que la hausse du revenu entraîne généralement une hausse de la demande, mais pas toujours. Si le bien est un **bien normal**, l'élasticité-revenu est positive et la hausse du revenu est suivie d'une hausse de la demande. Parmi les biens normaux, nous pouvons distinguer les biens de luxe et les biens prioritaires (ou de première nécessité).

Définition 4

Un bien prioritaire (ou de première nécessité) est un bien dont la consommation augmente, en %, moins que le revenu.

Ainsi, l'élasticité-revenu d'un bien prioritaire est comprise entre 0 et 1. Dans le cas contraire, c'est-à-dire lorsque l'élasticité-revenu est supérieure à 1, on dira que le bien est un bien de luxe.

Définition 5

Un bien de luxe est un bien dont la consommation augmente, en %, plus que le revenu.

Le tableau 1.2 propose quelques estimations d'élasticités-revenu.

Bien	Élasticité-revenu
Équipement téléphonique portable	1,68
Jeux vidéo	1,43
Cinéma	1,02
Microinformatique	0,74
Presse	0,61

◄ **Tableau 1.2**
Élasticités-revenu

Sources : Bruno Maresca, Romain Picard, Thomas Pilorin, « Dépenses culture-médias des ménages en France au milieu des années 2000 : une transformation structurelle », Cultures Études, *n° 2011-3, ministère de la Culture et de la Communication (d'après l'enquête Insee « Budget des familles 2006 », Crédoc/DEPS, 2011).*

La microinformatique et la presse ont une élasticité inférieure à l'unité, leur demande est peu sensible au revenu des consommateurs. Ces biens sont nécessaires au confort de vie. C'est moins vrai avec l'équipement pour téléphones portables et les jeux vidéo qui sont des biens de luxe.

3.2 L'élasticité-prix directe

Si le prix des cigarettes augmente de 1 %, quelle sera la variation (en pourcentage) de la consommation ? Si les taxes sur les voitures polluantes augmentent de 1 %, de combien variera la demande pour ces voitures ? L'élasticité-prix directe permet de quantifier l'impact du prix d'un bien sur sa consommation.

Définition 6

L'élasticité-prix directe mesure la variation en % de la consommation d'un bien à la suite d'une augmentation de 1 % de son prix.

FOCUS

Formulation mathématique de l'élasticité-prix

Si le prix du bien x augmente de p_x^0 à p_x^1, la quantité demandée pour le bien x passe de x_0 à x_1, l'élasticité-prix directe du bien x, notée $\varepsilon_{p_x}^x$ est :

$$\varepsilon_{p_x}^x = \frac{\frac{\Delta x}{x_0}}{\frac{\Delta p_x}{p_x^0}}, \quad \Delta x = x_1 - x_0, \quad \Delta p_x = p_x^1 - p_x^0$$

Pour éviter de faire dépendre l'élasticité de p_x^1, on considère de très faibles variations de prix ($\Delta p_x \approx 0$) :

$$\varepsilon_{p_x}^x = \frac{\frac{dx}{x}}{\frac{dp_x}{p_x}} = \frac{\partial x}{\partial p_x}\frac{p_x}{x}$$

où $\frac{\partial x}{\partial p_x}$ est la dérivée de la fonction de demande par rapport au prix du bien.

En général, une hausse du prix du bien entraîne une baisse de la quantité demandée, ce qui se traduit par une élasticité-prix directe négative. Dans ce cas, le bien est dit **ordinaire**. Cependant, il existe des biens qui ne vérifient pas cette propriété : les biens Giffen.

Définition 7

Un bien Giffen est un bien dont la consommation augmente lorsque son prix augmente.

L'élasticité-prix directe d'un bien Giffen est positive. Ces biens sont très rares et portent le nom d'un statisticien écossais Robert Giffen (1837-1910) qui en a découvert l'existence en étudiant la consommation de pommes de terre en Irlande.

Considérons les biens ordinaires, ces biens peuvent présenter des sensibilités au prix différentes. Le tableau 1.3 propose quelques estimations d'élasticités-prix.

Bien	Élasticité-prix de la demande
Alimentation	– 0,43[1]
Loisirs	– 2,53[1]
Carburant – Court terme	– 0,26[2]
Carburant – Long terme	– 0,62[2]
Logement à Paris uniquement	– 3,6[3]

Sources : Clerc et al., *2009 (d'après l'enquête Insee « Budget des familles 2006 »), Calvet* et al,. *2011 (d'après l'enquête Insee « Budget des familles 1985 à 2006 »), Bessone* et al. *(2005).*

◀ Tableau 1.3
Élasticités-prix

L'alimentation et le carburant à court terme sont peu sensibles au prix. Ils sont considérés comme nécessaire par les consommateurs. En revanche, les demandes de loisirs et de logement à Paris sont très sensibles. Il est intéressant de noter que l'élasticité de la demande par rapport au prix n'est pas indépendante du temps qu'il faut aux consommateurs pour s'adapter aux variations de prix. La demande de carburant est plus élastique à long terme qu'à court terme.

À partir de quel niveau peut-on considérer que la demande est peu ou très sensible ? Qu'est-ce une élasticité faible ? une élasticité forte ?

Les habitants de la ville de Seehaven ne s'intéressent pas au prix des tulipes dans le sens où ils sont prêts à en acheter un millier par mois quel que soit leur prix. La courbe de demande des tulipes dans cette ville est ainsi représentée par une droite verticale (▶ figure 1.4 a). La demande est totalement insensible au prix : elle est parfaitement inélastique.

Supposons qu'il existe des pots de toutes les couleurs et que les habitants ne se préoccupent pas de la couleur des pots. La courbe de demande pour les pots de fleurs d'une couleur donnée, par exemple verte, sera représentée par une droite horizontale (▶ figure 1.4 b). Dans ce cas, la demande est parfaitement élastique.

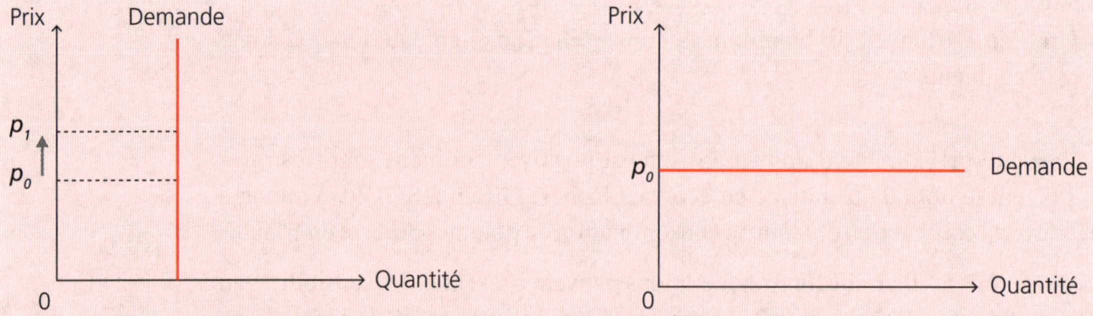

▲ Figure 1.4 **Demande parfaitement inélastique et demande parfaitement élastique**

(a) À Seehaven, une variation du prix des tulipes laisse la quantité demandée de tulipes inchangée.

(b) À Seehaven, supposons que le prix des pots de fleurs de couleur différente du vert soit égal à p_0. Si le prix des pots verts est supérieur à p_0, la quantité demandée est nulle. Si le prix est inférieur à p_0, la quantité demandée de pots verts est infinie.

Pour la grande majorité des biens, la demande est ni parfaitement élastique, ni parfaitement inélastique. La valeur seuil que les économistes utilisent est la valeur 1. Lorsque l'élasticité-prix est égale à – 1, on parle de demande à élasticité unitaire : la quantité demandée varie dans les mêmes proportions que le prix.

Définition 8

La demande est dite élastique si l'élasticité est inférieure à – 1 et **inélastique** si elle est comprise entre – 1 et 0.

Considérons l'exemple de la projection de films dans les cinémas. La figure 1.5 présente trois cas selon la sensibilité de la demande aux films projetés.

- Dans le cas 1, la demande est inélastique : les amateurs de cinéma sont peu sensibles au prix. L'élasticité-prix est égale à – 0,5. La diminution de moitié du prix a entraîné une augmentation de moins de 50 % de la quantité.
- Dans le cas 2, la demande est à élasticité unitaire. La diminution de moitié du prix a entraîné une augmentation de 50 % de la quantité.
- Dans le cas 3, la demande est élastique : les amateurs de cinéma sont très sensibles au prix. L'élasticité-prix est égale à – 2. La diminution de moitié du prix a entraîné une augmentation de 150 % de la quantité.

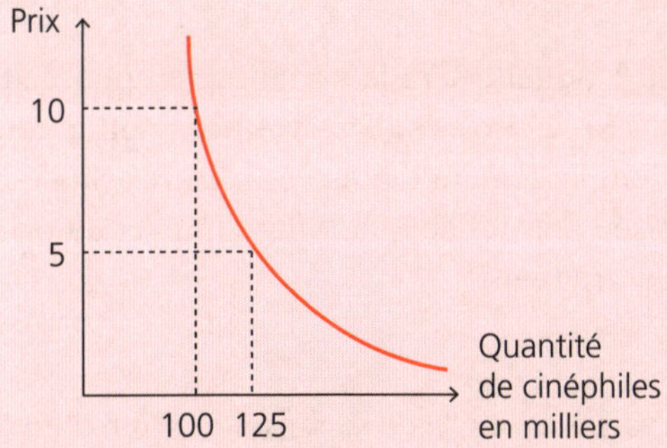

Cas 1 : demande inélastique

Lorsque le prix passe de 10 à 5 euros, la quantité demandée passe de 100 à 125. L'élasticité-prix est égale à – 0,5.

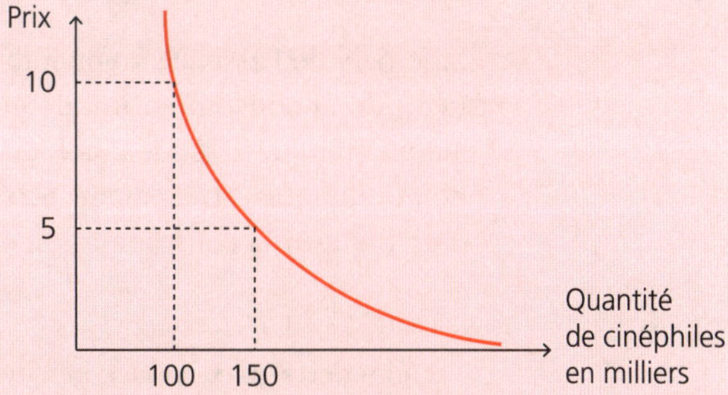

Cas 2 : demande à élasticité unitaire

Lorsque le prix passe de 10 à 5 euros, la quantité demandée passe de 100 à 150. L'élasticité-prix est égale à – 1.

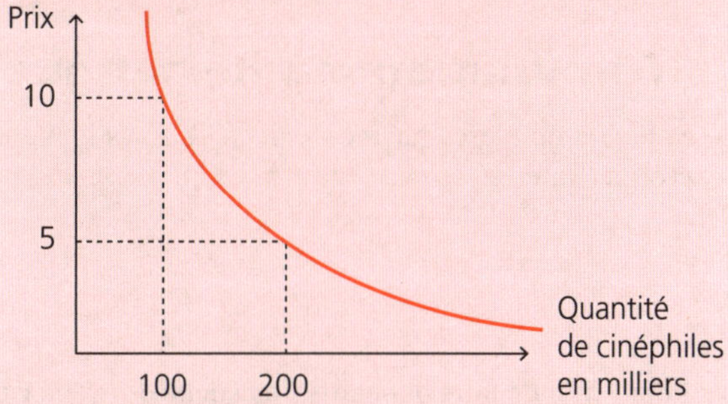

Cas 3 : demande élastique

Lorsque le prix passe de 10 à 5 euros, la quantité demandée passe de 100 à 200. L'élasticité-prix est égale à – 2.

▲ **Figure 1.5 Élasticité-prix de la demande**

Quels facteurs déterminent le fait que l'élasticité de la demande d'un bien par rapport à son prix soit forte ou faible ?

Si la question est plutôt d'ordre empirique, on observe généralement que la réponse dépend des goûts des consommateurs et de leur horizon temporel.

La demande pour un bien jugé nécessaire est moins élastique que pour un bien superflu. Par exemple, si la télévision est essentielle d'un point de vue social, une hausse du prix des télévisions aura un effet limité. En revanche, si la télévision est considérée comme un bien de luxe superficiel, alors la demande sera moins sensible.

La disponibilité de biens proches est également un facteur important. S'il existe un substitut proche pour un bien alors la demande pour ce bien sera très élastique.

L'élasticité de la demande par rapport au prix n'est pas indépendante du temps qu'il faut aux consommateurs pour s'adapter aux variations de prix. La demande est généralement plus élastique à long terme qu'à court terme.

3.3 L'élasticité-prix croisée

Si le prix de l'essence augmente de 1 %, quelle sera la variation (en pourcentage) de la consommation de gasoil ? Si les taxes sur les voitures polluantes augmentent de 1 %, de combien variera la demande pour les voitures classées non polluantes ? L'élasticité-prix croisée permet de quantifier l'impact du prix d'un bien sur la consommation d'un autre bien.

Définition 9

L'élasticité-prix croisée mesure la variation en % de la consommation d'un bien à la suite d'une augmentation de 1 % du prix d'un autre bien.

FOCUS

Formulation mathématique de l'élasticité-prix croisée

Si le prix du bien y augmente de p_y^0 à p_y^1, la demande pour le bien x passe de x_0 à x_1, l'élasticité-prix croisée, notée $\varepsilon_{p_y}^x$ est :

$$\varepsilon_{p_y}^x = \frac{\frac{\Delta x}{x_0}}{\frac{\Delta p_y}{p_y^0}}, \ \Delta x = x_1 - x_0\ , \ \Delta p_y = p_y^1 - p_y^0$$

Pour éviter de faire dépendre l'élasticité de p_y^1, on considère de très faibles variations de prix ($\Delta p_y \approx 0$).

$$\varepsilon_{p_y}^x = \frac{\frac{dx}{x}}{\frac{dp_y}{p_y^0}} = \frac{\partial x}{\partial p_y}\frac{p_y}{x}$$

où $\frac{\partial x}{\partial p_y}$ est la dérivée de la fonction de demande de bien x par rapport au prix du bien y.

Dans la section 2, nous avons vu que le prix des biens liés pouvait avoir une influence sur la demande. Nous avons distingué des biens complémentaires des biens substituables. Le signe de l'élasticité-prix croisée nous renseigne sur ces caractéristiques. L'élasticité-prix croisée d'un bien complément est négative ($\varepsilon_{p_y}^x < 0$) pour tout revenu et tout prix du bien x alors qu'elle est positive pour des biens substituables. Enfin, si l'élasticité-prix croisée est nulle, on dira que les deux biens sont indépendants.

3.4 Élasticité de l'offre

Comme pour la demande, l'élasticité de l'offre est une mesure de l'effet d'une variation du prix sur la quantité offerte.

Définition 10

L'élasticité de l'offre mesure la variation en % de la quantité offerte d'un bien à la suite d'une augmentation de 1 % de son prix.

FOCUS

Formulation mathématique de l'élasticité de l'offre

Si le prix p du bien x augmente de p_x^0 à p_x^1, la quantité offerte pour le bien x passe de x_0 à x_1, l'élasticité de l'offre du bien x, notée ε^o est :

$$\varepsilon^O = \frac{\frac{\Delta x}{x_0}}{\frac{\Delta p_x}{p_x^0}}, \ \Delta x = x_1 - x_0, \ \Delta p_x = p_x^1 - p_x^0$$

Pour éviter de faire dépendre l'élasticité de p_x^1, on considère de très faibles variations de prix $(\Delta p_x \approx 0)$ p_x^o .

$$\varepsilon^O = \frac{\frac{dx}{x}}{\frac{dp_x}{p_x}} = \frac{\partial x}{\partial p_x}\frac{p_x}{x}$$

Avec $\frac{\partial x}{\partial p_x}$, la dérivée de la fonction d'offre par rapport au prix du bien.

En général, une hausse du prix du produit entraîne une hausse de la quantité offerte, ce qui se traduit par une élasticité de l'offre positive. Comme pour la demande, la sensibilité de l'offre au prix peut être plus ou moins importante. Une élasticité de l'offre supérieure à 1 correspond à une offre élastique alors qu'une élasticité inférieure à 1 correspond à une offre inélastique.

Les points **clés**

- Un marché permet de mettre en relation des acheteurs et des vendeurs potentiels d'un bien ou d'un service.

- La demande représente la relation entre les prix possibles sur un marché et les quantités que souhaitent acheter les consommateurs à ces prix. De manière similaire, l'offre représente la relation entre les prix possibles sur un marché et les quantités que souhaitent vendre les vendeurs à ces prix.

- L'équilibre sur un marché concurrentiel est donné par le prix qui égalise la quantité offerte et la quantité achetée à ce prix.

- Les élasticités mesurent la variation de l'offre ou de la demande liées au prix ou au revenu :
  - Les élasticités-prix de la demande et de l'offre sont des mesures de la sensibilité de la demande et de l'offre au prix du bien échangé.
  - L'élasticité-revenu de la demande mesure la sensibilité de la demande au revenu des acheteurs.

ÉVALUATION

QCM

▸ Corrigés p. 348

1 Quels sont les déterminants de la demande d'un bien ?

a. La richesse.
b. Les goûts.
c. Le prix des autres biens.
d. L'ensemble des réponses précédentes est correct.

2 Le revenu de Charlie a augmenté de 5 % malgré la crise, ce qui lui a permis d'acheter plus de chocolats pour Noël :

a. Ce comportement nous permet de conclure que les chocolats sont substituables.
b. Le comportement de Charlie est standard.
c. La crise a fait augmenter le besoin en chocolat.
d. Aucune des réponses précédentes n'est pertinente.

3 Une courbe d'offre parfaitement inélastique :

a. Est horizontale.
b. Est verticale.
c. Est une courbe parabolique.
d. Est une droite à 45°.

4 L'entreprise Abinal fabrique des cosmétiques dont un shampoing à base de henné. L'entreprise aimerait connaître l'élasticité-prix de la demande pour ce shampoing. Elle procède ainsi à une hausse de prix, de 10 euros l'unité à 11 euros. La demande passe alors de 20 unités à 18 unités. L'élasticité-prix de la demande selon la formule simple vaut :

a. – 2.
b. – 1.
c. 0.
d. 1.

5 Une étude rigoureuse a montré que l'élasticité-prix de la demande pour du shampoing à base de henné vaut 0. Cela signifie :

a. Qu'une augmentation du prix de vente n'a aucun effet sur l'offre de shampoing à base de henné.
b. Qu'une baisse du revenu des consommateurs n'affecte pas la demande.
c. Qu'une baisse du prix de vente de 10 % entraîne une augmentation de la demande d'1 %.
d. Aucune des réponses précédentes n'est satisfaisante.

6 À la suite d'une innovation, un produit concurrent de la Play* apparaît : la Wi***. Ce produit est substituable au précédent. Cela signifie qu'à la suite d'une baisse du prix de la Wi***, on doit observer :**

a. Une augmentation de la demande de Play***.
b. Une augmentation de la demande de Wi***.
c. Une baisse de la demande de Play***.
d. Une augmentation de la demande de Wi***.

7 À Lilliput, les familles aisées consomment moins de pâtes que les autres. Cela signifie que :

a. Les pâtes constituent un bien normal.
b. Les pâtes constituent un bien inférieur.
c. Les pâtes ne sont consommées que par des familles pauvres.
d. L'élasticité-prix de la demande de pâtes est positive.

Exercices

▸ Corrigés en ligne

8 Représentation graphique de l'offre et la demande

Le tableau ci-après présente des données hypothétiques sur l'offre et la demande d'ordinateurs.

Prix (euros)	Quantités demandées	Quantités offertes
15	50	35
16	48	38
17	46	41
18	44	44
19	42	47
20	40	50
21	38	53
22	36	56

1. Tracez les courbes d'offre et de demande.
2. Trouvez le prix et la quantité d'équilibre.
3. Quelle est l'offre ou la demande excédentaire quand le prix est de :
   a. 1200 euros,
   b. 2000 euros ?
4. Que devient la courbe de demande d'ordinateurs lorsque le prix des logiciels augmente ?

9 Élasticité-prix de la demande

On s'intéresse à la consommation d'un bien x. Des estimations montrent que la fonction de demande pour ce bien en fonction du prix est : $x(p) = 10 - 2p$.

1. Quelle sera la quantité consommée de ce bien si le prix est de 1 ?
2. Ce bien est-il un bien Giffen ? Pourquoi ?
3. Calculez l'élasticité-prix directe de la demande pour ce bien dans le cas où $p = 2$. Que pouvez-vous en déduire ?

10 Élasticité-revenu de la demande

On suppose que l'élasticité-revenu de la demande de DVD est en moyenne de 1,2.

1. À quelle catégorie de biens appartiennent les DVD ?
2. Le revenu de la famille Lepique est de 5000 euros par mois. À la suite de la promotion de Mme Lepique, ce revenu passera dans un mois à 5800 euros. Si cette famille achetait habituellement 10 DVD par mois, combien en achètera-t-elle après l'augmentation de son revenu ?

11 Élasticité-prix croisée de la demande

L'élasticité-prix croisée de la consommation de pizzas au prix de la bière est constante et égale à – 0,2.

1. Les pizzas et la bière sont-ils des biens substituts ou compléments ?
2. Si les taxes sur les boissons alcoolisées font augmenter le prix de la bière de 2 %, comment variera la consommation de pizzas ?

POUR ALLER PLUS LOIN

L'équilibre

Peut-on affirmer que cet équilibre existe toujours ? Si oui, est-il unique ?

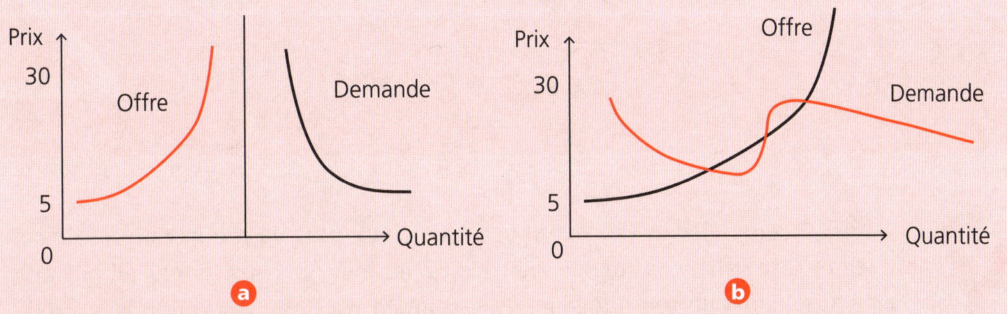

▲ Figure 1.6

Dans la figure 1.6 a, l'existence même de l'équilibre n'est pas assurée alors que la fonction de demande est bien décroissante et la fonction d'offre croissante.

Dans la figure 1.6 b, il existe 3 équilibres possibles. La question est de savoir quel équilibre se réalisera sur ce marché.

Chapitre 2

Vous voulez créer des jeux vidéo que vous pourrez ensuite diffuser sur internet. Vous avez le choix entre un logiciel de création de jeux gratuit, mais aux possibilités assez limitées, et un logiciel payant, plus performant. Le premier logiciel vous demandera plus de temps et les jeux que vous créerez seront moins élaborés ; avec le deuxième, l'investissement à l'achat sera plus important, mais vous pourrez créer vos jeux plus vite et ils seront plus sophistiqués. Quel logiciel choisirez-vous ? Combien de temps consacrerez-vous à la conception de jeux vidéo et combien de jeux créerez-vous ? Les réponses à ces questions dépendent des contraintes technologiques de la conception de jeux (selon le logiciel choisi vous pourrez créer des jeux plus ou moins vite) et de contraintes de marché : le prix du logiciel payant et le prix auquel vous pourrez vendre vos jeux.

Le choix auquel vous êtes confronté est typique des choix effectués par toute entreprise, qu'elle soit grande ou petite, publique ou privée, industrielle ou de service. Les entreprises doivent choisir le processus de fabrication, la quantité de chaque facteur de production qu'elles vont utiliser et la quantité de bien qu'elles vont produire.

Dans ce chapitre, nous allons présenter les technologies ou processus de production et leurs caractéristiques. Les deux chapitres suivants seront consacrés aux coûts de production et aux choix des entreprises.

LES GRANDS AUTEURS

Alfred Marshall (1842-1924)

A. Marshall, professeur à l'université de Cambridge, est considéré comme le fondateur de l'économie industrielle. Ses apports à l'analyse du comportement des entreprises sont très nombreux, allant de l'analyse très fine des coûts de production et de leur évolution dans le temps, aux différents types de concurrence sur un marché. Il est un des premiers à introduire le concept d'économies d'échelle et à en étudier les conséquences pour les choix des entreprises. Il est aussi le fondateur de l'École de Cambridge et l'auteur de deux ouvrages de référence : *Principes d'économie politique* (1890) et *Industrie et commerce* (1919). ■

Technologie de production

Plan

Prérequis

- → **Dériver** des fonctions à une et à plusieurs variables Σ.
- → **Connaître** la notion de convexité Σ.

Objectifs

- → **Définir** ce que sont une technologie et une fonction de production.
- → **Comprendre** les concepts de productivité moyenne, de productivité marginale et de rendements d'échelle.
- → **Représenter** graphiquement une technologie de production à un et deux facteurs.
- → **Calculer** des taux marginaux de substitution technique et en déduire la substituabilité ou complémentarité entre facteurs de production.

1 Technologie et fonction de production

La maison d'édition E-Polar est spécialisée dans l'édition de romans policiers numériques. Elle emploie 30 personnes, a des locaux de 300 m^2 et du matériel informatique d'une valeur de 50000 euros. Elle édite en moyenne 100 livres électroniques par an. D'après la terminologie microéconomique, cette maison d'édition est une **entreprise** (ou une **firme**), les salariés, les locaux et le matériel informatique sont ses **facteurs de production**, et les livres électroniques sont son **produit** (ou *output*).

Définition 1

Une entreprise est une entité (individuelle ou collective) qui produit un bien ou un service à partir d'autres biens ou de travail.

Le terme d'entreprise recouvre en fait une grande variété d'organisations qui diffèrent par leur taille, et aussi par leur statut juridique, mais qui ont toutes en commun d'« entreprendre » une activité de **transformation** de certains biens (les facteurs de production ou *inputs*) en d'autres biens produits (les *outputs*).

1.1 Facteurs de production

Définition 2

Un facteur de production (ou *input*) est un bien ou un service qui est utilisé dans un processus de production d'un autre bien ou service.

Les facteurs de production sont habituellement classés en trois grandes catégories, comportant chacune des sous-catégories :

- Le **travail** inclut à la fois les travailleurs qualifiés et non qualifiés.
- Le **capital** inclut à la fois le capital physique et naturel : immobilier, machines, autre équipement, terrains agricoles, etc.
- Les **matières premières** incluent tous les biens entièrement consommés ou transformés lors du processus de production : métaux, sources d'énergie, eau, etc.

Il est utile parfois de classer les facteurs de production en fonction de la facilité avec laquelle leur quantité peut être modifiée par l'entreprise : on parle ainsi de facteurs variables (dont la quantité peut être facilement modifiée pour s'ajuster à de nouvelles conditions du marché) et de facteurs fixes (dont la quantité est plus difficile, plus longue et/ou plus coûteuse à modifier).

La combinaison de facteurs utilisée par une entreprise dépend de son processus de production, et donc du type de bien produit, mais aussi des prix des différents facteurs (▶ chapitre 3).

Les entreprises produisant des services (comme les sociétés de services en ingénierie informatique ou les éditeurs de logiciels) utilisent en général un volume important de travail qualifié et peu de capital (essentiellement de l'immobilier et du matériel informatique), alors que les entreprises produisant des biens manufacturés utilisent un volume plus limité de facteur travail et un volume très important de capital sous forme de machines-outils, robots, etc. C'est la technologie de l'entreprise qui détermine les combinaisons réalisables de facteurs de production permettant la production du bien.

Définition 3

Une technologie est la description des facteurs de production et du processus de production d'un bien donné qui établit une relation entre quantité de facteurs et quantité de bien produit.

1.2 L'entreprise comme « boîte noire »

L'analyse microéconomique des décisions des entreprises présentée ici ne nécessite pas une connaissance précise des différentes étapes du processus de production des entreprises, ni de leur organisation interne. Seules comptent les quantités de facteurs de production utilisées et la quantité de bien final qui leur est associée. En ce sens, l'entreprise est comme une « boîte noire » dans laquelle entrent des facteurs de production et dont sortent des biens produits. Ainsi, une réorganisation interne au sein d'une entreprise qui consiste à remplacer un salarié parti à la retraite ou même le PDG n'aura *a priori* pas d'impact sur sa technologie. En revanche, l'invention d'un nouveau procédé de fabrication permettant de réduire le besoin en électricité par exemple, influencera la technologie.

1.3 La fonction de production

La relation entre **quantité de facteurs de production** et **volume de bien produit** peut être résumée mathématiquement à l'aide d'une fonction F appelée « fonction de production ». Ses variables sont les facteurs de production. Sa valeur est un volume de bien produit.

Par exemple, si deux salariés, un scanner et un ordinateur permettent de numériser au maximum 10 livres par jour, on pourra résumer cette relation entre la production journalière de 10 livres numériques et les quantités de facteurs de production par $F(2, 1, 1) = 10$. Si le nombre maximal de livres numérisés par jour passe à 50, mais avec 3 salariés qui disposent de 2 scanners et de 2 ordinateurs, alors la relation est $F(3, 2, 2) = 50$.

La fonction de production définit la frontière de l'ensemble des combinaisons *inputs-outputs* techniquement réalisables par la firme.

Si 2 salariés, 1 scanner et 1 ordinateur permettent la production de 10 livres au maximum, ils permettent aussi d'en produire 7, 6 ou moins. Mais, on ne voit pas pourquoi l'entreprise produirait moins de 10 livres. Ainsi, on ne retient que la production maximale, étant donné une combinaison de facteurs de production donnée.

Définition 4

L'ensemble de production associé à une technologie est l'ensemble de toutes les combinaisons de facteurs de productions et de quantités de bien produits techniquement réalisables.

Définition 5

La fonction de production d'une technologie associe à toute combinaison de quantités de facteurs, la quantité *maximale* de bien techniquement réalisable avec ces facteurs.

Formulation mathématique : La fonction de production est une fonction au sens mathématique du terme que nous noterons F.

Considérons une entreprise qui utilise n facteurs de production, et notons z_i, $i = 1, \ldots, n$, la quantité de facteur i utilisée. Notons y une quantité de bien produite. Une technologie à n facteurs est représentée par une fonction[1] $F: \mathbb{R}_+^n \rightarrow \mathbb{R}_+$. Cette fonction associe à une combinaison de quantités positives ou nulles de facteurs $(z_1, \ldots, z_n)$ un nombre réel positif y qui donne la quantité de bien que l'entreprise peut produire avec ces facteurs.

L'ensemble de production, noté E, peut être défini à partir de la fonction de production de la façon suivante :

$$E = \{(z_1, \ldots, z_n, y) \in \mathbb{R}_+^{n+1} \text{ tel que } y \leq F(z_1, \ldots, z_n)\}.$$

La fonction de production associée à une technologie peut être donnée soit en énumérant ses valeurs pour différentes combinaisons de quantités de facteurs, soit par une formule mathématique. Ces deux cas sont illustrés dans l'exemple 1.

1 $\mathbb{R}_+$ est l'ensemble des nombres réels positifs et $\mathbb{R}_+^n$ est l'ensemble des suites de n nombres réels positifs.

Exemple 1

Le concessionnaire automobile HappyAuto emploie des commerciaux pour vendre des voitures de plusieurs marques. Le nombre de voitures vendues par mois en fonction du nombre de commerciaux est donné dans le tableau 2.1.

Commerciaux	Voitures vendues
1	25
2	35
3	43
4	50
5	56

◄ **Tableau 2.1 Fonction de production d'un concessionnaire automobile**

La figure 2.1 représente la fonction de production et l'ensemble de production associés à cette technologie.

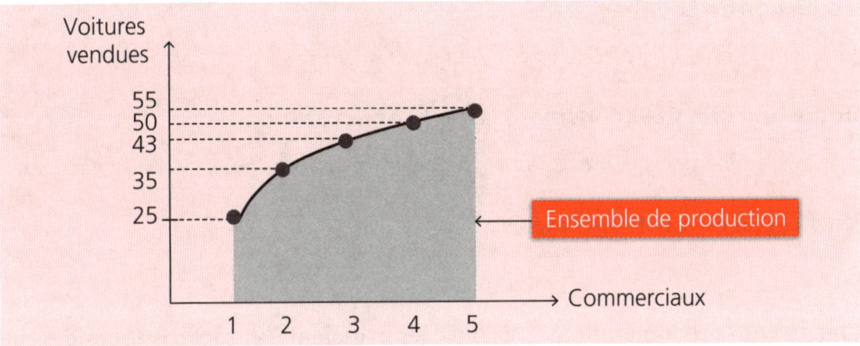

▲ **Figure 2.1 Fonction de production et ensemble de production d'une technologie à un facteur de production**

Pour tracer la courbe représentative de la fonction de production du concessionnaire, nous traçons d'abord un axe horizontal (abscisses) sur lequel seront notées les valeurs du facteur de production (ici le nombre de commerciaux). Ensuite, un axe vertical, perpendiculaire au premier (ordonnées) sur lequel seront notées les valeurs des quantités de produit (ici nombre de voitures vendues). À chaque couple (commerciaux, voitures) du tableau 2.1 sera associé un point du plan. Ainsi, le point $A = (1, 25)$ correspond à la ligne 1 du tableau : 1 commercial peut vendre au maximum 25 voitures, le point $B = (4, 50)$, à la ligne 4 : 4 commerciaux vendent 50 voitures. En reliant les points correspondant à toutes les lignes du tableau, on obtient la courbe représentative de la fonction de production donnée.

La relation entre nombre de commerciaux et nombre de voitures vendues peut aussi être donnée par la fonction $F(z_1) = 25\sqrt{z_1}$ où z_1 est le nombre de commerciaux. On a en effet $F(1) = 25$, $F(2) = 35{,}3$, etc.

La forme mathématique de la fonction de production est souvent utile pour identifier facilement les caractéristiques générales de la technologie considérée. On peut obtenir cette forme à partir de données sur les combinaisons de facteurs et de quantités produites en utilisant des méthodes statistiques d'estimation paramétrique.

FOCUS

Différentes fonctions de production

Les fonctions de production à deux facteurs les plus courantes diffèrent essentiellement par les productivités marginales des facteurs et par leur degré de substituabilité.

La fonction de production Cobb-Douglas

$F(z_1, z_2) = Az_1^a z_2^b$ où les paramètres a et b sont positifs.
La signification de a et b dans cette fonction apparaîtra plus clairement dans la rubrique « Application », de la section 2.1 p. 30.

La fonction de production de Leontiev

$F(z_1, z_2) = \text{Min}\{az_1 + b, cz_2 + \text{d}\}$ où les paramètres a et c sont strictement positifs.

La fonction de production dite CES (*Constant Elasticity of Substitution*)[1]

$F(z_1, z_2) = \left(az_1^r + bz_2^r\right)^{\frac{1}{r}}$ où les paramètres a et b sont strictement positifs, r pouvant être positif ou négatif.
Cette fonction est étudiée plus en détail dans l'exercice 6 p. 45.

Dans ce qui suit, nous allons présenter les principales caractéristiques des fonctions de productions pertinentes pour les décisions des entreprises en termes de choix de combinaisons de facteurs de productions.

CONTROVERSE

Pourquoi les entreprises existent-elles ? Pourquoi organiser la production dans des organisations hiérarchiques (des entreprises) plutôt que passer par le marché ? Pourquoi Coca-Cola emploie des salariés en CDI, possède ses propres lignes de fabrications et dispose d'un service juridique plutôt que d'avoir des contrats avec des travailleurs indépendants, louer des machines et faire appel à un cabinet d'avocats indépendant ? Cette question a été posée d'abord par Ronald Coase, prix Nobel d'économie en 1991 dans son article « The nature of the firm ». Sa réponse est que le passage par le marché peut générer des coûts de transaction (collecte d'information et négociations des contrats) qui seront économisés si la production s'organise dans une entreprise. ■

1 Ce terme sera justifié dans le chapitre 3.

2 Productivité moyenne et productivité marginale

2.1 Productivité marginale

La création de jeux vidéo nécessite des programmeurs, du matériel informatique, des locaux, etc. Les jeux comprennent des modules (ou *middleware*) qui peuvent être créés séparément et réutilisés dans différents jeux ou logiciels. Le tableau 2.2 donne le nombre (moyen) de *middlewares* créés en un mois dans le studio de jeux vidéo Happygames en fonction du nombre de programmeurs. Les autres facteurs de production utilisés pour la création des modules sont supposés en quantité constante.

Programmeurs	Modules de jeux
0	0
1	10
2	18
3	24
4	28
5	30

◄ **Tableau 2.2** **Fonction de production d'un studio de jeux vidéo**

De combien l'embauche d'un programmeur supplémentaire augmente-t-elle le nombre de modules produits ? D'après les données du tableau, le passage de 1 à 2 programmeurs permet de produire 8 modules de plus, le passage de 2 programmeurs à 3, permet de produire 6 modules supplémentaires, etc. La variation du nombre de modules de jeux produits résultant de l'embauche d'un programmeur supplémentaire est appelée **productivité marginale** d'un programmeur. La productivité marginale des programmeurs est calculée dans le tableau 2.3.

Programmeurs (facteur L)	Modules de jeux (produit y)	Productivité marginale $=\Delta y/\Delta L$
0	0	
1	10	10
2	18	8
3	24	6
4	28	4
5	30	2

◄ **Tableau 2.3** **Productivités marginales des programmeurs**

Définition 6

La productivité marginale d'un facteur de production désigne l'augmentation de la quantité de bien produit qui résulte d'une augmentation (minimale) de la quantité utilisée de ce facteur.

Formulation mathématique : Soit $F(z_1, ..., z_n)$, la fonction de production d'un bien donné. Si, quand la quantité du facteur i passe de z_i^0 à z_i^1 (alors que la quantité des autres facteurs reste constante), la quantité de bien produit passe de $F_i^0 = F(z_1, ..., z_i^0, ..., z_n)$ à $F_i^1 = F(z_1, ..., z_i^1, ..., z_n)$, alors la productivité marginale du facteur i, notée $Pm_i\ (z_1, \ldots, z^0_i, \ldots, z_n)$, est donnée par :

$$Pm_i = F(z_1, ..., z_i, ..., z_n) = \frac{\Delta F_i}{\Delta z_i},\ \Delta F_i = F_i^1 - F_i^0,\ \Delta z_i = z_i^1 - z_i^0$$

Pm_i n'est en général pas constante, ce qui justifie la présence de $(z_1, \ldots, z^0_i, \ldots, z_n)$ dans son écriture.

Pour des facteurs dont la quantité est infiniment divisible (travail mesuré en heures, capital mesuré en valeur monétaire, matières premières mesurées en volume), on considère des variations infinitésimales (très petites). Δz_i est alors proche de zéro et la productivité marginale devient égale (si la fonction de production est dérivable) à la dérivée partielle de la fonction de production par rapport au facteur i :

$$Pm_i\,(z_1, ..., z_i, ..., z_n) = \frac{\partial F\,(z_1, ..., z_i, ..., z_n)}{\partial z_i}$$

On peut représenter graphiquement la productivité marginale d'un facteur en un point par la pente de la tangente à la courbe représentative de la fonction de production en ce point (► figure 2.2).

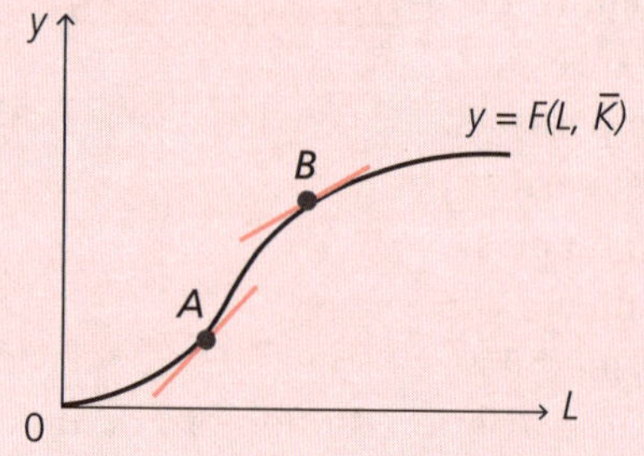

► Figure 2.2 Productivité marginale d'une fonction de production quelconque

Considérons une fonction de production, *F*, à deux facteurs, le travail et le capital. Nous pouvons représenter la relation entre la quantité produite, *y*, et la quantité de travail utilisée, *L*, à quantité de capital donnée. La productivité marginale pour un point quelconque correspond à la pente de la tangente en ce point à la courbe de production totale.

Les données du tableau 2.3 font apparaître trois propriétés très générales des productivités marginales :

i. Elles sont positives. L'augmentation de la quantité d'un facteur a toujours un impact strictement positif ou nul sur la quantité de bien produite. Augmenter la quantité d'un facteur n'est donc jamais nuisible[1].

1 La possibilité que l'embauche d'un salarié supplémentaire puisse créer une situation conflictuelle dans une équipe et nuire à son travail peut remettre en cause cette propriété dans certains cas très particuliers.

ii. La productivité marginale d'un facteur n'est pas constante et dépend de la quantité de ce facteur. La contribution d'un facteur à l'augmentation de la quantité produite dépend de la quantité de ce facteur déjà utilisée. Ce qu'apporte à un chef cuisinier qui travaille seul le recrutement d'un premier apprenti n'est pas équivalent à ce que lui apporterait l'embauche du 10e.

iii. La productivité marginale d'un facteur diminue avec sa quantité. Parfois appelée « loi des productivités marginales décroissantes », cette propriété est notamment justifiée par le fait que la productivité marginale mesure la contribution à la production d'une augmentation d'un seul facteur, les autres restant constants. Par exemple, si on recrute plus de programmeurs sans augmenter le matériel informatique, le partage du matériel (ordinateurs) entre un nombre plus grand de programmeurs va diminuer leur efficacité.

FOCUS

Propriétés des productivités marginales et de la fonction de production

Soit F la fonction de production d'une technologie à n facteurs, continue et différentiable par rapport à toutes ses variables et soit $Pm_i(z)$ la productivité marginale du facteur i pour un niveau des facteurs $z = (z_1, \ldots, z_i, \ldots, z_n)$.

i. $Pm_i(z) > 0 \Leftrightarrow \frac{\partial F(z)}{\partial z_i} > 0$: la productivité marginale du facteur i est positive si et seulement si la fonction de production est croissante par rapport au facteur i.

ii. Soient z et z' tels que $z \neq z'$, $Pm_i(z) \neq Pm_i(z') \Leftrightarrow \frac{\partial F(z)}{\partial z_i} \neq \frac{\partial F(z')}{\partial z_i}$;

iii. $\frac{\partial Pm_i(z)}{\partial z_i} < 0 \Leftrightarrow \frac{\partial^2 F(z)}{\partial z_i^2} < 0$: la productivité marginale du facteur i est décroissante si et seulement si la fonction de production est concave par rapport au facteur i.

Le concept d'élasticité introduit dans le chapitre 1 peut être utilisé dans la description d'une technologie de production et dans la comparaison de la productivité de différents facteurs.

Définition 7

L'élasticité d'un facteur de production mesure la variation en % de la quantité produite à la suite d'une augmentation de 1 % de la quantité d'un facteur.
Formulation mathématique : Soit $F(z_1, \ldots, z_n)$, la fonction de production d'un bien donné. L'élasticité du facteur i, notée ε^i est définie par :

$$\varepsilon^i(z_1, \ldots, z_i, \ldots, z_n) = \frac{\dfrac{\partial F(z_1, \ldots, z_i, \ldots, z_n)}{\partial z_i}}{\dfrac{F(z_1, \ldots, z_i, \ldots, z_n)}{z_i}}$$

D'après la définition des productivités marginales,
$$\varepsilon^i(z_1, \ldots, z_i, \ldots, z_n) = Pm_i(z_1, \ldots, z_i, \ldots, z_n)\,\frac{z_i}{F(z_1, \ldots, z_i, \ldots, z_n)}.$$

Cette notion d'élasticité permet de donner une interprétation aux paramètres de la fonction Cobb-Douglas (▶ Focus p. 26).

APPLICATION Élasticités des facteurs dans une fonction Cobb-Douglas

Soit $F(z_1, z_2) = Az_1^a z_2^b$.

$$Pm_1(z_1, z_2) = \frac{\partial F(z_1, z_2)}{\partial z_1} = Aaz_1^{a-1}z_2^b,\ Pm_2(z_1, z_2) = \frac{\partial F(z_1, z_2)}{\partial z_2} = Abz_1^a z_2^{b-1}$$

$$\varepsilon^1(z_1, z_2) = Aaz_1^{a-1}z_2^b\,\frac{z_1}{Az_1^a z_2^b} = a,\ \varepsilon^2(z_1, z_2) = Abz_1^a z_2^{b-1}\,\frac{z_2}{Az_1^a z_2^b} = b.$$

Les coefficients a et b de la fonction Cobb-Douglas correspondent aux élasticités des deux facteurs de production, qui sont constantes pour cette fonction. Par conséquent, si on suppose qu'une technologie peut être représentée par une fonction Cobb-Douglas, on peut facilement estimer ses paramètres à partir de données sur les élasticités des facteurs.

2.2 Productivité moyenne

Intéressons-nous maintenant au nombre de modules produits par les programmeurs de la société Happygame. Combien de modules sont produits par programmeur ? La réponse à cette question s'obtient par le calcul de la productivité moyenne d'un programmeur qui est fait dans le tableau 2.4.

▶ **Tableau 2.4 Productivités moyennes des programmeurs**

Programmeurs (facteur *L*)	Modules de jeux (produit *y*)	Productivité moyenne = *y*/*L*
0	0	
1	10	10
2	18	9
3	24	8
4	28	7
5	30	6

Définition 8

La productivité moyenne d'un facteur de production désigne la quantité de bien produit par unité de ce facteur de production.

Formulation mathématique : Soit $F(z_1, \ldots, z_n)$ la fonction de production d'un bien donné. La productivité moyenne du facteur i, notée $PM_i(z_1, z_i, \ldots, z_n)$, est donnée par :

$$PM_i(z_1, \ldots, z_i, \ldots, z_n) = \frac{F(z_1, \ldots, z_i, \ldots, z_n)}{z_i}$$

Comme Pm_i, PM_i n'est en général pas constante, ce qui justifie la présence de $(z_1, z_i, \ldots, z_n)$ dans son écriture.

Graphiquement, la productivité moyenne en un point correspond à la pente de la droite qui relie l'origine à ce point (▶ figure 2.3).

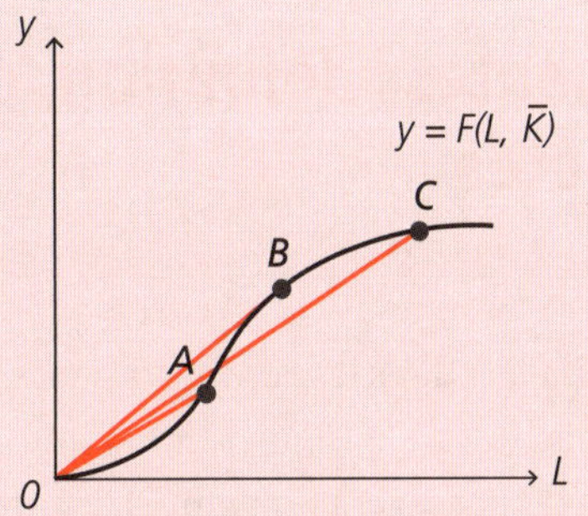

À niveau de capital constant $\overline{K}$, la productivité moyenne des travailleurs est donnée par y/L. La productivité moyenne pour un point quelconque correspond à la pente de la droite reliant l'origine (0,0) et ce point sur la courbe de production totale.

◀ **Figure 2.3**
Productivité moyenne

Les données du tableau 2.4. font apparaître trois propriétés très générales des productivités moyennes, qui rappellent celles des productivités marginales :

i. Les productivités moyennes sont positives.

ii. La productivité moyenne d'un facteur n'est pas constante et dépend de la quantité de ce facteur.

iii. La productivité moyenne d'un facteur diminue avec sa quantité.

Les variations des productivités moyennes et marginales d'un facteur sont liées car elles sont toutes les deux calculées à partir d'une même fonction de production. Plus précisément, la productivité moyenne d'un facteur augmente lorsque sa productivité marginale est supérieure à sa productivité moyenne et diminue sinon[1]. La productivité moyenne atteint son maximum lorsqu'elle est égale à la productivité marginale. Ce résultat s'interprète facilement. La productivité moyenne augmente à la suite de l'embauche d'un travailleur si la

1 Ce résultat est démontré dans la rubrique « Pour aller plus loin » p. 47.

production supplémentaire que permet ce travailleur (mesurée par sa productivité marginale) est supérieure à la production par travailleur des travailleurs déjà dans l'entreprise.

Dans l'exemple de la production de modules de jeux vidéo, PM_i est partout décroissante. Ceci signifie que la productivité moyenne est supérieure ou égale à la productivité marginale (il est facile de le vérifier à partir des tableaux 2.3 et 2.4).

3 Les technologies utilisant plusieurs facteurs de production

3.1 Les isoquantes : définition, construction et propriétés

3.1.1 Définition

L'enregistrement des passagers dans les aéroports peut se faire soit par des agents qualifiés, soit par des machines d'enregistrement automatique. Le tableau 2.5 donne le nombre moyen de passagers pouvant être enregistrés en une heure en fonction du nombre de machines d'enregistrement automatique (facteur capital) et du nombre d'agents présents (facteur travail). Ainsi, une machine d'enregistrement seule permet l'enregistrement de 10 passagers par heure, alors qu'une machine et un agent permettent l'enregistrement de 30 passagers.

▶ **Tableau 2.5 Fonction de production de l'enregistrement des passagers dans un aéroport**

	Facteur travail					
Facteur capital	0	1	2	3	4	5
0	0	10	20	30	40	50
1	10	30	40	50	60	70
2	20	45	50	60	70	80
3	30	55	65	75	85	95
4	40	65	75	80	90	100
5	50	70	80	90	95	105

D'après le tableau 2.5, le nombre de passagers enregistrés (correspondant ici à la production) augmente avec les heures de présence des agents, mais aussi avec le nombre de machines d'enregistrement automatique. Nous constatons que le même nombre de passagers peut être enregistré avec différentes combinaisons d'agents et de machines. Par exemple, 40 passagers peuvent être enregistrés soit avec 4 machines (sans agent), soit avec 1 machine et 2 agents.

Une représentation graphique permet de visualiser les principales caractéristiques de cette technologie en utilisant des courbes qui regroupent toutes les combinaisons de quantités de facteurs permettant l'enregistrement d'un nombre donné de passagers.

Définition 9

Une isoquante, associée à une technologie et à un niveau de produit y_0 donné, est l'ensemble de toutes les combinaisons de facteurs qui permettent de produire exactement y_0. On notera I_{y_0} cette isoquante.
Formulation mathématique : Soit une technologie à n facteurs, caractérisée par la fonction de production $F(z_1, z_2, \ldots, z_n)$ et soit y_0 un niveau de produit.
$I_{y_0} = \{(z_1, z_2, \ldots, z_n) : F(z_1, z_2, \ldots, z_n) = y_0\}$.

3.1.2 Représentation d'une isoquante

Dans le cas de deux facteurs de production, l'isoquante peut être représentée par une courbe dans un repère orthonormé où en abscisse figure la quantité de facteur 1 et en ordonnée, la quantité de facteur 2. L'équation de la courbe associée à l'isoquante est : $F(z_1, z_2) = y_0$.

Reprenons l'exemple de l'enregistrement des passagers dans un aéroport et construisons l'isoquante correspondant à l'enregistrement de 50 passagers par heure. Chaque combinaison de nombres d'agents et de machines peut être représentée par un point du plan (facteur travail, facteur capital) où le facteur travail correspond au nombre d'agents et le facteur capital au nombre de machines d'enregistrement automatique. L'isoquante I_{50} est tracée en reliant tous les points correspondant aux combinaisons de facteurs travail et capital permettant d'enregistrer 50 passagers par heure (▶ figure 2.4).

Attention ! Les isoquantes sont en général représentées par des courbes continues. Cette continuité se justifie pleinement dans le cas de facteurs parfaitement divisibles. Lorsque les facteurs ne sont pas divisibles, relier les points correspondant aux différentes combinaisons de facteurs ne signifie pas que toutes les combinaisons de facteurs soient possibles (0,5 machine et 2,5 agents par exemple dans le cas de l'enregistrement des passagers), mais permet d'avoir une idée de la forme que prend l'isoquante.

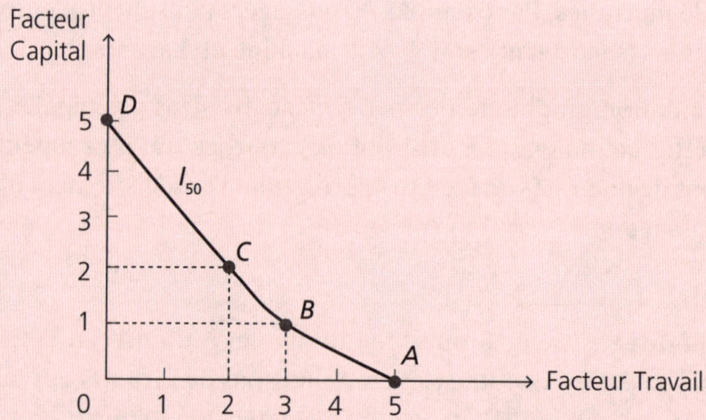

I_{50} regroupe toutes les combinaisons d'agents et machines permettant d'enregistrer 50 passagers par heure. Nous cherchons ces combinaisons dans le tableau 2.5. Il y en a 4. Nous les représentons en associant un point à chacune de ces combinaisons : ainsi, le point A, correspond à 5 agents et 0 machine, $A = (5, 0)$, le point B, à 3 agents et 1 machine, $B = (3, 1)$, le point C, à 2 agents et 2 machines, $C = (2, 2)$ et le point D, à 0 agent et 5 machines, $D = (0, 5)$. En reliant ces points nous obtenons une représentation de l'isoquante I_{50}.

▶ Figure 2.4
Isoquante correspondant à l'enregistrement de 50 passagers par heure

3.1.3 Propriétés d'une isoquante

Les isoquantes vérifient un certain nombre de propriétés de façon plus ou moins générale. Nous pouvons distinguer quatre propriétés principales.

i. **Elles sont décroissantes**. Supposons que la courbe passant par un point A soit croissante. Elle devrait passer par un point B correspondant à une combinaison avec plus des deux facteurs de production que la combinaison A. On s'attend à ce que la firme produise davantage avec plus de facteurs de production. Si c'est le cas, ce qui est généralement vérifié, alors la combinaison B ne peut se situer sur la même isoquante que la combinaison A. On en déduit bien que les isoquantes ne peuvent être croissantes.

ii. **Deux courbes ne se coupent jamais**. Supposons que deux isoquantes, associées aux niveaux de produit y_0 et y_1 avec $y_1 > y_0$, passent par un même point A. La combinaison A permet de produire une quantité $F(A)$ qui peut prendre deux valeurs différentes. Ceci est impossible puisque, par définition, la fonction de production associe à chaque combinaison de facteurs une quantité maximale unique de produit.

iii. **Plus l'isoquante s'éloigne de l'origine, plus le niveau de produit est élevé.** Ceci est encore le résultat de la croissance des fonctions de production par rapport à tous les facteurs.

iv. **Les courbes sont convexes.** Cette propriété signifie qu'il est plus efficace de produire avec une combinaison de facteurs de production plutôt qu'avec un seul des deux. Cette dernière propriété est généralement vérifiée mais pas toujours comme nous le verrons dans la section suivante.

3.2 La mesure de la substituabilité entre facteurs de production

Reprenons notre exemple. Il est possible d'enregistrer 50 passagers par heure avec 5 machines ou avec 5 agents. Le manager de l'aéroport a donc plusieurs possibilités s'il souhaite une production de 50 passagers par heure. Il peut choisir une combinaison très capitalistique (avec essentiellement du facteur capital) ou peu capitalistique (avec essentiellement du facteur travail). Mais 5 agents peuvent-ils toujours être remplacés par 5 machines ? Combien de machines sont nécessaires pour remplacer 2 agents ? Les réponses à ces questions sont obtenues en calculant le **taux marginal de substitution technique**.

Définition 10

Le taux marginal de substitution technique (TMST) du facteur j ($j = 1, 2$) au facteur i ($i = 1, 2$ et $i \neq j$) est la quantité minimale de facteur j qui peut compenser une faible (infinitésimale) réduction du facteur i tout en maintenant inchangé le niveau de production. On notera ce taux $\text{TMST}_{j/i}$.

3.2.4 Calcul du taux marginal de substitution technique (TMST)

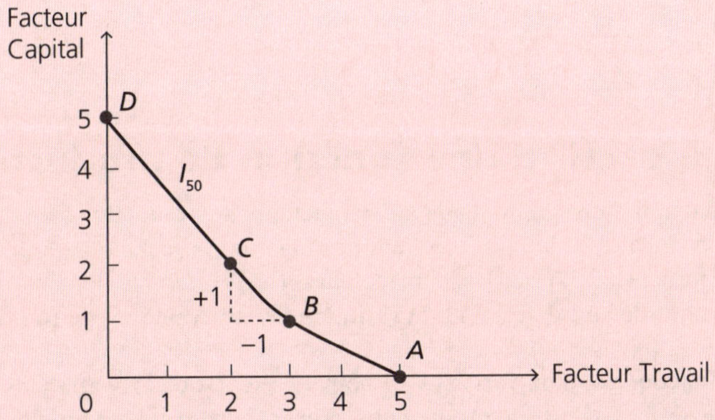

La figure 2.5 représente l'isoquante associée à l'enregistrement de 50 passagers. Partons de la situation initiale *B* avec 4 agents et 1 machine, et supposons que le nombre d'agents passe de 3 à 2, ce qui correspond à une réduction de 1 du facteur travail, $\Delta z_1 = -1$. Pour retrouver un niveau de produit de 50 (et donc revenir sur l'isoquante), il faut augmenter le nombre de machines de 1, $\Delta z_2 = +1$. Dans ce cas, une unité de capital compense la réduction d'une unité de travail et le TMST est égal à 1.

◄ **Figure 2.5**
Calcul du TMST

Plus formellement, le TMST entre deux facteurs de production en quantité z_1 et z_2 est obtenu à partir du rapport des variations des facteurs de production. L'isoquante étant décroissante, ce rapport est négatif, $TMST_{2/1} = \left|\frac{\Delta z_2}{\Delta z_1}\right|$.

La valeur absolue garantit un signe positif pour le TMST plus commode pour les calculs et les interprétations[1].

Il est important de noter que le TMST dépend de la quantité initiale de facteurs considérée (▶ figure 2.6). Par conséquent, sa valeur doit toujours être donnée en spécifiant ces quantités initiales.

▶ **Figure 2.6**
Variation du TMST avec la quantité initiale du facteur travail

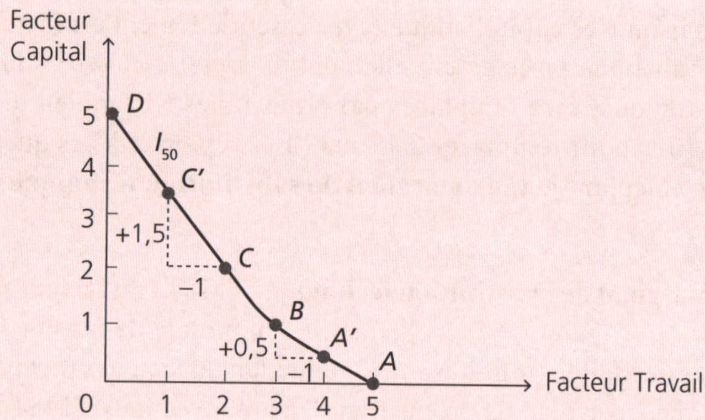

Considérons la baisse d'une unité de facteur travail en partant des points $A' = (4, 0{,}5)$ et $C = (2, 2)$. Pour conserver un même niveau de produit, il faut augmenter de 0,5 le facteur capital si la situation initiale est A' (on passe du point A' au point B) et de 1,5 si elle est C (on passe du point C au point C') : $TMST_{2/1}(A') = 0{,}5$ et $TMST_{2/1}(C) = 1{,}5$.

FOCUS

Calcul du TMST à partir d'une fonction de production

Soit $F(z_1, z_2)$ la fonction de production d'une technologie à deux facteurs de production supposés parfaitement divisibles. Nous cherchons à calculer le taux marginal de substitution technique du facteur 2 au facteur 1 en partant d'un niveau initial (z_1^0, z_2^0) pour les deux facteurs, $TMST_{2/1}(z_1^0, z_2^0)$.
D'après la définition du TMST, nous devons déterminer la variation de z_2 permettant de compenser une faible variation de z_1.
Le calcul différentiel pour des fonctions à deux variables Σ nous enseigne que les variations infinitésimales (c'est-à-dire proches de zéro) des facteurs de productions, notées dz_1 et dz_2 conduisent à une variation de la quantité produite y donnée par :

$dy = \frac{\partial F}{\partial z_1}(z_1^0, z_2^0)\, dz_1 + \frac{\partial F}{\partial z_2}(z_1^0, z_2^0)\, dz_2$, où $\frac{\partial F}{\partial z_1}(z_1^0, z_2^0)$ et $\frac{\partial F}{\partial z_2}(z_1^0, z_2^0)$ sont les dérivées partielles de la fonction F par rapport à z_1 et z_2 calculées en (z_1^0, z_2^0).
Pour que les variations dz_1 et dz_2 ne modifient pas la quantité de bien produite, nous devons avoir $dy = 0$. Ceci permet de déduire de l'équation ci-dessus une relation entre dz_1 et dz_2 :

▶▶

1 Pour atteindre le même objectif, certains auteurs définissent le TMST comme étant égal à $-\frac{\Delta z_2}{\Delta z_1}$.

$$0 = \frac{\partial F}{\partial z_1}(z_1^0, z_2^0)\, dz_1 + \frac{\partial F}{\partial z_2}(z_1^0, z_2^0)\, dz_2 \Rightarrow \frac{dz_2}{dz_1} = -\frac{\frac{\partial F}{\partial z_1}(z_1^0, z_2^0)}{\frac{\partial F}{\partial z_2}(z_1^0, z_2^0)}$$

On en déduit : $TMST_{2/1}(z_1^0, z_2^0) = \left|\frac{dz_2}{dz_1}\right| = \frac{\frac{\partial F}{\partial z_1}(z_1^0, z_2^0)}{\frac{\partial F}{\partial z_2}(z_1^0, z_2^0)}$.

Le taux marginal de substitution technique a deux interprétations possibles, l'une analytique et l'autre graphique. D'un point de vue analytique, l'effet d'une modification d'un facteur de production sur la quantité produite, $\frac{\partial F}{\partial z_i}$, est simplement la productivité marginale du facteur i (▶ section 2.1). Par conséquent, le TMST est le rapport de productivités marginales, $TMST_{2/1}(z_1^0, z_2^0) = \frac{P_{m_1}(z_1^0, z_2^0)}{P_{m_2}(z_1^0, z_2^0)}$.

D'un point de vue graphique, le TMST est égal à la pente, en valeur absolue, de l'isoquante au point de départ (▶ figure 2.7).

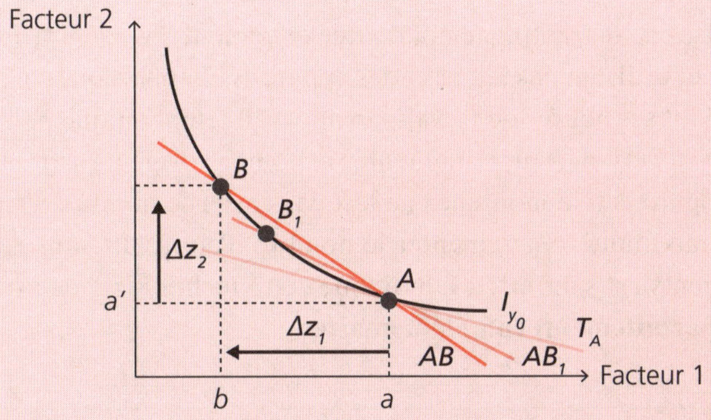

◀ **Figure 2.7** **Le TMST comme pente de la tangente à l'isoquante en un point**

Considérons l'isoquante I_{y_0} d'une technologie à deux facteurs parfaitement divisibles et deux points A et B sur cette isoquante tels que le point B est le point sur I_{y_0} obtenu à partir de A à la suite d'une variation Δz_1 du facteur 1. La pente de la droite AB est égale à $\Delta z_2/\Delta z_1$. Si Δz_1 tend vers une variation infinitésimale Δz_1, le point B se rapproche de A et la droite AB tend vers la tangente de l'isoquante au point A (droite T_A). La pente de cette tangente est égale, en valeur absolue à $\lim_{\Delta z_1 \to 0}\left|\frac{\Delta z_2}{\Delta z_1}(A)\right| = \left|\frac{dz_2}{dz_1}(A)\right| = TMST_{2/1}(A)$ d'après la définition du TMST.

3.2.5 Propriété du TMST

Le TMST diminue lorsque la quantité initiale de facteur 1 augmente. Plus la quantité initiale de facteur 1 est faible, plus il est difficile de compenser sa réduction et, au contraire, plus elle est élevée, plus la compensation de sa réduction est simple.

Il est facile de voir que cette propriété est bien vérifiée dans l'exemple de la figure 2.6. Considérons les points $A' = (4, 0{,}5)$, $B = (3, 1)$ et $C = (2, 2)$ tels que : $z_1^{A'} > z_1^B > z_1^C$. Nous avons bien $TMST_{2/1}(A') < TMST_{2/1}(B) < TMST_{2/1}(C)$.

Cette propriété, très générale (et liée à la décroissance de la productivité marginale des facteurs), n'exclut pas deux cas extrêmes, qui correspondent, l'un à une substituabilité parfaite entre facteurs et l'autre, à l'absence de substituabilité (appelée complémentarité parfaite). Ces deux concepts sont définis dans la section suivante.

3.3 Facteurs substituables et facteurs complémentaires

Les entreprises de marketing téléphonique emploient des agents (opérateurs ou opératrices) et utilisent des lignes et des appareils téléphoniques. Chaque agent utilise, pendant ses heures de travail, un appareil téléphonique pour passer des appels de prospection. Ainsi, augmenter le nombre d'agents sans augmenter le nombre d'appareils téléphoniques ne fait pas varier le nombre d'appels passés et, de la même manière, augmenter le nombre d'appareils sans augmenter le nombre d'agents est sans effet. On dit que cette technologie de production est à **facteurs (parfaitement) complémentaires**.

Définition 11

Une technologie est **à facteurs parfaitement complémentaires** si une augmentation de la quantité **d'un seul** des facteurs de production est sans effet sur la quantité produite.

Formulation mathématique : $F(z_1, z_2)$ est la fonction de production d'une technologie à facteurs parfaitement complémentaires si pour toute quantité de produit y_0 telle que $F(z_1, z_2) = y_0$, on a $F(z_1+\Delta z_1, z_2) = F(z_1, z_2+\Delta z_2) = y_0$, avec $\Delta z_1 > 0$ et $\Delta z_2 > 0$.

Dans l'entreprise de marketing téléphonique Happycall, un poste de travail (composé d'un agent et d'un appareil téléphonique) permet de passer 20 appels par heure en moyenne. Les isoquantes correspondant à 20, 40 et 80 appels par heure sont représentées dans la figure 2.8.

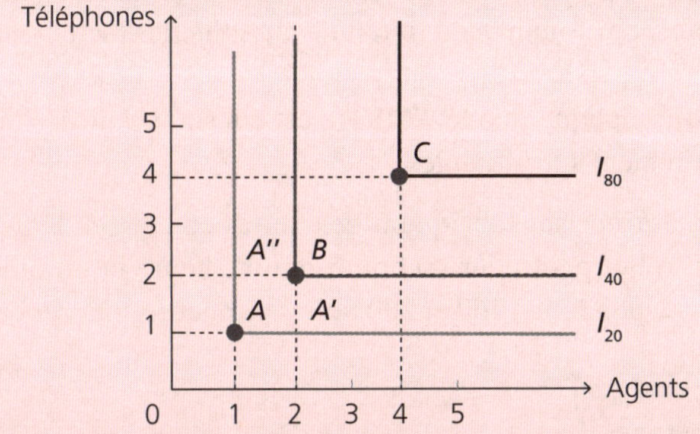

Construisons d'abord l'isoquante correspondant à 20 appels par heure. Le nombre d'agents est donné en abscisse et le nombre de téléphones en ordonnée. D'après la technologie de l'entreprise Happycall, un agent et un téléphone permettent de passer 20 appels par heure. Donc le point $A = (1, 1)$ appartient à l'isoquante I_{20}. Passer de 1 agent à 2 sans augmenter le nombre de téléphones ne permet pas d'augmenter le nombre d'appels, donc, le point $A' = (2, 1)$ appartient aussi à I_{20}. Le même raisonnement peut être fait pour le point $A'' = (1, 2)$ et pour tous les point de coordonnées $(1, z_2)$ ou $(z_1, 1)$. L'isoquante I_{40} est construite suivant le même principe avec, comme point de départ, le point $B = (2, 2)$. Pour I_{80}, le point de départ est $C = (4, 4)$.

Figure 2.8
Isoquantes d'une technologie à facteurs parfaitement complémentaires

Les fonctions de production des technologies à facteurs parfaitement complémentaires sont de la forme : $F(z_1, z_2) = \text{Min}\{az_1 + b, cz_2 + d\}$ et leurs isoquantes sont « coudées ». Pour l'entreprise Happycall, il est facile de voir que la fonction de production est $F(z_1, z_2) = 20\ \text{Min}\{z_1, z_2\}$.

Quant au TMST, il tend vers l'infini aux points correspondant aux « coudes » des isoquantes. En effet, toute réduction de la quantité d'un facteur réduit la quantité de produit sans que cette réduction puisse être compensée par une augmentation de l'autre facteur.

Considérons maintenant les entreprises fabriquant des boîtes d'emballage en carton. Le montage et pliage des boîtes peut se faire soit par des ouvriers (peu qualifiés), soit par des robots. On suppose que les robots sont deux fois plus rapides que les ouvriers. Dans ce cas, quel que soit le nombre initial de robots ou d'ouvriers, tout robot peut être remplacé par deux ouvriers et un robot remplace deux ouvriers. Cette technologie est dite à **facteurs parfaitement substituables.**

Définition 12

Une technologie est **à facteurs parfaitement substituables** si une réduction de la quantité d'un facteur est compensée par la même augmentation de l'autre facteur pour tout niveau initial de quantité des facteurs.

Cette définition implique que le $TMST_{2/1}$ est constant pour les technologies à facteurs parfaitement substituables.

Revenons aux entreprises fabriquant des boîtes en carton. Dans l'entreprise Happybox, un robot peut plier 40 boîtes en une heure et un ouvrier, 20. Les isoquantes correspondant à 160 et 200 boîtes par heure sont représentées dans la figure 2.9.

▶ **Figure 2.9**
Isoquantes d'une technologie à facteurs parfaitement subtituables

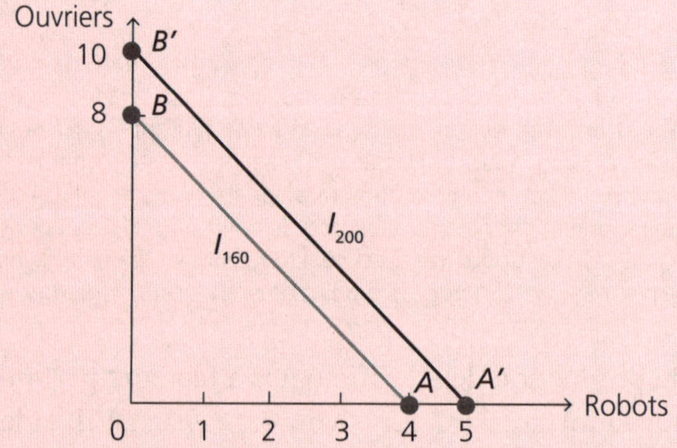

Construisons d'abord l'isoquante correspondant à 160 boîtes par heure. Le nombre de robots est donné en abscisse et le nombre d'ouvriers en ordonnée. D'après la technologie de l'entreprise Happybox, les 160 boîtes peuvent être montées soit par 4 robots (sans ouvrier), soit par 8 ouvriers (sans robot). Donc les points $A = (4, 0)$ et $B = (0, 8)$ appartiennent à l'isoquante I_{160}. Il en est de même des points $C = (3, 2)$ et $D = (1, 6)$. I_{160} est donc une droite de pente – 2. Nous pouvons procéder de façon identique pour I_{200} qui passe par les point $A' = (5, 0)$ et $B' = (0, 10)$.

Les fonctions de production des technologies à facteurs parfaitement substituables sont de la forme : $F(z_1, z_2) = az_1 + bz_2$ et leurs isoquantes sont des droites. TMST est égal à $\frac{a}{b}$.

Pour l'entreprise Happybox, il est facile de voir que la fonction de production est $F(z_1, z_2) = 40\, z_1 + 20\, z_2$. $TMST_{2/1}\, (z_1^0, z_2^0) = 2$ pour tout (z_1^0, z_2^0).

Jusqu'à présent, nous nous sommes intéressés à l'impact de la variation d'un ou de deux facteurs de production sur la quantité de bien produit. Dans un premier temps, nous avons cherché à déterminer comment l'augmentation d'un facteur influence la quantité de bien produit, lorsque la quantité des autres facteurs reste constante. Dans un second temps, nous avons cherché à déterminer comment la baisse de la quantité d'un facteur pouvait être compensée par l'augmentation du volume d'un autre. Dans la section suivante, nous nous demanderons ce que devient la quantité produite lorsque tous les facteurs augmentent dans les mêmes proportions, c'est-à-dire, lorsque l'échelle de production est augmentée.

4 Les rendements d'échelle

Une entreprise de prêt-à-porter possède un atelier de confection de jeans. L'atelier occupe 200 m^2, emploie 50 couturières et possède autant de machines à coudre. Si l'entreprise, décidant de s'agrandir, achète un autre atelier de même surface et 50 machines à coudre, embauche 50 couturières de plus et se procure la même quantité de matière première qu'avant (tissu, fil, boutons, etc.), que deviendra le nombre de jeans fabriqués ? Si N unités sortaient du premier atelier tous les mois, le nombre d'unités sortant des deux ateliers sera-t-il de $2N$, de moins de $2N$ ou de plus de $2N$? La réponse à cette question permet de déterminer ce qu'on appelle les **rendements d'échelle** de l'industrie du jean. Si en doublant l'échelle de production, l'entreprise fabrique exactement deux fois plus de jeans, on dira que l'industrie est à **rendements d'échelle constants**, si elle fabrique moins de deux fois plus de jeans, on dira qu'elle est à **rendement d'échelle décroissants** et si elle en fabrique plus de deux fois plus, on dira qu'elle est à **rendements croissants**.

Plus généralement, les rendements d'échelle se définissent directement à partir de la fonction de production.

Définition 13

i. Les **rendements d'échelle** d'une technologie sont **constants** si en multipliant par la même constante $\delta > 1$ la quantité de tous les facteurs de production, la quantité produite est multipliée par δ exactement.
ii. Les **rendements d'échelle** d'une technologie sont **décroissants** si en multipliant par la même constante $\delta > 1$ la quantité de tous les facteurs de production, la quantité produite est multipliée par moins de δ.
iii. Les **rendements d'échelle** d'une technologie sont **croissants** si en multipliant par la même constante $\delta > 1$ la quantité de tous les facteurs de production, la quantité produite est multipliée par plus de δ.

Formulation mathématique : Soit $F(z_1, ..., z_n)$, la fonction de production d'une technologie donnée et soit δ un nombre positif et supérieur à 1.

i. Si $F(\delta z_1, ..., \delta z_n) = \delta F(z_1, ..., z_n)$, la technologie est à rendements d'échelle **constants**.

ii. Si $F(\delta z_1, ..., \delta z_n) < \delta F(z_1, ..., z_n)$, la technologie est à rendements d'échelle **décroissants**.

iii. Si $F(\delta z_1, ..., \delta z_n) > \delta F(z_1, ..., z_n)$, la technologie est à rendements d'échelle **croissants**.

Les rendements constants correspondent au cas le plus intuitif. En dupliquant tout le processus de production, la quantité de bien produite est doublée exactement. Cependant, les changements qui interviennent inévitablement dans l'organisation d'une entreprise lorsque son échelle de production change peuvent, dans certains cas, aller à l'encontre de cette intuition.

Suivant les industries et les technologies, des rendements croissants ou décroissants peuvent aussi apparaître. Par exemple, fusionner deux compagnies d'assurance de taille identique permet la mutualisation des risques à plus grande échelle et peut améliorer la qualité (et la variété) des contrats proposés et donc générer des rendements croissants. De même, dans certains types d'industries (optique, chimique, etc.), certains équipements de pointe ne peuvent être acquis, et efficacement utilisées par les entreprises qu'au-delà d'une certaine échelle de production.

Une entreprise de 10 salariés et 20000 euros de capital ne peut pas acquérir et faire fonctionner les mêmes appareils et installations qu'une entreprise de 50 salariés et 100000 euros de capital. Mais l'augmentation de l'échelle de production n'a pas toujours cet effet bénéfique sur la quantité de bien produite. Des inefficacités issues de problèmes de coordination des processus de production peuvent apparaître. Superviser le travail de 20 commerciaux opérant dans deux départements est faisable, lorsqu'il s'agit de la supervision du travail de 100 commerciaux sur 10 départements, la supervision devient bien plus complexe, requiert des moyens supplémentaires et a un coût. Ce type de phénomènes peut être à l'origine de pertes d'efficacité et de rendements décroissants[1].

Lorsque les rendements d'échelle sont décroissants, la production augmente, en général, mais dans une moindre ampleur que les quantités de facteurs. Si les rendements étaient négatifs, la quantité produite serait inférieure à la quantité initiale, ce qui est extrêmement rare.

Attention ! Ne pas confondre rendements décroissants et rendements négatifs.

1 Les rendements d'échelle ne sont pas toujours de même nature, selon la quantité des facteurs. Une technologie peut, pour des quantités faibles des facteurs, être à rendements d'échelle constants, et devenir, pour des quantités plus élevées, à rendements décroissants.

FOCUS

Les rendements d'échelle d'une fonction de production Cobb-Douglas

La fonction de production Cobb-Douglas s'écrit : $F(z_1, z_2) = Az_1^a z_2^b$ où les paramètres A, a et b sont positifs. Pour étudier les rendements d'échelle associés à cette fonction, nous devons calculer $F(\delta z_1, \delta z_2)$ où δ est un nombre plus grand que 1.

$$F(z_1, z_2) = A(\delta z_1)^a (\delta z_2)^b = A\delta^{a+b} z_1^a z_2^b = A\delta^{a+b} F(z_1, z_2)$$

Par conséquent, les rendements d'échelle d'une fonction Cobb-Douglas dépendent de la valeur de $a + b$:

- Si $a + b = 1$ les rendements d'échelle sont constants.
- Si $a + b < 1$ les rendements d'échelle sont décroissants.
- Si $a + b > 1$ les rendements d'échelle sont croissants.

Ces résultats montrent que la fonction Cobb-Douglas, tout en ayant une forme simple, et seulement trois paramètres dont deux significatifs (*a et b*), a une grande flexibilité et peut être utilisée comme fonction de production dans des technologies aux propriétés très variées. C'est ce qui explique sa large utilisation dans les modèles aussi bien microéconomiques que macroéconomiques.

Comme nous allons le voir dans le chapitre 8, les rendements d'échelle d'une industrie peuvent expliquer la structure concurrentielle du secteur. Ainsi, des rendements d'échelle croissants peuvent être à l'origine de fusions successives d'entreprises du secteur et donner naissance à une structure oligopolistique ou monopolistique.

Les points clés

- La technologie de production regroupe toutes les caractéristiques d'un processus de production qui sont pertinentes pour un microéconomiste. Elle établit une relation entre les quantités de facteurs de production et la quantité de bien produit. La fonction de production est propre à une technologie donnée. Elle associe à toute combinaison de facteurs de production la quantité maximale de bien qui peut être produit avec ces facteurs.

- La productivité marginale (Pm) mesure l'accroissement de produit qui résulte d'un faible accroissement de la quantité d'un facteur donné, les quantités des autres restant constantes. La productivité marginale est positive et, en général, diminue lorsque la quantité initiale de facteur augmente.

- La productivité moyenne (PM) est la quantité de bien produite par unité de facteur. La productivité moyenne est positive et décroît lorsqu'elle est en dessous de la productivité marginale.

- Les isoquantes permettent la représentation graphique des fonctions de production à deux facteurs. Leurs courbes sont décroissantes et généralement convexes.

- Le taux marginal de sustituabilité technique (TMST) permet de mesurer le degré de substituabilité entre les facteurs de production.

- Deux cas extrêmes de substituabilité sont à distinguer : le cas des facteurs parfaitement substituables et le cas des facteurs parfaitement complémentaires.

- Les rendements d'échelle caractérisent la variation de la quantité produite à la suite d'une même augmentation de tous les facteurs de production.

ÉVALUATION

QCM

▸ Corrigés p. 348

1 **Un bien est produit à l'aide d'un seul facteur, le travail, dont la quantité est notée L. La fonction de production du bien est $F(L) = L^2 + 2L$. La productivité marginale du travail est :**

a. Croissante.
b. Décroissante.
c. Constante.

2 **Un bien est produit à partir de deux facteurs : capital, dont la quantité est notée K et travail, dont la quantité est notée L. La fonction de production est $F(K, L) = \frac{L}{2} + \sqrt{K}$.**

1. La productivité marginale du travail est :
- **a.** Croissante.
- **b.** Décroissante.
- **c.** Constante.

2. La productivité marginale du capital est :
- **a.** Croissante.
- **b.** Décroissante.
- **c.** Constante.

3. Les rendements d'échelle sont :
- **a.** Croissants.
- **b.** Décroissants.
- **c.** Constants.
- **d.** Aucune des précédentes.

3 **Un bien est produit à partir de deux facteurs qui sont le travail (L) et les matières premières (M). Deux technologies sont possibles pour la production du bien. La technologie A a comme fonction de production $F_A(L, M) = L + 3M$ et la technologie B a comme fonction de production $F_B(L, M) = 2L + 5M$.**

1. Laquelle de ces affirmations est vraie ?
- **a.** La technologie A est plus efficace que B.
- **b.** La technologie B est plus efficace que A.
- **c.** Les deux ont la même efficacité.
- **d.** On ne peut pas comparer leur efficacité.

2. Dans la technologie A, les deux facteurs sont :
- **a.** Parfaitement substituables
- **b.** Parfaitement complémentaires.

Exercices

▸ Corrigés en ligne

4 **Productivités moyennes, productivités marginales et isoquantes**

Soient les fonctions de production suivantes :
(1) $F(L) = L^{1/4}$
(2) $F(K, L) = (2K + L)^{1/2}$
(1) $F(K, L) = K^{1/3} L^{1/3}$
Pour chacune des fonctions :
1. Calculez les productivités moyennes et marginales du facteur L.
2. Représentez une isoquante correspondant à un niveau de produit y_0 donné.

5 **Rendements d'échelle**

On considère une firme dont la fonction de production est $F = L^{0,5}$:
1. Définissez, calculez et étudiez la productivité marginale du travail.
2. Définissez et déterminez la nature des rendements d'échelle.

6 **Taux marginal de substitution technique**

Soit la fonction de production :
$y = A(\alpha L^{-\rho} + (1 - \alpha) K^{-\rho})^{-1/\rho}$
1. Quelle est la nature des rendements d'échelle ?
2. Déterminez les productivités marginales des facteurs de production.
3. Déterminez le taux marginal de substitution technique.

7 Technologie à trois facteurs complémentaires

Une compagnie aérienne organise des vols Paris-Nice. Un vol nécessite 1 avion, 2 pilotes et 4 hôtesses (ou stewards).

1. Écrire la fonction de production associée à cette technologie à 3 facteurs.

2. En supposant que la société dispose de 5 avions, représentez l'isoquante associée à 5 vols.

3. En supposant que la société achète un nouvel avion, représentez la nouvelle isoquante.

4. Que devient le nombre de vols si la société multiplie par 2 ses avions, ses pilotes et ses hôtesses (ou stewards) ? Que pouvez-vous en déduire concernant les rendements d'échelle de cette technologie ?

8 Technologie à trois facteurs substituables

Une entreprise utilise trois facteurs de production qui sont : le travail qualifié (noté L_1), le travail non qualifié (L_2) et le capital (K). Sa fonction de production est $y = A\, L^a_1\, L^b_2 K^c$, a, b, c sont strictement positifs. Calculez les élasticités des trois facteurs. Si $a = 0{,}5$; $b = 0{,}3$ et $c = 0{,}2$ que pouvez-vous en déduire ?

1. Calculez le taux marginal de substitution (TMS) du travail non qualifié au travail qualifié. Si $a = 0{,}5$; $b = 0{,}3$ et $c = 0{,}2$ comment pouvez-vous interpréter ce TMS ?

2. Calculez le taux marginal de substitution (TMST) du capital au travail non qualifié. Si $a = 0{,}5$; $b = 0{,}3$ et $c = 0{,}2$ comment pouvez-vous interpréter ce TMST ? Comparez ce TMS avec celui du capital au travail qualifié.

3. Si l'entreprise multiplie par 3 le nombre de travailleurs qualifiés et non qualifiés en ne changeant pas le niveau du capital, que deviendra la quantité produite si $a = 0{,}5$; $b = 0{,}4$ et $c = 0{,}3$?

4. Si maintenant l'entreprise multiplie par 3 les trois facteurs de production, que deviendra la quantité produite si $a = 0{,}5$; $b = 0{,}3$ et $c = 0{,}2$? Et si $a = 0{,}5$; $b = 0{,}4$ et $c = 0{,}4$? Que pouvez-vous dire des rendements dans ces deux cas ?

POUR ALLER PLUS LOIN

Variations de PM_i et Pm_i

Les variations des productivités moyennes et marginales d'un facteur sont liées. Plus précisément, la productivité moyenne d'un facteur augmente lorsque sa productivité marginale est supérieure à sa productivité moyenne et diminue sinon :

$$\frac{\partial PM_i(z_1, ..., z_n)}{\partial z_i} > 0 \Leftrightarrow Pm_i(z_1, \ldots, z_n) > PM_i(z_1, \ldots, z_n)$$

$$\frac{\partial PM_i(z_1, ..., z_n)}{\partial z_i} \leq 0 \Leftrightarrow Pm_i(z_1, \ldots, z_n) \leq PM_i(z_1, \ldots, z_n)$$

Ce résultat se démontre facilement en partant de la définition de la productivité moyenne. Pour alléger les notations, on note $z = (z_1, z_i, \ldots, z_n)$.

$$PM_i(z) = \frac{F(z)}{z_i} \Rightarrow \frac{\partial PM_i(z)}{\partial z_i} = \frac{1}{z_i^2}\left(\frac{\partial F(z)}{\partial z_i} z_i - F(z)\right) = \frac{1}{z_i}\left(\frac{\partial F(z)}{\partial z_i} - \frac{F(z)}{z_i}\right) = \frac{1}{z_i}(Pm_i(z) - PM_i(z))$$

Par conséquent, $\frac{\partial PM_i(z)}{\partial z_i} > 0 \Leftrightarrow \frac{1}{z_i}(Pm_i(z) - PM_i(z)) > 0$ ce qui démontre le résultat car $z_i > 0$.

Chapitre 3

En 2008, Nokia, le géant finlandais de la téléphonie mobile annonce la fermeture de son usine allemande de Bochum pour aller s'implanter en Roumanie. En 2013, l'entreprise abandonne la Roumanie pour le nord du Vietnam. Quelles sont les causes de cette délocalisation ? L'entreprise explique la décision d'installer ses usines en Asie par la proximité de ses fournisseurs de composants électroniques.

Les décisions de délocalisation font ainsi partie des stratégies que les entreprises mettent en œuvre pour minimiser leurs coûts de production (transport, main-d'œuvre, matières premières, etc.). Pour réduire ses coûts de main-d'œuvre, une entreprise peut choisir de remplacer la main-d'œuvre nationale par de la main-d'œuvre étrangère si celle-ci est moins coûteuse. Elle peut également remplacer la main-d'œuvre par des machines ou des robots. De même, s'installer à proximité de ses fournisseurs permet une réduction des coûts de transport.

Plus généralement, toute entreprise dont l'objectif est la maximisation du profit choisit les quantités des différents facteurs de production qu'elle utilise de manière à réduire au maximum ses coûts de production et ce quelle que soit la quantité de bien qu'elle décide de produire. Toute modification des prix des facteurs pourra alors entraîner une modification des quantités utilisées.

LES GRANDS AUTEURS

Jacob Viner (1892-1970)

J. Viner est un économiste canadien, naturalisé américain. Il a enseigné dans les prestigieuses universités de Chicago et de Princeton.

Il a apporté des contributions majeures en économie internationale, en histoire de la pensée économique, et sur la théorie de la firme dont il est un des pionniers. Il est un des premiers à avoir fait la distinction entre les courbes des coûts de court terme et de long terme et à en avoir proposé une représentation graphique. ■

Demande de facteurs et fonctions de coût

Plan

Prérequis

- → **Représenter** les isoquantes associées à une fonction de production à deux facteurs.
- → **Dériver** une fonction à une et à deux variables.
- → **Trouver** le minimum d'une fonction à deux variables Σ.

Objectifs

- → **Comprendre** ce que sont les demandes de facteurs et apprendre à les déduire d'une fonction de production.
- → **Évaluer** l'impact d'une augmentation des prix des facteurs sur leur demande.
- → **Définir** le coût total et ses composantes, le coût fixe et le coût variable et comprendre leur signification.
- → **Définir** le coût marginal et le coût moyen, comprendre leur signification et leurs propriétés.
- → **Calculer** un coût de long terme à partir des coûts à court terme.

Dans ce chapitre, nous déterminerons d'abord la demande de facteurs d'une entreprise en fonction des prix de ces derniers et de sa technologie. Nous en déduirons une fonction de coût dont nous étudierons ensuite les propriétés.

1 Minimisation des coûts de production

Les technologies de production de la plupart des biens permettent de produire une même quantité de bien de plusieurs façons. Par exemple, nous avons vu dans le chapitre 2 que l'enregistrement des passagers dans un aéroport peut être fait soit par des agents, soit par des machines d'enregistrement automatique. De même, les centres d'appels peuvent utiliser des opérateurs localisés, soit en France, soit à l'étranger.

Quelle est la combinaison de facteurs de production qu'une entreprise va choisir ?

Si son objectif est de maximiser son profit[1] et si elle n'est soumise à aucune contrainte sur la quantité des différents *inputs*[2], la quantité utilisée de chaque facteur va dépendre de son prix et de la substituabilité entre facteurs. Intuitivement, un facteur sera d'autant plus utilisé qu'il est peu coûteux et facilement substituable aux autres facteurs (éventuellement plus coûteux). La substituabilité entre facteurs va dépendre de la technologie utilisée et pourra être mesurée par le taux marginal de substitution technique (TMST) entre facteurs que nous avons défini dans le chapitre 2.

Avant de faire des hypothèses sur la formation des prix des facteurs de production, considérons la façon dont une entreprise se procure ces facteurs. S'il s'agit d'un produit uniformisé, son prix est fixé par le marché. L'entreprise passe commande auprès de n'importe quel fournisseur de ce produit et obtient une livraison rapidement. En revanche, s'il s'agit d'un produit sur mesure, comme une presse pour des pièces mécaniques ou une chaîne de montage, l'entreprise peut s'adresser à plusieurs fournisseurs, leur soumettre un cahier des charges et obtenir des devis. Le produit ne pourra être réalisé, et livré, qu'après un certain laps de temps et le prix sera souvent le résultat d'une négociation entre le fournisseur et l'entreprise.

Nous allons, dans ce qui suit, considérer le cas le plus simple, et le plus fréquent. Chaque entreprise considère les prix des facteurs de production qu'elle achète comme donnés. Elle ne peut pas les modifier et peut acheter des quantités illimitées de facteurs à ces prix.

1 Cet objectif sera présenté plus en détail et discuté dans le chapitre 4.
2 La quantité disponible de certains *inputs* peut être limitée (ressources naturelles, qualifications pointues et très recherchées). Des contraintes règlementaires peuvent imposer un seuil maximal pour l'utilisation de certains produits (par exemple, produits polluants ou potentiellement dangereux pour la santé dans l'industrie agro-alimentaire).

1.1 Demande de facteurs

La société Vikea veut créer son propre centre d'appels pour traiter les demandes de renseignements et de réclamations de ses clients. Les gérants de la société estiment à 150 le nombre d'appels qui doivent être traités par heure. Les appels peuvent être traités par des répondeurs automatiques (robots) ou des opérateurs. La relation entre nombre d'opérateurs (facteur travail noté L), nombre de robots (facteur capital noté K) et nombre d'appels traités par heure (y) est donnée par la fonction de production suivante : $y = 10L^{0,6} K^{0,4}$.

Si le salaire horaire d'un opérateur est de 20 euros et si l'équivalent horaire du coût d'un robot est de 10 euros, combien d'opérateurs et de robots la société doit-elle utiliser pour traiter ses 150 appels au moindre coût ? L'entreprise doit déterminer quelle est, parmi toutes les combinaisons possibles d'opérateurs et de robots qui permettent de traiter 150 appels, celle qui lui coûtera le moins cher. Notons cette combinaison (L^*, K^*) et donnons la formulation mathématique du problème que doit résoudre l'entreprise.

(L^*, K^*) sont les solutions du problème de minimisation sous contrainte suivant :

$$\underset{L,K}{\text{Min}}\, 20L + 10K$$

sous la contrainte $10L^{0,6}K^{0,4} = 150$.

1.1.1 Droites d'isocoût

Nous allons d'abord proposer une résolution graphique de ce problème. Toutes les combinaisons de facteurs possibles (L, K) peuvent être représentées dans un repère orthonormé avec en abscisse, la quantité de facteur L et en ordonnée, la quantité de facteur K.

Intéressons-nous d'abord au coût total des facteurs. Considérons par exemple toutes les combinaisons de travail et de capital qui entraînent un coût total de 550 euros. Elles vérifient $20L + 10K = 550$ et se situent donc le long d'une droite, notée D_1, d'équation $K = -\frac{20}{10}L + \frac{550}{10}$. Les combinaisons de facteurs qui donnent un coût total de 450 euros se situent sur une autre droite, D_2, d'équation $K = -\frac{20}{10}L + \frac{450}{10}$. Cette droite D_2 est parallèle à la précédente car de même pente (égale à $-\frac{20}{10} = -2$) et se trouve plus près de l'origine, car son ordonnée à l'origine ($\frac{450}{10} = 45$) est plus petite. Ces droites, appelées **droites d'isocoût**, sont représentées sur la figure 3.1.

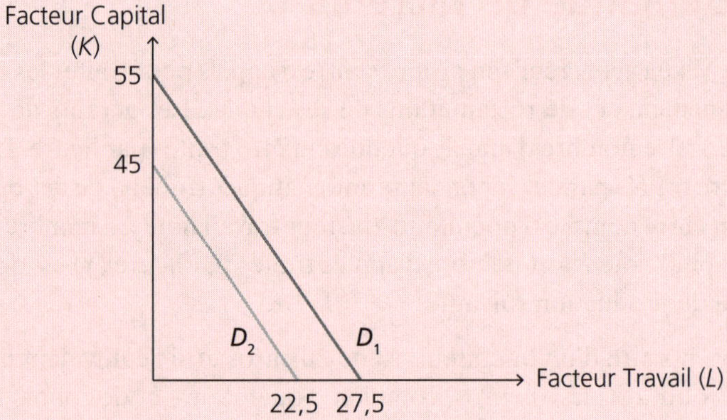

▶ **Figure 3.1**
Droites d'isocoût

La droite D_1 d'équation $K = -2L + 55$ passe par les points (0, 55) et (27,5, 0) et la droite D_2 d'équation $K = -2L + 45$ passe par les points (0, 45) et (22,5, 0). D_2 regroupe des combinaisons de facteurs dont le coût total est plus faible que celles situées sur D_1.

Définition 1

Une **droite d'isocoût** de niveau C associée à une technologie à deux facteurs de production, dont les prix sont donnés, est l'ensemble de toutes les combinaisons de facteurs qui conduisent au même coût C.

Formulation mathématique: Notons z_1 et z_2, les quantités de deux facteurs de production et p_1 et p_2, leurs prix respectifs. Les combinaisons de facteurs qui conduisent au coût C, étant donné les prix p_1 et p_2, vérifient $p_1 z_1 + p_2 z_2 = C$. Dans le plan (z_1, z_2), l'équation de la droite d'isocoût associée est: $z_2 = -\frac{p_1}{p_2} z_1 + \frac{C}{p_2}$.

Les propriétés générales des droites d'isocoût sont les suivantes:

- Les droites d'isocoût sont décroissantes car leur pente est négative.
- Les droites d'isocoût sont parallèles entre elles et leur pente est égale au rapport des prix des facteurs.
- Le coût associé à une droite d'isocoût est d'autant plus faible que cette droite est proche de l'origine.

1.1.2 Minimisation du coût de production

Revenons aux choix de l'entreprise Vikea. Elle doit déterminer, parmi toutes les combinaisons d'opérateurs et de robots qui permettent le traitement de 150 appels par heure, celle qui correspond au coût total le plus faible. L'ensemble des combinaisons de facteurs qui permettent de traiter 150 appels correspond (▶ chapitre 2) à l'isoquante de niveau 150 dont l'équation est $10L^{0,6}K^{0,4} = 150$ et notée I_{150}.

Nous devons chercher la droite d'isocoût la plus proche de l'origine qui ait un point commun avec l'isoquante I_{150}. Cette droite doit être tangente à l'isoquante (▶ figure 3.2). Ainsi, la combinaison de facteurs qui minimise le coût total, notée $A = (L^*, K^*)$, est le point de tangence entre la droite d'isocoût et l'isoquante I_{150}.

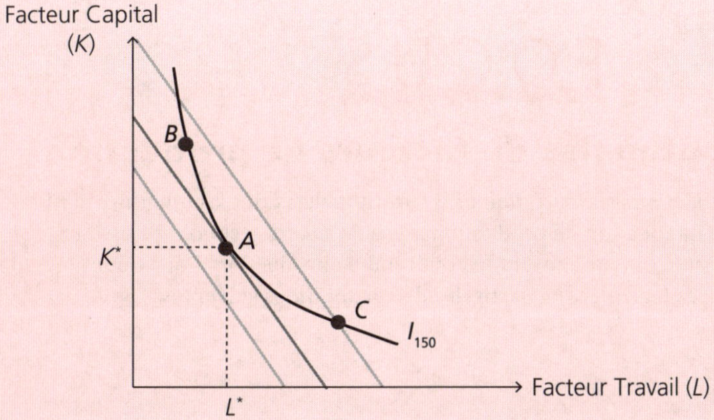

Au point A, la pente de la droite d'isocoût (ici égale à 2 en valeur absolue) doit donc être égale à la pente de l'isoquante I_{150} (ici $\frac{0,6}{0,4}\frac{K}{L}$).

◀ **Figure 3.2** **Minimisation du coût de production**

La combinaison $A = (L^*, K^*)$ optimale vérifie donc deux conditions :

i. L'égalité entre les pentes de l'isoquante I_{150} et d'une droite d'isocoût : $\frac{0,6}{0,4}\frac{K^*}{L^*} = \frac{20}{10}$

ii. A appartient à l'isoquante I_{150} : $10\,(L^*)\,0,6\,(K^*)^{0,4} = 150$.

Interprétons la condition (i). Le terme de gauche est égal au taux marginal de substitution technique du capital au travail (▶ chapitre 2). Il donne le nombre d'unités de capital nécessaires pour remplacer une unité de travail. Le terme de droite est égal au rapport des prix du travail et du capital. Il donne le nombre d'unités de capital que l'entreprise peut acheter en plus si elle diminue d'une unité le travail. Il s'agit d'un taux de substitution « économique » du capital au travail.

Pourquoi des quantités de facteurs qui ne vérifient pas la condition (i) ne peuvent pas être optimales ?

Considérons le point C sur la figure 3.2. Il est sur I_{150}, ses quantités de facteurs permettent de traiter 150 appels. Mais, la droite d'isocoût qui passe par C est plus éloignée de l'origine que celle qui passe par A. C ne minimise pas le coût de production. Plus précisément, $TMST_{K/L}(C) < 2$. L'entreprise a intérêt à utiliser moins de travail que dans C si elle veut minimiser ses coûts. En effet, en diminuant de 1 unité le travail dans C l'entreprise peut acheter 2 unités de capital. Or, elle a besoin de moins de 2 unités de capital pour compenser la perte en travail. Ainsi, elle pourra donc réaliser des économies. Un raisonnement inverse s'applique au point B.

Le résultat ci-dessus se généralise à toute technologie à deux facteurs (hors les cas de substituabilité parfaite ou complémentarité parfaite des facteurs).

FOCUS

Quantité optimales de facteurs de production

Soit une technologie à deux facteurs (imparfaitement) substituables, dont les quantités sont notées z_1 et z_2 et les prix sont p_1 et p_2. La fonction de production associée à cette technologie est $F(z_1, z_2)$.
Les quantités de facteurs z_1^* et z_2^* qui minimisent le coût total de production d'une quantité y_0 donnée peuvent alors être déterminées (calculées) à partir des deux conditions suivantes :

(i) $\dfrac{\frac{\partial F}{\partial z_1}(z_1^*, z_2^*)}{\frac{\partial F}{\partial z_2}(z_1^*, z_2^*)} = \dfrac{p_1}{p_2}$ et (ii) $F(z_1^*, z_2^*) = y_0$

où $\dfrac{\frac{\partial F}{\partial z_1}(z_1^*, z_2^*)}{\frac{\partial F}{\partial z_2}(z_1^*, z_2^*)} = TMST_{2/1}(z_1^*, z_2^*)$

APPLICATION **Quantités optimales de facteur de production**

Soit une fonction de production Cobb-Douglas $F(L, K) = AL^aK^b$ et des prix des facteurs p_L et p_K. Cette fonction étant à facteurs imparfaitement substituables, les quantités demandées de facteurs L^* et K^* doivent vérifier les conditions (i) et (ii) précédentes qui, pour cette fonction, s'écrivent :

(i) $\dfrac{AaL^{*a-1}K^{*b}}{AbL^{*a}K^{*b-1}} = \dfrac{p_L}{p_K}$ d'où $\dfrac{K^*}{L^*} = \dfrac{b}{a}\dfrac{p_L}{p_K}$ et (ii) $AL^{*a}K^{*b} = y_0$

En exprimant K^* en fonction de L^* de (i) et en remplaçant dans (ii), nous obtenons :

$$L^*(p_L, p_K, y_0) = A^{-\frac{1}{a+b}}\left(\frac{a}{b}\frac{p_K}{p_L}\right)^{\frac{b}{a+b}} y_0^{\frac{1}{a+b}} \text{ et } K^*(p_L, p_K, y_0) = A^{-\frac{1}{a+b}}\left(\frac{b}{a}\frac{p_L}{p_K}\right)^{\frac{a}{a+b}} y_0^{\frac{1}{a+b}}$$

Nous venons d'exprimer les relations entre les quantités de facteurs demandées, L, K, les prix de ces facteurs, p_L, p_K et la quantité de produit, y_0. Ces relations donnent les demandes de facteurs de production.

1.1.3 Fonction de demande des facteurs

Définition 2

La fonction de demande de facteur *z* d'une entreprise est la fonction qui, à des niveaux de prix donnés et à un niveau de produit donné, associe la quantité de facteur *z* qui résulte d'une minimisation du coût total de production.

Remplaçons les prix et les paramètres de la fonction Cobb-Douglas par les valeurs données dans le cas du montage du centre d'appel précédemment étudié : pour traiter 150 appels au moindre coût, la société doit employer 13 salariés et 18 répondeurs automatiques. Évidemment, si les prix des facteurs de production venaient à changer, l'entreprise Vikea serait amenée à modifier le nombre de salariés et de répondeurs automatiques.

Attention ! Les conditions (i) et (ii) que nous avons identifiées pour la détermination des fonctions de demande de facteurs, ne s'appliquent que lorsque la fonction de production est continue et dérivable partout par rapport aux quantités des deux facteurs de production. Si ce n'est pas le cas, notamment si les facteurs sont parfaitement complémentaires ou parfaitement substituables, ces conditions ne sont plus vérifiées et les demandes de facteurs sont déterminées autrement.

POUR ALLER PLUS LOIN
▶ *Voir p. 70*

1.2 Impact des prix des facteurs

Supposons que la société de livraison Micro Express utilise des véhicules électriques (à vitesse maximale réduite et à charge maximale limitée) et des véhicules à essence (plus rapides et pouvant transporter des charges plus lourdes). Quel sera l'impact de la baisse des prix des voitures électriques sur le nombre de véhicules de chaque type ?

L'intuition nous suggère que le nombre de véhicules électrique va augmenter et celui de voitures à essence diminuer. L'amplitude de la variation va dépendre du degré de substituabilité entre les facteurs. Elle sera la plus forte pour les biens parfaitement substituables.

La figure 3.3 présente l'impact d'une diminution des prix des voitures électriques sur la répartition du parc automobile de la société Micro Express qui doit livrer 10000 colis par an.

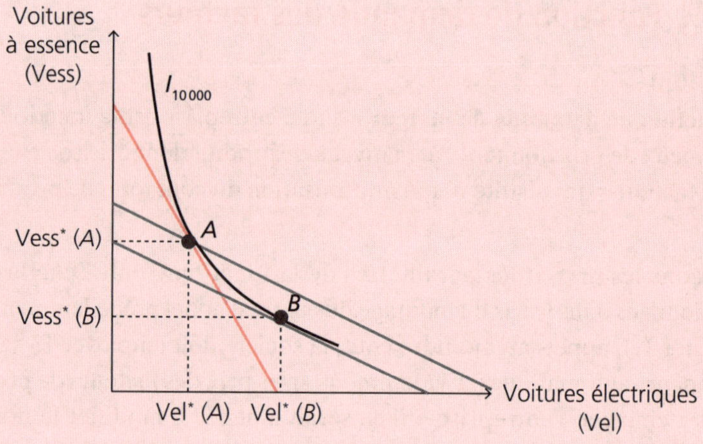

▶ **Figure 3.3**
Impact de la diminution du prix d'un facteur sur la demande des facteurs

Lorsque les prix des voitures électriques baissent, la pente des droites d'isocoût diminue en valeur absolue, on passe de la droite en orange à celles en gris. La demande optimale de facteurs passe dans ce cas du point *A* au point *B*, le nombre de véhicules électriques augmente de Vel*(*B*) – Vel*(*A*), et celui des voitures à essence diminue de Vess*(*A*) – Vess*(*B*).

APPLICATION Prix d'un facteur et fonction Cobb-Douglas

En reprenant les demandes de facteurs capital et travail calculées pour une fonction Cobb-Douglas, nous pouvons mesurer l'impact d'une augmentation du coût du travail p_L sur la demande de travail, L, et de capital, K, en calculant $\dfrac{\partial L^*(p_L, p_K, y_0)}{\partial p_L}$ et $\dfrac{\partial K^*(p_L, p_K, y_0)}{\partial p_L}$.

Nous obtenons :

$$\frac{\partial L^*(p_L, p_K, y_0)}{\partial p_L} = -\frac{b}{a+b} p_L^{-\frac{b}{a+b}-1} A^{-\frac{1}{a+b}} \left(\frac{a}{b} p_K\right)^{\frac{b}{a+b}} y_0^{\frac{1}{a+b}} < 0$$

$$\frac{\partial K^*(p_L, p_K, y_0)}{\partial p_L} = \frac{a}{a+b} p_L^{\frac{a}{a+b}-1} A^{-\frac{1}{a+b}} \left(\frac{b}{a} \frac{1}{p_K}\right)^{\frac{a}{a+b}} y_0^{\frac{1}{a+b}} > 0$$

Lorsque le coût du travail augmente, l'entreprise est incitée à substituer du capital au travail : la quantité demandée de travail diminue et la demande de capital augmente. Les éventuels coûts d'ajustement (que nous ignorons ici) peuvent aussi jouer un rôle et limiter l'amplitude des variations de la quantité des facteurs. En effet, la vente des véhicules à essence ne se fera certainement pas au prix d'achat et l'acquisition de nouvelles voitures électriques peut entraîner des frais de personnel ou des commissions. Ces coûts d'ajustement seront encore plus importants dans des secteurs industriels où l'augmentation des prix des facteurs peut impliquer la fermeture d'un atelier de fabrication ou le démontage d'une chaîne de fabrication.

1.3 Élasticité de substitution

Dans la section précédente, nous nous sommes interrogés sur l'impact de l'augmentation du prix d'un facteur sur la demande de l'entreprise pour chacun des deux facteurs de production pris séparément. Il est aussi intéressant de s'interroger sur l'impact d'une variation du rapport des prix sur le rapport des quantités de facteurs. Si le rapport du taux de salaire au coût du capital augmente de 5 % le ratio salariés/machines va-t-il diminuer de 5 %, de plus de 5 %, de moins de 5 % ? La réponse va dépendre du degré de substituabilité entre les facteurs. Cette substituabilité peut être mesurée par l'élasticité de substitution entre facteurs.

Définition 3

L'élasticité de substitution entre deux facteurs de production mesure la variation en % du ratio des demandes pour ces facteurs à la suite d'une augmentation de 1 % du ratio des prix.

L'élasticité de substitution entre deux facteurs dépend de la technologie considérée et ne peut être calculée qu'une fois déterminées les fonctions de demandes des facteurs pour cette technologie.

Formulation mathématique: Soit une technologie à deux facteurs de production dont les prix respectifs sont p_1 et p_2. Les fonctions de demande de facteurs associées à un niveau de production y donné sont notées $z_1^* (p_1, p_2, y)$ et $z_2^*(p_1, p_2, y)$. L'élasticité de substitution est σ:

$$\sigma = \frac{\partial\left(\frac{z_2^*}{z_1^*}\right)}{\partial\left(\frac{p_1}{p_2}\right)} \frac{\left(\frac{p_1}{p_2}\right)}{\frac{z_2^*}{z_1^*}}$$

Plus l'élasticité de substitution est importante, plus les facteurs sont substituables.

APPLICATION Élasticité de substitution et fonction Cobb-Douglas

Reprenons les fonctions de demande de facteurs d'une fonction Cobb-Douglas.

$$L^*(p_L, p_K, y_0) = A^{-\frac{1}{a+b}} \left(\frac{a}{b}\frac{p_K}{p_L}\right)^{\frac{b}{a+b}} y_0^{\frac{1}{a+b}}$$

$$K^*(p_L, p_K, y_0) = A^{-\frac{1}{a+b}} \left(\frac{b}{a}\frac{p_L}{p_K}\right)^{\frac{a}{a+b}} y_0^{\frac{1}{a+b}}$$

Nous pouvons en déduire que : $\frac{K^*}{L^*} = \frac{b}{a}\frac{p_L}{p_K}$.

On a donc $\frac{\partial(K^*/L^*)}{\partial(p_L/p_K)} = \frac{b}{a}$ ce qui implique directement : $\sigma = \frac{\partial(K^*/L^*)}{\partial(p_L/p_K)}\frac{(p_L/p_K)}{(K^*/L^*)} = \frac{b}{a}\frac{p_L}{p_K}\frac{L^*}{K^*}$.

En remplaçant $\frac{L^*}{K^*}$ par $\frac{a}{b}\frac{p_K}{p_L}$, on obtient $\sigma = 1$.

2 Les fonctions de coût

Les fonctions de demande de facteurs permettent, pour des prix donnés des facteurs, d'associer à chaque niveau de production un coût total minimal.

Ainsi, en reprenant l'exemple du centre d'appel et en notant $CT(y)$ le coût total minimal de ce centre avec y le nombre d'appels à traiter, nous avons :

$$CT(y) = 20L^*(20, 10, y) + 10K^*(20, 10, y)$$

La fonction de coût total dépend de la technologie utilisée par une entreprise et des prix des facteurs de production. Elle est un résumé fort utile des contraintes technologiques et de marché auxquelles l'entreprise est confrontée. Les différentes composantes de la fonction de coût total et ses propriétés, que nous allons maintenant présenter, sont des éléments importants pour la stratégie des entreprises comme nous le verrons dans le chapitre 4.

2.1 Coût total, coût variable et coût fixe

Considérons un salon de coiffure indépendant installé à Marseille. Les coûts de son activité viennent du loyer à payer pour le local, du salaire des coiffeurs, du matériel (fauteuils, séchoirs, brosses, ciseaux, etc.) et des produits (shampoing, couleurs, etc.). Une partie de ces coûts dépend du nombre de coiffures réalisées par mois. Il peut s'agir par exemple du nombre de coiffeurs et de la quantité de shampoing. On parle alors de **coûts variables**. D'autres coûts sont indépendants du nombre de clients coiffés, comme le loyer à payer. On parle alors de **coûts fixes**.

Définition 4

Le coût fixe, noté CF, associé à une technologie est un coût qui ne varie pas avec la quantité de bien produite.
Le coût variable, noté $CV(y)$, associé à une technologie est un coût qui varie avec la quantité de bien produite, notée y.
Ainsi, **le coût total**, noté $CT(y)$, associé à une technologie et correspondant à un niveau de production y peut s'écrire :

$$CT(y) = CF + CV(y)$$

Sur une période courte, plusieurs mois, ou même une année ou deux, les coûts de plusieurs facteurs peuvent être considérés comme fixes. Licencier des salariés à la suite d'une baisse de l'activité peut prendre du temps, ainsi que le démontage d'une chaîne de production. En revanche, lorsque la période considérée est plus longue, les coûts d'une majorité de facteurs deviennent variables.

Le caractère fixe ou variable d'un coût dépend de l'intervalle de temps considéré.

Le loyer du salon de coiffure sera ainsi un coût fixe pendant la durée du bail signé, mais ensuite les propriétaires du salon pourront décider de fermer, de l'agrandir, ou d'en ouvrir un deuxième ailleurs, ce qui fera du loyer un coût variable.

Ainsi, la distinction entre coûts fixes coûts et coûts variables est pertinente uniquement lorsqu'on raisonne sur une durée de temps assez courte pour que les quantités de certains facteurs de production ne puissent pas être modifiées. Les économistes appellent cette situation le **court terme**. La durée « objective » en mois ou en années du court terme dépend de l'industrie et de la technologie considérée. Par opposition, le **long terme** correspond à une situation où les quantités de tous les facteurs de production peuvent être ajustées[1].

Le département de contrôle de gestion d'une entreprise fabriquant des pièces pour cafetières à capsules présente, dans le tableau 3.1, les coûts de production (en milliers d'euros) en fonction du nombre de pièces fabriquées (en milliers).

1 Nous retrouverons la distinction entre court terme et long terme dans le chapitre 4 au sujet du nombre d'entreprises présentes sur un marché. Le long terme fera alors référence à une situation où le nombre d'entreprises sur un marché peut varier.

▶ Tableau 3.1
Coûts de production de pièces pour cafetières

Nombre de pièces (en milliers)	Coût fixe (CF)	Coût variable CV(y)	Coût total CT(y)
0	5	0	5
1	5	8	13
2	5	14	19
3	5	18	23
4	5	24	29
5	5	31	36

Le coût total de production associé à une technologie peut être donné soit par un tableau donnant, pour chaque niveau de bien produit, le coût correspondant associé, soit sous la forme d'une fonction mathématique.

La fonction de coût correspondant au tableau est approximativement : $CT(y) = y^3 - 6y^2 + 15y + 5$.

La fonction de coût total résume toutes les informations utiles à l'évaluation des coûts de production. On peut retrouver facilement les coûts fixes et les coûts variables :

$$CF = CT(0) \text{ et } CV(y) = CT(y) - CF$$

2.2 Coût marginal et coût moyen

Le coût total donne une vision globale des dépenses que doit engager l'entreprise pour chacun des niveaux de production possibles. Cependant, choisir le volume de production optimal ou une technologie de production nécessite des informations plus fines. Il est notamment important de savoir mesurer l'augmentation de coût qu'entraîne l'augmentation du volume produit.

Les notions de coût marginal et de coût moyen, que nous allons maintenant définir, ont la même signification (et se calculent de la même manière) que les productivités marginales et moyennes définies dans le chapitre 2.

Définition 5

Le coût marginal désigne l'accroissement de coût qui résulte d'une augmentation (minimale) de la quantité de bien produite.
Formulation mathématique : Soit $CT(y)$, le coût total de production d'un bien donné. Soient y_0, y_1 tels que $y_1 > y_0$ et $y_1 - y_0$ l'écart le plus faible techniquement réalisable. Le coût marginal en y_0, noté $Cm(y_0)$, est donné par :

$$Cm(y_0) = \frac{\Delta CT(y_0)}{\Delta y} \text{ avec } \Delta CT(y_0) = CT(y_1) - CT(y_0),\ \Delta y = y_1 - y_0$$

Si la fonction de coût est dérivable, le coût marginal en y_0 est égal à sa dérivée[1]:

$$Cm(y_0) = CT'(y_0)$$

Comme CF ne dépend pas de y, $CT'(y_0) = CV'(y_0)$.

Graphiquement, le coût marginal en y_0 est égal à la pente de la tangente à la courbe de coût total en y_0 (▶ figure 3.4).

Définition 6

Le coût moyen d'un facteur de production désigne la quantité de bien produite par unité de ce facteur de production.

Formulation mathématique: Soit $CT(y)$, le coût total de production d'un bien donné et soit y_0 un niveau de bien produit. Le coût moyen en y_0, noté $CM(y_0)$, est donné par:

$$CM(y_0) = \frac{CT(y_0)}{y_0}$$

Le coût moyen peut être décomposé en coût fixe moyen, $CFM(y_0)$, et un coût variable moyen, $CVM(y_0)$:

$$CFM(y_0) = \frac{CF}{y_0} \text{ et } CVM(y_0) = \frac{CV(y_0)}{y_0}$$

Graphiquement, le coût moyen pour un niveau de production y_0 correspond à la pente de la droite qui relie l'origine à ce point (▶ figure 3.4).

Nombre de pièces (en milliers)	Coût total *CT(y)*	Coût marginal	Coût fixe moyen	Coût variable moyen	Coût moyen
0	5	8			
1	13	6	5	8	13
2	19	4	2,5	7	9,5
3	23	6	1,67	6	7,67
4	29	7	1,25	6	7,2
5	36	34	1	6,2	7,2

◀ **Tableau 3.2**
Coût total, coût marginal et coûts moyens de production des pièces pour cafetières

Le tableau 3.2 et la figure 3.4 font apparaître des propriétés très générales des fonctions de coût total, de coût marginal et de coûts moyens:

i. Le coût total augmente avec la quantité de bien produite, ce qui implique que **le coût marginal est toujours positif**. Cette propriété résulte des productivités marginales positives des facteurs de production. Pour produire plus, il faut

1 Pour alléger les notations, nous notons les dérivées d'une fonction à une variable $f'(x)$ plutôt que $\frac{\partial f}{\partial x}$.

utiliser une quantité plus importante d'au moins un des facteurs de production, ce qui augmente le coût total de production.

ii. **Le coût marginal croît avec la quantité produite**, au moins au-delà d'un certain niveau de produit. Cette propriété résulte de la « loi des productivités marginales décroissantes » énoncée dans le chapitre 2. Rappelons que le coût total est égal à la somme des demandes de facteurs pondérés par leur prix. Pour augmenter la quantité produite, on doit augmenter les quantités de facteurs. Si les productivités marginales des facteurs sont décroissantes, une unité supplémentaire de chaque facteur est d'autant moins efficace que la quantité initiale de ce facteur est élevée. Accroître la quantité produite nécessite alors plus de chaque facteur, ce qui augmente le coût de production.

iii. **Le coût fixe moyen diminue** pour tout niveau de produit. Le coût moyen diminue pour de faibles niveaux de produit, et peut ensuite augmenter :

- Pour de faibles niveaux de production, augmenter l'échelle de production permet, en plus de réduire la part de coût fixe par unité produite, de mieux organiser le processus de production en permettant notamment la spécialisation des salariés et la meilleure rentabilisation de certains équipements. On parle alors d'**économies d'échelle**[1].
- Pour des niveaux de production plus importants, les effets précédents peuvent s'épuiser et des coûts supplémentaires de gestion, de coordination et de diffusion de l'information peuvent apparaître. On parle alors de **déséconomies d'échelle**. L'existence et l'ampleur des économies ou déséconomies d'échelle, surtout à long terme sont, comme nous allons le voir dans les chapitres suivants, des facteurs très importants aussi bien pour la stratégie d'une entreprise que pour la structure concurrentielle d'un secteur d'activité.

iv. Le niveau de production y_M qui minimise le coût moyen est tel que, pour ce niveau, **le coût moyen est égal au coût marginal**. Au-dessus de $y_{M,}$ le coût marginal est supérieur au coût moyen, et en dessous, il est inférieur.

POUR ALLER PLUS LOIN
▶ Voir p. 71

v. Le niveau de production y_{VM} qui minimise le coût variable moyen est tel que, pour ce niveau, **le coût variable moyen est égal au coût marginal**. Au-dessus de $y_{VM,}$ le coût marginal est supérieur au coût variable moyen.

POUR ALLER PLUS LOIN
▶ Voir p. 71

1 Une entreprise fait des économies d'échelle lorsqu'en multipliant par δ sa quantité produite, elle multiplie par moins de δ ses coûts. Les rendements d'échelles croissants (▶ chapitre 2) impliquent des économies d'échelle, mais l'inverse n'est pas toujours vrai. Une entreprise ayant des rendements d'échelle constants peut très bien réaliser des économies d'échelle en modifiant sa combinaison de facteurs.

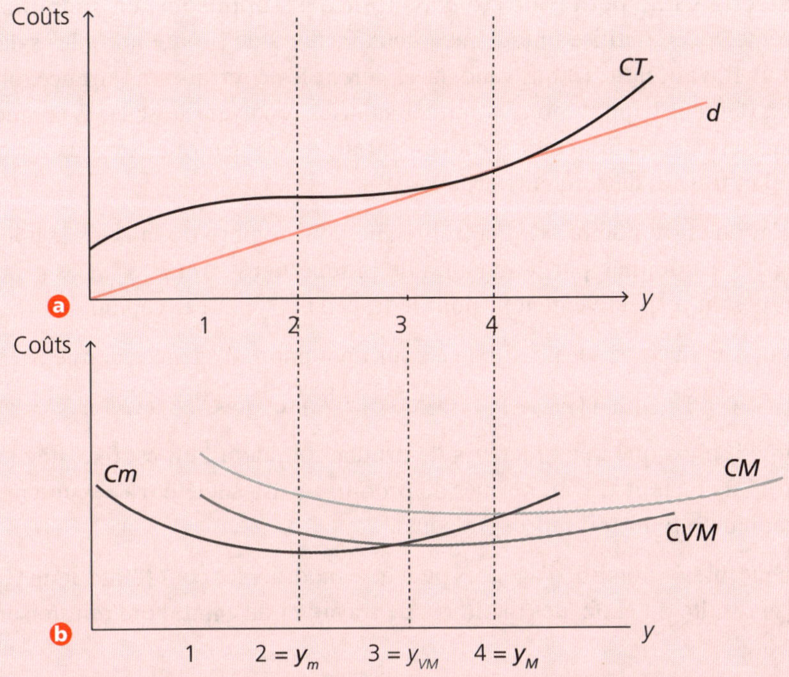

La figure a représente le coût total de production dont les valeurs sont données dans le tableau 3.1. Pour un niveau de production $y = 4$, le coût marginal est égal au coût moyen et la droite d qui relie le point correspondant à l'origine est aussi la tangente à la courbe de coût total. La figure b représente le coût marginal, le coût moyen et le coût variable moyen. Le minimum du coût marginal est atteint pour $y_m = 2$, le minimum du coût variable moyen, en $y_{VM} = 3$ et le minimum du coût moyen en $y_M = 4$.

◀ **Figure 3.4**
Coût total, coût marginal, coût moyen et coût variable moyen

2.3 Coûts à court terme et coûts à long terme

Nous avons vu dans la section 2.1 que la distinction entre le court terme et le long terme est la possibilité ou non d'ajuster les quantités des différents facteurs de production. À court terme, certains facteurs sont en quantité fixe et ne peuvent être ni augmentés, ni diminués pour contribuer à la minimisation des coûts de production. Les coûts de ces facteurs sont alors à l'origine de coûts fixes. À long terme, en revanche, tous les facteurs deviennent variables, leur quantité peut être modifiée et ils deviennent des variables de décision dans la minimisation des coûts de production. Quelle est la relation entre les coûts de court terme et de long terme ?

Considérons une petite société d'assurance et supposons, en simplifiant à l'extrême, qu'elle utilise uniquement deux facteurs de production : des salariés (facteur travail, noté L) qui vendent et gèrent les contrats d'assurance, et des locaux (facteur capital, noté K) où les salariés reçoivent les clients (agences). À court terme, seul le facteur travail est variable. À long terme, les deux facteurs, capital et travail, deviennent variables.

La relation entre nombre de contrats signés (y), nombre de salariés et nombre d'agences est donnée par la fonction de production $y = F(L, K)$. Les prix des facteurs sont respectivement p_L pour le travail et p_K pour le capital.

Le coût total à court terme, $CT^{ct}(y)$, pour un nombre d'agences donné $\overline{K}$ est :

$$CT^{ct}(y, \overline{K}) = p_L L^{ct}(y, \overline{K}) + p_K \overline{K} \text{ avec } L^{ct}(y, \overline{K}) \text{ tel que } F(L^{ct}(y, \overline{K}), \overline{K}) = y.$$

Comme il n'y a que deux facteurs de production, dont l'un est fixé, une seule quantité de facteur travail permet de produire y. La société n'a aucune marge de manœuvre pour minimiser ses coûts.

À long terme, le nombre d'agences peut être modifié. Le coût total à long terme $CT^{lt}(y)$ résulte du choix des quantités de travail et de capital qui minimisent le coût total.

$$CT^{lt}(y) = \underset{L, K}{\text{Min}} \{p_L L + p_K K \ / \ F(L, K) = y\}$$

Ce coût total à long terme peut également être obtenu en minimisant le coût total de court terme par rapport au facteur initialement fixe. Ceci permet d'établir une relation entre le coût de court terme et le coût de long terme :

$$CT^{lt}(y) = \underset{\overline{K}}{\text{Min}} \ CT^{ct}(y, \overline{K})$$

Ainsi, pour chaque niveau de production, le coût de long terme est égal au coût de court terme évalué au niveau optimal du facteur capital.

Considérons trois niveaux possibles pour le facteur capital. La société d'assurance peut louer (ou acheter) 1, 2 ou 3 agences. Les fonctions de coût total de court terme $CT^{ct}(y, 1)$, $CT^{ct}(y, 2)$, $CT^{ct}(y, 3)$, associées à chacun de ces cas sont représentées sur la figure 3.5, ainsi que la fonction de coût à long terme $CT^{lt}(y)$. Nous constatons que la courbe de coût total à long terme est l'enveloppe inférieure des courbes de coût total à court terme.

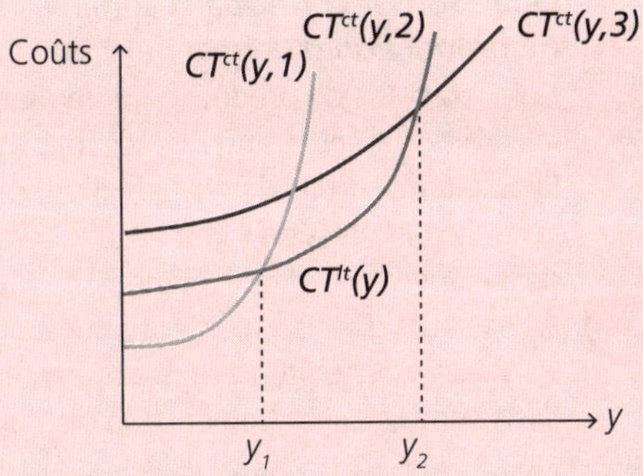

Pour construire la courbe de coût à long terme, il faut, pour chaque niveau de produit (nombre de contrats), déterminer le nombre d'agences optimal. Ainsi, si la société pense n'avoir qu'entre 0 et y_1 clients, le coût total est minimisé avec 1 agence. Si les clients sont entre y_1 et y_2, pour minimiser les coûts, il faut avoir 2 agences, et 3 si les clients sont plus de y_2.

◀ **Figure 3.5**
Coûts à court terme et coûts à long terme

Le coût marginal et le coût moyen à long terme peuvent se déduire directement du coût total à long terme et possèdent des propriétés semblables aux coûts marginal et moyen de court terme. Comme le coût total à long terme, le coût moyen à long terme, noté $CM^{lt}(y)$ est, pour tout y, égal au coût moyen de court terme, évalué avec la quantité optimale de facteur fixe.

Si la quantité de facteur fixe varie de façon continue, on peut représenter le coût moyen à long terme comme sur la figure 3.6.

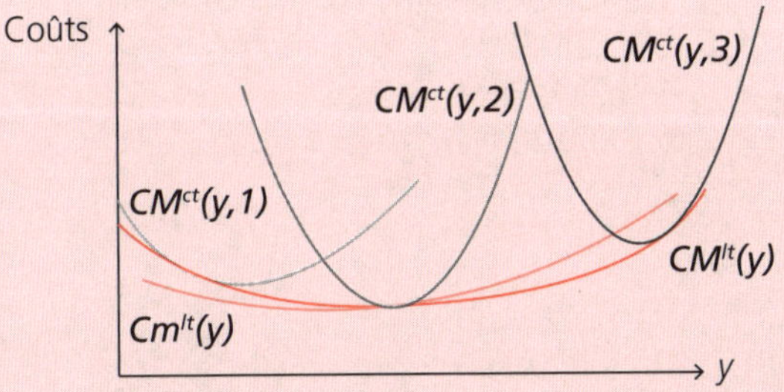

La courbe de coût moyen à long terme est tangente en un point à toutes les courbes de coût moyen à court terme. Les courbes de coût moyen à court terme sont une infinité si le facteur fixe peut varier de façon continue à long terme. Ici ne sont représentées que 3 courbes représentatives de coût moyen à court terme.

◀ **Figure 3.6**
Coût moyen et coût marginal de long terme et coûts moyens de court terme

3 questions à Éric d'Engenières

Directeur éditorial, Dunod

Quels sont les principaux composants des coûts de production d'un manuel ?

Dans les coûts de production d'un manuel, on compte les droits d'auteur, ainsi que les frais de création (illustrations, droits de reproduction, mise en page) et les frais d'impression (dont l'achat de papier, et l'impression de la couverture et de l'intérieur).

À ces coûts directs s'ajoutent pour les maisons d'édition : les salaires des éditeurs et des marketeurs, ainsi que le coût de la commercialisation et de la distribution.

En quoi la réalisation d'ouvrages numériques modifie-t-elle la structure des coûts de production des livres ?

Paradoxalement, la production d'ouvrages numériques engendre des coûts supplémentaires pour les maisons d'édition, qui continuent, pour la plupart, à diffuser des versions papier de leurs livres. En plus des versions papier fabriquées, elles doivent générer des fichiers PDF et ePub de leurs livres et rémunérer les intermédiaires qui commercialisent ces versions numériques.

Le secteur de l'édition est-il concerné par les délocalisations ?

Si les maisons d'édition restent françaises, un processus d'internationalisation est à l'œuvre au niveau de la chaîne graphique. Les livres destinés aux enfants sont désormais majoritairement imprimés en Asie.

Les points **clés**

- Les demandes de facteurs d'une entreprise, qui souhaite réaliser un niveau de production y_0 donné, sont les quantités de facteurs de production qui minimisent le coût total de l'entreprise, tout en lui permettant de produire y_0.

- Dans le cas de deux facteurs de production, les demandes de facteurs égalisent le taux marginal de substitution technique entre ces facteurs et le rapport de leur prix.

- Si les facteurs de production sont substituables, l'augmentation du prix d'un facteur diminue la demande pour ce facteur et augmente la demande pour l'autre facteur.

- Le coût total de production, associé à une technologie et à des prix des facteurs donnés, est le coût de production minimal, pour chaque niveau de production possible.

- Le coût marginal est l'augmentation du coût total qui résulte d'une faible augmentation de la quantité de bien produite. Si la fonction de coût total est dérivable, le coût marginal est égal à la dérivée du coût total.

- Le coût moyen est le coût par unité produite.

- Le coût de long terme est le coût total que l'entreprise peut atteindre si les quantités de tous les facteurs de production sont variables. Le coût de long terme peut être calculé directement en minimisant le coût de production par rapport à tous les facteurs. Le coût de long terme peut aussi être calculé en minimisant le coût de court terme par rapport aux facteurs fixes à court terme.

ÉVALUATION

QCM

▶ Corrigés p. 348

1 **Le coût moyen est minimum quand le coût marginal est minimum.**
VRAI
FAUX

2 **Le coût moyen est plus élevé à long terme qu'à court terme.**
VRAI
FAUX

3 **Si les rendements marginaux d'une firme sont décroissants, les rendements d'échelle le sont aussi.**
VRAI
FAUX

4 **Si les prix des facteurs sont égaux, le producteur les utilisera en quantités égales.**
VRAI
FAUX

5 **Si les rendements d'échelle sont croissants, les productivités marginales des facteurs sont obligatoirement croissantes.**
VRAI
FAUX

Exercices

▶ Corrigés en ligne

6 Coût moyen

Une imprimerie possède deux machines différentes susceptibles d'effectuer les mêmes types de travaux. La première a une capacité maximale de 2000 tirages; quand on l'utilise, le coût moyen est de 5 € et est indépendant des quantités tirées. La deuxième a une capacité maximale de 3000 tirages avec un coût moyen de 8 € lui aussi indépendant des quantités tirées.

1. Que préconisez-vous s'il s'agit de tirer 2000 exemplaires ? Idem avec 3000 exemplaires ?

2. Représentez graphiquement l'allure du coût moyen de cette imprimerie.

7 Coûts à court terme et à long terme

On considère une entreprise qui produit un bien en quantité y et dont la fonction de production s'écrit $y = F(K, L) = 2\,K\,L$

1. Quelle est la valeur de l'élasticité de substitution entre les deux facteurs ?

2. On appelle r le prix d'une unité de capital et w le prix d'une unité de travail.
Définir et calculer la fonction de coût de court terme. (Application numérique $K = 2$, $r = w = 1$).

3. Définir et calculer la fonction de coût de long terme de l'entreprise.

4. Quelle est la nature des rendements d'échelle ?

8 Fonction de coût

Soit une entreprise avec un seul produit y et deux facteurs de production, le travail L et le capital K. Le prix d'une unité de travail est supposé égal à 1, celui d'une unité de capital à 10.
Pour $K = 1$, le travail permet de produire : $y = 0{,}5L$
Pour $K = 2$, le travail L permet de produire $y = L$
On suppose qu'il n'existe pas d'autre valeur possible pour le capital.

■ Représentez graphiquement la fonction de coût.

9 Fonction de coût à long terme

Soit une entreprise dont la fonction de coût de court terme s'écrit :
$CT^{ct}(y) = y^3 - (4 - 1/K)\,y^2 + 49/4\text{ y} + K$, avec K : capital fixe à court terme.

■ Montrer que la fonction de coût de long terme de cette entreprise s'écrit :
$CT^{lt}(y) = y^3 - 4y^2 + 57/4\text{ y}$

Sujet d'examen

▶ Corrigés en ligne

10 Université du Maine, 2009

1. Une firme concurrentielle a la fonction de coût total à court terme suivante : $CT(y) = y^3 - 8y^2 + 30y + 5$.

a. Quelle est la fonction de coût marginal à court terme ?

b. Quelle est la fonction de coût variable moyen à court terme ?

c. Tracez les fonctions de coût marginal et de coût variable moyen.

2. La fonction de production d'une entreprise s'écrit :

$$\begin{cases} y = \sqrt{x_1 x_2} - 1 & \text{si } x_1 x_2 \geqslant 1 \\ y = 0 & \text{si } x_1 x_2 < 1 \end{cases}$$

Le facteur 1 est un facteur variable, tandis que le facteur 2 est fixe à court terme. Leurs prix sont égaux à 1.

a. Déterminez les équations des fonctions de coût moyen et de coût marginal à long terme. Représentez-les sur un graphique.

b. Déterminez les équations des fonctions de coût moyen et de coût marginal à court terme lorsque l'entreprise dispose de deux unités de facteur 2. Représentez les graphiquement.

c. Quelle quantité de facteur 2 l'entreprise doit-elle acquérir si elle prévoit de produire $y = 3$? Si elle achète effectivement cette quantité de facteur 2 et qu'elle produit $y = 4$, quel surcoût supporte-t-elle par unité produite, par comparaison avec le cas où elle aurait choisi la bonne quantité de facteur 2.

POUR ALLER PLUS LOIN

Facteurs parfaitement substituables et facteurs parfaitement complémentaires

Lorsque les facteurs sont parfaitement complémentaires, il n'y a qu'une combinaison de facteurs possible qui minimise le coût et ce, quels que soient les prix des facteurs, comme montré dans la figure 3.7 a.

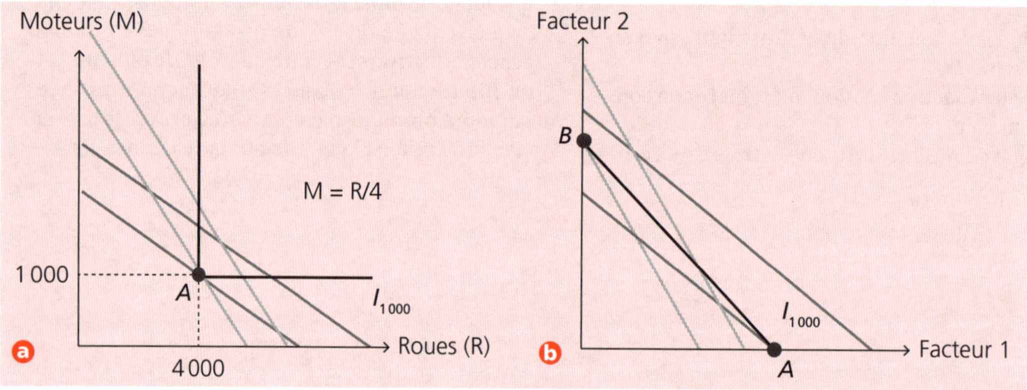

▲ **Figure 3.7 Minimisation du coût a dans le cas de facteurs parfaitement complémentaires ou b dans le cas de facteurs parfaitement substituables**

Considérons la construction automobile et deux facteurs complémentaires que sont les moteurs et les roues. Si un constructeur veut monter 1000 véhicules, il a besoin d'exactement 4000 roues et 1000 moteurs. En aucun cas, un moteur ne peut être remplacé par plus de roues. Par conséquent, que les courbes d'isocoût soient celles en gris clair ou en gris foncé, la demande de facteurs sera toujours la même et va correspondre au point *A*.

Considérons maintenant le cas de facteurs parfaitement substituables. À l'inverse du cas précédent, l'entreprise pourra adapter les quantités de facteurs et n'utilisera que le facteur le moins cher, comme est montré dans la figure 3.7 b.

Considérons une technologie à deux facteurs parfaitement substituables. Si une entreprise veut produire 1000 unités de produit, elle choisira de n'utiliser que du facteur 1 si celui-ci est le moins cher (droites d'isocoût en noir). La demande de facteurs correspond au point *A*. En revanche, si c'est le facteur 2 qui a le prix le plus faible, l'entreprise n'utilisera que celui-ci (droite d'isocoût en gris et demande de facteur au point *B*). Si les deux facteurs sont au même prix, l'entreprise peut choisir n'importe quelle combinaison de facteurs sur la droite I_{1000}.

Notons que l'impact d'une variation des prix est très important pour la demande de facteurs des technologies à facteurs parfaitement substituables. Ainsi, une nouvelle taxe sur un facteur de production de ce type peut complètement annuler la demande pour ce facteur.

POUR ALLER PLUS LOIN

Relation entre variation des coûts moyens et coût marginal

Soit une fonction de coût total $CT(y)$ et la fonction de coût moyen associée $CM(y) = CT(y)/y$.

Calculons la dérivée du coût moyen $CM'(y)$:

$$CM'(y) = \frac{CT'(y)y - CT(y)}{y^2} = \frac{1}{Y}\left(CT'(y) - \frac{CTy}{y}\right) = \frac{1}{y}\left(CT'(y) - CM(y)\right)$$

$$\text{Or } CT'(y) = Cm(y) \text{ et donc } CM'(y) = \frac{1}{y}\left(Cm(y) - CM(y)\right)$$

Par conséquent, Y étant positif, le sens de variation du coût moyen dépend du signe de $Cm(y) - CM(y)$.

$Cm(y) < CM(y) \Rightarrow CM'(y) < 0$ et $Cm(y) > CM(y) \Rightarrow CM'(y) > 0$.

De même, $CM'(y) = 0 \Leftrightarrow C_m(y) = CM(y)$.

Le même type de résultat peut être démontré pour le coût variable moyen. Il suffit pour cela de considérer $CVM(y) = CV(y)/y$ et de calculer $CVM'(y)$ en se rappelant que $CV'(y) = CT'(y) = Cm(y)$.

Chapitre 4

En France, 3892 nouveaux albums de bande dessinée ont été publiés et 880 albums réédités en 2013. Ceci correspond à une baisse de 7,3 % du nombre de titres publiés par rapport à 2012. Cette baisse intervient après 15 années d'augmentation de la production d'albums (jusqu'à +14,7 % pour la seule année 2006). Comment expliquer cette décision des éditeurs de bande dessinée ? Plus généralement, comment les entreprises décident-elles de la quantité de bien qu'elles vont produire ?

Les stratégies des entreprises dépendent, non seulement des objectifs qu'elles se sont fixées, mais également de l'environnement concurrentiel dans lequel elles se situent. Dans ce chapitre, nous étudierons les choix de production des entreprises, c'est-à-dire les quantités de bien qu'elles souhaitent offrir sur les marchés. Leur objectif est la maximisation du profit et nous considérerons, dans tout ce chapitre, un environnement de concurrence pure et parfaite.

LES GRANDS AUTEURS

Francis Ysidro Edgeworth (1845-1926)

F. Y. Edgeworth est un économiste et avocat irlandais, représentant de l'école néoclassique. Il a été titulaire de la chaire d'économie à l'université d'Oxford de 1891 à 1922, et a assuré la vice-présidence de la Royal Economic Society. Ses travaux ont porté aussi bien sur la modélisation des comportements des consommateurs et des producteurs que sur la caractérisation de l'équilibre économique. Il est un des premiers économistes à avoir proposé une définition rigoureuse de la concurrence parfaite et à avoir défini les courbes d'indifférence des consommateurs. Ses principales contributions concernent l'analyse de la répartition des ressources dans une économie d'échange à deux biens et deux agents (détermination de la courbe des contrats). Son ouvrage majeur est *Mathematical psychics, an Essay on the application of Mathematics to the Moral Sciences* (publié en 1881). ■

Choix du producteur et offre concurrentielle

Plan

Prérequis

- → **Maximiser** une fonction à une variable.
- → **Dériver** des fonctions composées.
- → **Connaître** les notions élémentaires de calcul intégral.
- → **Déterminer** une fonction de coût total, de coût marginal et de coût moyen.

Objectifs

- → **Découvrir** les caractéristiques d'un marché de concurrence pure et parfaite.
- → **Construire** la fonction d'offre d'une entreprise concurrentielle à partir de sa fonction de coût.
- → **Déterminer** les seuils de rentabilité et de fermeture.
- → **Distinguer** l'offre de court terme et l'offre de long terme.

1 La maximisation du profit

Quelles motivations guident les choix des entreprises ? Sur quel objectif repose leur décision ? L'analyse économique suppose que tous les agents (producteurs et consommateurs) font leurs choix en utilisant au mieux les moyens dont ils disposent pour réaliser leurs objectifs. Dans les deux chapitres précédents, nous avons étudié les « moyens » dont dispose une entreprise pour produire et avons appris à déterminer comment elle doit les utiliser efficacement pour minimiser les coûts de production d'une quantité de bien donné. Mais, parmi toutes les quantités réalisables, quelle est la quantité de bien que l'entreprise choisira de produire ?

1.1 Le profit

L'hypothèse la plus courante en économie, et que nous retiendrons dans cet ouvrage, est que les entreprises ont pour objectif la maximisation de leur profit à chaque date. Cette hypothèse se justifie assez bien pour les entreprises du secteur privé, quelle que soit leur taille car elle correspond à un objectif de maximisation du revenu des propriétaires.

Le profit peut être défini de différentes façons.

D'un point de vue comptable, il est la différence entre le chiffre d'affaires et les dépenses constituées des coûts de production et des investissements à une date donnée. Du point de vue économique, il correspond au supplément de bénéfice réalisé sur un secteur par rapport au meilleur de celui qui serait réalisé sur un autre. Son expression est donnée par la différence entre les recettes et les coûts de production. Les recettes sont égales au prix auquel est vendu le bien produit par l'entreprise multiplié par le nombre d'unités vendues. Nous supposerons que toutes les unités de bien sont vendues au même prix. Le coût de production est le coût total minimal pour chaque volume de bien produit.

Définition 1

Pour un niveau de production donné, **le profit** d'une entreprise est égal à la recette totale moins le coût total de ce niveau de production.
Formulation mathématique : Si on note y la quantité de bien, $CT(y)$, le coût total et $RT(y)$ la recette totale, le profit associé à cette quantité y, noté $\pi(y)$ est :

$$\pi(y) = RT(y) - CT(y)$$

L'entreprise, qui maximise son profit, choisira la quantité qui maximise l'écart entre sa recette totale et son coût total. Quelles seront les caractéristiques de cette quantité ?

L'entreprise Tony produit des liseuses électroniques. Une étude de marché, qu'elle a réalisée, lui permet d'estimer le prix auquel elle pourra vendre ses liseuses en fonction du volume de production. Le tableau 4.1 donne, pour chaque quantité de liseuses produites (en milliers[1]), le prix de vente prévu, la recette totale (en milliers d'euros), le coût total de production (en milliers d'euros) et les profits (en milliers d'euros).

Production (y)	Prix unitaire (p)	Recette totale $RT(y) = py$	Coût total $CT(y)$	Profits $RT(y) - CT(y)$
0		0	100	– 100
1	180	180	170	10
2	170	340	280	60
3	160	480	360	120
4	150	600	430	170
5	140	700	510	190
6	130	780	610	170
7	120	840	730	110
8	110	880	870	10
9	100	900	1 020	– 120
10	90	900	1 210	– 310

▲ **Tableau 4.1 Recette totale, coût total et profits**

1.2 Profit et recette marginale

Nous constatons que le profit est maximal (égal à 190 000 euros) lorsque la quantité produite est de 5 000 unités. Une façon de comprendre ce résultat est de raisonner « à la marge », c'est-à-dire de se demander dans quel cas l'entreprise a intérêt à augmenter sa quantité produite et jusqu'à quelle quantité. Intuititivement, l'entreprise a intérêt à augmenter sa production si le supplément de recettes dépasse le supplément de coûts.

Définition 2

La recette marginale est le supplément de recette dû à l'augmentation minimale de la quantité de bien produite (et vendue).

1 Nous supposons ici que la quantité produite ne peut être ajustée, à la hausse ou à la baisse que par 1 000 unités, les facteurs de production n'étant pas ajustables pour des quantités inférieures.

Formulation mathématique: Soit $RT(y)$, la recette totale de production d'un bien donné. Soient y_0, y_1 tels que $y_1 > y_0$ et $y_1 - y_0$ l'écart le plus faible techniquement réalisable, alors la recette marginale en y_0, noté $Rm(y_0)$ est donnée par : $Rm = \Delta RT/\Delta y$
avec $\Delta RT = RT(y_1) - RT(y_0)$, $\Delta y = y_1 - y_0$
Si la fonction de recette est dérivable, la recette marginale en y_0 est égale à sa dérivée : $Rm(y_0) = RT'(y_0)$.

Considérons le passage de 1 à 2 milliers de liseuses[1]. La recette totale augmente de 160 et le coût total augmente de 110. La recette marginale, $Rm = \Delta RT/\Delta Y$ (ici $\Delta Y= 1$), est égale à 160 et le coût marginal, $Cm = \Delta CT/\Delta Y$, vaut 110. Rm étant supérieur à Cm, le profit augmente. Son augmentation est de $Rm - Cm = 50$. L'entreprise a donc intérêt à augmenter sa production de 1 à 2 milliers de liseuses. En appliquant le même raisonnement, nous pouvons montrer que l'augmentation se justifie jusqu'à 5 milliers d'unités. Si maintenant, nous passons de 5 à 6 milliers d'unités, $Rm = 80$ et $Cm = 100$. Le profit diminue de 20 car l'augmentation du coût total devient supérieure à l'augmentation de la recette totale. L'entreprise n'a donc pas intérêt à augmenter sa production de 5 à 6 mille unités.

L'entreprise a intérêt à produire davantage tant que l'augmentation de sa recette (mesurée par la recette marginale, Rm) reste supérieure à l'augmentation de son coût total (mesurée par le coût marginal, Cm), et moins dans le cas contraire.

Les valeurs des recettes marginales, des coûts marginaux et les décisions correspondantes sont données dans le tableau 4.2.

Production (*y*)	Recette marginale	Coût marginal	Variation du profit	Décision
0	180	70	110	Augmenter *y*
1	160	110	50	Augmenter *y*
2	140	80	60	Augmenter *y*
3	120	70	50	Augmenter *y*
4	100	80	20	Augmenter *y*
5	80	100	– 20	Réduire *y*
6	60	120	– 60	Réduire *y*
7	40	140	– 100	Réduire *y*
8	20	150	– 130	Réduire *y*
9	0	190	– 190	Réduire *y*

▲ **Tableau 4.2 Recette marginale, coût marginal et décisions de production**

1 Pour ne pas alourdir les notations, nous continuerons à raisonner en milliers de liseuses et en milliers d'euros.

Par conséquent, la quantité de produit y^* qui maximise le profit est telle que, pour toute quantité inférieure, $y \leq y^*$, la recette marginale est supérieure au coût marginal, $Rm \geq Cm$, et, pour toute quantité supérieure, $y > y^*$, le coût marginal est supérieur à la recette marginale, $Rm < Cm$.

FOCUS

Quantité optimale

La quantité de produit qui maximise le profit égalise la recette marginale et le coût marginal de l'entreprise. Plus formellement, si la recette totale et le coût total d'une entreprise sont donnés, pour un niveau de produit y par les fonctions continues $RT(y)$ et $CT(y)$, la quantité de bien y^* qui maximise le profit vérifie : $Rm(y^*) = Cm(y^*)$
avec $Rm(y) = RT'(y)$ et $Cm(y) = CT'(y)$.

Preuve y^* est la valeur de y qui maximise la fonction : $\pi(y) = RT(y) - CT(y)$.
y^* doit donc annuler la dérivée de $\pi(y)$ qui est $\pi'(y) = RT'(y) - CT'(y)$. Par définition, $RT'(y) = Rm(y)$ et $CT'(y) = Cm(y)$. y^* doit donc vérifier : $Rm(y^*) = Cm(y^*)$.
Pour que y^* corresponde bien à un maximum de la fonction de profit, la condition de second ordre $\pi''(y^*) \leq 0$ doit être vérifiée Σ. De plus, rien ne garantit que y^* ainsi défini est unique et corresponde à un profit strictement positif. Les conditions correspondantes seront discutées dans la section 3.

CONTROVERSE

La maximisation du profit à chaque date n'est pas toujours le seul et unique objectif poursuivi par une entreprise. Les entreprises publiques ont pour objectif de répondre de la façon la plus efficace possible à un besoin de la collectivité, tout en respectant des principes d'équité. Par exemple, La Poste doit desservir tout le territoire, la SNCF doit offrir des tarifs préférentiels à certaines catégories de la population (familles, seniors, etc.). Dans les grandes entreprises privées, les objectifs des dirigeants peuvent être différents de ceux des actionnaires. Si ces derniers souhaitent maximiser la valeur boursière de l'entreprise (qui dépend des profits présents et anticipés de l'entreprise), l'objectif des dirigeants peut être la maximisation du chiffre d'affaires ou de la réputation de l'entreprise, paramètres qui peuvent plus directement influencer leur salaire. Une littérature, initiée par Berle et Means (1932), étudie les outils incitatifs permettant de faire converger les intérêts des dirigeants et des actionnaires. ■

2 La concurrence pure et parfaite

Le choix de quantité de bien produite dépend, comme nous venons de le voir, des contraintes techniques auxquelles sont soumises les entreprises, des prix des facteurs qu'elles utilisent et aussi du prix auquel elles peuvent vendre leurs produits. Ce prix, et sa relation éventuelle avec la quantité offerte par une entreprise, dépendent de l'intensité de la concurrence sur le marché sur lequel l'entreprise vend son produit. Si, par exemple, une entreprise est seule à vendre un produit donné, elle pourra décider pleinement de la quantité qu'elle produira mais aussi du prix de vente. Nous pouvons penser que la quantité et le prix sont étroitement liés : si l'entreprise produit une petite quantité du produit, elle créera une pénurie et pourra vendre ce produit plus cher. Si deux entreprises se partagent un marché pour un bien donné, chacune d'entre elles peut facilement imaginer que le nombre d'unités qu'elle pourra vendre va dépendre de la quantité mise sur le marché par sa concurrente. Les prix de vente des deux entreprises vont sans doute dépendre l'un de l'autre car chaque entreprise cherchera à obtenir le plus grand nombre de clients. Mais, si le marché comporte un très grand nombre d'entreprises, il sera difficile pour chaque entreprise de connaître le prix de vente des concurrentes. Il est fort probable que le nombre d'unités de bien vendu par chacune aura peu d'influence sur le prix du bien. Dans ce cas, chaque entreprise considérera le prix comme donné. Un marché qui comporte un très grand nombre d'entreprises et qui a certaines autres caractéristiques, que nous préciserons, est appelé par les économistes un marché de **concurrence pure et parfaite**.

Définition 3

Un marché de concurrence pure et parfaite est un marché sur lequel :
i. Le produit vendu est perçu comme identique par les acheteurs quelle que soit l'entreprise qui le fabrique (*hypothèse d'homogénéité du produit*).
ii. Les vendeurs et les acheteurs sont suffisamment nombreux et de taille suffisamment faible pour qu'aucun ne puisse, par ses décisions, influencer le prix du produit (*hypothèse d'atomicité*).
iii. Toute entreprise souhaitant entrer (ou sortir) sur le marché peut le faire sans coût et sans obstacle institutionnel (*hypothèse de libre entrée et sortie*).
iv. Tous les acheteurs sont parfaitement informés des prix proposés sur le marché (*hypothèse de transparence*).

La propriété (i) signifie que le seul critère que les acheteurs utilisent pour choisir entre les produits des différents producteurs est le prix. Aucune différence n'existe entre les produits des différentes entreprises et les acheteurs sont indifférents à l'identité de l'entreprise dont ils achètent le produit. Le marché des parfums, par exemple, ne vérifie pas cette propriété puisque les acheteurs sont souvent attachés à une marque particulière.

La propriété (ii) signifie qu'aucune entreprise ne peut espérer, en produisant moins, faire augmenter le prix du bien. Si elle le faisait, le nombre d'entreprises présentes est suffisamment grand pour que les acheteurs se tournent vers d'autres entreprises. De même, aucune entreprise ne peut « inonder » le marché et entraîner une baisse des prix. Par exemple, sur le marché des *soft drinks* (boissons sans alcool) en France, Coca-Cola a une part de marché d'environ 53 %. Ce marché ne vérifie donc pas la propriété d'« atomicité » des entreprises.

La propriété (iii) signifie que toute entreprise souhaitant entrer sur un marché qu'elle considère comme profitable, ou souhaitant en sortir parce qu'elle réalise des pertes, peut le faire sans coût particulier. On dit qu'il n'y a pas de barrières à l'entrée ou à la sortie du marché[1]. Le marché des transports par taxis est un exemple de marché avec barrières à l'entrée car tout conducteur de taxi doit acheter une licence, le nombre de licences étant limité. Les brevets protégeant certaines technologies ou compositions de médicaments sont aussi à l'origine de barrières à l'entrée.

La propriété (iv) signifie qu'aucune entreprise ne peut pratiquer des prix supérieurs à ceux de ses concurrentes. Les consommateurs observent tous les prix et aucun n'achètera le produit d'une entreprise s'il est plus cher que celui de ses concurrentes. Cette propriété est difficile à vérifier lorsque les points de vente d'un produit sont éloignés les uns des autres ou lorsque les prix ne sont pas publics (on ne peut les connaître qu'en demandant un devis par exemple). Les serruriers ont été récemment montrés du doigt pour leurs tarifs peu transparents et très variables. Les comparateurs de prix sur internet contribuent à résoudre cette difficulté et à améliorer la transparence des marchés.

Peu de marchés possèdent durablement toutes les caractéristiques de la concurrence pure et parfaite. Une des raisons est que les entreprises ont intérêt à mettre en œuvre des stratégies qui éloignent le marché sur lequel elles se trouvent des caractéristiques de concurrence pure et parfaite. Le marché de concurrence pure et parfaite est surtout étudié par les économistes comme une situation de référence. Tout autre type de marché est alors considéré par rapport à cette situation idéale, ce qui permet de mieux en identifier les spécificités, et de mieux comprendre les stratégies des entreprises et leurs conséquences pour les consommateurs. Par exemple, si un marché ne vérifie pas la condition d'atomicité, ceci n'aura pas les mêmes conséquences pour les consommateurs que s'il ne vérifie pas la condition de transparence. Dans les chapitres 9, 10 et 11, nous étudierons quelques situations de concurrence dite « imparfaite ».

1 Différentes barrières à l'entrée d'un marché sont présentées dans le chapitre 9.

3 La fonction d'offre concurrentielle

Sur un marché de concurrence parfaite, les entreprises ne peuvent ni décider, ni influencer les prix. Elles prennent les prix comme donnés : elles sont « preneuses de prix » (*price taker*). Les quantités optimales, qui permettent le plus grand profit, vont s'exprimer en fonction du prix exogène. Nous ne nous attarderons pas sur la possibilité ou non des entreprises à produire cette quantité optimale et nous supposerons que toute entreprise peut produire toute quantité.

3.1 La quantité de bien optimale

Reprenons l'exemple de l'entreprise Tony et supposons que le prix de marché des liseuses est de 125 euros quelle que soit la quantité produite par la société. La recette totale de l'entreprise Tony est donc $RT(y) = py = 125y$, avec y, la quantité produite.

Le profit réalisé pour les différentes quantités de liseuses produites est donné dans le tableau 4.3.

Production (y)	Prix unitaire (p)	Recette totale $RT(y) = py$	Coût total $CT(y)$	Profits $RT(y) - CT(y)$
0		0	100	– 100
1	125	125	170	– 45
2	125	250	280	– 30
3	125	375	360	15
4	125	500	430	70
5	125	625	510	115
6	125	750	610	140
7	125	875	730	145
8	125	1 000	870	130
9	125	1 125	1 020	105
10	125	1 250	1 210	40

▲ Tableau 4.3 **Recette totale, coût total et profit pour un prix fixé**

D'après le tableau 4.3, l'entreprise Tony a intérêt à produire une quantité égale à 7 000 unités. Le profit réalisé, égal à 145 000 euros, est alors maximal.

Appliquons un raisonnement « marginal ». En concurrence parfaite, la recette marginale est **constante** et égale au prix, quelle que soit la quantité produite $Rm = p = 125$. La quantité de produit y^* optimale doit être telle que pour tout $y \leq y^*$, on ait $125 \geq Cm$, et pour tout $y > y^*$, on ait $125 < Cm$.

FOCUS

Quantité optimale en concurrence parfaite

L'offre d'une entreprise, en concurrence parfaite, égalise le prix et le coût marginal de production. Plus formellement, si p est le prix de marché du bien produit par une entreprise, dont le coût total de production est donné par la fonction continue $CT(y)$ pour une quantité y, la quantité de bien y^* qui maximise le profit vérifie : $p = Cm(y^*)$ avec $Cm(y) = CT'(y)$.

Preuve Lorsque le prix du produit est p, la recette totale de l'entreprise devient $RT(y) = py$ et le profit de l'entreprise s'écrit : $\pi(y) = py - CT(y)$.

La quantité optimale d'une entreprise est obtenue en égalisant son coût marginal au prix, $p = Cm(y^*)$. L'entreprise va effectivement produire cette quantité y^* si elle maximise le profit. Une condition est que le profit soit concave Σ, $\pi''(y^*) \leq 0$. C'est bien le cas lorsque la dérivée du coût marginal est positive $Cm'(y^*) \geq 0$. Par conséquent, le niveau de production optimal se trouve obligatoirement dans une partie croissante de la fonction de coût marginal. La quantité optimale et son profit sont représentées sur la figure 4.1 pour un prix de marché permettant à l'entreprise d'obtenir un profit strictement positif (ce point sera discuté dans la section 3.2).

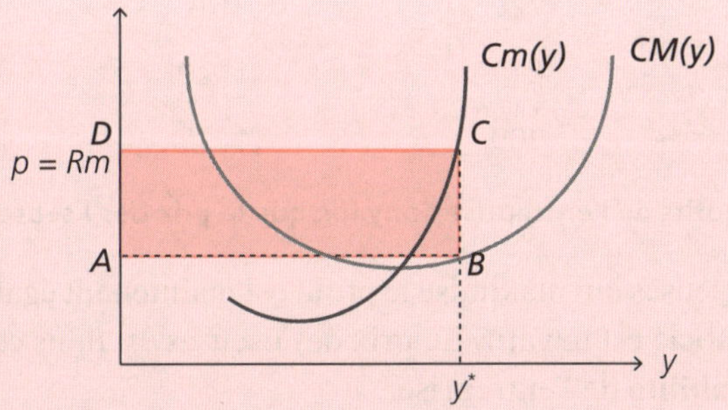

y^* est la quantité qui correspond au point d'intersection de la courbe $Cm(y)$ et de la droite p. Le profit associé est égal à l'aire du rectangle $ABCD$ (en orangé). $\pi(y^*) = py^* - CT(y^*) = y^*\left(p - \frac{CT(y^*)}{y^*}\right) = y^*(p - CM(y^*))$, or y^* est égal à la longueur du segment AB et $p - CM(y^*)$ est égal à la longueur du segment BC.

◄ **Figure 4.1** **Maximisation du profit en concurrence parfaite**

3.2 Seuil de rentabilité et seuil de fermeture

En produisant la quantité qui maximise son profit, une entreprise est-elle sûre de réaliser des profits positifs ? A-t-elle toujours intérêt à produire ?

Revenons une fois encore à l'exemple de la société Tony et supposons maintenant que le prix de marché des liseuses est de 90 euros. L'entreprise Tony voit se modifier ses recettes et donc ses profits pour chaque quantité possible (▶ tableau 4.4).

Production (y)	Prix unitaire (p)	Recette totale $RT(y) = py$	Coût total $CT(y)$	Profits $RT(y) - CT(y)$
0		0	100	– 100
1	90	90	170	– 80
2	90	180	280	– 100
3	90	270	360	– 90
4	90	360	430	– 70
5	90	450	510	– 60
6	90	540	610	– 70
7	90	630	730	– 100
8	90	720	870	– 150
9	90	810	1 020	– 210
10	90	900	1 210	– 310

▲ **Tableau 4.4 Profits de l'entreprise Tony lorsque le prix des liseuses est de 90 euros**

La quantité de liseuses qui maximise le profit est maintenant égale à 5000 unités, mais le profit associé est négatif. Le prix des liseuses est dans ce cas en dessous du **seuil de rentabilité** de l'entreprise.

Définition 4

Le seuil de rentabilité, p_R, d'une entreprise est le prix en dessous duquel son profit est négatif pour toute quantité produite.

FOCUS

Le seuil de rentabilité est égal au minimum du coût moyen

Montrons que le seuil de rentabilité d'une firme est égal au coût moyen minimum, $p_R = \underset{y}{\mathrm{Min}}\ CM(y)$. Nous cherchons le prix minimum qui permet à l'entreprise de réaliser un profit positif. Le profit d'une entreprise en concurrence parfaite est positif si et seulement si : $\pi(y) = py - CT(y) \geq 0$. Nous pouvons réécrire le profit en mettant en évidence le coût moyen de la manière suivante :

$$py - CT(y) = y\left(p - \frac{CT(y)}{y}\right) = y\left(p - CM(y)\right)$$

Ainsi, le profit est positif si et seulement si $p - CM(y)$ est positif. Le prix doit donc être supérieur au coût moyen, quelle que soit la quantité produite. Au minimum, le prix doit être égal à $p_R = \underset{y}{\mathrm{Min}}\ CM(y)$.

Si le prix est inférieur au seuil de rentabilité, l'entreprise fait des pertes en produisant (▶ figure 4.2). Mais, cela signifie-t-il qu'elle ne doit pas produire ?

La réponse à cette question n'est pas aussi évidente qu'elle peut sembler de premier abord. Si l'entreprise subit des coûts fixes, c'est-à-dire si on se situe dans une optique de court terme, ne pas produire ne la dispense pas du paiement des coûts fixes. L'entreprise peut donc avoir intérêt à continuer de produire, même à perte, tant que cela lui permet de couvrir ses coûts fixes, c'est-à-dire tant que le prix du bien est au-dessus du **seuil de fermeture**.

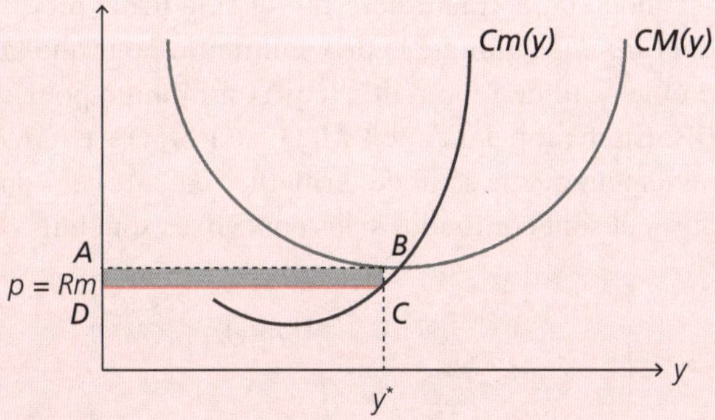

Lorsque le prix est inférieur au minimum du coût moyen, $p - CM(y^*) < 0$ (le point *B* est au-dessus du point *C*), le profit, représenté par l'aire du rectangle *ABCD*, est négatif.

◀ **Figure 4.2**
Profit maximal lorsque le prix est en dessous du seuil de rentabilité

Définition 5

Le seuil de fermeture, p_F, d'une entreprise est le prix en dessous duquel son profit maximal, quand elle produit, est inférieur à son profit, quand elle ne produit pas.

FOCUS

Le seuil de fermeture est égal au minimum du coût variable moyen

Montrons que le seuil de fermeture est égal au minimum du coût variable moyen, $p_F = \min_y CVM(y)$. Nous cherchons le prix minimal pour que l'entreprise ait intérêt à produire même à perte. Pour cela, nous allons distinguer dans la fonction de coût le coût fixe (CF) et le coût variable $CV(y)$ (▶ chapitre 3). Une entreprise a intérêt à produire à court terme si et seulement si son profit est supérieur au profit qu'elle ferait si elle ne produisait rien : $\pi(y) \geq \pi(0)$, c'est-à-dire :

$$py - CV(y) - CF \geq -CF$$

Nous pouvons réécrire cette inégalité en introduisant le coût variable moyen : $y(p - CVM(y)) \geq 0$.

Par conséquent, le prix doit être supérieur au coût variable moyen pour toute quantité, soit :

$$p_F = \min_y CVM(y)$$

Ainsi, la décision de production se fait en deux étapes :

- Dans une première étape, il faut déterminer la quantité qui serait optimale (égalité entre le coût marginal et le prix).
- Dans une seconde étape, il faut déterminer si la firme produit ou non. Le seuil de fermeture nous indique le prix minimum pour que la firme décide de produire et le seuil de rentabilité, le prix minimum pour que les profits soient positifs. En se rappelant que $CM(y) = CVM(y) + CFM$, nous pouvons déduire directement que le seuil de fermeture est inférieur au seuil de rentabilité, $p_F \geq p_R$, et sont confondus si les coûts fixes sont nuls (▶ figure 4.3).

▶ **Figure 4.3**
Seuil de fermeture et seuil de rentabilité

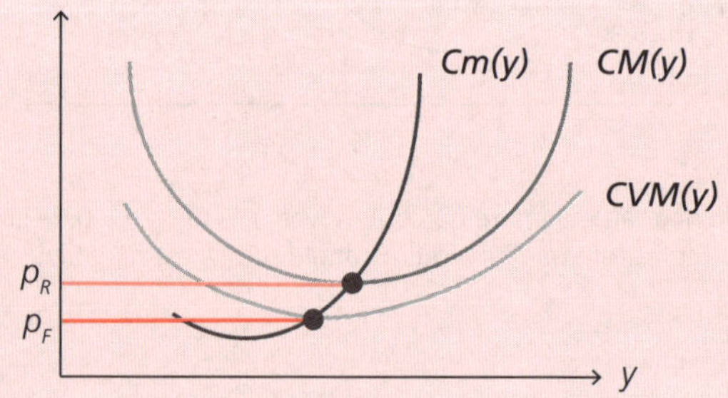

Si le prix est inférieur au minimum du coût moyen, la firme réalisera des profits négatifs. Ce seuil est le seuil de rentabilité, p_R. Si le prix est inférieur au minimum du coût variable moyen, la firme n'a pas intérêt à produire. Ce seuil est le seuil de fermeture, p_F.

La différence entre seuil de fermeture et seuil de rentabilité entraîne des profits négatifs pour certaines entreprises. Les entreprises dont les ventes ont une forte composante saisonnière fournissent des exemples de ce type. Ainsi, plutôt que de fermer, certains hôtels pratiquent, pendant les saisons creuses, des tarifs trois fois plus bas que ceux de la pleine saison. De même, plutôt que de faire voler des avions à moitié vides certaines compagnies aériennes bradent les dernières places disponibles.

Nous avons tous les éléments pour déterminer la fonction d'offre d'une entreprise concurrentielle et ainsi donner un fondement microéconomique (basé sur les choix des entreprises) à la fonction d'offre définie dans le chapitre 1.

FOCUS

Fonction d'offre d'une firme concurrentielle

La fonction d'offre $y(p)$ d'une entreprise en concurrence parfaite est donnée par l'égalité entre le coût marginal et le prix :

$$y(p)=\begin{cases} C^{lt}m(y(p))=p & \text{pour } p \geqslant p_R = \min_y CM^{lt}(y) \\ 0 & \text{sinon} \end{cases}$$

La fonction d'offre, $y(p)$, est croissante par rapport à p.

La figure 4.4 représente une courbe d'offre. Nous constatons qu'à un prix plus élevé est associée une quantité plus élevée de produit. Cette propriété se montre facilement à partir de l'équation de la fonction d'offre. Considérons la partie correspondant à une production positive : $Cm(y(p)) = p$. En dérivant par rapport à p les deux côtés de l'égalité précédente, nous obtenons : $Cm'(y(p)) \cdot y'(p) = 1$ et donc $y'(p) = \frac{1}{Cm'(y(p))}$. D'après la condition de second ordre du problème de maximisation du profit, $Cm'(y(p)) > 0$. Par conséquent, la dérivée de la fonction d'offre est positive, $y'(p) > 0$.

L'élasticité-prix de l'offre, définie dans la section 3.4. du chapitre 1, permet de mesurer plus précisément l'impact d'une augmentation du prix sur la quantité de bien produite. Considérons les cas de prix supérieurs au seuil de fermeture. Par définition, l'elasticité de l'offre est $\varepsilon^y(p) = \dfrac{\frac{dy(p)}{dp}}{\frac{y(p)}{p}}$. En utilisant l'équation qui définit la fonction d'offre, $Cm(y(p)) = p$, nous obtenons $\frac{dy(p)}{dp} = \frac{1}{Cm'(y(p))}$.

Nous en déduisons l'expression de l'élasticité de l'offre individuelle : $\varepsilon^y(p) = \dfrac{Cm(y(p))}{y(p)Cm'(y(p))}$. Cette élasticité est bien positive.

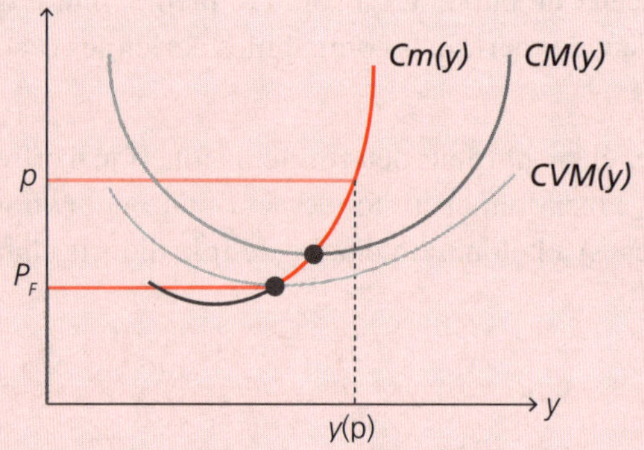

▶ **Figure 4.4**
Courbe d'offre concurrentielle

La courbe d'offre (en orange) fait correspondre à chaque prix (*p*) la quantité de bien *y*(*p*) que l'entreprise produira et mettra sur le marché. Si $p < p_F$ l'entreprise ne produira pas.

Exemple 1

La fonction de coût total de l'entreprise Topclic, qui fabrique des souris pour ordinateurs, est $CT(y) = 0{,}2y^2 + 40$. Commençons par déterminer sa fonction d'offre $y(p)$. Pour des prix supérieurs au seuil de fermeture, $p > p_F$, la fonction d'offre vérifie l'égalité entre le prix et le coût marginal. Le coût marginal de l'entreprise Topclic est $Cm(y) = CT'(y) = 0{,}4y$. Il en suit que la fonction d'offre vérifie $p = 0{,}4y(p)$ et donc $y(p) = 2{,}5p$. Il nous faut maintenant déterminer le seuil de fermeture, p_F. Pour cela, nous devons trouver le minimum du coût variable moyen. Ce dernier est égal à $CVM(y) = 0{,}2y$. Son minimum est obtenu pour $y = 0$. Ainsi, $p_F = 0$. À court terme, l'entreprise Topclic a toujours intérêt à produire. La fonction d'offre est donnée par : $y(p) = 2{,}5p$ pour tout $p > 0$. Pour terminer, nous devons chercher le seuil de rentabilité p_R. Ce dernier est obtenu en trouvant le minimum du coût moyen, $CM(y) = 0{,}2y + 40/y$. Le coût moyen est minimum au point qui annule sa dérivée première, $CV'(y) = 0$. La quantité qui annule cette dérivée est $y = 10\sqrt{2}$ et donc $p_R = CM(10\sqrt{2}) = 2\sqrt{2} + \dfrac{4}{\sqrt{2}} = p > 2\sqrt{2} + \dfrac{4}{\sqrt{2}}$.

Par conséquent, Topclic fait des profits positifs si $p > 2\sqrt{2} + \dfrac{4}{\sqrt{2}}$.

Jusqu'à présent, nous avons analysé les décisions des entreprises en raisonnant en deux étapes :

- Dans une première étape, nous avons déterminé la façon la plus efficace de produire une quantité donnée de produit (en résolvant un programme de minimisation des coûts).
- Dans une seconde étape, nous avons déterminé la quantité optimale de production en fonction du prix du marché.

Cette analyse du problème du producteur, appelée **programme dual**, permet de mieux comprendre les déterminants de la demande de facteurs de production en les dissociant des décisions de quantité produite. Il est cependant possible de résoudre le problème du producteur en une seule étape, en choisissant simultanément les quantités de facteurs et la quantité de bien produite.

POUR ALLER PLUS LOIN
▶ *Voir p. 93*

3.3 Le surplus du producteur

Les bénéfices que retire une entreprise de sa production sont habituellement mesurés par son profit. Le profit est, comme nous l'avons vu, la différence entre la recette totale de l'entreprise et son coût total, $\pi(y) = py - CT(y)$. Il est aussi égal à la quantité produite multipliée par la différence entre le prix et le coût moyen de production d'une unité, $y \cdot (p - CM(y))$. Ce que rapporte à l'entreprise une unité supplémentaire est un montant constant, égal à p, mais ce que coûte une unité supplémentaire n'est en général pas constant (ce coût supplémentaire est égal au coût marginal). L'écart entre le prix du bien et le coût marginal permet de mesure les bénéfices de la production. Cette mesure est le **surplus du producteur**.

Définition 6

Le surplus du producteur, pour un prix p et un niveau de production y, est la somme, pour toutes les unités produites entre 0 et y, des différences entre le prix du bien et le coût marginal de production de cette unité.

Formulation mathématique: Soit p, le prix d'un bien, y la quantité de ce bien produite par une entreprise et $Cm(y)$, sa fonction de coût marginal, supposée continue. Le surplus, noté S^P, est donné par :

$$S^P(p, y) = \int_0^y (p - Cm(x))dx = py - \int_0^y Cm(x)dx$$

Graphiquement, le surplus du producteur est égal à la surface entre la courbe de coût marginal et la droite correspondant au prix du bien (▶ figure 4.5).

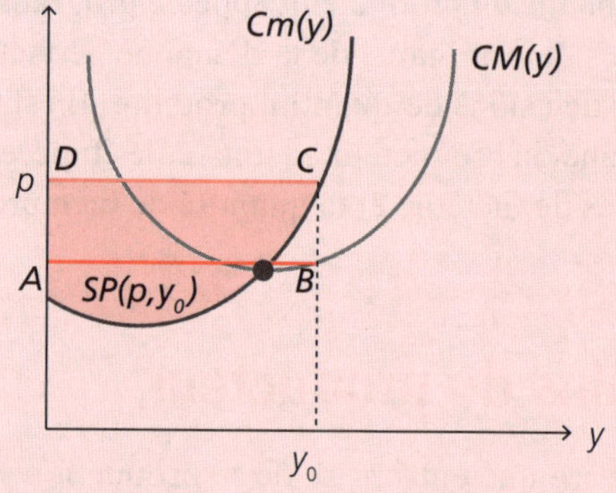

▶ **Figure 4.5**
Surplus du producteur

Le surplus du producteur est la somme des différences entre le prix de vente et le prix maximal pour toute quantité, le coût marginal. Il est représenté par la surface en orangé. Le profit est égal à la différence entre les recettes et les coûts et est représenté par la surface du rectangle *ABCD*.

Nous pouvons remarquer que le coût marginal étant égal à la dérivée du coût variable, sa primitive est le coût variable. Nous pouvons ainsi relier le surplus et le profit d'une entreprise : $S^P(p, y) = py - CV(y)$ et donc $\pi(y) = S^P(p, y) - CF$. Enfin, notons qu'à long terme, tous les facteurs étant variables, le surplus est exactement égal au profit, $\pi(y) = S^P(p, y)$.

4 Offre de court terme et offre de long terme

À court terme, les modifications des quantités des facteurs de production sont limitées. Les entreprises subissent des coûts fixes qui peuvent être importants. Aussi, elles peuvent être amenées à continuer à produire alors que leur profit est négatif.

À long terme, tous les facteurs deviennent variables, les coûts fixes disparaissent et les entreprises ne produiront que si elles réalisent des profits positifs ou nuls. Si le prix de vente est trop bas, elles quitteront le marché. S'il est élevé, elles pourront augmenter la quantité des facteurs qui étaient fixes à court terme pour pouvoir profiter de ce prix élevé et, ainsi, augmenter leurs profits.

La compagnie aérienne ProxyJet possède 10 avions et est spécialisée dans les vols intérieurs. Si le prix des billets est de 30 euros, elle maximise son profit en vendant y_1 billets. Si les prix des billets se maintiennent durablement à 30 euros, ProxyJet doit-elle vendre une partie de ses avions ou en acheter d'autres ? Pour répondre à cette question, nous devons étudier les fonctions de coût marginal et de coût moyen de long terme et de court terme de la compagnie aérienne (▶ figure 4.6).

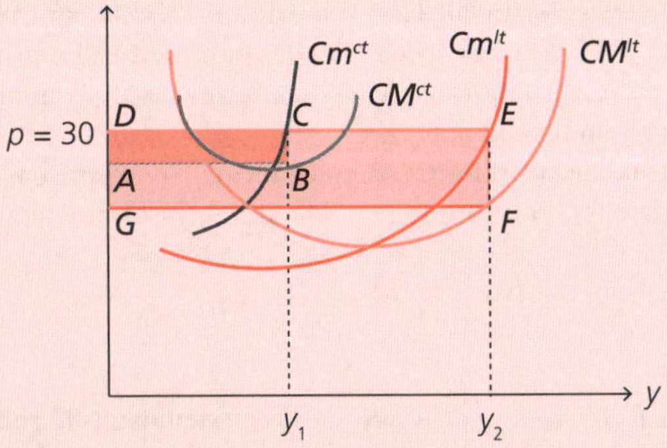

À court terme, avec 10 avions, la compagnie ProxyJet vend le nombre de billets qui égalise le prix à son coût marginal de court terme. Cette quantité est y_1, et le profit correspondant est donné par l'aire du rectangle *ABCD*. Si la compagnie pense que le prix de 30 euros va se maintenir durablement, elle va chercher à adapter le nombre de ses avions de façon à augmenter son profit. À long terme, la quantité de bien produite qui maximise le profit égalise le prix et le coût marginal de long terme. Ici, cette quantité est y_2 qui est largement supérieure à y_1 et donc correspond à un nombre d'avions supérieur à 10. Le profit associé est donné par l'aire du triangle *DEFG*, qui est supérieure à *ABCD*. Ce résultat n'est pas surprenant car à long terme, les entreprises maximisent leur profit sur un ensemble plus grand (ici le nombre d'avions peut prendre toutes les valeurs positives).

◀ **Figure 4.6**
Offre de court terme et offre de long terme

FOCUS

La fonction d'offre concurrentielle à long terme

La fonction d'offre $y(p)$ d'une entreprise, en concurrence parfaite, à long terme, est donnée par l'égalité entre le coût marginal de long terme et le prix :

$$y(p)=\begin{cases} C^{lt}m(y(p))=p & \text{pour } p \geqslant p_R = \min_y CM^{lt}(y) \\ 0 & \text{sinon} \end{cases}$$

Nous pouvons montrer les deux propriétés suivantes :

- Le profit de long terme est supérieur ou égal au profit de court terme. L'égalité est obtenue lorsque le prix du bien est tel que la quantité de facteur fixe à court terme s'avère être la quantité optimale à long terme.
- Une variation du prix du bien a un plus fort impact sur les décisions de production de long terme que sur celles de court terme.

Nous terminons ce chapitre par une application reprenant l'ensemble des résultats.

APPLICATION Offre de court terme et offre de long terme dans le cas d'une fonction de production Cobb-Douglas

Une entreprise produit avec deux facteurs, le travail (L) et le capital (K), suivant une technologie Cobb-Douglas (▶ chapitre 2) : $F(L, K) = AL^aK^b$ où A, a et b sont des paramètres. Le prix du marché du travail est noté w, et celui du capital, r. Nous supposons qu'à court terme, seule la quantité de facteur travail est modifiable, le capital est fixé à un niveau noté $\overline{K}$.

Commençons par déterminer le coût total de court terme. À court terme, l'entreprise n'a aucune liberté dans le choix des quantités de ses facteurs. Pour produire y, elle doit utiliser une quantité $L^{ct}(\overline{K})$de travail qui vérifie $F(L^{ct}(\overline{K}), K) = y$ et donc $L^{ct}(\overline{K}) \left(\dfrac{y}{A\overline{K}^b}\right)^{\frac{1}{a}}$

Le coût total à court terme est $CT^{ct}(y, \overline{K}) = \left(\dfrac{y}{A\overline{K}^b}\right)^{\frac{1}{a}} + r\overline{K}$. Nous en déduisons le coût marginale de court terme : $Cm^{ct}(y, \overline{K}) = w\dfrac{1}{a}y^{\frac{1}{a}-1}\left(\dfrac{1}{A\overline{K}^b}\right)^{\frac{1}{a}}$

La fonction d'offre de court terme, $y^{ct}(p)$, s'écrit alors $y^{ct}(p) = p^{\frac{a}{1-a}}\left(\dfrac{a}{w}\right)^{\frac{a}{1-a}}\left(A\overline{K}^b\right)^{\frac{1}{1-a}}$

L'offre est croissante avec le prix pour tout $a < 1$.

Regardons maintenant la décision à long terme. Commençons par le coût total de long terme. Ce dernier peut être obtenu de deux façons :

- en minimisant le coût de court terme par rapport au facteur fixe ;
- en minimisant le coût total de long terme par rapport aux deux facteurs de production.

Puisque nous avons déjà calculé $CT^{ct}(y, \overline{K})$, nous utiliserons la première méthode. Les résultats peuvent être vérifiés par la deuxième méthode en utilisant les demandes de facteurs déterminés dans l'Application du chapitre 3.

Nous cherchons donc le minimum de la fonction $CT^{ct}(y, \overline{K})$ par rapport à $\overline{K}$). Pour cela, nous allons dériver la fonction de coût total et chercher la quantité de K qui annule cette dérivée : $\dfrac{\partial CT^{ct}(Y, \overline{K})}{\partial \overline{K}} = 0$.

Nous obtenons $K^{lt}(w, r, y) = A^{-\frac{1}{a+b}}\left(\dfrac{b}{a}\dfrac{w}{r}\right)^{\frac{a}{a+b}}y^{\frac{1}{a+b}}$

La courbe de coût total à long terme est alors $CT^{lt}(y) = CT^{ct}(y, K^{lt}) =$

$$w\left(\frac{y}{A\left(K^{lt}\right)^b}\right)^{\frac{1}{a}} + r\left(K^{lt}\right) = A^{-\frac{1}{a+b}}\left[w\left(\frac{a}{b}\frac{r}{w}\right)^{\frac{b}{a+b}} + r\left(\frac{b}{a}\frac{w}{r}\right)^{\frac{a}{a+b}}\right]y^{\frac{1}{a+b}}$$

Nous pouvons en déduire le coût marginal de long terme :

$$Cm^{lt}(y) = \frac{1}{a+b}A^{-\frac{1}{a+b}}\left[w\left(\frac{a}{b}\frac{r}{w}\right)^{\frac{b}{a+b}} + r\left(\frac{b}{a}\frac{w}{r}\right)^{\frac{a}{a+b}}\right]y^{\frac{1}{a+b}}$$

Pour simplifier les expressions, notons : $D = (a+b)A^{\frac{1}{a+b}}\left(w\left(\dfrac{a}{b}\dfrac{r}{w}\right)^{\frac{b}{a+b}} + r\left(\dfrac{b}{a}\dfrac{w}{r}\right)^{\frac{a}{a+b}}\right)^{-1}$

La fonction d'offre de long terme est donnée par l'égalité entre le prix et le coût marginal de long terme. Il vient : $y^{lt}(p) = p^{\frac{a+b}{1-a-b}} D^{\frac{a+b}{1-a-b}}$.

Notons que cette offre est croissante par rapport au prix pour tous a, b tels $a + b < 1$.

Retrouvez une application numérique en ligne sur le site dunod.com.

Les points **clés**

- Une entreprise qui maximise son profit doit produire une quantité qui égalise son coût marginal et sa recette marginale.
- Si l'entreprise est en concurrence pure et parfaite, sa quantité produite doit égaliser le prix et le coût marginal.
- Le seuil de rentabilité est le prix au-dessus duquel l'entreprise réalise des profits positifs. Ce prix est égal au minimum du coût moyen.
- Le seuil de fermeture est le prix au-dessus duquel l'entreprise réalise des profits supérieurs à ceux qu'elle réaliserait si elle ne produisait pas. Ce prix est égal au minimum du coût variable.
- À court terme, la quantité de certains facteurs de production est fixée, alors qu'à long terme, tous les facteurs sont en quantité variable.
- L'offre de long terme égalise le prix et le coût marginal de long terme.
- À prix du bien identique, le profit de long terme est supérieur ou égal au profit de court terme.

ÉVALUATION

QCM

▶ Corrigés p. 348

1 Une entreprise sur un marché concurrentiel ne produit que si elle réalise des profits strictement positifs.
VRAI
FAUX

2 Sur un marché de concurrence pure et parfaite, il y a obligatoirement plus de 50 entreprises.
VRAI
FAUX

3 La boulangerie Délice se situe dans un quartier où le marché du pain et des viennoiseries vérifie les propriétés d'un marché de concurrence pure et parfaite. Si le prix des croissants passe dans ce quartier de 1,50 euro à 3 euros, pour maximiser son profit, la boulangerie a intérêt à doubler le nombre de croissants qu'elle fabrique.
VRAI
FAUX

4 M. Richard veut offrir un bouquet de roses rouges à son épouse pour la Saint Valentin. Il se rend chez trois fleuristes proches de son lieu de travail et constate que chez le premier, le bouquet de roses est à 40 euros, chez le second, à 50 euros et, chez le troisième, à 60 euros. On peut en déduire que le marché des bouquets de roses est un marché de concurrence pure et parfaite.
VRAI
FAUX

5 Une entreprise produit un bien dont le prix est égal à 50 euros avec deux facteurs de production. Si seul un des facteurs est en quantité variable, l'entreprise produit 1000 unités et fait un profit de 20000 euros.

1. Si les deux facteurs étaient variables, l'entreprise produirait plus de 1000 unités.
VRAI
FAUX

2. Si les deux facteurs étaient variables, le profit de l'entreprise serait supérieur ou égal à 20000 euros.
VRAI
FAUX

Exercices

▶ Corrigés en ligne

6 Offre de production

La start-up MarioApps réalise des applications pour smartphones. Sa fonction de coût total est : $CT(y) = 400 + 4y^2$.

1. Calculez le coût marginal de MarioApps.
2. Déterminez le nombre d'applications que la start-up doit réaliser pour maximiser son profit si le prix d'une application est p.
3. Si le prix des applications double, que devient le nombre d'applications à réaliser pour maximiser le profit ?
4. Si le prix d'une application est de 72 euros, combien d'applications MarioApps doit réaliser pour maximiser son profit ? Quel est le profit dans ce cas ?
5. Si le prix d'une application est de 160 euros, combien d'applications MarioApps doit réaliser pour maximiser son profit ? Quel est le profit dans ce cas ?

7 Offre et seuil de fermeture

Une entreprise peut produire au maximum une quantité $y = 2$.
Sa fonction de coût total est : $CT(y) = \ln 2 - \ln(2 - y)$
1. Cette entreprise subit-elle un coût fixe ?
2. Représentez la fonction de coût moyen et marginal de cette entreprise. Quel est le seuil de fermeture ?
3. Définir et représenter graphiquement sa fonction d'offre.

8 Calcul de surplus

La fonction de coût total d'une entreprise est :
$CT(y) = 2y^2 + 15y + 450$.
1. Calculez la fonction de coût marginal
2. Si le prix du bien est de 20 euros par unité, combien d'unités l'entreprise produit-elle ?
3. Calculez son profit pour $p = 20$.
4. Calculez le surplus du producteur pour $p = 20$.

9 Offre globale

Un bien est produit par deux types d'entreprises, possédant des techniques différentes. Il y a 5 entreprises de type 1 et 6 entreprises de type 2. Les fonctions de coût de ces entreprises sont :
- Entreprises de type 1 : $CT_1(y) = 10y^2$
- Entreprises de type 2 : $CT_2(y) = 4y^3 - 8y^2 + 6y$

1. Déterminez la fonction d'offre d'une entreprise de chacun des deux types.
2. Déterminez la fonction d'offre globale et représentez-la graphiquement.

Sujet d'examen

▶ Corrigés en ligne

10 Université Paris Descartes, 2008-2009

Soit une entreprise caractérisée par la fonction de production F(·) définie par :

$$F(y_1, y_2) = y_1^{3/4} y_2^{1/4}$$

1. Quelle est la nature des rendements d'échelle de cette entreprise ?
2. Calculer le taux marginal de substitution technique pour (y^1, y^2) quelconque à éléments strictement positifs.
3. Après avoir rappelé sa définition, en déduire l'équation du sentier d'expansion, pour $p^1 = 3$ et $p^2 = 1$.
4. Donner la fonction de coût c(y) de cette entreprise – y étant une quantité quelconque de son produit – pour $p^1 = 3$ et $p^2 = 1$.
5. Quelle est la fonction d'offre concurrentielle de cette entreprise si le prix du produit est p ($p > 0$) ?

POUR ALLER PLUS LOIN

Le programme de l'entreprise en concurrence parfaite

Considérons une entreprise qui utilise deux facteurs de production dont les prix sont p_1 et p_2. Sa fonction de production est $F(z_1, z_2)$ et le prix auquel elle peut vendre son produit est p. La quantité de production et les quantités de facteurs utilisés sont solutions du programme de maximisation suivant :

$$\max_{y, z_1, z_2} py - p_1 z_1 - p_2 z_2$$

sous la contrainte $y = F(z_1, z_2)$

Quelles sont les quantités optimales des facteurs pour cette entreprise ?

Pour connaître la réponse à cette question, rendez-vous sur dunod.com ou flashez le code ci-dessous.

Chapitre 5

Les choix de consommation font partie de notre quotidien. Ces choix sont plus ou moins complexes, plus ou moins fréquents, et ont pour nous des conséquences à plus ou moins long terme. Nous achetons souvent de la nourriture et des vêtements, moins souvent, un téléviseur ou un téléphone, et encore moins souvent, une voiture ou un appartement. Nos choix peuvent être contraints par notre budget. Nous pouvons avoir envie d'acheter le dernier modèle de smartphone et un téléviseur à écran plat, mais il n'est pas évident que notre budget nous le permette ! Si notre budget permet seulement d'acheter l'un des deux biens, certains d'entre nous choisiront le smartphone, et d'autres, le téléviseur. Ceux qui choisiront le smartphone contribueront à l'augmentation de la demande de smartphones, les autres à celle des téléviseurs. L'étude des choix des consommateurs est importante pour déterminer la demande individuelle et globale pour différents produits et pour estimer l'impact d'une variation des prix ou du revenu sur cette demande.

LES GRANDS AUTEURS

Paul A. Samuelson (1915-2009)

P. A. Samuelson est un économiste américain, prix Nobel d'économie en 1970. Il est le chef de file de la « synthèse néo-classique », dont l'objectif est de donner des fondements microéconomiques à l'analyse macroéconomique.

Dans un article célèbre de 1938, Samuelson propose de refonder la théorie de la demande individuelle en déduisant les préférences des individus de l'observation de leurs choix. Il résout les difficultés posées par la non-observabilité des préférences et propose un nouvel ensemble de postulats sur les préférences individuelles qui fonde sa théorie des préférences révélées. Cette théorie est facilement testable et de nombreuses études expérimentales récentes l'utilisent. ■

Préférences et choix du consommateur

Plan

Prérequis

→ **Savoir** tracer une droite à partir de son équation.

→ **Connaître** la définition d'un ensemble convexe et d'une courbe convexe.

Objectifs

→ **Définir** les préférences d'un consommateur et en comprendre les propriétés.

→ **Représenter** graphiquement les préférences d'un consommateur dans le cas de deux biens.

→ **Définir** le taux marginal de substitution entre deux biens et l'utiliser pour identifier des biens substituts et compléments.

→ **Déterminer** graphiquement les quantités de biens choisies par un consommateur à partir de ses préférences et de sa contrainte budgétaire.

Nous commencerons par étudier les préférences d'un consommateur qui reflètent ses goûts et correspondent à sa façon de comparer différentes combinaisons de biens. Puis, nous introduirons les contraintes liées aux prix des biens et au budget du consommateur afin de caractériser son choix optimal. Il est important de rappeler que vous allez découvrir un modèle, qui est, par essence, une représentation simplifiée de la réalité. Ce modèle repose sur un certain nombre d'hypothèses qui, tout en étant empiriquement fondées pour la plupart, restent simplificatrices. Ainsi, le fait de ne pas vous reconnaître parfaitement dans le consommateur de la théorie microéconomique ne doit pas vous amener à remettre trop vite en cause cette approche. Comme il s'agit d'une première modélisation des comportements individuels, nous simplifierons au maximum l'analyse en ne considérant que des choix à une date donnée, sans futur ou passé : nous parlerons de choix statiques.

1 Les préférences du consommateur : propriétés et représentation graphique

Les choix des individus en matière de consommation dépendent de leurs goûts (ou préférences) qui sont par essence subjectifs. Si vous préférez obtenir le dernier smartphone plutôt que de récupérer le vieux téléphone de vos parents, c'est que le dernier smartphone vous procure plus de plaisir. Les économistes n'ont pas besoin de connaître parfaitement les traits de personnalité de tous les consommateurs. Pour comprendre leurs choix, il suffit de représenter leurs goûts de façon plus ou moins fine ou, plus précisément, d'en comprendre les principales propriétés.

1.1 Les préférences

S'il s'agit uniquement d'un bien comme les téléphones, un jeune peut préférer le dernier smartphone alors qu'une personne plus âgée pourrait préférer un téléphone moins sophistiqué. Les préférences de chacun sont alors assez simples. Mais, que se passe-t-il si on doit comparer plusieurs biens à la fois ? Par exemple, préférez-vous obtenir le dernier smartphone, 3 jours à New York et 10 places de cinéma ou, pour le même prix, la dernière tablette tactile, 1 séjour d'une semaine au ski et 5 places de cinéma ? Que choisir si la liste des biens s'allonge ?

Pourtant, c'est bien dans ce contexte que les choix se font. On parle alors de comparaison de paniers de biens.

Définition 1

Un panier de biens est un ensemble composé d'un ou de plusieurs produits dont les quantités sont précisées.
On note un panier de n biens par un vecteur $(x_1, x_2, ..., x_n)$ dont la coordonnée i, $i = 1, ..., n$ donne la quantité de bien i. Les biens dans le panier sont ordonnés arbitrairement[1].

Exemple 1

Considérons 4 produits : des pommes, des DVD, des livres et des places de cinéma.
$A = (4, 1, 5, 3)$ est un panier composé de 4 pommes, 1 DVD, 5 livres et 3 places de cinéma.
$B = (2, 4, 8, 1)$ est un autre panier de biens composé de 2 pommes, 4 DVD, 8 livres et 1 place de cinéma.

Les préférences des individus sont le reflet de leur personnalité, de leur éducation, de leurs conditions de vie, etc. Elles peuvent varier dans le temps. Nous n'allons pas ici nous intéresser aux déterminants de ces préférences, ni à leur pérennité. Ce qui est important pour l'analyse microéconomique des comportements des consommateurs, c'est l'existence de ces préférences et leurs propriétés que nous allons préciser.

La théorie du consommateur est fondée sur l'hypothèse que tous les individus sont capables de comparer deux paniers de biens du point de vue de la satisfaction que chacun de ces paniers leur procure[2].

Nous pouvons formaliser cette idée en utilisant le concept de relation de préférence, au sens mathématique du terme.

Exemple 2

Prenons deux paniers de biens composés de deux biens, les DVD et les places de cinéma. Le panier A est composé de 20 DVD et 3 places de cinéma et le panier B est composé de 10 DVD et de 5 places de cinéma.
Alexandre préfère faiblement le panier A au panier B, on note $A \succcurlyeq B$, c'est-à-dire que le panier A procure à Alexandre plus ou autant de satisfaction que le panier B.

1 L'ordre des biens au départ est arbitraire, mais, une fois choisi, il reste le même pour tous les paniers composés des mêmes biens.
2 L'incomparabilité (qui n'est pas de l'indifférence) qui consiste à ne pas savoir comparer (par exemple parce qu'on ne connaît pas les biens qui composent les paniers) n'existe pas.

Attention ! La relation de préférence $\succcurlyeq$ (subjective et personnelle) définie sur des couples de paniers de biens est différente de la relation $\geq$ (objective et universelle) définie sur des couples de nombres (ou de vecteurs) réels.

Alexis est indifférent entre A et B, on note $A \sim B$, c'est-à-dire que les deux paniers lui procurent la même satisfaction. Ceci est équivalent à $A \succcurlyeq B$ et $B \succcurlyeq A$.
Enfin, Clélia préfère strictement A à B, on note $A \succ B$, c'est-à-dire que A lui procure strictement plus de satisfaction que B. Ceci est équivalent à $A \succcurlyeq B$, mais non pas $B \succcurlyeq A$.

1.2 Hypothèses fondamentales sur la relation de préférence

Les économistes supposent que les relations de préférence des consommateurs vérifient certaines hypothèses : les **axiomes[1] du consommateur**. Ces axiomes sont souvent appelés axiomes « de rationalité ». Nous ne discuterons pas ici de cette appellation qui repose sur une certaine cohérence des choix garantie par ces axiomes. Ainsi, les économistes supposent généralement que les préférences des consommateurs sont :

1. **Complètes** : quels que soient les paniers de biens A et B, le consommateur est toujours capable de dire s'il préfère A à B ou B à A ou s'il est indifférent entre A et B. Cet axiome exclut l'incomparabilité.
2. **Réflexives** : un panier est toujours équivalent à lui-même.
3. **Transitives** : si le panier A est préféré ou indifférent au panier B et si le panier B est préféré ou indifférent au panier C, alors le panier A est préféré ou indifférent au panier C. Cette hypothèse est bien connue sur l'ensemble des nombres réels.
4. **Monotones** : tous les biens sont désirables pour l'individu, et quelle que soit la quantité d'un bien dont il dispose, il préfère toujours en avoir plus[2].

1 Un axiome est une affirmation considérée comme évidente qui est admise sans être démontrée.
2 Ainsi formulé, cet axiome implique que les préférences sont monotones croissantes. Dans certains cas très particuliers, que nous ne traiterons pas dans ce manuel, les préférences peuvent être monotones décroissantes. C'est par exemple le cas de la pollution.

FOCUS

Formulation mathématique des axiomes

Supposons qu'il y ait n biens (n pouvant aller de 1 à un nombre fini N), l'ensemble des paniers composés de ces n biens est noté $\mathcal{C}_n$ que nous appellerons ensemble de consommation.

Axiome 1. La relation de préférence, $\succcurlyeq$, est **complète** :
Pour tous $A, B \in \mathcal{C}_n$, on a soit $A \succcurlyeq B$, soit $B \succcurlyeq A$, soit $A \succcurlyeq B$ et $B \succcurlyeq A$ (et donc $A \sim B$).

Axiome 2. La relation de préférence, $\succcurlyeq$, est **réflexive** :
Pour tout $A \in \mathcal{C}_n$, on a $A \succcurlyeq A$ (plus précisément $A \sim A$).

Axiome 3. La relation de préférence, $\succcurlyeq$, est **transitive** :
Pour tous $A, B ,C \in \mathcal{C}_n$, si $A \succcurlyeq B$ et $B \succcurlyeq C$ alors $A \succcurlyeq C$.

Axiome 4. La relation de préférence, $\succcurlyeq$, est **monotone** (vérifie la non-saturation).
Pour tous paniers $A, B \in \mathcal{C}_n$ tels que le panier A contient *au moins autant de chaque bien* que le panier B, on a $A \succcurlyeq B$. Si A contient *strictement plus de tous les biens* que B, on a $A \succcurlyeq B$ et non $B \succcurlyeq A$ (donc $A \succ B$). Enfin, les préférences sont dites strictement monotones, si dès lors que A contient *strictement plus au moins d'un des biens* que B, alors $A \succ B$ (préférence stricte).

Les propriétés que nous venons d'énoncer, tout en étant intuitives et peu contraignantes, vont permettre la construction d'une fonction d'utilité. Cette fonction va traduire numériquement les préférences d'un consommateur et faciliter la détermination mathématique de son choix optimal (nous aborderons cette notion au chapitre 6). Avant cela, nous allons voir quelles informations nous pouvons obtenir sur les goûts d'un individu, et sur ses choix, directement à partir de ses préférences, ou plutôt à partir d'une représentation graphique de celles-ci.

CONTROVERSE

Certains axiomes, comme la **complétude** et la **transitivité**, ont été remis en cause et relâchés par des économistes. Prenons l'axiome de préférences complètes (n° 1). Un consommateur doit être capable de comparer n'importe quelle paire de paniers. Or, certains paniers peuvent comporter des biens que le consommateur connaît mal. Préférez-vous passer 10 jours à Koh Tao ou 10 jours à Key West ? Si nous vous laissons le temps de vous renseigner sur ces deux îles, vous pourrez peut-être exprimer une préférence pour l'une d'entre elles, ou considérer que les deux vous attirent autant. Mais si vous devez choisir en un temps limité, sans savoir où ces lieux se situent, cela peut être difficile ! Vos préférences entre les destinations de vacances peuvent être incomplètes. L'axiome de complétude a été rejeté dans un article de 1962 par Robert J. Aumann (prix Nobel d'économie en 2005). Malheureusement, ce rejet rend la tâche de l'économiste modélisateur beaucoup plus compliquée comme nous le soulignerons dans le chapitre 6. ■

1.3 Les courbes d'indifférence

Une représentation graphique permet d'identifier facilement quels sont les paniers de biens que le consommateur préfère à un panier donné, quels sont ceux qu'il considère comme moins intéressants pour lui, et aussi dans quelle mesure il considère les biens en question comme plus ou moins substituables.

Julien est un consommateur qui achète uniquement deux biens, les DVD et les places de cinéma (les autres biens lui sont procurés par ses parents). Comment pouvons-nous représenter ses préférences et donc les satisfactions que lui procurent les différents paniers possibles ? Dans le cas de deux biens, on peut représenter les paniers de biens dans un plan avec, par exemple, en abscisse, les DVD et, en ordonnée, les places de cinéma. Pour déterminer ou comparer les satisfactions des paniers possibles, nous allons utiliser les propriétés et axiomes sur les préférences.

Une première étape dans la représentation des préférences consiste à construire des courbes (ou des surfaces dans le cas de plus de deux biens) qui regroupent les paniers qui procurent la même satisfaction à un individu.

Définition 2

La courbe d'indifférence, associée à un panier quelconque A, regroupe tous les paniers qui procurent au consommateur la même satisfaction que A. On notera I_A cette courbe d'indifférence.
Plus formellement, pour un A donné, $I_A = \{B \in \mathcal{C}_2 : B \sim A\}$.

Construisons maintenant une courbe d'indifférence de Julien. Chaque combinaison de DVD et de places de cinéma d'un panier quelconque peut être représentée par un point du plan (DVD, Places de cinéma). Représentons 5 paniers quelconques, notés de A à F, dans ce plan (▸ figure 5.1). Par exemple, le point A correspond à un panier avec 20 DVD et 3 places de cinéma. Nous voulons construire la courbe d'indifférence I_A associée au panier A (passant par le point A). Pour ce faire, nous devons localiser tous les paniers qui sont considérés par Julien comme indifférents à A.

Cherchons d'abord les paniers préférés à A et les paniers auxquels A est préféré en utilisant *l'axiome de monotonie* introduit précédemment. D'après cet axiome, A sera préféré à tous les paniers avec un nombre de DVD inférieur ou égal à 20 et un nombre de places de cinéma inférieur ou égal à 3. Ces paniers correspondent à la zone en gris de la figure. Ainsi, A est préféré à E. Toujours par *l'axiome de monotonie*, tous les paniers avec un nombre de DVD supérieur ou égal à 20 et un nombre de places de cinéma supérieur ou égal à 3 seront préférés à A. Ces paniers correspondent à la zone en orange. Ainsi, D est préféré à A. Les zones grise et orange sont communes à tous les individus ayant des préférences monotones.

Notons que les paniers B, C et F n'appartiennent ni à la zone grise, ni à la zone orange. La comparaison de A avec ces paniers va dépendre des préférences et des goûts de l'individu. Supposons qu'un questionnaire, rempli par Julien lors d'une enquête de consommation, nous apprend qu'il est indifférent entre A, B et C et qu'il préfère A à F. Dans ce cas, la courbe d'indifférence I_A de Julien qui passe par A passera aussi par B et C.

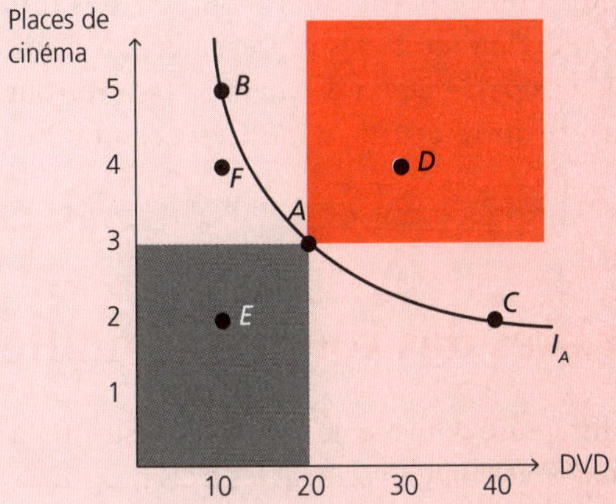

$A = (20, 3)$; $B = (10, 5)$; $C = (40, 2)$; $D = (30, 4)$; $E = (10, 2)$; $F = (10, 4)$.
Julien est indifférent entre les paniers A, B et C, mais préfère A à F et E. D est préféré à A.

◄ **Figure 5.1**
Courbe d'indifférence

Cette courbe va diviser le plan en deux zones qui apparaissent dans la figure 5.2 :
- la zone des paniers préférés à ceux de la courbe (zone en orange) ;
- la zone des paniers non préférés (zone en gris).

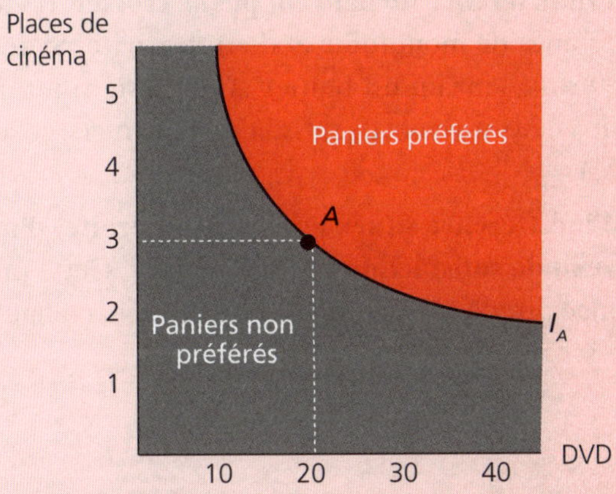

Tous les paniers qui sont au-dessus de la courbe d'indifférence passant par A (notée I_A) sont préférés aux paniers sur la courbe car ils comportent plus de DVD et/ou de places de cinéma que les paniers sur I_A. En revanche, tous les paniers qui sont en dessous sont moins désirés car ils contiennent moins de DVD et/ou de places de cinéma que A.

◄ **Figure 5.2**
Paniers préférés à un panier donné

En conclusion, pour construire la courbe d'indifférence d'un individu passant par un panier donné A, on commence par localiser l'ensemble des paniers préférés au panier A et les paniers auxquels A est préféré par tous les individus dont les préférences sont monotones. Parmi les paniers restants, on détermine (éventuellement par questionnaire) ceux qui sont pour l'individu indifférents au panier A. Ces paniers feront partie de la courbe d'indifférence passant par A.

Les courbes d'indifférence permettent d'obtenir des informations sur les préférences d'un individu (et de les représenter) en utilisant un minimum d'informations. Un exercice en fin de chapitre (▶ à retrouver en ligne) vous permet de construire votre courbe d'indifférence pour les DVD et les CD de musique.

1.4 Propriétés des courbes d'indifférence

Les courbes d'indifférence d'un même individu construites à partir de ses préférences pour deux biens donnés vérifient les trois propriétés suivantes.

i. **Les courbes d'indifférence sont décroissantes**. Si une courbe d'indifférence, passant par un panier donné A, était croissante, elle devrait passer par un panier comprenant plus des deux biens que A. Or, d'après l'axiome de monotonie, ce panier serait strictement préféré au panier A et donc ne pourrait pas être sur la même courbe d'indifférence qui regroupe les paniers qui sont indifférents au panier A.

ii. **Les courbes d'indifférence ne peuvent pas se croiser.** Il s'agit d'une conséquence des axiomes de monotonie et de transitivité. Si deux courbes d'indifférence se croisaient en un panier A, cela signifierait que ce panier correspondrait à deux niveaux de satisfaction distincts, ce qui est impossible (▶ figure 5.3a).

iii. **Une courbe d'indifférence située au-dessus (à droite) d'une autre correspond à un niveau de satisfaction plus important.** Cette propriété est aussi une conséquence directe de l'axiome de monotonie (▶ figure 5.3b).

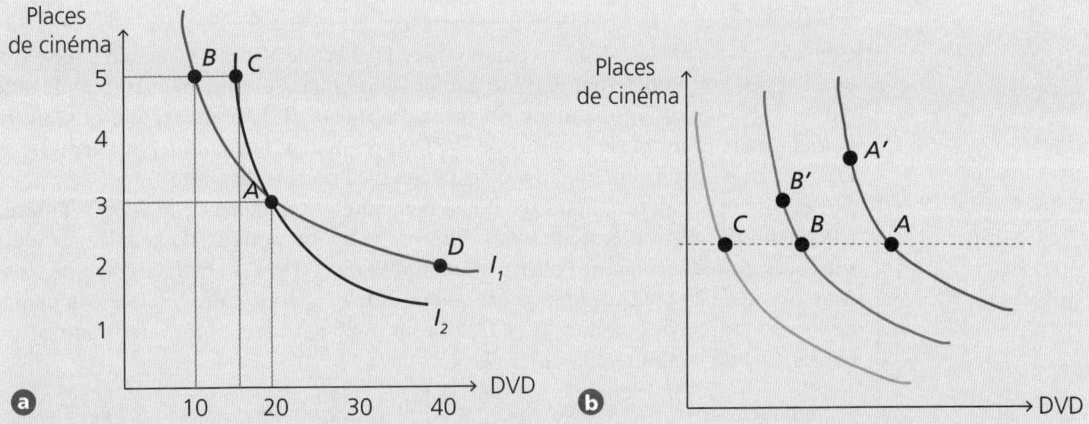

▲ **Figure 5.3 Propriétés des courbes d'indifférence**

ⓐ Deux courbes d'indifférence ne peuvent pas se croiser. Supposons que par le panier A = (20, 3) passent deux courbes d'indifférence, I_1 et I_2. Considérons un panier B = (10, 5) sur I_1 avec plus de places de cinéma que A. Il existe un panier C, avec autant de places de cinéma que B qui se situe sur la courbe I_2. Ce panier comporte strictement plus de DVD que B, C = (15, 5). Par définition, comme A est sur la même courbe d'indifférence que B et C, $A \sim C$ et $A \sim B$. Par *l'axiome de transitivité*, nous devons avoir $B \sim C$. Cependant, par *l'axiome de monotonie* des préférences, C contenant plus de DVD que B avec le même nombre de places de cinéma, $C \succ B$, ce qui aboutit à une contradiction et donc rend fausse notre affirmation initiale.

ⓑ Une courbe d'indifférence plus éloignée de l'origine correspond à une satisfaction plus élevée. Par *l'axiome de monotonie*, $A \succcurlyeq B$. Considérons maintenant un panier B' sur la même courbe d'indifférence que B et un panier A' sur la même courbe d'indifférence que A, nous avons $A' \sim A$ et $B' \sim B$, et par *l'axiome de transitivité*, $A' \succcurlyeq B'$. Ainsi, tous les paniers de la courbe d'indifférence de A sont préférés à tous les paniers de la courbe d'indifférence de B. Par conséquent, la courbe d'indifférence de A, qui est au-dessus (ou à droite) de B correspond bien à un niveau de satisfaction plus important. De même, la courbe d'indifférence de C correspond à niveau de satisfaction plus faible que celui associé aux courbes d'indifférence de A et B.

Enfin, les économistes pensent que, pour la majorité des biens, les courbes d'indifférence ont une forme particulière : elles sont convexes. Cette dernière propriété est une conséquence d'un axiome qui, tout en ne faisant pas partie du groupe d'axiomes de base, est souvent vérifié par les préférences des consommateurs pour un grand nombre de biens. Il s'agit de l'axiome **préférence pour la diversité**.

FOCUS

Préférence pour la diversité

Axiome 5. La relation de préférence $\succcurlyeq$ présente une préférence (un goût) pour la diversité. Pour tous paniers $A, B \in \mathcal{C}_2$ tels que $A \sim B$, et tout nombre réel $a \in [0, 1]$, on a :

$$aA + (1 - a)B \succcurlyeq A \text{ et } aA + (1 - a)B \succcurlyeq B$$

où $aA + (1 - a)B$ est le panier qui contient, pour chaque bien, une proportion a de la quantité de ce bien dans le panier A et une proportion $(1 - a)$ de la quantité de ce bien dans le panier B.
Cet axiome signifie que les individus ont une préférence pour les paniers diversifiés.

Exemple 3

Considérons les paniers de biens composés de DVD et de places de cinéma. Supposons que Fabrice soit indifférent entre le panier *A* contenant uniquement 100 DVD et le panier *B* contenant uniquement 50 places de cinéma. Si Fabrice préfère obtenir un panier de biens composé à la fois de DVD et de places de cinéma, par exemple, 50 DVD et 25 places de cinéma, il a de la préférence pour la diversité.

Les économistes supposent que ce raisonnement est vrai même si, au départ, Fabrice a la possibilité d'avoir les deux biens. Plus précisément, prenons deux autres paniers supposés indifférents pour Fabrice : *C* composé de 10 DVD et 6 places de cinéma et *D* composé de 20 DVD et 4 places de cinéma. On peut construire un nouveau panier de biens à partir des paniers *C* et *D*. Notons *E* ce panier composé de la moitié du panier *C* et de la moitié du panier *D*.

E contient donc $\left(\frac{10}{2}+\frac{20}{2}\right)$ DVD et $\left(\frac{6}{2}+\frac{4}{2}\right)$ places de cinéma, soit 15 DVD et 5 places de cinéma. La préférence pour la diversité implique que Fabrice préfère le panier *E* aux paniers *C* et *D*.

Nous pouvons montrer que si les préférences d'un individu vérifient l'axiome de préférence pour la diversité, les courbes d'indifférence de cet individu sont **convexes**.

Il suffit de se rappeler qu'une courbe est convexe si pour tous points *A* et *B* de cette courbe, le segment reliant *A* et *B* est entièrement au-dessus de la courbe, c'est-à-dire que tout point de la courbe situé entre *A* et *B* a une ordonnée inférieure à celle du point de même abscisse situé sur le segment $[AB]$. La preuve de la propriété peut alors se faire aisément de manière graphique (▶ figure 5.4).

▶ **Figure 5.4**
Convexité des courbes d'indifférence et préférence pour la diversité

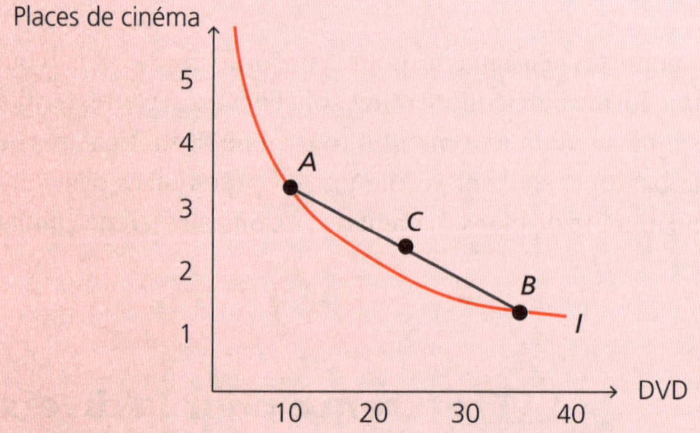

Considérons une courbe d'indifférence *I* et deux paniers $A = (a_1, a_2)$ et $B = (b_1, b_2)$ sur cette courbe. Tout panier $C = (c_1, c_2)$ sur le segment reliant les paniers *A* et *B* peut s'écrire comme une somme pondérée des paniers *A* et *B*. Plus précisément, il existe $c \in]0, 1[$ tel que $C = cA + (1 - c)B$, soit $c_1 = ca_1 + (1 - c)b_1$, $c_2 = c\,a_2 + (1 - c)b_2$. D'après l'axiome de préférence pour la diversité, $C \geqslant A$ et $C \geqslant B$ et donc *C* est sur une courbe d'indifférence au-dessus (à droite) de celle de *A* et *B*, ce qui montre la propriété.

Une conséquence importante de cette propriété est que la pente des courbes d'indifférence des individus dont les préférences vérifient l'axiome de la préférence pour la diversité est de plus en plus faible (en valeur absolue) à mesure que nous nous déplaçons vers la droite. Ceci a une implication pour la substituabilité entre les biens considérés, que nous étudierons plus en détail dans la section suivante.

1.5 Le taux marginal de substitution

Une baisse des prix des DVD a-t-elle une conséquence sur la fréquentation des salles de cinéma ? Cette question est liée à la question suivante : avoir un DVD de plus est-il équivalent pour un individu à aller une fois de moins au cinéma ? Pour répondre à cette question, il faut s'interroger sur la substituabilité entre les biens qui nous intéressent. Cette substituabilité peut être mesurée à partir des préférences individuelles entre les paniers de biens à l'aide du **taux marginal de substitution** (TMS).

Louise est amatrice de bandes dessinées. Soient Maréo et Court John Gold, deux séries de bandes dessinées. Si Louise considère que deux albums de la série Court John Gold sont nécessaires pour compenser la perte (quelle qu'en soit la cause) d'un album de la série Maréo, alors, pour elle, le taux de substitution de la série Court John Gold à la série Maréo est de 2 contre 1.

Définition 3

Le taux de substitution du bien 2 au bien 1, est le taux auquel un individu accepte d'échanger du bien 1 contre du bien 2.

Formulation mathématique

Considérons un panier, noté $A = (a_1, a_2)$ et une réduction de la quantité de bien 1 notée Δx_1, avec $\Delta x_1 > 0$. Soit $B = (b_1, b_2)$ un panier tel que $A \sim B$ et $b_1 = a_1 - \Delta x_1$. Le taux de substitution au panier A, $TS_{2/1}(A, -\Delta x_1)$, est défini par :

$$TS_{2/1}(A, -\Delta x_1) = \frac{\Delta x_2}{\Delta x_1} \quad \text{avec } \Delta x_2 = b_2 - a_2$$

APPLICATION Calcul d'un taux de substitution

Si $TS_{2/1}(A, -\Delta x_1) = 5$, et $\Delta x_1 = 1$, alors il faut cinq unités du bien 2 pour compenser la perte d'une unité du bien 1.

Le taux de substitution est-il toujours le même ? Si Louise avait la totalité de la série Maréo, la perte d'un album serait-elle toujours compensée par deux albums de la série Court John Gold ? Louise ne souhaiterait-elle pas trois ou quatre albums pour compenser cette perte et ne plus détenir la série en entier ? Si tel est le cas, alors le taux de substitution dépend de la quantité de biens détenue initialement. C'est effectivement ce qui est généralement supposé et observé.

Reprenons l'exemple des places de cinéma et des DVD et calculons les taux de substitution des places de cinéma aux DVD en partant de différents paniers (▶ figure 5.5).

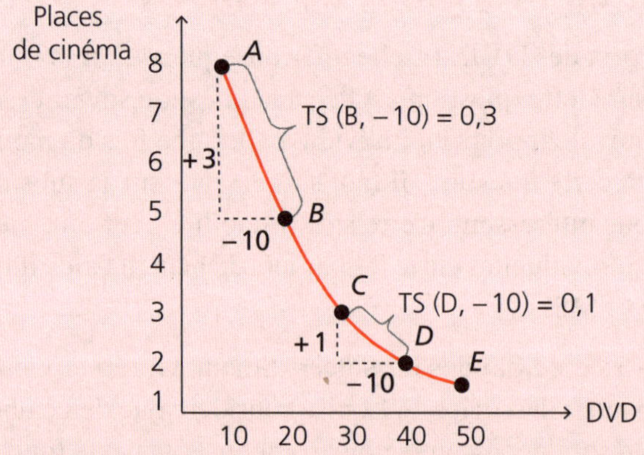

▶ Figure 5.5
Calcul de taux de substitution (TS)

Considérons le panier *D* composé de 40 DVD et 2 places de cinéma. Si le nombre de DVD diminue de 10, combien de places de cinéma sont nécessaires pour compenser cette diminution (conserver le même niveau de satisfaction) ? Pour déterminer ce nombre nous devons trouver le panier qui est sur la même courbe d'indifférence que *D*, mais qui comporte 30 DVD au lieu de 40. Il s'agit du panier *C* dans lequel il y a 3 places de cinéma. Par conséquent, la perte de 10 DVD est compensée par 1 place de cinéma en plus. Ainsi, $TS_{ci/DVD}(D, -10) = 1/10 = 0{,}1$.

Notons que le taux de substitution dépend (**i**) de la réduction de bien 1 considérée, (**ii**) du panier initial et (**iii**) de l'individu considéré.

i. Si le nombre de DVD diminue de 20 (et non pas de 10), cette perte pourra être compensée par une augmentation de 3 places de cinéma (le panier équivalent au panier *D* avec 20 DVD étant le panier *B*), et donc :

$$TS_{ci/DVD}(D, -20) = \frac{3}{20} \ (> 0{,}1 = TS_{ci/DVD}(D, -10))$$

ii. Si au départ l'individu a 20 DVD et 5 places de cinéma (panier *B*), la perte de 10 DVD sera compensée par 3 places de cinéma supplémentaires (le panier indifférent au panier *B* avec 10 DVD étant le panier *A*) et :

$$TS_{ci/DVD}(B, -10) = \frac{3}{10} = 0{,}3$$

iii. Un autre individu pourra avoir des préférences différentes, et donc, des courbes d'indifférence différentes ce qui impliquerait des taux de substitution différents.

Le taux de substitution entre deux biens pour un individu donné n'est donc pas unique, il y en a une infinité. Ceci rend difficile non seulement les comparaisons entre individus mais également l'obtention de résultats clairs sur l'impact potentiel de différentes modifications des prix des biens. Pour faciliter, au moins en partie, l'analyse, on utilise le **taux marginal de substitution** (TMS), qui neutralise l'impact de la réduction de bien 1. Dans le calcul de ce taux, on suppose que la réduction de bien 1 est aussi petite que possible tout en restant strictement positive.

Définition 4

Le taux marginal de substitution du bien 2 au bien 1, noté $TMS_{2/1}$, est la quantité de bien 2 qui compense la réduction d'une quantité marginale ou infinitésimale de bien 1, à satisfaction constante.

Formulation mathématique

$$TMS_{2/1}(A) = \lim_{\Delta x_1 \to 0} TS_{2/1}(A, -\Delta x_1) = \lim_{\Delta x_1 \to 0} \frac{\Delta x_2}{\Delta x_1}$$

Le TMS est égal à la pente (en valeur absolue) de la droite tangente à la courbe d'indifférence au point correspondant au panier *A* Σ.

Les propriétés des courbes d'indifférence vont impliquer des propriétés du taux marginal de substitution. Lorsque nous avons calculé le taux de substitution entre DVD et places de cinéma (▶ figure 5.5), nous avons constaté que ce taux était plus élevé pour le panier *B* que pour le panier *D*. Ceci peut s'expliquer par le fait que le panier *D* comporte plus de DVD que le panier *B*. Ainsi, une perte de 10 DVD semble plus facile à compenser lorsqu'on possède beaucoup de DVD (40 dans *D*) que lorsqu'on en possède moins (20 dans *B*). Cette propriété se généralise à toutes les préférences qui vérifient l'axiome de préférence pour la diversité et donc à toutes les courbes d'indifférence convexes.

FOCUS

TMS et préférence pour la diversité

Le long d'une courbe d'indifférence d'un consommateur ayant de la préférence pour la diversité, le $TMS_{2/1}$ diminue à mesure que le consommateur accroît sa consommation de bien 1 et décroît sa consommation de bien 2.

Le TMS mesure le degré de substituabilité entre deux biens et permet de distinguer les biens substituables des biens complémentaires (pour une définition non formalisée des biens substituables et complémentaires, ▶ section 3.2. du chapitre 1).

1.5.1 Biens substituables

Le profil des courbes d'indifférence indique la plus ou moins grande substituabilité entre deux biens. Cette relation est particulièrement claire dans les deux cas polaires habituellement distingués que nous allons maintenant définir : les cas de biens **parfaitement substituables** et **parfaitement complémentaires**.

Exemple 4

Guillaume aime autant le jus de pomme que le jus de raisin. Deux verres de jus de pomme lui procurent la même satisfaction que deux verres de jus de raisin ou qu'un verre de jus de pomme et un verre de jus de raisin. Ces trois paniers se situent donc sur la même courbe d'indifférence. Il est facile de vérifier que la courbe d'indifférence passant par ces paniers est une droite de pente égale à -1. D'après la définition du TMS, on a $TMS_{po/ra}(A) = 1$ pour tout panier A. Les jus de pomme et de raisin sont des substituts parfaits pour Guillaume (▶ figure 5.6).

Définition 5

Deux biens sont des **substituts parfaits** si pour ces deux biens, le TMS est égal à 1 pour tout panier initial.

▶ **Figure 5.6**
Biens parfaitement substituables

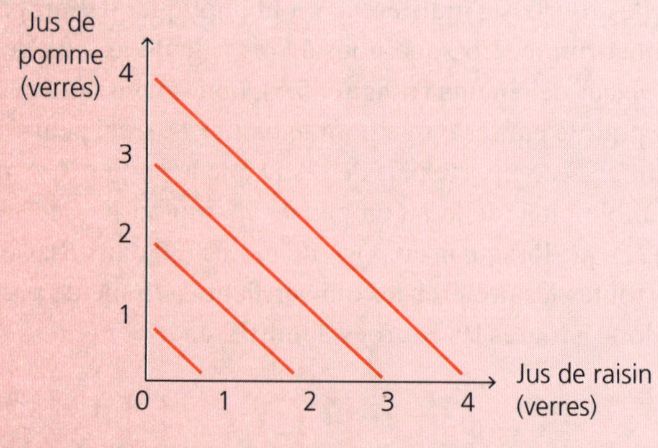

Seule la quantité de jus de fruit importe ici. Les satisfactions sont directement liées au nombre de verres. Un verre de jus de pomme procure la même satisfaction qu'un verre de jus de raison ou qu'un demi-verre de jus de pomme additionné d'un demi-verre de jus de raisin.

1.5.2 Biens complémentaires

Le cas de biens parfaitement complémentaires correspond également à une forme particulière de courbes d'indifférence.

Exemple 5

Considérons deux nouveaux biens : les enveloppes et les timbres. Pour envoyer un courrier, un individu a besoin d'un timbre et d'une enveloppe. 3 timbres et 5 enveloppes ne permettent d'envoyer que 3 lettres. Ainsi, si on veut représenter les courbes d'indifférence d'un individu pour ces deux biens (en supposant que le bien 1 corresponde aux enveloppes), il est raisonnable de penser qu'il sera indifférent entre (1,1), (2,1), (5, 1), (1, 2), (1, 5). Une réduction de la quantité d'enveloppes ne peut pas être compensée par l'augmentation, même infinie, de la quantité de timbres. Le TMS est infini (▶ figure 5.7). Les timbres et les enveloppes sont des biens parfaitement complémentaires.

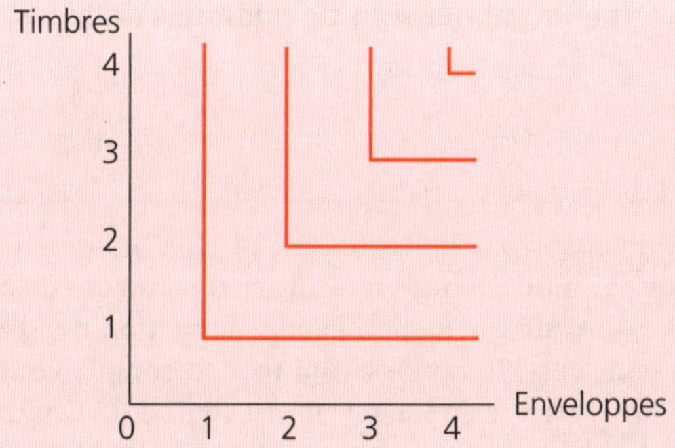

À une enveloppe ne peut correspondre qu'un seul timbre. Peu importe si le consommateur possède d'autres timbres, il ne pourra pas s'en servir s'il n'a qu'une seule enveloppe.

◀ **Figure 5.7**
Biens parfaitement complémentaires

Définition 6

Deux biens sont des **compléments parfaits** si une quantité infinie de bien 2 est nécessaire pour compenser la réduction de la quantité de bien 1, le TMS est dans ce cas infini.

Dans la plupart des cas, les biens ne sont ni parfaitement substituables, ni parfaitement complémentaires mais peuvent être « presque parfaitement substituables » (le beurre et l'huile dans certaines recettes de cuisine) ou « presque parfaitement complémentaires ». Dans certains cas, il est difficile de savoir si les biens sont substituables ou non. Par exemple, un débat existe autour de l'impact des téléchargements de films sur internet sur la diminution de la fréquentation des salles de cinéma.

2 Contrainte budgétaire et droite de budget

Par la suite, nous considérons le revenu dans un sens particulier, qui parfois peut nous éloigner de ce qu'on entend habituellement par revenu. Il s'agit du budget que le consommateur peut consacrer à l'achat des biens qui nous intéressent.

Le choix du consommateur est déterminé par ses préférences (ses goûts, ses envies) et par les contraintes financières auxquelles il est soumis. En effet, le consommateur ne peut pas acquérir tous les biens qu'il souhaite car il est limité par le revenu dont il dispose et qui, compte tenu des prix des biens, ne lui donne accès qu'à certaines combinaisons de quantités de biens.

Exemple 6

Justine touche 1 500 euros par mois (bourse et aide financière de ses parents) et consacre 120 euros par mois en moyenne à l'achat de places de cinéma et de DVD. Si nous nous intéressons uniquement à la consommation de films au cinéma et de DVD de Justine, seuls ces 120 euros seront pris en compte comme revenu dans la contrainte budgétaire. Le reste de son revenu est consacré à d'autres biens qui ne font pas partie de l'ensemble de choix qui nous intéresse (loyer, nourriture, vêtements, etc.). Une analyse plus élargie de la consommation de Justine pourrait inclure ces autres biens, et donc modifier le revenu considéré.
Pour déterminer la contrainte budgétaire de Justine, nous avons besoin de connaître son revenu ou budget, mais également les prix des biens considérés, la place de cinéma et le DVD. Si la place de cinéma était à un prix supérieur à 120 euros, Justine ne pourrait pas y aller et devrait se contenter de DVD. Si la place de cinéma coûtait 20 euros, Justine pourrait décider d'aller une fois par mois au cinéma et consacrer les 100 euros restants à l'achat de DVD. Évidemment, cela dépend également du prix du DVD.

Définition 7

L'ensemble budgétaire est l'ensemble des paniers de biens qu'un consommateur peut acheter pour des prix et un revenu donnés.
Formulation mathématique
S'il y a n biens dans l'économie, dont les prix sont notés $p_1,\ldots, p_n$ et si le revenu du consommateur est noté R, l'ensemble budgétaire, EB, est donné par :

$$EB = \{(x_1,\ldots, x_n) \in \mathcal{C}_n : p_1 x_1 + \ldots + p_n x_n \leq R\}$$

Dans ce chapitre, nous nous intéressons aux comportements de consommation à un instant donné sans nous préoccuper du passé et de l'avenir. Par conséquent, le revenu alloué aux biens étudiés qui ne serait pas utilisé serait « gaspillé » dans la mesure où le consommateur n'a pas de possibilité de report (pas d'achat d'autres biens envisagé et pas de futur, ni d'épargne). Aussi, nous voyons mal pourquoi un consommateur n'utiliserait pas entièrement son revenu.

POUR ALLER PLUS LOIN
► Voir p. 121

Définition 8

La droite de budget délimite les paniers de biens qu'un consommateur peut acheter étant donné les prix et son revenu (ou budget) qu'il est supposé dépenser entièrement.

Formulation mathématique

La droite de budget est la frontière (supérieure) de l'ensemble budgétaire.

$$\text{DB} = \{(x_1, \ldots, x_n) \in \mathcal{C}_n : p_1 x_1 + \ldots + p_n x_n = R\}$$

Construisons l'ensemble budgétaire et la droite de budget de Justine. Le prix d'une place de cinéma est supposé égal à 6 euros (noté p_C) et le prix d'un DVD (noté p_D) à 10 euros.

Exemple 7

La figure 5.8 représente la droite de budget et l'ensemble budgétaire de Justine. La **droite de budget** a comme équation $10x_1 + 6x_2 = 120$ avec x_1, le nombre de DVD et x_2, le nombre de places de cinéma.

L'ensemble budgetaire regroupe tous les paniers que le consommateur peut acheter étant donné les prix et son revenu : ce sont des paniers **accessibles** pour ce consommateur. Ils sont représentés par l'aire qui se situe sous la droite de budget (aire en orange sur la figure 5.8). Les autres paniers (en gris) ne sont **pas accessibles**.

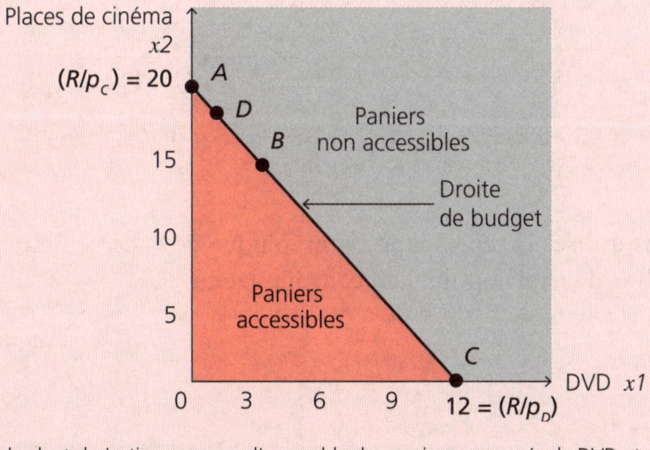

◄ **Figure 5.8**
Ensemble budgétaire et droite de budget

La droite de budget de Justine regroupe l'ensemble des paniers composés de DVD et de places de cinéma qu'elle peut acheter si elle utilise tout son revenu. Si Justine n'achète pas de DVD, elle peut utiliser tout son revenu pour aller au cinéma, soit 20 places de cinéma à 6 € l'unité (panier A). Si elle achète 3 DVD, il lui reste 90 € pour aller au cinéma, et elle pourra acheter 15 places de cinéma (90/6) (panier B). En continuant ainsi, on peut construire d'autres paniers de biens permettant à Justine de dépenser tout son revenu en DVD et places de cinéma. Ces différents paniers peuvent être représentés dans le plan (DVD, Places de cinéma). Si on suppose que tous les paniers sont possibles, c'est-à-dire que Justine peut acheter par exemple 1 DVD et 18,33 places de cinéma (panier *D*), on peut représenter la droite de budget par une droite qui relie les paniers *A*, *B*, *C*, et *D*. L'aire du triangle en orange représente les paniers accessibles. Dans ce cas, Justine n'utilise pas entièrement son revenu. En revanche, les paniers représentés dans l'aire grise ne sont pas accessibles.

Nous venons de définir et représenter la droite de budget. Un point important concerne le calcul et l'interprétation de la pente de la droite de budget. Le calcul de la pente de la droite de budget se fait à partir de l'équation de cette droite ou de deux points de la droite comme dans la figure 5.9. Concentrons-nous sur son interprétation.

Le nombre de places de cinéma et de DVD choisis par Justine dépendra notamment de leur prix, mais aussi de leur **prix relatif**. La pente de la droite de budget mesure le prix relatif des deux biens. En effet, cette pente est égale à moins le rapport entre les prix des deux biens et indique le taux auquel les deux biens peuvent être substitués sans changer la dépense totale. Si, par exemple, le nombre de DVD baisse de 3 unités, Justine pourra augmenter le nombre de places de cinéma de 3 fois p_D/p_C en conservant la même dépense.

▶ **Figure 5.9**
Pente de la droite de budget

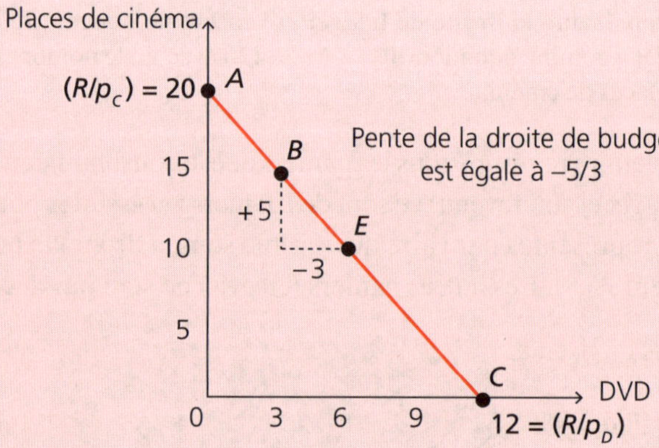

L'équation de la droite de budget est : $10x_1 + 6x_2 = R$, soit $x_2 = -10/6\ x_1 + R/6$
La pente de cette droite est donc égale à –10/6, soit – 5/3.

Nous allons utiliser la représentation graphique de la contrainte budgétaire pour l'analyse du choix optimal du consommateur.

3 Choix du consommateur

3.1 Le panier optimal

Exemple 8

Intéressons-nous aux choix de Justine dont nous venons d'étudier la contrainte budgétaire (▶ exemple 7). Justine a un revenu de 120 euros qu'elle souhaite consacrer à l'achat de DVD et de places de cinéma. Nous supposons que les préférences pour les DVD et le cinéma de Justine, représentées par des courbes d'indifférence, sont parfaitement connues et vérifient les propriétés décrites dans la section 1 de ce chapitre. Justine va choisir le nombre de places de cinéma et de DVD qui lui procureront la plus grande satisfaction, étant donné sa contrainte de budget.

Définition 9

Le panier optimal de consommation est le panier de biens choisi par un consommateur étant donné ses préférences et sa contrainte budgétaire.

Nous allons représenter quelques courbes d'indifférence dans le même graphique où est représentée la droite de budget de Justine (▶ figure 5.10). Quel est le **panier optimal** ? Il doit lui procurer la plus grande satisfaction possible. Il se situe donc sur une courbe d'indifférence la plus « éloignée » possible de l'origine. Sur la figure 5.11, la courbe qui procure la plus grande satisfaction est la courbe I_3. Considérons le panier $C = (7, 15)$ sur cette courbe. Il procure plus de satisfaction que les paniers sur la droite de budget mais ne peut pas être acheté par Justine car son revenu devrait être de 160 euros, alors qu'il est de 120. Le panier C ne peut donc pas être le panier optimal. Prenons maintenant le panier B. Il vérifie bien la contrainte budgétaire de Justine. Il peut donc être choisi. Mais, est-il optimal ? La réponse est non, car Justine peut trouver d'autres paniers accessibles qui lui apportent plus de satisfaction. Ces paniers sont sur des courbes d'indifférence plus « éloignées » de l'origine que I_2. Parmi eux, Justine n'a pas intérêt à choisir un qui n'appartient pas à la droite de budget. Que ferait-elle du revenu non dépensé ? Ici, elle ne peut pas l'épargner ou décider d'acheter un autre bien.

Le panier optimal est le panier $A = (6, 10)$. Au point A, la droite de budget et la courbe d'indifférence sont **tangentes**. Il est impossible d'atteindre une satisfaction plus élevée étant donné la contrainte budgétaire.

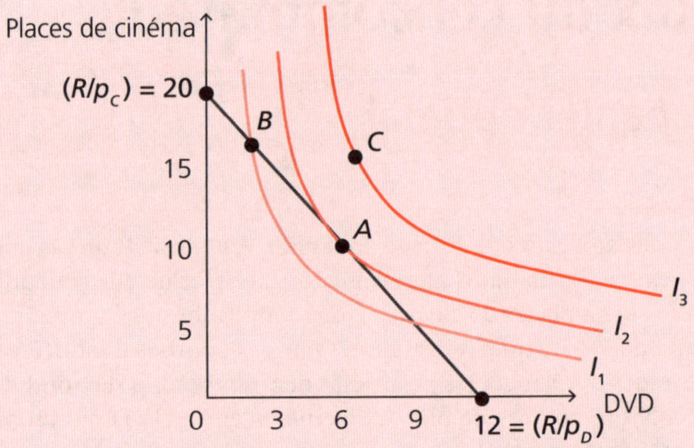

▶ **Figure 5.10**
Panier optimal

Étant donné les préférences de Justine, représentées par les courbes d'indifférence, I_1, I_2 et I_3 et étant donné sa contrainte budgétaire, Justine choisit d'acheter 6 DVD et 10 places de cinéma.

FOCUS

Le panier optimal

Le panier optimal vérifie deux conditions : il est situé sur la droite de budget *et* il appartient à la courbe d'indifférence la plus éloignée de l'origine.
Condition de tangence : le panier de biens optimal est tel que la droite de budget est tangente à une courbe d'indifférence en ce point.

Attention ! La condition de tangence entre une courbe d'indifférence et la droite de budget est vérifiée si les courbes d'indifférence sont convexes (ce qui correspond à un goût pour la diversité).

Nous pouvons déterminer plus précisément les propriétés du panier optimal de Justine en utilisant les informations que nous connaissons sur ses courbes d'indifférence et sa droite de budget. Comme nous venons de le voir, le panier optimal se situe à la fois sur la droite de budget et sur une courbe d'indifférence. Plus exactement, ce panier est tel que la droite de budget est tangente à une courbe d'indifférence. Aussi, la pente de la droite de budget est confondue avec celle de la courbe d'indifférence au point optimal.

Nous avons vu que la pente de la droite de budget de Justine est égale, en valeur absolue, au rapport des prix. Quant à la pente de la courbe d'indifférence, nous avons vu qu'elle correspondait au taux marginal de substitution (▶ section 1.5. de ce chapitre) entre les biens cinéma et DVD. Par conséquent, le panier optimal, c'est-à-dire celui qui procure la satisfaction maximale, est tel que le taux marginal de substitution est égal au rapport des prix.

FOCUS

Les caractéristiques du panier optimal

Soient deux biens dont les prix sont p_1 et p_2 et un consommateur dont le revenu est R. Si les préférences de ce consommateur vérifient les axiomes 1 à 5, alors son panier optimal $A = (a_1, a_2)$ vérifie :

$$\text{TMS}(A) = \frac{p_1}{p_2} \quad \text{et} \quad p_1 a_1 + p_2 a_2 = R$$

Que se passe-t-il si les deux biens sont parfaitement substituables ou parfaitement complémentaires ? Nous avons vu (▶ section 1.5) que le TMS prenait des valeurs particulières dans ce cas.

POUR ALLER PLUS LOIN
▶ *Voir p. 121*

3.2 Effets revenu et prix

3.2.1 Modification du revenu

Exemple 9

Justine obtient une bourse d'excellence qui fait augmenter son revenu mensuel. Elle décide d'augmenter le budget alloué au cinéma et aux DVD : sa contrainte budgétaire se modifie. Elle peut maintenant acheter des paniers de biens inaccessibles jusqu'à présent. L'ensemble des paniers de biens accessibles augmente. Supposons qu'elle décide de consacrer 162 € au cinéma et aux DVD. Avec 120 €, elle achetait 6 DVD et allait 10 fois au cinéma, que va-t-elle choisir avec un budget de 162 € ? Son pouvoir d'achat augmente. Si les DVD et les places de cinéma sont des biens normaux, elle achètera plus de DVD et ira également plus souvent au cinéma.

Attention ! Ce cas de bien normal est standard (▶ chapitre 1), mais il arrive que la quantité d'un bien diminue lorsque le revenu augmente. Dans ce cas, le bien est un bien inférieur.

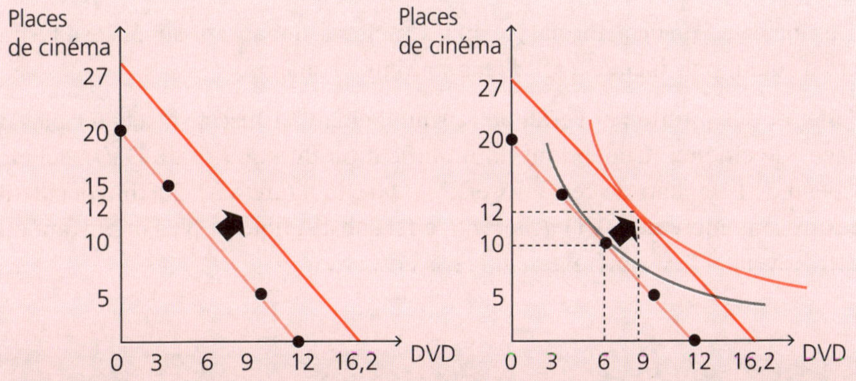

Un accroissement du revenu entraîne un déplacement de la droite de budget vers la droite. Le nombre de paniers de biens accessibles augmente. Justine choisit maintenant d'acheter 9 DVD et d'aller 12 fois au cinéma.

◀ **Figure 5.11** **Panier optimal et augmentation du revenu avec des biens normaux**

L'effet d'une modification de revenu est assez simple comme nous venons de le voir. En revanche, l'effet d'une modification de prix est plus ambigu.

3.2.2 Modification du prix

Exemple 10

Revenons au budget initial de Justine de 120 euros. L'université propose des tarifs avantageux de places de cinéma aux étudiants. Justine peut maintenant aller au cinéma au prix de 3 euros. La baisse du prix du cinéma peut l'inciter à aller plus souvent au cinéma et même à acheter moins de DVD pour bénéficier du coût relativement bas des places de cinéma. C'est l'effet de substitution.

Définition 10

Effet de substitution

À la suite d'une modification de prix, les consommateurs consomment plus du bien devenu relativement moins cher et moins du bien devenu relativement plus cher.

Néanmoins, le prix du cinéma étant plus bas, le pouvoir d'achat de Justine s'en trouve augmenté. Elle peut décider d'aller plus souvent au cinéma et d'acheter plus de DVD. C'est l'effet de revenu.

Définition 11

Effet de revenu

À la suite d'une modification de prix, les consommateurs voient leur pouvoir d'achat modifié.

Si le cinéma est un bien normal (ce qu'il semble raisonnable de supposer), Justine sera d'autant plus incitée à aller plus souvent au cinéma.

L'effet de substitution et l'effet de revenu incitent ici Justine à acheter plus de places de cinéma. Cependant, la modification du nombre de DVD achetés dépend de l'ampleur de ces deux effets. Dans la figure 5.12, Justine décide de réduire le nombre de DVD achetés. L'effet substitution est plus important que l'effet revenu. C'est généralement le cas observé.

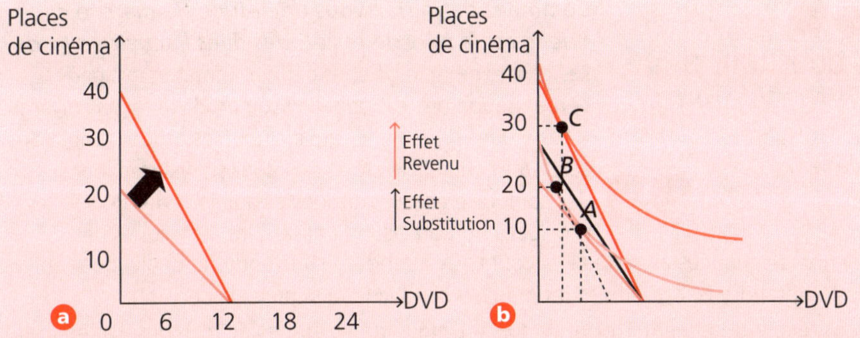

a Seul le prix des places de cinéma diminue, le cinéma devient relativement moins cher et l'ensemble des paniers de biens accessibles augmente. La droite de budget fait une rotation autour du panier ne contenant que des DVD.

b Le panier optimal initial de Justine est le panier *A*. Lorsque le prix du cinéma diminue, Justine est incitée à substituer des places de cinéma aux DVD, c'est l'effet de substitution représenté par le déplacement du panier *A* au panier *B*, le long de la courbe d'indifférence initiale. Ce panier hypothétique correspond au cas où on diminuerait le revenu de Justine de manière à compenser la baisse du prix du cinéma. L'effet total est obtenu après un deuxième déplacement du panier *B* au panier *C*: c'est l'effet de revenu. Lorsque l'on passe du panier *B* au panier *C*, Justine augmente à la fois le nombre de places de cinéma et de DVD.

◄ **Figure 5.12**
Modification de prix et de panier optimal dans le cas de biens normaux

Que se passerait-il si le cinéma était un bien inférieur ? L'effet de revenu inciterait Justine à diminuer le nombre de places de cinéma. Néanmoins, on observe généralement que cet effet est de moindre ampleur que l'effet de substitution et au total, Justine déciderait d'aller davantage au cinéma.

Nous venons d'analyser, à l'aide de graphiques, le choix d'un consommateur pour deux biens. À partir de cette analyse, nous pouvons déduire la demande individuelle pour un bien spécifique et ainsi comprendre les déterminants de la demande globale (► chapitre 1).

Généralement, les consommateurs doivent choisir entre plus de deux biens. Dans ce cas, l'analyse *graphique* est limitée et nous devons recourir à une analyse analytique. Comme nous le verrons dans le chapitre 6, l'approche *analytique* requiert une plus grande maîtrise de l'outil mathématique, mais permet d'analyser les choix individuels et donc la demande, quel que soit le nombre de biens que peut acheter le consommateur.

3 questions à Henri Wallard

Directeur général délégué, Ipsos

Comment définiriez-vous une étude de marché et quelle est la part de ces études dans l'activité d'Ipsos ?

Les études de marché sont définies (notamment par l'organisation professionnelle Esomar) de la façon suivante : « Les études de marché, qui incluent les études d'opinion, consistent en la collecte et en l'analyse systématiques des comportements, attitudes et opinions des personnes physiques et morales, en utilisant les techniques des sciences appliquées ainsi que le recours aux méthodes statistiques et analytiques en vue de comprendre les sociétés et les marchés ou d'aider à la prise de décision. »

Ipsos réalise quasiment 100 % de son activité dans les études de marchés. La répartition par type d'étude pour l'année 2013 était la suivante : études marketing, 52 % ; études publicitaires, 16 % ; études d'opinion et sociales, 9 %, études de satisfaction clients, 13 % ; études média, contenus et technologie, 10 %.

La grande consommation semble être le secteur qui utilise aujourd'hui le plus d'études de marché. Quels sont les principaux objectifs de ces études ? Mieux connaître les goûts des consommateurs pour leur proposer des produits plus adaptés ? Mieux se positionner par rapport à la concurrence en termes de prix ?

Les études dans la grande consommation portent notamment sur la compréhension du marché (segmentation, attentes), les tests de concepts et de produits afin de décider du lancement et du packaging, les études de prix et modélisation marketing, les tests publicitaires afin de mesurer l'efficacité et les études de positionnement et de la force des marques. Ces études peuvent être soit des projets spécifiques, à des fins tactiques (lancement de produits) ou plus stratégiques (positionnement) soit des mesures de certains paramètres en continu (*trackings*).

Quels sont les changements dans les modes de recueil de données qu'ont entraîné les nouvelles technologies de l'information et de la communication ?

En premier lieu, les nouvelles technologies de l'information et de la communication ont conduit à un accroissement de la part des études par internet dans les modes de recueil de l'information, *via* un PC, et de plus en plus *via* des tablettes ou smartphones.

Le développement des communautés en ligne et des blogs a fourni d'autres modes de recueil des opinions exprimées individuellement ou en groupe sur de nombreux sujets. Il s'est ainsi développé une activité de MROC (*Market Research Online Communities*) ainsi que de *web listening* (écoute et analyse des posts et blogs).

Par ailleurs les appareils mobiles permettent, dans le strict respect des règles de protection de la vie privée, de travailler avec des données issues de la géolocalisation et de l'utilisation des smartphones et tablettes utiles pour une meilleure compréhension des usages et attitudes. Ceci nécessite des approches informatiques et analytiques nouvelles.

Enfin, le recours à de multiples sources d'informations (logs, CRM, etc.) permet d'entreprendre des approches du type *big data* dans la connaissance des marchés et des clients et avec des programmes d'action plus rapidement mises en œuvre.

Les points **clés**

- L'analyse économique suppose que les préférences des consommateurs vérifient un certain nombre de propriétés (axiomes). Ceci permet de les représenter graphiquement, dans le cas de deux biens, par des courbes (d'indifférence) décroissantes et convexes.

- Le taux marginal de substitution (TMS) mesure le degré de substituabilité entre deux biens pour un consommateur. Sa valeur permet de distinguer les biens substituables et les biens complémentaires.

- L'ensemble budgétaire comprend l'ensemble des paniers de consommation accessibles au consommateur pour des prix et un revenu donnés.

- Le panier optimal est tel que la droite de budget est tangente à une courbe d'indifférence en ce panier. Cette condition de tangence est vérifiée lorsque le consommateur a de la préférence pour la diversité.

- Une modification du revenu déplace parallèlement la droite de budget alors qu'une modification du prix en modifie la pente. Il s'en suit une modification du panier optimal et de la demande des biens.

ÉVALUATION

QCM

▶ Corrigés p. 348

1 Les contraintes budgétaires :

a. limitent la quantité de biens et de services que les consommateurs peuvent acheter au cours d'une période donnée.
b. existent pour le consommateur, mais ne peuvent être quantifiées.
c. dépendent des préférences des consommateurs.

2 La droite de budget illustre toutes les combinaisons de deux biens *X* et *Y* :

a. qui peuvent être achetées avec un revenu donné, dont l'équation est $R = Y - (p_x / p_y)X$, où p_x et p_y sont les prix des biens *X* et *Y* et *R* représente le revenu.
b. qui peuvent être achetées avec un revenu donné, dont l'équation est $Y = (R / p_y) - (p_x / p_y)X$, où p_x et p_y sont les prix des biens *X* et *Y* et *R* représente le revenu.
c. qui peuvent être achetées avec un revenu donné, dont l'équation est $X = \frac{R}{p_y} - \frac{p_x}{p_y}Y$, où *px* et *py* sont les prix des biens *X* et *Y* et *R* représente le revenu.

3 Lorsque seul le prix d'un bien augmente, la droite de budget :

a. se déplace parallèlement à la droite de budget initiale en s'éloignant de l'origine.
b. se déplace parallèlement à la droite de budget initiale en se rapprochant de l'origine.
c. effectue une rotation de telle sorte que le point d'intersection entre la droite de budget et l'axe associé au bien dont le prix a augmenté est plus proche de l'origine.

Exercices

▶ Corrigés en ligne

4 Courbe d'indifférence

Fabien adore le fromage. Au restaurant, on lui propose d'accompagner son fromage avec de la salade. Mais, Fabien se moque de la quantité de salade.

■ Représentez les courbes d'indifférence de Fabien dans le plan (Salade, Fromage).

5 Contrainte budgétaire

À la rentrée, Aurélien souhaite renouveler sa garde-robe en achetant des pulls et des jeans. Il a un budget de 450 euros. Il souhaite acheter des pulls de la marque Briançon au prix de 75 € l'unité et des jeans Velis au prix de 90 € l'unité.

■ Exprimez sa contrainte budgétaire et représentez-la dans le plan (Pulls, Jeans).

6 Les axiomes de la théorie du consommateur

Nicolas procède au classement suivant entre 6 paniers de deux biens X et Y : il préfère strictement le panier (8 ; 48) au panier (15 ; 15). Il est indifférent entre (15 ; 10) et (3 ; 12). Il préfère strictement le panier (15 ; 15) au panier (10 ; 45). Il préfère strictement le panier (10 ; 45) au panier (9 ; 48).

■ Les préférences de Nicolas sont-elles compatibles avec les axiomes de la théorie du consommateur ?

7 Courbe d'indifférence et panier optimal

Pauline est gourmande et aime le chocolat et les bonbons. On lui propose les paniers ci-après (nombre de tablettes de chocolat, nombre de sachets de bonbons). $A = (2 ; 5)$; $B = (2 ; 10)$; $C = (10 ; 2)$; $D = (4 ; 10)$; $E = (1 ; 10)$; $F = (10 ; 1)$; $G = (4 ; 5)$; $H = (4 ; 10)$; $I = (8 ; 5)$; $J = (5 ; 2)$; $K = (2 ; 20)$; $L = (1 ; 20)$.

On demande à Pauline de ranger ces paniers et on obtient les relations suivantes :
$A \sim E \sim F \sim \mathrm{J}$; $B \succ F$; $\mathrm{G} \succ \mathrm{J}$; $B \sim \mathrm{L} \sim \mathrm{G} \sim C$; $\mathrm{I} \succ F$; $K \sim \mathrm{I} \sim D \sim \mathrm{H}$ et $H \succ C$.

a. Représentez les paniers *A* à L dans un plan (Chocolat, Bonbons). Sachant que Pauline a de la préférence pour la diversité, représentez grossièrement ses courbes d'indifférence.

b. Le budget de Pauline consacré au chocolat et aux bonbons est de 30 euros. Sachant que la tablette de chocolat préférée de Pauline coûte 5 euros et que le sachet de bonbons préférés coûte 2 euros, représentez sa contrainte budgétaire dans le plan (Chocolat, Bonbons).

■ Quel est le panier optimal de consommation de Pauline ?

Travaux pratiques

8 Construisez votre courbe d'indifférence

▶ À retrouver en ligne

POUR ALLER PLUS LOIN

Choix optimal et biens parfaitement substituables ou parfaitement complémentaires

Quel est le choix optimal de Guillaume et Amadine, dont les préférences sont données dans les exemples 4 et 5 ?

Le choix intertemporel

L'analyse du choix du consommateur dans un cadre statique apporte un éclairage sur les décisions intertemporelles de consommation et d'épargne et sur leurs déterminants.

Comment les individus répartissent-ils leur revenu entre consommation et épargne ? Quel est l'impact de leur revenu présent et futur sur ces choix ? Quel est l'impact du taux d'intérêt ?

Pour connaître la réponse à ces questions, rendez-vous sur dunod.com, ou flashez le code ci-dessous.

Chapitre 6

Kevin préfère les romans d'aventure aux mangas, alors que Thomas préfère les mangas aux romans d'aventure. Si ces deux jeunes disposent du même budget, quel sera l'effet d'une augmentation du prix des mangas sur leurs achats de mangas ? et de romans ? Comment varieront les ventes de mangas pour les jeunes entre 15 et 20 ans si la moitié de ces jeunes a les mêmes préférences que Kevin, et l'autre moitié, les mêmes préférences que Thomas ?

Pour répondre à ces questions, nous devons déterminer la demande pour les mangas et les romans en fonction des prix et des revenus des jeunes.

Dans le chapitre 5, nous avons étudié les choix des consommateurs en utilisant une approche entièrement graphique. Cette approche nous a permis d'introduire les principales propriétés de la demande. Dans ce chapitre, nous introduisons le concept de fonction utilité qui permet une analyse quantitative plus fine et plus générale des choix des consommateurs.

LES GRANDS AUTEURS

Jules Dupuit (1804-1866)

J. Dupuit est un ingénieur français des ponts et chaussées. Il s'intéresse aux problèmes économiques liés à la construction d'infrastructures publiques et à l'imposition d'une taxe pour leur utilisation. Dans deux articles, intitulés « De la mesure de l'utilité des travaux publics » (1844) et « De l'influence des péages sur l'utilité des voies de communication » (1849), Dupuit pose les bases de la mesure monétaire de l'utilité (ou du bien-être) que retire un consommateur de l'achat d'une quantité donnée d'un bien à un prix donné. Afin d'évaluer le bénéfice public d'un pont, il propose de prendre en compte la différence entre le montant maximal que les individus seraient prêts à payer pour la traversée du pont et le montant payé (le péage). Cette mesure du bien-être sera par la suite appelée « surplus du consommateur ». Il est considéré, avec Antoine-Augustin Cournot, comme l'un des pionniers de la théorie de la demande. Il a inspiré notamment les travaux d'Arthur Laffer sur le taux d'imposition et de Maurice Allais (prix Nobel d'Économie 1988) sur les prolongements de la théorie du surplus. ■

Utilité et fonction de demande

Plan

Prérequis

- → **Analyser** graphiquement les préférences et les choix du consommateur.
- → **Connaître** le concept de différentielle totale et dérivées partielles d'une fonction.
- → **Connaître** les notions de continuité et convexité.
- → **Chercher** le maximum d'une fonction à une ou plusieurs variables.

Objectifs

- → **Définir** une fonction d'utilité représentant les préférences d'un consommateur.
- → **Calculer** des utilités marginales et construire des courbes d'indifférence à partir d'une fonction d'utilité représentant les préférences.
- → **Déterminer** les fonctions de demande du consommateur.
- → **Évaluer** les effets de substitution et de revenu résultant de l'augmentation du prix d'un bien.
- → **Calculer** le surplus du consommateur.

1 La fonction d'utilité

La relation de préférence donne le classement, par un individu, des différentes combinaisons de biens en fonction de la satisfaction qu'ils lui procurent. Nous avons vu, dans le chapitre 5, comment le choix d'un consommateur peut être déterminé directement à partir de ses préférences et de sa contrainte budgétaire lorsque seuls deux biens sont considérés.

La détermination du panier préféré du consommateur serait plus simple si nous pouvions associer, à chaque panier de bien, une valeur numérique (un nombre) qui respecterait l'ordre (le classement) des paniers par ce consommateur. Pour déterminer le panier optimal, il suffirait alors de chercher, parmi tous les paniers qui vérifient sa contrainte budgétaire, celui auquel est associé le nombre le plus grand. Déterminer le panier optimal revient à résoudre un problème mathématique de maximisation sous contrainte.

1.1 Définition, existence et unicité de la fonction d'utilité

Considérons deux biens, par exemple, les DVD et les places de cinéma, comme dans le chapitre 5 (nous étendrons par la suite notre analyse au cas de n biens). Soient les quatre paniers suivants composés de ces deux biens : $A = (12, 8)$, $B = (15, 6)$, $C = (10, 5)$, $D = (20, 3)$.

Les préférences de Harry sont telles que $A > B$, $B > C$ et $C \sim D$. À ces préférences, nous pouvons associer les valeurs numériques (appelées **utilités**, et notées $U(X)$ pour le panier X) suivantes : $U(A) = 44$, $U(B) = 39$, $U(C) = 30$, $U(D) = 26$. Ces valeurs respectent bien l'ordre des paniers correspondant aux préférences de Harry. En effet, le nombre associé au panier A (= 44) est plus grand que celui associé au panier B (= 39). De même, le nombre associé au panier B (= 39) est plus grand que celui associé à C (= 30) qui est plus grand que celui associé à D (= 26).

Les utilités des différents paniers peuvent aussi être données par une fonction mathématique générale. Si le nombre de DVD est noté x_{DVD} et le nombre de places de cinéma, x_{Ci}, la fonction $U(x_{DVD}, x_{Ci}) = x_{DVD} + 4x_{Ci}$ associe aux paniers A, B, C et D les mêmes valeurs que celles données précédemment.

Définition 1

Une fonction d'utilité représentant les préférences d'un consommateur dans un ensemble de n biens est une fonction mathématique qui, à chaque panier composé de ces n biens, fait correspondre un nombre. Les nombres associés aux différents paniers doivent suivre le même ordre que les paniers.
Formulation mathématique: Soit $\succcurlyeq$ la relation de préférence d'un consommateur dans un ensemble de n biens. À chaque panier composé de ces n biens, est associé un vecteur $(x_1, x_2, \ldots, x_n)$ dont la coordonnée i, $i = 1, \ldots, n$ donne la quantité de bien i. On note $\mathcal{C}_n$ l'ensemble de ces paniers.
Une fonction d'utilité représentant les préférences du consommateur est une fonction $U: \mathcal{C}_n \rightarrow \mathbb{R}$ qui, pour tout $A, B \in \mathcal{C}_n$ vérifie:

$$A \succcurlyeq B \Leftrightarrow U(A) \geq U(B)$$

La fonction d'utilité d'un consommateur ainsi définie n'est pas unique et ne correspond pas à une mesure absolue (mais uniquement relative) de la satisfaction retirée de la consommation d'un panier de biens.

Revenons aux préférences de Harry pour les paniers A, B, C, D et considérons deux autres fonctions d'utilité, notées V et W, obtenues à partir de U:

$$V(x_{DVD}, x_{Ci}) = \frac{U(x_{DVD}, x_{Ci})}{10} + 5,\ W(x_{DVD}, x_{Ci}) = \sqrt{U(x_{DVD}, x_{Ci})} - 10$$

Les valeurs de V et W pour les paniers de A à D, ainsi que celles de la fonction U, sont données dans le tableau 6.1.

	U	V	W
A	44	6,4	– 3,4
B	39	5,9	– 3,7
C	30	5	– 4,5
D	26	4,6	– 4,9

◄ Tableau 6.1
Trois fonctions d'utilité représentant les mêmes préférences

Les fonctions V et W respectent, comme U, l'ordre des préférences de Harry: $V(A) \geq V(B) \geq V(C) \geq V(D)$ et $W(A) \geq W(B) \geq W(C) \geq W(D)$. D'après la définition 1, V et W sont donc aussi des fonctions d'utilité qui représentent les préférences de Harry.

Plus généralement, pour tous paniers A, B tels que $U(A) \geq U(B)$, et toute fonction f croissante, nous aurons $f(U(A)) \geq f(U(B))$. Si U est une fonction représentant les préférences d'un consommateur, $f(U)$ représente également les préférences de ce même consommateur.

Reprenons les fonctions V et W. Nous pouvons vérifier que les fonctions $f(x) = x/10 + 5$ et $g(x) = \sqrt{x} - 10$ sont bien croissantes.

FOCUS

Unicité de la fonction d'utilité

- La fonction d'utilité représentant les préférences d'un consommateur n'est pas unique.
- Si une fonction d'utilité U représente les préférences d'un consommateur, toute fonction V, qui est une transformation croissante de U, représente les préférences de ce même consommateur.

La non-unicité de la fonction d'utilité résulte de sa signification **ordinale**[1]. Ce n'est pas la valeur de l'utilité d'un panier en tant que telle qui compte, mais uniquement l'ordre des valeurs suivant les paniers. Si nous revenons aux préférences de Harry, l'écart entre $U(A)$ et $U(B)$ ne peut pas s'interpréter comme une différence de satisfaction de 5 unités entre A et B. En effet, en utilisant la fonction d'utilité V, cet écart devient de 0,5, et avec W, de 0,3. De même, $U(A) = 1{,}13U(B)$, mais nous ne pouvons pas conclure que A apporte à Harry 13 % de satisfaction en plus par rapport à B ($V(A) = 1{,}08V(B)$).

Nous venons de montrer que s'il existe une fonction qui représente les préférences d'un consommateur, il en existe une infinité (toutes les transformations croissante de cette fonction). Mais est-il toujours possible de trouver une fonction représentant les préférences d'un consommateur ? Si oui, quelles en sont les propriétés mathématiques ? La réponse à ces questions dépend des axiomes des préférences du consommateur. Gérard Debreu, prix Nobel d'économie en 1983, a montré en 1954 comment relier les axiomes sur les préférences du consommateur à l'existence d'une fonction d'utilité. Mais, avant d'énoncer son théorème, nous avons besoin d'introduire, en plus des axiomes précédents (▶ chapitre 5), un nouvel axiome plus technique.

FOCUS

Axiome de continuité

Soient $(A_m)_{m\in\mathbb{N}}$ et $(B_m)_{m\in\mathbb{N}}$, deux suites de paniers de deux biens tels que $A_m = (a_1^m, a_2^m)$ et $B_m = (b_1^m, b_2^m)$.
Soient $A = (a_1, a_2)$ et $B = (b_1, b_2)$, les paniers dont les quantités correspondent aux limites des quantités : $a_i = \lim_{m\to\infty} a_i^m$ et $b_i = \lim_{m\to\infty} b_i^m$, pour $i = 1{,}2$.
La relation de préférence $\succcurlyeq$ est **continue** si $A_m \succcurlyeq B_m$, pour tout m, implique $A \succcurlyeq B$.

1 La vision ordinale de l'utilité est récente (XXe siècle). Auparavant, la vision dominante était la vision cardinale dans laquelle l'utilité mesure la satisfaction de la consommation d'un panier donné. Une utilité deux fois plus élevée correspond, dans ce cas, à un panier deux fois plus désiré. Cette vision a été délaissée du fait de la difficulté à évaluer l'intensité des préférences des consommateurs.

Cet axiome, moins naturel au premier abord que ceux du chapitre 5, signifie qu'il n'y a pas de « sauts » (ou de changements trop brutaux) dans les préférences.

Prenons deux suites de paniers, $A_m = (10 + 1/m, 1 + 1/m)$ et $B_m = (9 + 1/m, 2+ 1/m)$ avec pour tout m, $A_m \succcurlyeq B_m$. Nous avons donc $\lim_{m\to\infty} A_m = A$ avec $A = (10, 1)$ et $\lim_{m\to\infty} B_m = B$ avec $B = (9, 2)$. Sous l'axiome de continuité, nous ne devons pas observer un « renversement » des préférences lorsque m tend vers l'infini et nous devons avoir $A \succcurlyeq B$ avec $A = (10, 1)$ et $B = (9, 2)$[1].

FOCUS

Existence d'une fonction d'utilité

Si les préférences d'un consommateur sont **complètes**, **réflexives**, **transitives**, **monotones** et **continues**, alors il existe une fonction d'utilité qui représente ses préférences. Cette fonction est continue et croissante par rapport à toutes ses variables.

Éléments de preuve

Nous allons construire une fonction d'utilité qui associe un nombre à chaque panier composé de deux biens et montrer que cette fonction représente bien les préférences.

Considérons un panier quelconque A. La monotonie et la continuité des préférences impliquent qu'il existe un panier unique $A_c = (a_c, a_c)$ dans lequel il y a la même quantité a_c de biens 1 et 2 et tel que $A \sim A_c$. Si nous posons $U(A) = a_c$ nous pouvons montrer que U est bien une fonction représentant les préférences du consommateur.

Pour cela, nous devons montrer que pour tous paniers A et B, $A \succcurlyeq B \Leftrightarrow U(A) \geq U(B)$.

Soient $U(A) = a_c$ et $U(B) = b_c$.

i. Supposons $a_c \geq b_c$. Par l'axiome de monotonie, $(a_c, a_c) \succcurlyeq (b_c, b_c)$. Par construction, $A \sim (a_c, a_c)$ et $B \sim (b_c, b_c)$. L'axiome de transitivité implique $A \succcurlyeq B$.

ii. Supposons $A \succcurlyeq B$. Par l'axiome de transitivité, ceci implique $(a_c, a_c) \succcurlyeq (b_c, b_c)$ ce qui, par l'axiome de monotonie n'est possible que si $U(A) = a_c \geq b_c = U(B)$.

Les fonctions d'utilité les plus couramment utilisées dans le cas de deux biens, dont les quantités sont notées (x_1, x_2), sont les suivantes, avec $a, b, c, d, \alpha, \beta > 0$:

- $U(x_1, x_2) = x_1^a x_2^b$
- $U(x_1, x_2) = a\ln x_1 + b\ln x_2$
- $U(x_1, x_2) = (\alpha x_1^a + \beta x_2^b)^c$
- $U(x_1, x_2) = \min\{ax_1 + b, cx_2 + d\}$

1 L'axiome de continuité n'est pas vérifié par certaines relations de préférences, comme les préférences dites « lexicographiques » (par référence à l'ordre des mots dans les dictionnaires). Un individu avec ces préférences compare deux paniers en fonction de la quantité de bien 1 (sans se préoccuper de la quantité de bien 2). En cas d'égalité, il regardera la quantité de bien 2. Nous pouvons montrer que l'axiome de continuité n'est pas vérifié en considérant, par exemple, les suites de paniers suivantes : $A_m = (10 + 10/m, 0)$ et $B_m = (10, 1)$.

Les fonctions d'utilité permettent de retrouver les principales caractéristiques des préférences que nous avons introduites dans le chapitre 5 et de les étendre à des paniers avec plus de deux biens. Nous verrons des similitudes techniques entre les fonctions d'utilité et les fonctions de production (▶ chapitre 2).

1.2 Utilité marginale

Le raisonnement économique est essentiellement basé sur les variations de la quantité de différentes variables plutôt que sur les quantités elles-mêmes. Il s'agit de raisonnements « à la marge » qui justifient l'appellation de « marginaliste » du courant à l'origine de la microéconomie moderne. Nous avons vu dans les chapitres 2 et 3 que les productivités marginales des facteurs de production jouent un rôle déterminant dans les choix de production des entreprises. De manière similaire, les utilités marginales jouent un rôle tout aussi important dans les choix de consommation.

Exemple 1

Ron aime lire et jouer aux jeux vidéo. Le tableau 6.2 donne les valeurs d'une fonction d'utilité représentant ses préférences en fonction du temps passé à lire (en heures) et du temps passé à jouer (en heures).

	Jeu (en heures)					
Lecture (en heures)	**0**	**1**	**2**	**3**	**4**	**5**
0	0	40	56	70	80	90
1	10	50	66	80	90	99
2	14	54	71	83	94	103
3	17	57	74	87	97	107
4	20	60	76	89	100	110
5	22	62	79	92	102	112

▲ **Tableau 6.2 Fonction d'utilité de la lecture et du jeu vidéo**

Si Ron ne lit qu'une heure dans la journée, comment varie sa satisfaction en fonction du nombre d'heures passées à jouer ? Sa satisfaction passe de 10 à 50 s'il joue 1 heure au lieu de 0 (soit une augmentation de 40). De même, sa satisfaction passe de 50 à 66 s'il joue 2 heures au lieu de 1 heure. Le supplément d'utilité des jeux vidéo (lorsque la lecture est fixée à 1 heure) ou utilité marginale est donné dans le tableau 6.3.

Jeux vidéo J (en heures)	Utilité U pour 1 heure de lecture	Utilité marginale des jeux $=\Delta U/\Delta J$
0	10	
1	50	**40**
2	66	**16**
3	80	**14**
4	90	**10**
5	99	**9**

▲ **Tableau 6.3 Utilité marginale des jeux vidéo**

Nous pouvons de la même façon nous demander comment varie sa satisfaction en fonction du nombre d'heures de lecture par jour s'il ne peut jouer qu'une heure. Le tableau 6.4 présente le supplément d'utilité (ou utilité marginale) de la lecture lorsque la durée du jeu est de 1 heure.

Lecture L (en heures)	Utilité U pour 1 heure de jeu	Utilité marginale de la lecture $=\Delta U/\Delta L$
0	40	
1	50	**10**
2	54	**4**
3	57	**3**
4	60	**3**
5	62	**2**

▲ **Tableau 6.4 Utilité marginale de la lecture**

Nous constatons que, pour Ron, l'utilité marginale du jeu est environ 4 fois plus grande que celle de la lecture. La définition générale de l'utilité marginale d'un bien est donnée ci-dessous.

Définition 2

L'utilité marginale d'un bien pour un consommateur désigne la satisfaction supplémentaire qui résulte de l'augmentation (minimale) de la quantité consommée de ce bien.

Formulation mathématique: Soit $U(x_1, \ldots, x_n)$, la fonction d'utilité d'un consommateur. Si quand la quantité du bien i passe de x_i^0 à x_i^1 (alors que la quantité des autres biens reste inchangée), l'utilité passe de $U_i^0 = U(x_1, \ldots, x_i^0, \ldots, x_n)$ à $U_i^1 = U(x_1, \ldots, x_i^1, \ldots, x_n)$, alors l'utilité marginale du bien i, notée $Um_i(x_1, \ldots, x_i^0, \ldots, x_n)$, est donnée par :

$$Um_i\left(x_1, x_i^0 \ldots, x_n\right) = \frac{\Delta U_i}{\Delta x_i}, \Delta U_i = U_i^1 - U_i^0, \Delta x_i = x_i^1 - x_i^0$$

Um_i n'est généralement pas constante ce qui justifie la présence de $(x_1, \ldots, x_i^0, \ldots, x_n)$ dans son écriture.

Pour des biens dont la quantité est infiniment divisible (loisir mesuré en heures, boissons mesurées en litres, etc.), nous pouvons considérer des variations infinitésimales (très petites). Δx_i est alors proche de zéro et l'utilité marginale devient égale (si la fonction d'utilité est différentiable) à la dérivée partielle de la fonction d'utilité par rapport au bien i :

$$Um_i(x_1, \ldots, x_i, \ldots, x_n) = \frac{\partial U(x_1, \ldots, x_i, \ldots, x_n)}{\partial x_i}$$

L'utilité marginale d'un bien en un point est représentée graphiquement par la pente de la tangente à la courbe représentative de la fonction d'utilité en ce point (▶ figure 6.1).

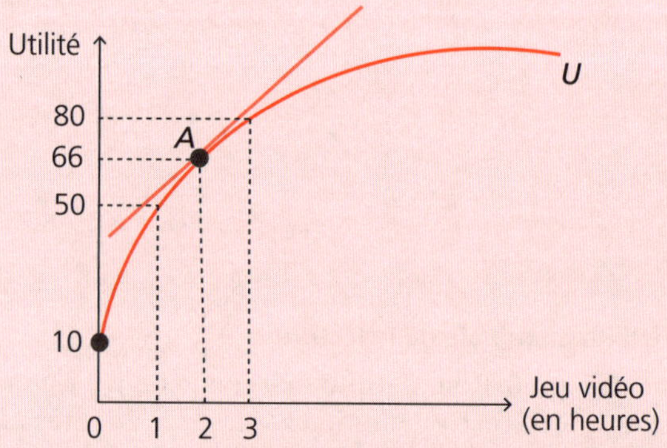

▶ **Figure 6.1**
Fonction d'utilité et utilité marginale du jeu vidéo

Nous avons représenté la fonction d'utilité du jeu vidéo pour un niveau fixé (égal à 1) de la lecture. Les valeurs reportées sont celles du tableau 6.3. L'utilité marginale au point A, correspondant à 2 heures de jeu vidéo, est égale à la pente de la droite tangente à la courbe représentant la fonction d'utilité.

Les données des tableaux 6.3 et 6.4 font apparaître deux propriétés très générales des utilités marginales.

i. **Les utilités marginales sont positives.** Cette propriété résulte directement de l'axiome de monotonie des préférences. Elle signifie que l'utilité augmente toujours avec la quantité de bien.

ii. **Les utilités marginales sont décroissantes.** Cette propriété est souvent appelée « loi des utilités marginales décroissantes ». C'est en réalité une hypothèse, souvent observée, mais qui ne résulte pas directement des axiomes. Elle implique que l'accroissement d'une unité de la quantité d'un bien est d'autant plus apprécié par le consommateur que la quantité initiale de ce bien est faible[1]. Ainsi, si Ron découvre qu'il peut jouer 1 heure, alors qu'il n'a pas joué de la journée, sa satisfaction augmente de 40, alors que si son temps de jeu passe de 4 heures à 5 heures, sa satisfaction n'augmente que de 9.

FOCUS

Propriétés des utilités marginales et de la fonction d'utilité

Soit U la fonction d'utilité d'un consommateur dans le cas de n biens, continue et deux fois différentiable par rapport à toutes ses variables et soit $Um_i(X)$ l'utilité marginale du bien i pour le panier $X = (x_1, x_i, \dots, x_n)$.

i. $Um_i(X) > 0 \Leftrightarrow \frac{\partial U(X)}{\partial x_i}$: l'utilité marginale du bien i est positive si et seulement si la fonction d'utilité est croissante par rapport au bien i.

ii. $\frac{\partial Um_i(X)}{\partial x_i} < 0 \Leftrightarrow \frac{\partial^2 U(X)}{\partial x_i^2} < 0$: l'utilité marginale du bien i est décroissante si et seulement si la fonction d'utilité est concave par rapport au bien i.

Exemple 2

La fonction d'utilité de Ron pour la lecture et les jeux vidéo peut aussi s'écrire sous une forme mathématique générale : $U(L,J) = 10\left[\sqrt{L} + 4\sqrt{J}\right]$.

Calculons les utilités marginales des deux biens.

i. $Um_L(L, J) = 5L^{-0,5}$, $Um_J(L, J) = 20J^{-0,5}$: les utilités marginales du jeu et de la lecture sont bien positives. Remarquons que, pour une même durée initiale de lecture et de jeu, l'utilité marginale du jeu est 4 fois plus grande que celle de la lecture : $Um_J(L_0, J_0) = 4\ Um_L(L_0, J_0)$ si $L_0 = J_0$.

ii. $\frac{\partial Um_L(L,J)}{\partial L} = \frac{\partial^2 U(L,J)}{\partial L^2} = -\frac{5}{2}L^{-\frac{3}{2}} < 0$, $\frac{\partial Um_J(L,J)}{\partial J} = \frac{\partial^2 U(L,J)}{\partial J^2} = -10J^{-\frac{3}{2}} < 0$: les utilités marginales du jeu et de la lecture sont décroissantes.

1.3 Les courbes d'indifférence

Les fonctions d'utilités résument les caractéristiques des préférences d'un consommateur. Elles contiennent toutes les informations sur les préférences

1 Dans l'approche ordinale de l'utilité, privilégiée ici, l'importance de cette hypothèse est à relativiser. En effet, une fonction d'utilité peut vérifier cette propriété alors qu'une autre, représentant les mêmes préférences, non. Prenons les fonctions $U(x_1, x_2) = (x_1)^2 (x_2)^2$ et $V(x_1, x_2) = 2\ln x_1 + 2\ln x_2$, qui représentent les mêmes préférences. Nous pouvons, facilement, vérifier que les utilités marginales sont décroissantes pour V mais pas pour U.

nécessaires pour la détermination du choix du consommateur et permettent notamment de construire ses courbes d'indifférence (▶ chapitre 5).

Exemple 3

Albus aime les dragées et le nougat. Ses préférences pour les paniers composés de ces deux biens (quantités en kilogrammes) sont représentées par la fonction d'utilité $U(x_D, x_N) = \sqrt{x_D}\sqrt{x_N}$ où x_D est la quantité de dragées et x_N, la quantité de nougat. La courbe d'indifférence d'Albus associée à 1 kg de dragées et 4 kg de nougat (panier noté A) regroupe toutes les combinaisons de quantités de dragées et de nougat (x_D, x_N) qui, pour Albus, sont équivalentes au panier A. Ces paniers vérifient : $U(x_D, x_N) = U(1, 4)$. L'équation de cette courbe d'indifférence est donnée par $\sqrt{x_D}\sqrt{x_N} = 2$. Considérons maintenant le panier B avec 4 kg de dragées et 4 kg de nougat, $B = (4, 4)$. L'équation de la courbe d'indifférence passant par B est $\sqrt{x_D}\sqrt{x_N} = 4$.
Ces courbes sont décroissantes et U_B est au-dessus de U_A (▶ figure 6.2).

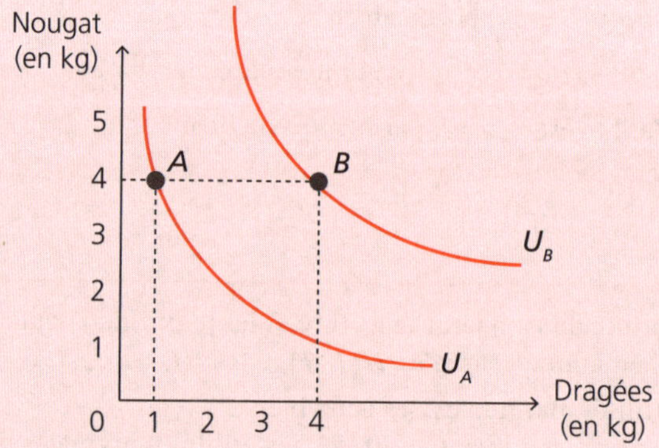

▶ **Figure 6.2**
Courbes d'indifférence et utilité

Les courbes d'indifférence regroupent les paniers qui procurent à Albus une utilité de 2 (courbe U_A) et de 4 (courbe U_B). Les équations de ces courbes sont respectivement $x_N = 4/x_D$ pour la courbe U_A et $x_N = 16/x_D$ pour la courbe U_B.

La courbe d'iso-utilité associée à un panier quelconque A, regroupe tous les paniers qui ont la même utilité que le panier A. Si on note U_A cette courbe, $U_A = \{B \in \mathcal{C}_2 : U(B) = U(A)\}$.

Prenons, plus généralement, une courbe d'indifférence associée à un panier A. Un panier B appartient à cette courbe d'indifférence si $B \sim A$. Il s'en suit que $U(A) = U(B)$. La courbe d'indifférence de A regroupe ainsi tous les paniers qui ont la même utilité que le panier A. Les courbes d'indifférence peuvent donc aussi être appelées des courbes d'**iso-utilité** et caractérisées à partir de la fonction d'utilité.

1.4 Le taux marginal de substitution

Le taux marginal de substitution du bien 2 au bien 1 ($TMS_{2/1}$) a été défini dans le chapitre 5. Lorsque la variation de la quantité de bien 1 est faible, le $TMS_{2/1}$ calculé à partir d'un panier *A* est égal à la pente (en valeur absolue) de la droite tangente à la courbe d'indifférence au point correspondant au panier *A*. Nous pouvons calculer ce taux marginal de substitution directement à partir de la fonction d'utilité du consommateur.

Exemple 4

Considérons les préférences d'Albus (▶ exemple 3) pour les dragées et le nougat et calculons le $TMS_{N/D}(4, 4)$. Par définition, $TMS_{N/D}(4, 4) = \frac{dx_N}{dx_D}(4, 4)$. La courbe d'indifférence (ou d'iso-utilité), U_B avec $B = (4, 4)$ (▶ figure 6.2), a pour équation $\sqrt{x_D}\sqrt{x_N} = 4$ que nous pouvons aussi écrire $x_N = \frac{16}{x_D}$.

Par conséquent, $\frac{dx_N}{dx_D} = -\frac{16}{x_D^2}$ et donc $TMS_{N/D}(4, 4) = \frac{dx_N}{dx_D}(4, 4) = -1$.

Plus généralement, considérons les préférences d'un consommateur représentées par une fonction d'utilité $U(x_1, x_2)$ dérivable par rapport à ces deux variables. Nous cherchons le taux marginal de substitution associé à un panier *A* dont l'utilité est $U\left(x_1^A, x_2^A\right)$. Il s'agit de chercher la variation dx_2 de la quantité de bien 2 qui compense une variation infinitésimale (dx_1) de la quantité de bien 1.

Toute variation de la fonction d'utilité $U(x_1, x_2)$ à la suite de variations infinitésimales de ces deux variables peut s'écrire en utilisant le concept de différentielle totale Σ:

$$dU = \left.\frac{\partial U(x_1,x_2))}{\partial x_1}\right|_{\left(x_1^A,x_2^A\right)} dx_1 + \left.\frac{\partial U(x_1,x_2))}{\partial x_2}\right|_{\left(x_1^A,x_2^A\right)} dx_2$$

D'après la définition du TMS, les variations dans les quantités des deux biens sont telles que la satisfaction du consommateur reste constante. Nous devons donc avoir dU= 0.

dx_1 et dx_2 vérifient alors $\left.\frac{\partial U(x_1,x_2))}{\partial x_1}\right|_{\left(x_1^A,x_2^A\right)} dx_1 + \left.\frac{\partial U(x_1,x_2))}{\partial x_2}\right|_{\left(x_1^A,x_2^A\right)} dx_2 = 0$

ce qui implique $\left.\frac{\partial U(x_1,x_2))}{\partial x_2}\right|_{\left(x_1^A,x_2^A\right)} dx_2 = -\left.\frac{\partial U(x_1,x_2))}{\partial x_1}\right|_{\left(x_1^A,x_2^A\right)} dx_1$

$$\text{et ainsi } \frac{dx_2}{dx_1} = -\frac{\left.\dfrac{\partial U(x_1,x_2))}{\partial x_1}\right|_{(x_1^A,x_2^A)}}{\left.\dfrac{\partial U(x_1,x_2))}{\partial x_2}\right|_{(x_1^A,x_2^A)}}$$

En reprenant la définition du TMS $_{2/1}(A)$, nous obtenons :

Le taux marginal de substitution du bien 2 au bien 1 est égal au rapport des utilités marginales.

$$TMS_{2/1}(A) = \left|\frac{dx_2}{dx_1}\right| = \frac{\left.\dfrac{\partial U}{\partial x_1}\right|_A}{\left.\dfrac{\partial U}{\partial x_2}\right|_A} = \frac{Um_1(A)}{Um_2(A)}$$ [1]

2 Les fonctions de demande

Nous allons maintenant déterminer le panier que le consommateur va choisir compte tenu de ses préférences, représentées par une fonction d'utilité, et de sa contrainte budgétaire. Les quantités « optimales » de chaque bien qui composeront ce panier seront appelées **fonctions de demande** du consommateur pour chacun des biens.

À cette fin, nous pouvons utiliser deux méthodes :

- La première, employée dans le chapitre 5, consiste à chercher, dans l'ensemble des paniers qui vérifient la contrainte budgétaire du consommateur, le panier qui maximise sa satisfaction.
- La seconde (appelée approche « duale ») consiste à chercher, dans l'ensemble des paniers qui donnent le même niveau de satisfaction au consommateur, le panier qui minimise sa dépense.

Les fonctions de demande obtenues par la première approche sont appelées « **demandes marshalliennes** » du nom de l'économiste américain Alfred Marshall (▶ chapitre 4) qui en a étudié les propriétés. Ces demandes dépendent du revenu du consommateur et du prix des biens. Ce sont les fonctions de demande les plus utilisées.

Quant aux fonctions de demande obtenues par l'approche « duale », elles sont appelées « **demandes hicksiennes** » du nom de l'économiste britannique John Hicks

1 Souvent, comme pour le $TMST_{2/1}$ (▶ chapitre 2), le $TMS_{2/1}$ est défini (pour lui garantir un signe positif) comme la valeur absolue de $\frac{dx_2}{dx_1}$ ou comme $-\frac{dx_2}{dx_1}$.

et dépendent des prix des biens et du niveau de satisfaction. Elles jouent plutôt un rôle instrumental, notamment dans l'analyse de l'impact des prix sur les demandes des biens.

2.1 Maximisation de l'utilité et demandes marshalliennes

Exemple 5

Hermione s'intéresse à la biologie et aime l'aventure. Elle achète souvent des manuels de biologie et des romans d'aventure. Ses préférences pour les différentes combinaisons de romans et de manuels de biologie sont représentées par la fonction d'utilité $U(x_M, x_R) = \sqrt{x_M} + \sqrt{x_R}$ où x_M est le nombre de manuels qu'elle possède et x_R, le nombre de romans.

Un manuel de biologie coûte 20 euros en moyenne ($p_M = 20$) et un roman, 10 euros ($p_R = 10$). Le budget « livres » d'Hermione est de 240 euros par mois ($R = 240$). Combien de manuels et de romans Hermione achètera-t-elle ?

D'après l'analyse graphique du chapitre 5, la combinaison optimale, notée $A = (x_M^m, x_R^m)$ de manuels et de romans d'Hermione vérifie l'égalité entre le TMS et le rapport des prix. Nous venons de voir que le TMS est égal au rapport des utilités marginales avec, pour Hermione :

$$Um_M(A) = -\frac{1}{2}x_M^{m^{-\frac{1}{2}}},\ Um_R(A) = -\frac{1}{2}x_R^{m^{-\frac{1}{2}}}$$

En ajoutant la contrainte budgétaire, le panier optimal, (x_M^m, x_R^m), est solution du système à deux équations :

$$\frac{\frac{1}{2}x_M^{m^{-\frac{1}{2}}}}{\frac{1}{2}x_R^{m^{-\frac{1}{2}}}} = \frac{p_M}{p_R} \quad \text{et} \quad p_M x_M^m + p_R x_R^m = R$$

La résolution de ce système permet d'obtenir les fonctions de demande :

$$x_M^m(p_M, p_R, R) = \frac{p_R R}{p_M(p_M + p_R)} \quad \text{et} \quad x_R^m(p_M, p_R, R) = \frac{p_M R}{p_R(p_M + p_R)}$$

Le choix d'Hermione compte tenu des prix des manuels et des romans, et de son budget est : $x_M^m(20, 10, 240) = 4$ et $x_R^m(20, 10, 240) = 16$. Son panier optimal est donc $A = (4, 16)$.

Les fonctions de demande que nous venons de calculer sont appelées **demandes marshalliennes**.

Définition 3

Les fonctions de demande marshalliennes du consommateur sont les quantités de bien que le consommateur choisira d'acheter compte tenu de ses préférences et en fonction des prix des biens et de son revenu.
Formulation mathématique : Considérons n biens. Les fonctions de demande du consommateur pour chacun de ces n biens, notées :
$x_1^m(p_1, \ldots, p_n, R), \ldots, x_n^m(p_1, \ldots, p_n, R)$: sont solutions du problème :

$$\max_{x_1, x_2, \ldots, x_n} U(x_1, x_2, \ldots, x_n)$$

sous la contrainte :

$$p_1x_1 + \ldots + p_nx_n = R$$

Dans le cas général, lorsque les paniers du consommateur sont composés d'un nombre quelconque de biens, ce panier optimal peut être obtenu par la résolution d'un problème de maximisation sous contrainte.

FOCUS

Résolution du programme pour *n* biens

Considérons un consommateur et des paniers de n biens. Les préférences de ce consommateur sont représentées par la fonction d'utilité $U(x_1, \ldots, x_n)$ et son revenu est R. Si le prix du bien i est p_i avec $i = 1, \ldots, n$, ce consommateur choisit le panier de biens $(x_1, \ldots, x_n)$ qui maximise son utilité tout en respectant sa contrainte budgétaire[1]. Ainsi, nous devons résoudre le problème :

$$\max_{x_1, x_2, \ldots, x_n} U(x_1, x_2, \ldots, x_n)$$

sous la contrainte : $p_1x_1 + \ldots + p_nx_n = R$
Ce problème peut être résolu en utilisant la méthode du multiplicateur de Lagrange[2].
Soit $\mathcal{L}$ la fonction de Lagrange du problème de maximisation et λ, le multiplicateur associé à la contrainte budgétaire.
$\mathcal{L}(x_1, \ldots, x_n) = U(x_1, \ldots, x_n) - \lambda(p_1x_1 + \ldots + p_nx_n - R)$
Les conditions nécessaires pour une solution intérieure[3] sont :

i. $\dfrac{\partial \mathcal{L}(x_1, \ldots, x_n)}{\partial x_i} = 0$ pour tout $i = 1, \ldots, n$

ii. $p_1x_1 + \ldots + p_nx_n = R$

1 Nous avons supposé que les préférences des consommateurs sont monotones croissantes par rapport à tous les biens. Le panier optimal est donc obligatoirement sur la droite de budget et la contrainte budgétaire s'écrit simplement en égalisant la dépense et le revenu.
2 Nous supposons que la fonction d'utilité vérifie toutes les propriétés qui garantissent l'existence et l'unicité du panier optimal. Plus précisément, U est supposé deux fois dérivable par rapport à toutes ses variables, et sa matrice hessienne (des dérivées secondes de U) est supposée définie négative.
3 Le panier optimal vérifie ces conditions s'il correspond à une solution « intérieure » (c'est-à-dire à une consommation non nulle de chacun des biens).

Les n conditions (i) sont équivalentes à : $Um_i(x_1, ..., x_n) = \lambda p_i$ ce qui implique :

$$\frac{Um_1(x_1,...,x_n)}{p_1} = \frac{Um_2(x_1,...,x_n)}{p_2} = ... = \frac{Um_n(x_1,...,x_n)}{p_n} = \lambda$$

À l'optimum, les utilités marginales de chaque bien, divisées par leurs prix, sont les mêmes. Le consommateur retire la même utilité du dernier euro dépensé dans la consommation de chaque bien.
Pour tout couple de biens i et j, la condition ci-dessus peut se réécrire :

$$\frac{Um_i(x_1,...,x_n)}{Um_j(x_1,...,x_n)} = \frac{p_i}{p_j}$$

Nous retrouvons donc l'égalité des utilités marginales et du rapport des prix mis en évidence par l'analyse graphique dans le cas de deux biens.

Le revenu R du consommateur fixe une limite « objective » à l'ensemble des paniers qui lui sont accessibles. Déterminer les demandes marshalliennes consiste à déterminer les quantités de bien qui permettent au consommateur d'atteindre le niveau de satisfaction le plus élevé compte tenu des limites objectives imposées à ses choix.

Une autre façon d'aborder le choix du consommateur consiste à fixer une limite « subjective » (en termes de satisfaction) à son ensemble de choix, puis à se demander quelles sont les quantités de biens que le consommateur choisit, s'il souhaite conserver un même niveau d'utilité, tout en minimisant sa dépense. Les quantités de bien répondant à cet objectif sont appelées fonctions de demande « hicksiennes ».

2.2 Minimisation de la dépense et demandes hicksiennes

Les demandes hicksiennes peuvent être déterminées graphiquement dans le cas de deux biens, en suivant la même approche que celle utilisée pour la détermination des demandes marshalliennes.

Exemple 6

Revenons aux préférences de Hermione pour les manuels de biologie et les romans (▶ exemple 5). Cherchons à déterminer le nombre de manuels et de romans qui minimisent sa dépense, tout en lui garantissant un niveau d'utilité de 9 (▶ figure 6.3). Notons (x^h_M, x^h_R) cette combinaison de manuels et de romans. La dépense associée à une combinaison quelconque de manuels et de romans est notée

$e(p_M, p_R, x_M, x_R) = p_M x_M + p_R x_R$.

Comme $p_M = 20$ et $p_R = 10$, les paniers correspondant à une même dépense e_0 sont situés sur une droite d'équation $20x_M + 10x_R = e_0$.

Pour garantir à Hermione un niveau d'utilité de 9, le panier (x^h_M, x^h_R) doit se trouver sur la courbe d'iso-utilité d'équation $U(x_M, x_R) = 9$. x^h_M et x^h_R doivent vérifier $\sqrt{x^h_M} + \sqrt{x^h_R} = 9$

Les demandes hicksiennes x^h_M et x^h_R que nous cherchons sont telles que :

i. $\sqrt{x^h_M} + \sqrt{x^h_R} = 9$.

ii. $20x^h{}_M + 10x^h{}_R = e_0$ avec e_0 le plus faible possible.

Le panier $B = (x^h_M, x^h_R)$ optimal doit ainsi être au point de tangence entre la courbe d'iso-utilité et une des droites d'équation $20x_M + 10x_R = e_0$ (▶ figure 6.3).

Par conséquent, (h_M, h_R) vérifient :

i. $\sqrt{x^h_M} + \sqrt{x^h_R} = 9$ car B doit être sur la courbe d'iso-utilité d'utilité 9.

ii. $\dfrac{Um_M(B)}{Um_R(B)} = \dfrac{p_M}{p_R}$ car au point B la pente de la courbe d'iso-utilité doit être égale à la pente de la droite de dépense constante (B est un point de tangence).

Nous en déduisons que (x^h_M, x^h_R) est tel que $\dfrac{\sqrt{x^h_R}}{\sqrt{x^h_M}} = 2$ ce qui, avec $\sqrt{x^h_M} + \sqrt{x^h_R} = 9$, donne $x^h_M = 3$ et $x^h_R = 6$.

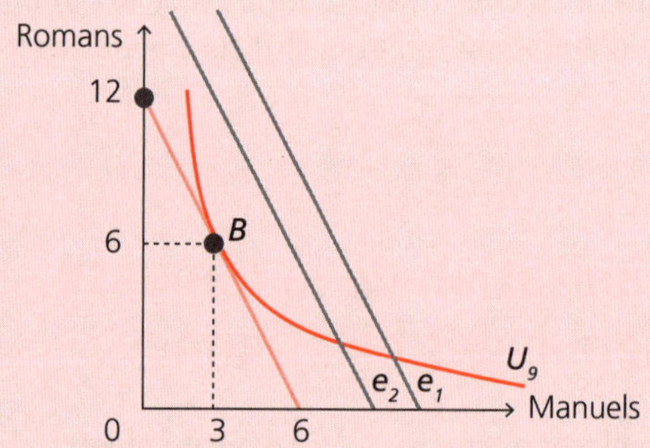

▲ **Figure 6.3 Demandes hicksiennes**

Pour déterminer graphiquement les demandes hicksiennes, il faut d'abord tracer la courbe U_9 qui regroupe l'ensemble des paniers procurant à Hermione une utilité de 9. Il faut ensuite tracer des droites d'équation $20x_M + 10x_R = e$. Ici, nous avons choisi de tracer la droite correspondant à une dépense de 200 (notée e_1). Le déplacement de cette droite vers l'origine diminue la dépense. Le panier $B = (3, 6)$ qui minimise la dépense, tout en conservant une utilité de 9, se situe au point de tangence de la courbe U_9 et de la droite d'équation $20x_M + 10x_R = e_0$ la plus proche de l'origine.

Pour n biens, les demandes hicksiennes sont déterminées comme les solutions d'un problème de minimisation de la dépense sous contrainte d'utilité.

Définition 4

Les fonctions de demande hicksiennes du consommateur sont les quantités de bien que le consommateur choisira d'acheter compte tenu des prix à niveau d'utilité donné.

Formulation mathématique: Les fonctions de demande du consommateur pour chacun des n bien, notées $x_1^h(p_1, ..., p_n, \overline{U}), ..., x_n^h(p_1, ..., p_n, \overline{U})$ sont les solutions du problème:

$$\min_{x_1, x_2, ..., x_n} p_1 x_1 + ... + p_n x_n$$

sous la contrainte:

$$U(x_1, x_2, ..., x_n) = \overline{U}$$

FOCUS

Résolution du programme dual pour *n* biens

Considérons un consommateur et des paniers de n biens. Les préférences de ce consommateur sont représentées par la fonction d'utilité[1] $U(x_1, ..., x_n)$. Le prix du bien i est p_i avec $i = 1, ..., n$. Cherchons le panier $(x_1, ..., x_n)$ que le consommateur choisit s'il cherche à minimiser sa dépense tout en conservant un niveau d'utilité $\overline{U}$. Ce panier est solution du problème de minimisation sous contrainte suivant:

$$\min_{x_1, x_2, ..., x_n} p_1 x_1 + ... + p_n x_n$$

sous la contrainte: $U(x_1, x_2, ..., x_n) = \overline{U}$

Soit $\mathcal{L}$ le Lagrangien du problème de maximisation et μ, le multiplicateur associé à la contrainte.

$$\mathcal{L}(x_1, ..., x_n) = p_1 x_1 + ... + p_n x_n - \mu\,(U(x_1, x_2, ..., x_n) - \overline{U})$$

Les conditions nécessaires pour une solution intérieure sont:

i. $\dfrac{\partial \mathcal{L}(x_1, ..., x_n)}{\partial x_i} = 0$ pour tout $i = 1, ..., n$

ii. $U(x_1, x_2, ..., x_3) = \overline{U}$

Les n conditions (i) sont équivalentes à: $p_i = \mu Um_i\,(x_1, ..., x_n)$, $i = 1, ..., n$ ce qui implique:

$$\frac{Um_1(x_1, ..., x_n)}{p_1} = \frac{Um_2(x_1, ..., x_n)}{p_2} = ... = \frac{Um_n(x_1, ..., x_n)}{p_n} = \frac{1}{\mu}$$

Nous retrouvons les mêmes conditions que pour les demandes marshalliennes. Cependant, les demandes vont ici dépendre de l'utilité $\overline{U}$ et non du revenu.

1 Nous supposons que la fonction d'utilité vérifie toutes les propriétés qui garantissent l'existence et l'unicité du panier optimal.

2.3 Relation entre demandes marshalliennes et demandes hicksiennes

On peut relier les demandes marshalliennes et hicksiennes en utilisant les notions de fonction d'utilité indirecte et de dépense minimale.

Définition 5

L'utilité indirecte est le niveau maximal d'utilité qu'un consommateur peut atteindre pour des prix des biens et un revenu donnés.
Formulation mathématique: Considérons n biens, dont les prix sont $p_1, \ldots, p_n$ et un consommateur, dont la fonction d'utilité est U et le revenu, R. Les fonctions de demande marshalliennes de ce consommateur, pour chacun de ces n biens, sont $x_1^m(p_1, \ldots, p_n, R), \ldots, x_n^m(p_1, \ldots, p_n, R)$. La fonction d'utilité indirecte, notée $V(p_1, \ldots, p_n, R)$ est définie par:

$$V(p_1, \ldots, p_n, R) = U(x_1^m(p_1, \ldots, p_n, R), \ldots, x_n^m(p_1, \ldots, p_n, R)$$

La fonction d'utilité indirecte ne peut être calculée qu'une fois les demandes marshalliennes déterminées.

FOCUS

Propriétés de la fonction d'utilité indirecte

i. $V(p_1, \ldots, p_n, R)$ est décroissante par rapport aux prix des biens;
ii. $V(p_1, \ldots, p_n, R)$ est croissante par rapport au revenu;
iii. $V(p_1, \ldots, p_n, R)$ est homogène de degré 0, c'est-à-dire $V(\delta p_1, \ldots, \delta p_n, \delta R) = V(p_1, \ldots, p_n, R)$ pour tout $\delta > 0$.

Montrons ces propriétés pour $n = 2$. On utilise les expressions:

$$\frac{\partial V(x_1, x_2, R)}{\partial p_i} = \left.\frac{\partial \mathcal{L}}{\partial p_i}\right|_{x_i = x_i^m(p_1, p_2, R), i = 1,2; \lambda = \lambda^*} \quad \text{pour } i = 1,2.$$

et $$\frac{\partial V(x_1, x_2, R)}{\partial R} = \left.\frac{\partial \mathcal{L}}{\partial R}\right|_{x_i = x_i^m(p_1, p_2, R), i = 1,2; \lambda = \lambda^*}$$

que l'on obtient en utilisant le théorème de l'enveloppe Σ et la fonction de Lagrange, $\mathcal{L}$. λ^* est la valeur du multiplicateur à l'optimum.
La propriété (iii) découle du fait que si on remplace la contrainte budgétaire $p_1x_1 + p_2x_2 = R$ par $(\delta p_1)x_1 + (\delta p_2)x_2 = \delta R$ avec $\delta > 0$, les fonctions de demande ne changent pas.

Définissons maintenant la fonction de dépense minimale.

Définition 6

La dépense minimale est le niveau de dépense le plus faible qu'un consommateur peut réaliser tout en conservant un niveau d'utilité donné et pour des prix des biens donnés.

Formulation mathématique: Considérons n biens, dont les prix sont p_1, …, p_n et un consommateur, dont la fonction d'utilité est U. Les fonctions de demande hicksiennes de ce consommateur pour un niveau d'utilité $\overline{U}$ sont $x_1^h(p_1, \dots, p_n, \overline{U}), \dots, x_n^h(p_1, \dots, p_n, \overline{U})$. La fonction de dépense minimale, notée $e(p_1, \dots, p_n, \overline{U})$ est définie par :

$$e(p_1, \dots, p_n, \overline{U}) = p_1\, x_1^h(p_1, \dots, p_n, \overline{U}) + \dots + p_n\, x_n^h(p_1, \dots, p_n, \overline{U}).$$

FOCUS

Propriétés de la fonction de dépense minimale

La fonction de dépense minimale a les propriétés suivantes :

i. $e(p_1, \dots, p_n, \overline{U})$ est croissante par rapport aux prix des biens.

ii. $e(p_1, \dots, p_n, \overline{U})$ est homogène de degré 1 en $p_1, \dots, p_n$ c'est-à-dire $e(\delta p_1, \dots, \delta p_n, \overline{U}) = \delta e(p_1, \dots, p_n, \overline{U})$ pour tout $\delta > 0$.

iii. $x_i^h(p_1, \dots, p_n, \overline{U}) = \dfrac{\partial e(p_1, \dots, p_n, \overline{U})}{\partial p_i}$ pour tout $i = 1, \dots, n$.

APPLICATION Fonction d'utilité Cobb-Douglas

Soit $U(x_1, x_2) = x_1^a x_2^{1-a}$. Déterminons les fonctions de demande marshalliennes et hicksiennes, ainsi que les fonctions d'utilité indirecte et de dépense associées à cette fonction d'utilité. Les prix des deux biens sont notés p_1 et p_2, et le revenu, R.

i. Demandes marshalliennes

D'après la section 2.1, x_1^m, x_2^m vérifient :

$$\frac{Um_1(x_1^m, x_2^m)}{Um_2(x_1^m, x_2^m)} = \frac{p_1}{p_2} \quad \text{et} \quad p_1 x_1^m + p_2 x_2^m = R$$

Nous en déduisons $x_1^m(p_1, p_2, R) = \dfrac{aR}{p_1}$,

$$x_2^m(p_1, p_2, R) = \frac{(1-a)R}{p_2}$$

et $V(p_1, p_2, R) = a^a(1-a)^{1-a} \dfrac{R}{p_1^a p_2^{1-a}}$.

ii. Demandes hicksiennes

D'après la section 2.2, x_1^h, x_2^h vérifient :

$$\frac{Um_1(x_1^h, x_2^h)}{Um_2(x_1^h, x_2^h)} = \frac{p_1}{p_2} \quad \text{et} \quad U(x_1^h, x_2^h) = \overline{U}.$$

Nous en déduisons :

$$x_1^h(p_1, p_2, \overline{U}) = \overline{U}\left(\frac{p_2}{p_1}\right)^{1-a}\left(\frac{a}{1-a}\right)^{1-a}$$

$$x_2^h(p_1, p_2, \overline{U}) = \overline{U}\left(\frac{p_1}{p_2}\right)^{1-a}\left(\frac{a}{1-a}\right)^{1-a}$$

et $e(p_1, p_2, \overline{U}) = \overline{U} p_1^a p_2^{1-a} \dfrac{1}{a^a(1-a)^{1-a}}$

La relation entre les demandes marshalliennes et hicksiennes est assez directe. Rappelons qu'elles vérifient toutes les deux l'égalité entre le ratio des utilités marginales et le rapport des prix des biens. En fait, ces deux demandes correspondent à deux points de vue différents sur le même problème de décision.

Pour comprendre le passage de l'une à l'autre, revenons au choix d'Hermione. En fixant le niveau d'utilité à celui de l'utilité indirecte associée aux prix $p_M = 20$, $p_R = 10$ et à un revenu de 240 (utilité égale à 6), les demandes hicksiennes seront exactement égales aux demandes marshalliennes. De même, si nous remplaçons dans les demandes marshalliennes le revenu par la dépense minimale associée à une utilité de 6, nous obtiendrons les demandes hicksiennes.

FOCUS

Relation entre demandes marshalliennes et demandes hicksiennes

Notons $\boldsymbol{p}$ un vecteur de n prix, $\boldsymbol{p} = (p_1, \ldots, p_n)$, $\overline{U}$, un niveau d'utilité et R, un niveau de revenu. Les préférences du consommateur sont représentées par une fonction d'utilité U continue et deux fois dérivable.

i. $e(\boldsymbol{p}, V(p,R)) = R$

ii. $V(\boldsymbol{p}, e(p,\overline{U})) = \overline{U}$

iii. $x_i^h(\boldsymbol{p},\overline{U}) = x_i^m(\boldsymbol{p}, e(p,\overline{U}))$ pour tout bien i, $i = 1, \ldots, n$

iv. $x_i^m(\boldsymbol{p},R) = x_i^h(\boldsymbol{p}, V(p,R))$ pour tout bien i, $i = 1, \ldots, n$

3 Effets d'une variation des prix et du revenu sur la demande

3.1 Effet d'une augmentation du revenu

Hermione reçoit un premier prix pour ses bons résultats scolaires. Le budget qu'elle alloue à l'achat de manuels et de romans augmente ainsi, vraisemblablement, que le nombre de livres qu'elle achètera.

Nous avons, dans le chapitre 1, classé les biens en fonction de l'impact d'une augmentation du revenu sur leur consommation. Nous avons distingué les biens normaux et les biens inférieurs. Dans le chapitre 5, nous avons étudié, graphiquement, l'impact d'un changement de revenu sur la demande de différents biens.

En utilisant les fonctions de demande, il est possible d'évaluer plus précisément l'impact des changements de revenu, et donc, de différentes politiques redistributives, sur les choix individuels.

Reprenons les fonctions de demande d'Hermione (▶ exemple 5).

$$x_M^m(p_M, p_R, R) = \frac{p_R R}{p_M(p_M + p_R)} \quad \text{et} \quad x_R^m(p_M, p_R, R) = \frac{p_M R}{p_R(p_M + p_R)}$$

Pour étudier l'impact d'une augmentation du revenu sur ses choix, nous devons calculer $\frac{\partial x_M^m}{\partial R}$ et $\frac{\partial x_R^m}{\partial R}$. Nous obtenons $\frac{\partial x_M^m}{\partial R} = \frac{p_R}{p_M(p_M + p_R)}$ et $\frac{\partial x_R^m}{\partial R} = \frac{p_M}{p_R(p_M + p_R)}$.

La relation entre revenu et consommation d'un bien peut être représentée graphiquement par une courbe d'Engel (statisticien allemand, 1821-1896) (▶ figure 6.4). Cette courbe sera croissante pour les biens normaux, et décroissante pour les biens inférieurs. La forme de cette courbe (concave ou convexe) donne des indications sur l'évolution de la part du revenu consacré à la consommation d'un bien lorsque le revenu augmente.

Nous pouvons ainsi distinguer, parmi les biens normaux, des biens de première nécessité, des biens de luxe, etc.

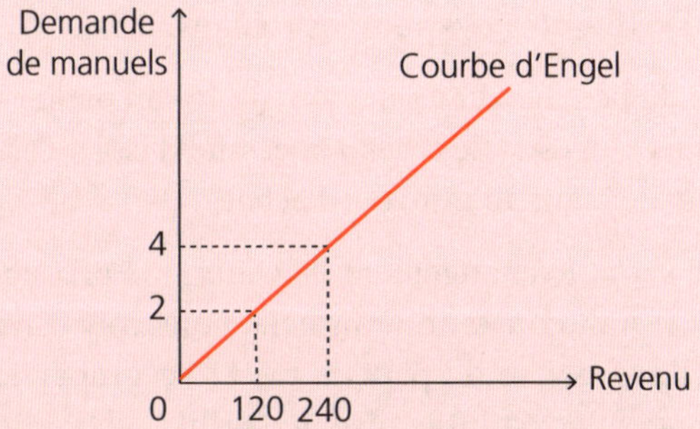

Les prix sont $p_M = 20$ pour les manuels et $p_R = 10$ pour les romans. D'après les demandes marshalliennes que nous avons calculées, l'équation de la courbe d'Engel est $x_M = R/60$. Il s'agit d'une droite de pente 1/60. Les manuels sont un bien normal et leur demande augmente proportionnellement au revenu.

◀ **Figure 6.4**
Courbe d'Engel de la demande de manuels

3.2 Effet d'une augmentation du prix

Hermione obtient, auprès de la librairie de Poudlard, une réduction de 50 % sur les manuels de biologie. Elle peut maintenant les acheter au prix de 10 euros, au lieu de 20. Nous supposons que les romans ne sont pas concernés par la réduction et que son budget consacré aux livres est toujours de 240 euros. Le nombre de manuels et de romans achetés va-t-il changer ?

Dans le chapitre 5, nous avons identifié deux effets que provoque le changement du prix d'un bien :

- Un **effet de substitution** qui provient du changement des prix relatifs des biens. Si le prix des manuels est divisé par deux, les manuels deviennent aussi chers que les romans, alors qu'avant ils étaient deux fois plus chers. Cet effet incitera Hermione à acheter moins de romans et plus de manuels.
- Un **effet de revenu** qui provient du changement de pouvoir d'achat. Si le prix d'un bien diminue, tout se passe comme si Hermione devenait plus riche. En effet, l'achat d'un même panier lui laisse du revenu non dépensé. L'impact de cette variation du pouvoir d'achat sur la consommation des différents biens va dépendre du type de bien (normal ou inférieur). Le prix des manuels baisse, Hermione devient subjectivement plus riche. Comme les manuels et les romans sont des biens normaux, elle augmentera sa consommation des deux biens.

En reprenant les fonctions de demande marshalliennes d'Hermione (▶ exemple 5), nous pouvons directement calculer l'impact du passage du prix des manuels de $p_M = 20$ à $p'_M = 10$ sur ses achats. Nous obtenons $x'^m_M(10, 10, 240) = 12$ et $x'^m_R(10, 10, 240) = 12$. Notons C le panier optimal associé aux prix $p'_M = 10$ et $p_R = 10$, $C = (12, 12)$. Les variations des quantités souhaitées sont $\Delta x_M = 12 - 4 = 8$ pour les manuels et $\Delta x_R = 12 - 16 = -4$ pour les romans.

La décomposition du passage du panier $A = (4, 16)$ au panier $C = (12, 12)$ en un effet de substitution et un effet de revenu nécessite d'isoler l'effet du changement du rapport des prix de celui du pouvoir d'achat.

Déterminons quel serait le changement de choix si le prix changeait, mais que le pouvoir d'achat restait constant. Pour cela, nous construisons une situation fictive dans laquelle la baisse du prix du bien s'accompagne d'une réduction du revenu qui maintient constant le niveau d'utilité d'Hermione[1]. Le panier B, optimal dans cette situation fictive, permet de mesurer l'effet de substitution. Calculons ce revenu R' qui laisse inchangée l'utilité d'Hermione lorsque le prix des manuels passe à 10 euros. R' vérifie $V(10, 10, R') = V(20, 10, 240)$.

Comme $V(20, 10, 240) = 6$, R' est solution de $\sqrt{\frac{10R'}{20 \times 10}} + \sqrt{\frac{10R'}{20 \times 10}} = 6$.

Nous obtenons $R' = 180$. Nous en déduisons le panier optimal fictif $B = (9, 9)$ (▶ figure 6.5).

1 La situation intermédiaire peut aussi être construite en considérant une modification du revenu qui conserve le panier initial sur la contrainte budgétaire. L'effet de substitution ainsi isolé s'appelle « effet de substitution de Slutsky », alors que celui présenté ici est l'effet de substitution de Hicks . Pour de petites variations des prix, les deux effets sont identiques.

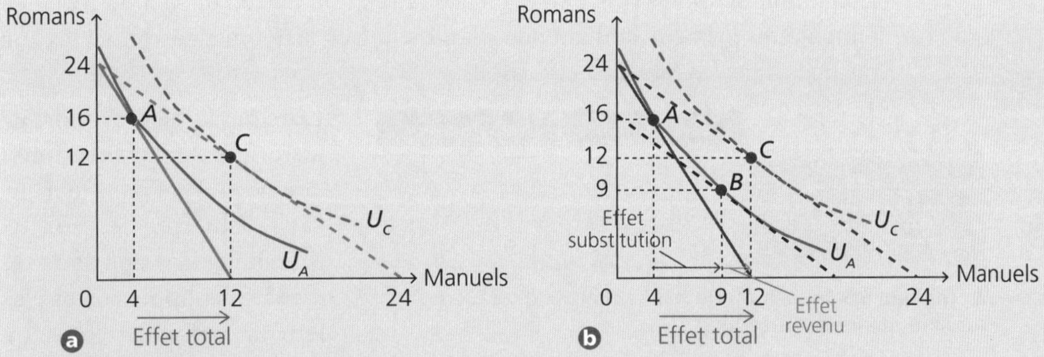

▲ **Figure 6.5 Effet substitution et effet revenu**

a La baisse du prix des manuels entraîne une augmentation de l'ensemble budgétaire. La demande de manuels d'Hermione augmente et la demande de romans baisse. Son choix optimal passe du panier $A = (4, 16)$ au panier $C = (12, 12)$.

b Pour isoler les deux effets, substitution et revenu, nous construisons une situation intermédiaire dans laquelle la baisse de prix s'accompagne d'une baisse de revenu qui préserve le même niveau d'utilité. La droite de budget correspondante passe par *B* (en pointillé). Le panier optimal dans ce cas est *B*. C'est le panier qu'Hermione choisit si le prix des manuels baisse, mais que le pouvoir d'achat reste constant. L'effet substitution est mesuré par l'écart de nombre de manuels choisis entre *A* et *B*. L'effet revenu est mesuré par l'écart entre *B* et *C*.

Les fonctions de demande marshallienne et hicksienne permettent de quantifier précisément, et plus facilement, les effets substitution et les effets revenu pour de petites variations des prix.

FOCUS

Équation de Slutsky

L'impact d'une petite variation du prix d'un bien sur la demande de ce bien ou d'un autre bien peut être décomposé en un effet de substitution et un effet de revenu à partir de l'équation de Slutsky :

$$\frac{\partial x_i^m}{\partial p_j} = \underbrace{\frac{\partial x_i^h}{\partial p_j}}_{\text{effet substitution}} - \underbrace{\frac{\partial x_i^m}{\partial R} x_j^m}_{\text{effet revenu}}, \quad i, j = 1, \ldots, n$$

Preuve

Partons de la relation entre demandes marshalliennes et hicksiennes : $x_i^h\left(p, \overline{U}\right) - x_i^m\left(p, e\left(p, \overline{U}\right)\right) = 0$

et différentions-la par rapport à p_j. Nous obtenons :

$$\frac{\partial x_i^h\left(p, \overline{U}\right)}{\partial p_j} - \frac{\partial x_i^m\left(p, e\left(p, \overline{U}\right)\right)}{\partial p_j} - \frac{\partial x_i^m\left(p, e\left(p, \overline{U}\right)\right)}{\partial R}\frac{\partial e\left(p, \overline{U}\right)}{\partial p_j} = 0$$

En appliquant la propriété (iii) de la fonction de dépense minimale et en utilisant le fait que $x_j^h\left(p, \overline{U}\right) = x_j^m\left(p, e\left(p, \overline{U}\right)\right)$ nous obtenons le résultat.

L'équation de Slutsky met en évidence la relation entre l'impact du revenu et l'impact du prix sur la demande d'un bien. Les différents cas possibles sont résumés dans les tableaux ci-dessous.

	Bien normal	Bien inférieur
Effet de substitution	+	+
Effet de revenu	+	–
Effet total	+	?

▲ **Tableau 6.5 Impact d'une baisse du prix d'un bien sur la demande pour ce bien**

	Bien normal	Bien inférieur
Effet de substitution	–	–
Effet de revenu	+	–
Effet total	?	–

▲ **Tableau 6.6 Impact d'une baisse du prix d'un bien sur la demande pour un autre bien**

Lorsque le bien est normal, les effets de substitution et de revenu vont dans le même sens. Lorsque le bien est inférieur, ils vont dans des directions opposées et c'est leur importance relative qui va déterminer l'effet global. Si l'effet revenu l'emporte, on se retrouve dans la situation contre-intuitive d'un bien dont la demande baisse lorsque son prix baisse. Il s'agit dans ce cas d'un bien Giffen.

4 Effet d'une variation des prix et du revenu sur le bien-être

Jusqu'à présent, nous nous sommes intéressés aux variations des quantités consommées des différents biens à la suite de variations de prix et de revenu. Si, grâce à ces analyses, nous calculons qu'une augmentation des bourses d'études de 10 % entraîne une augmentation de 20 % de l'achat de mangas par les jeunes entre 18 et 20 ans, pouvons-nous en déduire que ces jeunes ont vu leur bien-être augmenter de 20 % ? Cette augmentation de bien-être est-elle supérieure ou inférieure à celle qui résulterait de la baisse de 10 % du prix des mangas ?

Pour répondre à ces questions, il nous faudrait une mesure du bien-être de l'ensemble des consommateurs.

4.1 Le surplus des consommateurs

Si un consommateur achète un bien, c'est vraisemblablement parce qu'il en retire une satisfaction plus grande que le coût d'achat de ce bien. Autrement dit, le prix d'achat lui convient, voire est inférieur au prix qu'il était disposé à payer. Nous utilisons cette notion de **disponibilité à payer** pour mesurer le bien-être associé à l'achat d'un bien. La disponibilité à payer est le prix *maximal* qu'un consommateur est prêt à payer pour obtenir le bien.

Définition 7

Le surplus du consommateur (noté S^{C}) est la différence entre le montant maximal qu'il est prêt à payer pour un bien (disponibilité à payer) et le montant qu'il paye réellement compte tenu du prix du bien.

Considérons les préférences de Harry pour les DVD et supposons qu'étant donné son budget, il n'en achètera pas si le prix est supérieur à 30 euros, en achètera un par semaine si le prix est entre 25 et 30 euros, deux s'il est entre 20 et 25 euros, trois s'il est entre 15 et 20 euros et cinq si le prix est inférieur à 10 euros (▶ figure 6.6).

Si le prix est de 12 euros, quel sera le bien-être que retire Harry des 4 DVD qu'il a acheté ?

Harry est prêt à payer son premier DVD 30 euros. Nous pouvons donc considérer que le supplément d'utilité que lui apporte ce premier DVD est équivalent à 30 euros. Il achètera un second DVD si le prix passe sous 25 euros. Ainsi, le supplément d'utilité du deuxième DVD est équivalent à 25 euros. En suivant le même raisonnement, le troisième DVD apporte un supplément d'utilité de 20, le quatrième de 15 et le cinquième de 10.

Si le prix des DVD est 12 euros, Harry achète 4 DVD par semaine. Pour évaluer le bien-être qu'il retire de cet achat, nous pouvons faire la différence, pour chacun des DVD achetés, entre l'équivalent monétaire de l'utilité qu'en retire Harry et le prix qu'il paye réellement. En achetant le premier DVD à 12 euros alors qu'il est prêt à le payer 30, Harry gagne 18 en bien-être. Sa disponibilité à payer le deuxième est de 25 euros et il le paye 12 euros. Il obtient un gain de 13 euros en termes de bien-être. En continuant ainsi, nous pouvons déterminer le surplus de Harry lorsque le prix des DVD est de 12 euros :

$$S^{C}(12) = (30 - 12) + (25 - 12) + (20 - 12) + (15 - 12) = 42$$

Remarquons que ce surplus (représenté dans la figure 6.7) peut aussi s'écrire comme la somme des équivalents monétaires des utilités retirées de chacun des DVD moins la dépense totale pour les 4 DVD achetés.

$$S^{C}(12) = 30 + 25 + 20 + 15 - 4 \times 12 = 42$$

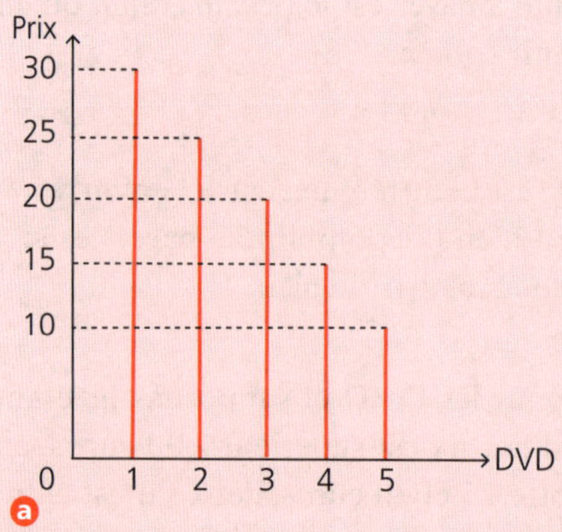

► **Figure 6.6**
Demande de DVD en fonction du prix et surplus du consommateur

ⓐ Harry n'achète pas de DVD si le prix est supérieur à 30 euros, en achète un si le prix est entre 25 et 30 euros, deux s'il est entre 20 et 25 euros, trois s'il est entre 15 et 20 euros et cinq si le prix est inférieur à 10 euros. Sa fonction de demande est en escalier.

ⓑ Pour un prix de 12 euros, le surplus de Harry est représenté par la surface orangée.

Le surplus peut être calculé à partir de la fonction de demande du consommateur pour ce bien sous certaines conditions sur la fonction d'utilité.

Soit un bien en quantité x dont le prix est p. Considérons un deuxième bien, composite, regroupant tous les autres biens dont le prix est unitaire. La quantité de ce bien est nommée M. Nous supposons que la fonction d'utilité du consommateur est séparable par rapport aux biens x et M, et que l'utilité marginale du bien M est constante.

Hypothèse

$$U(x, M) = u(x) + M \text{ avec } u' > 0 \text{ et } u'' < 0$$

Par définition, le surplus du consommateur (S^C) est la différence entre l'utilité qu'il retire de la consommation du bien (correspondant au montant maximal qu'il est prêt à payer pour le bien) et le montant qu'il paye pour le bien. Pour un prix du bien p, nous avons donc :

$$S^C(p) = u(x(p)) - u(0) - px(p)$$

La quantité consommée $x(p)$ est la demande du consommateur pour le bien si son prix est p. Cette demande est solution du programme du consommateur : $\max_x U(x, R - px) = u(x) + R - px$ avec $R - px$, la quantité du bien M si R est le revenu du consommateur.

Nous obtenons $x(p) = u'^{-1}(p)$. La demande pour le bien est ici uniquement fonction de son prix (et non du revenu). En utilisant la fonction de demande inverse

$p = u'(x)$, nous pouvons exprimer le surplus du consommateur pour un prix p étant donné sa fonction d'utilité, u :

$$S^C(p) = \int_0^{x(p)} u'(t)dt - px(p) = \int_p^{x(0)} p(t)dt - px(p)$$

Graphiquement, le surplus est égal à la différence entre la surface sous la fonction de demande de ce bien et la surface correspondant à la dépense pour ce bien.

Le surplus du consommateur est utilisé pour l'évaluation de différentes politiques de taxes et de subventions. Il permet notamment d'identifier les augmentations de prix qui sont les moins « douloureuses » pour les consommateurs et d'évaluer les compensations nécessaires à la suite de variations de prix trop importantes.

Exemples 7

La demande pour un bien est donnée par la fonction $x(p) = 50 - \frac{p}{2}$. Le prix du bien est de 50 euros. Calculons le surplus du consommateur à ce prix et déterminons la variation de surplus qui résulterait d'une augmentation du prix à 60 euros (▶ figures 6.7 a et b). Commençons par déterminer la fonction de demande inverse qui s'écrit simplement $p(x) = 100 - 2x$. La quantité consommée si $p = 50$ est $x(50) = 25$. Le surplus est :

$$S^C(50) = \int_0^{25} (100 - 2t)dt - 50 \times 25 = 625$$

Si maintenant $p = 60$, $x(50) = 20$ et le surplus devient :

$$S^C(60) = \int_0^{20} (100 - 2t)dt - 60 \times 20 = 400$$

La perte de surplus est de $S^C(50) - S^C(60) = 225$.

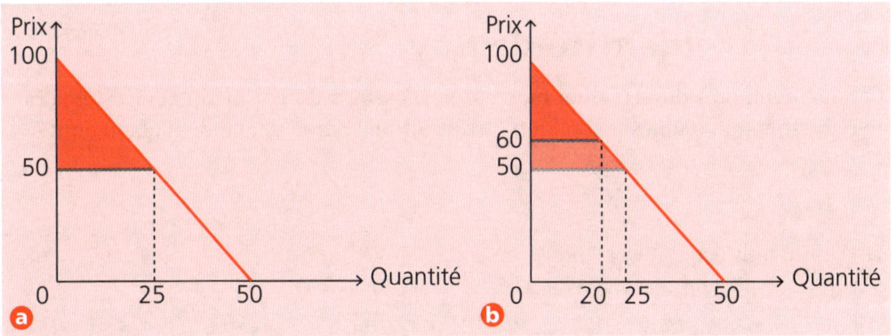

▲ **Figure 6.7 Surplus du consommateur pour $p = 50$ et perte de surplus suite à une augmentation du prix**

a Le surplus du consommateur est égal à la surface comprise entre la droite de demande inverse et la droite $p = 50$ (en orangé).

b Lorsque le prix augmente, le surplus du consommateur diminue car l'écart entre le montant maximal que le consommateur est prêt à payer pour la quantité consommée et le montant qu'il paye réellement se réduit. La perte de surplus est ici en orangé clair.

4.2 Fonction d'utilité indirecte

Nous venons de montrer que si l'utilité marginale du bien composite (correspondant au revenu résiduel) est constante, le surplus du consommateur permet de mesurer le bien-être pour un prix du bien donné. Si l'hypothèse d'utilité linéaire par rapport à M n'est pas vérifiée, l'évaluation du bien-être peut se faire, mais uniquement à partir de la fonction d'utilité indirecte.

Dans le cas de n biens, dont les prix sont $p_1, \ldots, p_n$, la fonction d'utilité indirecte d'un consommateur dont le revenu est R, notée $V(p_1, \ldots, p_n, R)$, indique l'utilité maximale atteinte pour ces prix et ce revenu. L'impact d'une petite variation du prix du bien i sur le bien-être du consommateur peut être directement mesuré par :

$$\frac{\partial V(p_1,\ldots,p_n,R)}{\partial p_i}$$

Le signe de cette expression est négatif d'après la propriété (i) des fonctions d'utilité indirecte (▶ section 2.3). L'augmentation des prix détériore le bien-être. Est-il possible de compenser cette détérioration par une augmentation du revenu ? L'identité de Roy établit une relation entre l'impact d'une variation des prix et du revenu sur le bien-être des consommateurs. Nous en déduisons l'augmentation du revenu nécessaire pour compenser une augmentation des prix.

FOCUS

Identité de Roy

L'impact d'une petite augmentation du prix d'un bien sur le bien-être du consommateur est égal à l'impact d'une petite réduction du revenu sur son bien-être, multiplié par la demande du bien dont le prix a augmenté :

$$\frac{\partial V}{\partial p_i} = -\frac{\partial V}{\partial R} x_i$$

Preuve À partir de l'utilité indirecte, nous avons :

$$\frac{\partial V(p_1,\ldots,p_n,R)}{\partial p_i} = \frac{\partial U}{\partial x_1}\frac{\partial x_1}{\partial p_i} + \ldots + \frac{\partial U}{\partial x_n}\frac{\partial x_n}{\partial p_i}$$

D'après les conditions de premier ordre du programme du consommateur :

i. $\frac{\partial U}{\partial x_i}(x_1,\ldots,x_n) = \lambda p_i$

ii. $p_1 x_1 + \ldots + p_n x_n = R$

En dérivant (ii) par rapport à p_i nous obtenons :

$$p_1 \frac{\partial x_1}{\partial p_i} + \ldots + p_n \frac{\partial x_n}{\partial p_i} = -x_i \quad \text{(iii)}$$

▶▶

(i) et (iii) permettent d'obtenir: $\dfrac{\partial V(p_1,\dots,p_n,R)}{\partial p_i} = -\lambda x_i$ (1)

Dérivons maintenant V par rapport à R: $\dfrac{\partial V(p_1,\dots,p_n,R)}{\partial R} = \dfrac{\partial U}{\partial x_1}\dfrac{\partial x_1}{\partial R} + \dots + \dfrac{\partial U}{\partial x_n}\dfrac{\partial x_n}{\partial R}$ et utilisons (i), il vient que $\dfrac{\partial V(p_1,\dots,p_n,R)}{\partial R} = \lambda\left(p_1\dfrac{\partial x_1}{\partial R} + \dots + p_n\dfrac{\partial x_n}{\partial R}\right)$.

Dérivons maintenant (ii) par rapport à R: $p_1\dfrac{\partial x_1}{\partial R} + \dots + p_n\dfrac{\partial x_n}{\partial R} = 1$ et donc $\dfrac{\partial V(p_1,\dots,p_n,R)}{\partial R} = \lambda$ (iv)

En remplaçant dans (i), nous obtenons l'identité de Roy.

L'identité de Roy a des implications très intuitives. La hausse du prix d'un bien a un impact sur le bien-être d'autant plus important que la consommation de ce bien est grande et que le bien-être est sensible au revenu. On peut ainsi déterminer la hausse de revenu nécessaire pour compenser la hausse d'un prix d'un bien.

FOCUS

Hausse de revenu, hausse des prix et bien-être

L'augmentation de revenu, nécessaire pour compenser une hausse du prix d'un bien, est approximativement égale (pour une variation du prix suffisamment faible) à la hausse du prix, multipliée par la quantité de bien consommée.
Ainsi, si l'augmentation du prix du bien i est notée Δp_i, la variation de revenu ΔR nécessaire pour préserver le bien être du consommateur est $\Delta R = x_i \Delta p_i$.

Preuve Écrivons la différentielle totale de $V(p_1, \dots, p_n, R)$.

$$dV = \frac{\partial V}{\partial p_1}dp_1 + \dots + \frac{\partial V}{\partial p_n}dp_n + \frac{\partial V}{\partial R}dR$$

Pour déterminer la variation de R qui compense une variation de p_i, nous devons poser:
$dp_j = 0$ pour tout $j \neq i$ et $dV = 0$.

Nous obtenons $\dfrac{\partial V}{\partial p_1}dp_1 + \dfrac{\partial V}{\partial R}dR = 0$ d'où $\dfrac{dR}{dp_i} = -\dfrac{\dfrac{\partial V(p_1,\dots,p_n,R)}{\partial p_i}}{\dfrac{\partial V(p_1,\dots,p_n,R)}{\partial R}}$.

D'après l'identité de Roy, $\dfrac{dR}{dp_i} = x_i$, ce qui montre le résultat.

L'avantage de l'approximation précédente est d'utiliser uniquement la demande du bien pour déterminer l'équivalent, en termes de revenu, de la variation de son prix. Néanmoins, cette approche n'est plus utilisable si les variations de prix sont élevées ou si plusieurs prix varient en même temps. Dans ces cas, l'évaluation en termes de revenu d'une variation des prix se fait en utilisant les fonctions d'utilité indirectes. Nous présentons cette approche à l'aide d'un exemple avec deux biens.

Exemple 8

La fonction d'utilité indirecte d'Albus pour les dragées et le nougat (▶ exemple 3) est :

$$V(p_D, p_N, R) = \frac{R}{2\sqrt{p_D}\sqrt{p_N}}$$

Le 1er janvier 2014, les dragées coûtent 20 euros le kilo et le nougat, 40 euros. Le budget sucreries d'Albus est de 100 euros par mois. Le 1er avril 2014, le ministère de la magie décide d'imposer une taxe sur les dragées de 10 euros par kilo, ce qui fait passer son prix à 30 euros. Quel sera l'impact de cette taxe sur le bien-être d'Albus ? L'équivalent, en termes de revenu, de sa perte de bien-être peut être mesuré de deux façons :

- par le revenu R^c qu'il faut donner en plus à Albus le 1er avril pour qu'il conserve le même niveau d'utilité que le 1er janvier.
- par le revenu R^e qu'il aurait fallu retirer à Albus le 1er janvier pour qu'il ait alors le même niveau d'utilité que le 1er avril.

R^c vérifie : $V(20, 40, 100) = V(30, 40, 100 + R^c)$.

R^e vérifie : $V(20, 40, 100 - R^e) = V(30, 40, 100)$.

Nous obtenons $R^c = 22{,}47$ et $R^e = 18{,}35$: les deux mesures de variation du bien-être diffèrent.

R^c est appelée **variation compensatrice du revenu**, alors que R^e est appelée **variation équivalente**. Les deux mesures sont égales lorsque l'utilité marginale du revenu est constante (utilité linaire par rapport au revenu). En dehors de ce cas, elles diffèrent et l'une ou l'autre peut être utilisée suivant les objectifs de l'analyse.

CONTROVERSE

Peut-on mesurer le bien-être associé à un état de santé ?

Les choix de traitements à rembourser en priorité ou les mesures de prévention à financer nécessitent des analyses coût-bénéfice ou coût-efficacité. Si les techniques d'évaluation des coûts sont relativement simples et consensuelles, il n'en est pas de même de l'évaluation des bénéfices ou de l'efficacité. La difficulté vient de la nécessité d'évaluer le bien-être des patients atteint de certaines pathologies ou ayant suivi un certain traitement. Or, ce bien-être est subjectif et multidimensionnel. En effet, si tout le monde préfère être en bonne santé, plutôt que malade, lorsqu'il s'agit de comparer 6 mois de rééducation et de béquilles avec 1 mois à l'hôpital, les avis peuvent diverger. De la même façon, il peut y avoir désaccord sur la pénibilité comparée du diabète ou de l'arthrose par exemple. Le QALY (*Quality Adjusted Life Year*) est une des mesures de l'état de santé la plus utilisée aujourd'hui dans les études médico-économiques. C'est une mesure de la durée de vie ajustée par la qualité proposée par Pliskin, Shepard et Weinstein (1980). Elle consiste à traiter la qualité de vie comme une variable unique définie sur un continuum allant de 0 (l'état « mort ») à 1 (l'état de parfaite santé). On assigne à chaque année de vie humaine le coefficient qui correspond à sa qualité et on évalue un état de santé par la somme actualisée des années de vie ajustées par ces coefficients. Les qualités sont des évaluations subjectives de l'utilité (ou du bien-être) ressenti par les individus dans différentes situations. Ces états de bien-être sont évalués, pour chaque pathologie, ou traitement, par des questionnaires auprès de patients. Le QALY est une mesure qui doit sa popularité à sa simplicité d'utilisation et à son caractère intuitif. Cependant, cette mesure est très critiquée notamment du fait de la réduction de l'état de santé à une dimension unique. ■

Les points **clés**

- → Une relation de préférences, qui vérifie les axiomes de complétude, réflexivité, transitivité, monotonie et continuité, peut être représentée par une fonction dite fonction d'utilité. La fonction d'utilité représentant les préférences d'un consommateur est unique à une transformation croissante près.
- → Les demandes marshalliennes du consommateur maximisent son utilité et vérifient la contrainte budgétaire.
- → Les demandes hicksiennes du consommateur minimisent sa dépense tout en lui garantissant un niveau de revenu donné.
- → Les effets de substitution et de revenu, résultant d'une petite variation du prix d'un bien peuvent être calculés en utilisant l'équation de Slutsky.
- → Le surplus du consommateur permet d'évaluer le bien-être associé à la consommation d'un bien pour un prix donné.

ÉVALUATION

QCM

▶ Corrigés p. 348

1 Laquelle des affirmations suivantes est fausse ?

a. À revenu donné, la multiplication du prix de chaque bien par une constante quelconque ne modifie pas l'ensemble de budget.

b. Un individu avec des préférences qui ne sont pas monotones croissantes peut avoir des courbes d'indifférence à pente négative.

c. Si Ralph a des préférences représentées par $U(x, y) = x^4y$ et Helena des préférences représentées par $V(x, y) = 0.8\ln(x) + 0.2\ln(y)$, alors les deux ont les mêmes préférences.

d. Un individu dont les préférences sont complètes, réflexives, transitives et continues et strictement monotones satisfera toujours, à l'optimum, sa contrainte budgétaire à l'égalité.

2 Vrai ou faux

1. Un bien normal est un bien dont la demande augmente lorsque le prix diminue.

2. Un bien normal est un bien dont la demande est multipliée par 2 lorsque le revenu du consommateur est multiplié par 2.

3. Un bien normal est un bien dont la demande est multipliée par 4 lorsque le revenu du consommateur est multiplié par 2.

4. Tout bien qui n'est pas inférieur est normal.

3 Tom a une fonction d'utilité $U(x,y) = x - \frac{1}{y}$ et dispose d'un revenu de 30.

Nous pouvons en déduire que :

a. le bien y n'est pas désirable pour Tom.

b. si le prix de x est 4 et le prix de y est 1, Tom consommera 2 unités du bien y.

c. Tom ne consommera du bien y que si son prix est inférieur à celui du bien x.

d. Aucune de ces réponses n'est bonne.

4 La fonction d'utilité de Maggie est $U(x, y) = x^2 + 16xy + 64y^2$ où x et y désignent son niveau de consommation de deux biens.

Nous pouvons dire que :

a. Les préférences de Maggie ne sont pas convexes.

b. Les courbes d'indifférence de Maggie sont des droites.

c. Les courbes d'indifférence de Maggie sont des hyperboles.

d. Aucune des précédentes.

Exercices

▶ Corrigés en ligne

5 Unicité des fonctions d'utilité

Les fonctions d'utilité de 6 consommateurs notés de A à F sont données par :
$u^A(x, y) = xy$; $u^B(x, y) = 10xy + 2$;
$u^C(x,y) = xy(1 - xy)$; $u^D(x, y) = (10 - xy)^{-1}$;
$u^E(x,y) = x/y$; $u^F(x,y) = -xy$.
Quels sont les individus qui ont les mêmes préférences ?

6 Fonctions de demande

Soit la fonction d'utilité $U(x, y) = \text{Min}\{x, 2y\}$. Le revenu de Daniel est de 100, le prix du bien 1 est de 1 et le prix du bien 2, de 2.

1. Calculer les quantités x de bien 1 et y de bien 2 que Daniel consommera.

2. Quelle est l'équation de la courbe d'Engel pour le bien 1 ?

3. Les biens 1 et 2 sont-ils normaux ?

4. Quelle est la fonction d'utilité indirecte de Daniel ?

7 Fonctions de demande

Evanna consomme deux biens. Sa fonction d'utilité est $U(x, y) = \text{Min}\{x + 2y, y + 2x\}$

1. Tracez une courbe d'indifférence représentative des préférences de Evanna.

2. Si Evanna choisit de consommer 8 unités du bien 1 et 16 unités du bien 2 lorsque le prix du bien 2 est 0.5, pouvez vous donner le revenu dont elle dispose ?
3. Quelle est la fonction de demande marshallienne de Evanna pour le bien 1 ?
4. Quelle est sa fonction d'utilité indirecte ?

8 Taxation et demande

Emma peut acquérir deux biens *X* et *Y* en quantités notées respectivement *x* et *y*. Ses préférences sont représentables par la fonction d'utilité :

$$U(x, y) = xy$$

Les prix hors taxes des biens *X* et *Y* sont respectivement p_x et p_y. Le revenu d'Emma est *R*.
1. Déterminer la quantité optimale consommée de *X* et de *Y*.
2. L'État impose une taxe sur le bien *X* d'un taux *t*, le bien *Y* n'étant pas taxé. Déterminer la quantité optimale consommée x^* et y^*, ainsi que le montant *T* de taxe collecté.
3. L'État étudie une autre modalité de prélèvement : il laisse les prix à leur niveau hors taxe et prélève directement le même montant sur le revenu. Résoudre dans ce cas le programme d'Emma : on notera x^{**} et y^{**} les solutions obtenues. Comparez les solutions obtenues avec celles du 2) en notant que x^* et y^* satisfont la contrainte budgétaire du deuxième programme.
4. L'État revient à un principe de fiscalité indirecte, mais cette fois-ci, taxe les deux biens au même taux *t'* (calculé de manière à ce que le montant total collecté reste égal à *T*). Le revenu n'est plus imposable. Réécrire le programme d'Emma et déterminer les consommations optimales.
5. Comparez les trois systèmes.

9 Fonction de dépense et demandes marshalliennes

La fonction de dépense de Rupert est donnée par :

$$e\left(p_1, p_2, \overline{U}\right) = \left(\frac{1}{3}p_1 + p_1^{\frac{1}{2}}p_2^{\frac{1}{2}} + \frac{2}{3}p_2\right)\overline{U}$$

Quelles sont les demandes marshalliennes de Rupert ?

10 Fonction d'utilité indirecte

Les préférences de Michael pour les biens *X* et *Y* sont représentables par la fonction d'utilité : $u(x, y) = xy + x$.
1. Déterminez les fonctions de demande marshalliennes de Michael pour les deux biens.
2. Quelles sont les quantités demandées si $p_x = 5$, $p_y = 20$ et $R = 25$?
3. Les biens *X* et *Y* sont-ils normaux ?
4. Quelle est la fonction d'utilité indirecte de Michael ?
5. Michael préfère-t-il la situation où $p_x = 5$, $p_y = 20$ et $R = 25$ ou celle où $p_x = 10$, $p_y = 15$ et $R = 25$?

11 Surplus du consommateur

On s'intéresse à la consommation d'un bien *X*. Des estimations effectuées par l'Insee montrent que la fonction de demande pour le bien en fonction du prix est : $x(p) = 10 - p$. Le Ministère de l'économie s'interroge sur l'impact d'une taxe sur le prix du bien sur le surplus des consommateurs. Le prix actuel du bien est $p = 2$.
1. Déterminez la quantité consommée de bien actuellement et le surplus des consommateurs qui en résulte.
2. Quelle est la perte de surplus qui résulterait d'une taxe qui ferait passer le prix du bien à 3 ?

POUR ALLER PLUS LOIN

L'offre de travail

La théorie de l'utilité et de la demande du consommateur appliquée aux décisions en matière de partage du temps entre travail et loisir permet de mieux comprendre les déterminants des choix des individus, et des ménages, en matière d'offre de travail. Comment le consommateur arbitre-t-il entre travail (comme source de revenu) et loisir (activités gratuites, ne demandant que du temps) ?

Pour connaître la réponse à cette question, rendez-vous sur dunod.com, ou flashez le code ci-dessous.

Chapitre 7

Vous avez décidé de changer de téléphone. Vous avez choisi votre modèle, avez défini votre nouvel abonnement et, au moment de régler votre achat, la vendeuse vous propose de prendre une assurance contre le vol pour 10 euros par mois. Prenez-vous cette assurance ?

Si oui, comment pourriez-vous expliquer votre choix ? Les contrats d'assurance non obligatoires existent car les individus sont prêts à payer pour se protéger contre certains risques. Cependant, tous les individus ne ressentent pas le même besoin de protection et ne sont pas disposés à payer les mêmes montants pour se protéger contre un risque. Leurs choix en matière d'assurance vont dépendre de leur tolérance au risque, de leur revenu, des caractéristiques des risques auxquels ils sont confrontés.

La théorie du choix des consommateurs, que nous avons présentée dans les chapitres précédents, permet de construire un critère de décision en présence de risque et de mieux comprendre les choix dans un tel contexte. Dans ce chapitre, nous présentons ce critère et ses applications aux choix de contrat d'assurance et de portefeuille.

LES GRANDS AUTEURS

John von Neumann (1903-1957)

J. von Neumann est un mathématicien américain d'origine hongroise. Il a participé à l'élaboration de la théorie des ensembles, à la conception de la bombe atomique, et a été le précurseur de l'intelligence artificielle et des sciences cognitives. Il a aussi donné une impulsion décisive au développement de l'informatique en établissant les principes de base de l'architecture des ordinateurs. L'ouvrage *Theory of Games and Economic behavior* que von Neumann écrit avec l'économiste Oscar Morgenstern en 1944, est considéré comme l'un des ouvrages fondateurs de la théorie des jeux et de ses applications en économie. Les auteurs démontrent, entre autres, le théorème de représentation des préférences dans le risque par une espérance d'utilité. ■

Risque et comportement du consommateur

Plan

Prérequis

- **Avoir** des notions de théorie des probabilités : espace probabilisé, variable aléatoire, lois de probabilité, espérance, variance, covariance.
- **Maîtriser** les principaux concepts de la théorie du consommateur : relation de préférence du consommateur, axiomes du consommateur et fonction d'utilité.

Objectifs

- **Définir** les différentes attitudes possibles face au risque : aversion pour le risque, neutralité vis-à-vis du risque, goût pour le risque.
- **Évaluer** par le modèle d'espérance d'utilité une décision dont les conséquences ne sont pas parfaitement connues.
- **Caractériser** l'attitude vis-à-vis du risque d'un individu à partir des propriétés de sa fonction d'utilité.
- **Déterminer** la demande d'assurance des adversaires du risque et l'impact du revenu sur cette demande.
- **Déterminer** la demande d'actifs risqués des adversaires du risque et l'impact du revenu sur cette demande.

1 La représentation des préférences dans le risque

Léia a décidé de travailler pendant l'été comme serveuse dans un restaurant en bord de mer. Elle a répondu à plusieurs offres d'emploi et a reçu deux réponses positives. La première, offre A, est à la Baule, et la seconde, offre B, à Palavas les Flots. Léia sait que sa rémunération, composée d'un montant fixe et de pourboires, va dépendre de la fréquentation du restaurant, influencée essentiellement par le temps météorologique qu'il fera durant la saison. Elle s'est donc renseignée sur les prévisions météorologiques et le salaire qu'elle peut espérer obtenir. Sa rémunération dépendra du nombre de jours de mauvais temps dans le mois. Ce nombre est supérieur à 10 en moyenne une année sur deux à La Baule et une année sur quatre à Palavas les Flots. Mais, les touristes de Palavas les Flots sont bien moins habitués au mauvais temps que ceux de La Baule. La fréquentation des restaurants y chute beaucoup plus. En conséquence, Léia apprend qu'à La Baule, elle touchera 1200 euros s'il y a plus de 10 jours de mauvais temps et 1400 euros dans le cas contraire. À Palavas, elle touchera seulement 700 euros s'il y a plus de 10 jours de mauvais temps, mais 1500 euros sinon.

Quel emploi Léia va-t-elle choisir ? Son choix est difficile car elle n'est pas certaine des conséquences. Si elle savait à l'avance qu'il allait faire beau à la Baule et à Palavas, elle aurait sans hésiter choisi l'emploi à Palavas. De la même façon, en cas de mauvais temps dans les deux stations, elle aurait choisi La Baule. Mais au moment où elle doit décider, Léia ne connaît que les probabilités des différentes rémunérations possibles : elle est face à un problème de décision dans le risque.

Les problèmes de décision peuvent être classés en fonction de la quantité d'information dont disposent les décideurs (consommateurs, producteurs ou autorités publiques) sur les conséquences des différentes décisions possibles.

Définition 1

Dans un problème de décision, l'**univers** est :

- **certain** lorsque toute décision n'a qu'une seule conséquence possible ;
- **risqué** (ou d'incertitude probabilisée) lorsqu'au moins une des décisions possibles a plusieurs conséquences possibles et que les probabilités de réalisation sont connues ;
- **incertain** (ou d'incertitude non probabilisée) lorsqu'au moins une des décisions possibles a plusieurs conséquences possibles et que les probabilités ne sont que partiellement connues (par exemple, seul un intervalle de probabilité est donné) ;

- **avec contingences non anticipées** lorsque pour au moins une des décisions possibles, l'ensemble des conséquences n'est pas parfaitement connu (des conséquences non prévues sont possibles).

La distinction entre situations de risque et d'incertitude non probabilisée est due à Knight (1921). Les situations de choix avec contingences non anticipées ont été étudiées notamment par Kreps (1992). Dans ce manuel, nous nous concentrons sur les choix en univers risqué[1].

Une décision en univers risqué est caractérisée par un ensemble de conséquences, souvent monétaires, et des probabilités associées à chacune de ces conséquences qui mesurent les chances que cette conséquence a de se réaliser. Les probabilités des conséquences sont directement déduites des probabilités des événements associés. Ainsi, si MT_B est l'événement « plus de 10 jours de mauvais temps à la Baule en juillet » et $P(1\,200)$, la probabilité de recevoir 1 200 euros en travaillant à la Baule, nous avons $P(1\,200) = P(MT_B) = 1/2$. En effet, Léia recevra 1 200 euros si l'état de la nature MT_B se réalise.

Il est possible de décrire les problèmes de décisions en univers risqué en utilisant les concepts de la théorie des probabilités.

FOCUS

Problème de décision en univers risqué

Les données d'un problème de décision en univers risqué comportent les éléments suivants :

- Un ensemble d'états de la nature, noté S et un ensemble de parties de S, noté $\mathcal{A}$ qui a les propriétés d'une σ-algèbre.
- Une mesure de probabilité, notée $\boldsymbol{P}$, sur $(S, \mathcal{A})$.
- Un ensemble de conséquences, supposées monétaires et représentant un sous-ensemble de $\mathbb{R}$, noté C.
- Un ensemble de décisions, noté $\mathcal{X}$. À chaque décision est associée une variable aléatoire qui, à chaque état de la nature, associe une conséquence.

Dans ce cadre, à chaque décision peut être associée une variable aléatoire qui, à chaque état de la nature, associe une conséquence. Il est, aussi, possible d'associer à chaque décision, une loi de probabilité. Cette dernière associe, à chaque conséquence d'une décision, la probabilité d'obtenir cette conséquence avec la décision prise.

Dans ce chapitre, nous ferons l'hypothèse d'un nombre fini de conséquences. L'ensemble des lois de probabilité (appelées loteries dans ce cas) sera noté **L**.

1 Nous renvoyons le lecteur intéressé par les modèles de choix dans l'incertain non probabilisé à Etner, Jeleva, Tallon (2012).

Représentons maintenant le problème de choix en univers risqué de Léia. Notons que l'ensemble des états de la nature comporte la liste de tous les états de la nature (événements élémentaires) possibles, dont un seul se réalisera. L'événement « plus de 10 jours de mauvais temps à la Baule en juillet » n'est pas un événement élémentaire. Les événements élémentaires sont obtenus en spécifiant le temps à La Baule **et** à Palavas les Flots.

Pour le problème considéré ici, l'ensemble S des états de la nature est donc : $S = \{MT_B \cap MT_P, MT_B \cap BT_P, BT_B \cap MT_P, BT_B \cap BT_P\}$, avec MT_B représentant un mauvais temps à La Baule, BT_B le beau temps, MT_P un mauvais temps à Palavas les Flots et BT_P le beau temps.

Nous supposons, pour simplifier, que La Baule et Palavas sont suffisamment éloignées pour que leurs conditions météorologiques soient indépendantes. Léia sait que $P(MT_B) = 0{,}5$ et $P(MT_P) = 0{,}25$. D'après la théorie des probabilités, si les événements E et F sont indépendants, alors $P(E \cap F) = P(E) \times P(F)$. En conséquence, la mesure de probabilité, $\boldsymbol{P}$, est donnée par : $P(MT_B \cap MT_P) = 1/8$, $P(BT_B \cap MT_P) = 1/8$, $P(MT_B \cap BT_P) = 3/8$ et $P(BT_B \cap BT_P) = 3/8$.

L'ensemble des conséquences C est donné par $C = \{700, 1\,200, 1\,400, 1\,500\}$

L'ensemble des décisions X est donné par $X = \{A, B\}$ où A correspond à la décision {choisir l'emploi à la Baule} et B {choisir l'emploi à Palavas}.

Les valeurs des variables aléatoires associées à ces deux décisions sont données dans le tableau 7.1.

	$MT_B \cap MT_P$	$MT_B \cap BT_P$	$BT_B \cap MT_P$	$BT_B \cap BT_P$
A	1 200	1 200	1 400	1 400
B	700	1 500	700	1 500

▲ **Tableau 7.1 Variables aléatoires associées aux deux décisions possibles de Léia**

$\mathbf{L} = \{P_A, P_B\}$ avec $P_i : C \rightarrow [0, 1]$, $i = A, B$

Les valeurs des deux lois de probabilités sont données dans le tableau 7.2.

	700	1 200	1 400	1 500
P_A	0	1/2	1/2	0
P_B	1/4	0	0	3/4

▲ **Tableau 7.2 Lois de probabilités associées aux deux décisions possibles de Léia**

Notation

Soit P_X la loi de probabilité associée à une décision X telle que $P_X(x_i) = p_i$, $i = 1, \ldots, n$. Pour alléger les notations et résumer facilement l'ensemble des caractéristiques d'une décision, nous noterons $P_X = (x_1, p_1 ; x_2, p_2 ; \ldots ; x_n, p_n)$.

1.1 Attitudes vis-à-vis du risque

La présence de risque rend les choix plus complexes à étudier. Les individus peuvent intégrer le risque dans la prise de décision de différentes façons. Généralement, les économistes considèrent que les consommateurs ont de l'aversion pour le risque. Qu'est ce que cela signifie ? Intuitivement, un individu n'aime pas le risque s'il préfère une situation ne comportant aucun risque (dans laquelle les conséquences de ces décisions sont parfaitement connues) à une situation risquée (dans laquelle il ne connaît pas les conséquences de ses décisions). Cependant, certaines situations risquées peuvent permettre des gains toujours plus élevés qu'une situation sans risque. Par exemple, si nous avons la possibilité de jouer gratuitement à un jeu de pile ou face nous permettant de gagner 100 euros si la pièce tombe sur pile et 50 euros sinon, nous accepterons toujours de jouer que nous aimions ou non les situations risquées.

Une définition de l'aversion pour le risque nécessite de considérer le choix d'un individu entre une situation risquée et une situation sans risque « comparable ». Mais, que signifie une situation comparable ? Le plus simple, et intuitif, est de considérer que deux situations sont comparables si elles sont caractérisées par un gain moyen identique. Le gain moyen est obtenu en prenant l'espérance mathématique de la variable aléatoire correspondant à la décision risquée.

Définition 2

Attitude vis-à-vis du risque

- Un individu a de l'**aversion pour le risque**[1] si, à toute décision comportant du risque, il préfère la décision sans risque dont le gain (unique) est égal à l'espérance de gain de la décision risquée.
- Un individu est **neutre vis-à-vis du risque** si, pour toute décision comportant du risque, il est indifférent entre cette décision et la décision sans risque dont le gain (unique) est égal à l'espérance de gain de la décision risquée.

1 L'aversion pour le risque peut également se définir par de l'aversion à un accroissement de risque. Cette définition est appelée « aversion forte pour le risque » par opposition à l'aversion « faible » que nous définissons ici. Les lecteurs intéressés peuvent se référer à Cohen, Tallon (2000).

- Un individu a du **goût pour le risque** s'il préfère toute décision comportant du risque à la décision sans risque dont le gain (unique) est égal à l'espérance de gain de la décision risquée.

Formulation mathématique : Soit une situation risquée représentée par la variable aléatoire X. Nous noterons directement $E(X)$, la variable aléatoire dont la conséquence unique est l'espérance de gain de X. Un individu dont les préférences sont $\succcurlyeq$[1] :

- est adversaire du risque si, pour tout $X \in \mathcal{X}$, $E(X) \succcurlyeq X$;
- est neutre au risque si, pour tout $X \in \mathcal{X}$, $E(X) \sim X$;
- a du goût pour le risque si, pour tout $X \in \mathcal{X}$, $X \succcurlyeq E(X)$.

La définition précedente nous permet d'identifier les individus comme « adversaires du risque », « aimant le risque », ou « neutres ».

L'intensité de l'aversion ou du goût pour le risque peut être mesurée grâce aux concepts d'équivalent certain et de prime de risque que nous allons maintenant définir.

Définition 3

Équivalent certain

L'équivalent certain d'une décision risquée est la richesse certaine qui rend le décideur indifférent entre obtenir la décision risquée et obtenir cette richesse certaine.

Formulation mathématique : Soit $X \in \mathcal{X}$, une décision risquée. L'équivalent certain de X est un nombre, noté $C_E(X)$, tel que $C_E(X) \sim X$.

Pour une même décision risquée, deux individus n'auront pas forcément le même équivalent certain puisqu'il dépend des préférences individuelles. Plus précisément, il existe un lien étroit entre sa valeur et l'attitude dans le risque.

L'équivalent certain d'un individu adversaire du risque est inférieur à l'espérance de gain de la décision associée. Cela signifie que cet individu serait prêt à échanger sa situation risquée contre une situation certaine lui permettant d'obtenir un gain inférieur au gain moyen. Il serait donc prêt à payer pour se retrouver dans une situation certaine. La prime de risque mesure la disponibilité à payer d'un individu pour éliminer un risque et obtenir une situation certaine. Elle permet également de comparer l'attitude vis-à-vis du risque de deux décideurs.

1 Nous supposons ici que les individus sont capables de comparer toutes les décisions possibles. Les propriétés de leurs relations de préférence sont présentées et discutées section 1.2.1.

Définition 4

Prime de risque

La prime de risque mesure le montant maximal qu'un décideur est prêt à payer pour échanger une décision risquée X contre une décision lui donnant le montant $E(X)$ avec certitude.

Formulation mathématique: Soit X une décision risquée. La prime de risque Π_X est le montant certain tel que la loterie certaine procurant $E(X) - \Pi_X$ est équivalente à la loterie risquée X: $\mathrm{E}(\mathrm{X}) - \Pi_X \sim X$.

1.2 Le modèle d'espérance d'utilité

La construction d'un critère de choix dans un ensemble de décisions dans le risque nécessite tout d'abord d'identifier les points communs et les différences entre ce problème de décision et le problème classique de choix du consommateur dans le certain. Dans ce dernier cas, l'ensemble de choix du consommateur est composé de paniers de biens. S'il choisit un panier, il est sûr d'avoir les quantités de chaque bien contenues dans ce panier. Nous avons vu que le décideur est supposé capable de comparer chaque couple de paniers et que ses goûts peuvent se traduire par une relation de préférence. Si cette relation de préférence vérifie un certain nombre de propriétés (axiomes), elle peut être représentée par une fonction d'utilité qui, à chaque panier, associe une valeur numérique, compatible avec l'ordre de préférence des paniers (▶ chapitre 6). Dans le risque, les paniers de biens ne sont plus « certains ». Dans ce cas, l'ensemble de choix d'un individu est composé de décisions, remplaçant les paniers dans le certain, pouvant être représentées par des variables aléatoires ou par des loteries.

1.2.1 Préférences dans le risque et fonction d'utilité

À chaque décision sont associées, une ou plusieurs conséquences monétaires[1]. Contrairement au choix classique du consommateur, si une décision est choisie, le consommateur ne sait pas à l'avance quel montant monétaire il aura. Seules les vraisemblances (mesurées par des probabilités) de ces montants sont connues. Nous supposons que l'individu est capable de comparer chaque couple de décisions ou chaque couple de variables aléatoires. Nous allons procéder de manière similaire au cas d'un univers certain. Autrement dit, nous allons introduire des axiomes sur la relation de préférence sur les décisions. Tout d'abord, nous supposons que la

1 Nous travaillons avec des conséquences monétaires dans ce chapitre. Néanmoins, la représentation des préférences dans le risque peut s'étendre à des conséquences non monétaires.

relation de préférence du décideur vérifie les mêmes propriétés que dans la théorie du consommateur. Ainsi, nous pouvons montrer qu'elle peut être représentée par une fonction, unique à une transformation croissante près. Un axiome supplémentaire, spécifique au contexte de décision dans le risque, permet de donner une forme plus précise à la fonction d'utilité représentant ces préférences.

Supposons qu'un individu classe dans le risque les différentes décisions possibles à l'aide d'une relation de préférences notée $\succcurlyeq$. Rappelons qu'il est possible, à chaque décision, d'associer une variable aléatoire et une loi de probabilité. En supposant que la variable aléatoire et la loi de probabilité associée contiennent toutes les informations relatives à la décision considérée, nous faisons l'hypothèse dite « de neutralité ».

Hypothèse de neutralité (HN)

Deux décisions induisant les mêmes variables aléatoires et les mêmes lois de probabilité sont considérées comme équivalentes et tout individu est indifférent entre elles.

Cette hypothèse permet de construire de façon naturelle une relation de préférence sur l'ensemble des lois de probabilité à partir des préférences sur les décisions. Nous utilisons, dans la suite, uniquement la relation de préférences $\succcurlyeq$ sur l'ensemble des lois de probabilités **L**.

Avant de présenter les axiomes garantissant l'existence d'une fonction représentant les préférences dans le risque, nous avons besoin de définir le concept de combinaison convexe (ou de mélange) de deux lois.

Définition 5

Combinaison convexe de deux lois de probabilité

La combinaison convexe de deux lois de probabilité est une loi de probabilité qui, à chaque conséquence, associe une probabilité égale à la somme pondérée des probabilités de cette conséquence pour chacune des deux lois initiales.

Formulation mathématique: Soient $P_X, P_Y \in \mathbf{L}$ et $a \in [0, 1]$.

La combinaison convexe de P_X et P_Y de coefficient a est une loi de probabilité, notée $aP_X + (1 - a)P_Y$, telle que, pour tout $x \in C$,

$$(a\,P_X + (1 - a)P_Y)(x) = a\,P_X(x) + (1 - a)P_Y(x)$$

Reprenons notre exemple. Supposons que Léia a également la possibilité d'effectuer un stage en entreprise durant l'été. Elle a une chance sur deux de trouver un stage. Dans ce cas, elle décide d'accepter le stage et de ne pas travailler dans un restaurant. La rémunération du stage est également aléatoire. Léia sait qu'elle peut être rémunérée 600 euros avec une chance sur trois ou 900 euros avec deux chances sur trois. La loi de probabilité qui correspond à la rémunération du stage, notée P_C, s'écrit donc : $P_C = (600, 1/3 ; 900, 2/3)$.

La réponse de Léia quant aux emplois d'été doit être envoyée aux employeurs avant qu'elle ne sache si elle obtient un stage ou non.

En prenant en compte la possibilité de trouver un stage et les caractéristiques de ce stage, ses décisions sont désormais décrites, non plus par P_A et P_B, mais par $\frac{1}{2}P_A + \frac{1}{2}P_C$ (avec 1 chance sur 2, Léia accepte l'emploi à La Baule et avec 1 chance sur 2, elle part en stage) et $\frac{1}{2}P_B + \frac{1}{2}P_C$ (avec une chance sur deux, Léia accepte l'emploi à Palavas et avec 1 chance sur 2, elle part en stage) (valeurs données dans le tableau 7.3).

Attention ! Il ne faut pas confondre combinaison convexe de lois et somme pondérée de variables aléatoires.

	600	1 200	1 400
$\frac{1}{2}P_A + \frac{1}{2}P_C$	$\frac{1}{2} \times \frac{1}{3} = \frac{1}{6}$	$\frac{1}{2} \times \frac{1}{2} + \frac{1}{2} \times \frac{2}{3} = \frac{7}{12}$	$\frac{1}{2} \times \frac{1}{2} = \frac{1}{4}$

	600	700	1 200	1 500
$\frac{1}{2}P_B + \frac{1}{2}P_C$	$\frac{1}{2} \times \frac{1}{3} = \frac{1}{6}$	$\frac{1}{2} \times \frac{1}{4} = \frac{1}{8}$	$\frac{1}{2} \times \frac{2}{3} = \frac{1}{3}$	$\frac{1}{2} \times \frac{3}{4} = \frac{3}{8}$

◄ **Tableau 7.3 Combinaisons convexes de deux lois de probabilité**

Les axiomes suivants sont la transposition, dans un problème de décision dans le risque, des axiomes du consommateur, présentés dans le chapitre 5.

La relation de préférence $\succcurlyeq$ est définie sur l'ensemble **L** des distributions de probabilité associées aux décisions possibles.

- **Axiome 1. Pré-ordre total** : la relation de préférence, $\succcurlyeq$, est **complète, réflexive et transitive**.
- **Axiome 2. Continuité** : la relation de préférence, $\succcurlyeq$, est telle que : pour tous $P_X, P_Y, P_Z \in \mathbf{L}$ tels que $P_X \succcurlyeq P_Y \succcurlyeq P_Z$, il existent $a, b \in]0,1[$ tels que : $aP_X + (1-a)P_Z \succcurlyeq P_Y \succcurlyeq bP_X + (1-b)P_Z$.
- **Axiome 3. Monotonie** : la relation de préférence, $\succcurlyeq$ vérifie : pour tous $P_X, P_Y \in \mathbf{L}$, tels que $P_X(c_X) = 1$ et $P_Y(c_Y) = 1$, $c_X, c_Y \in C$ $P_X \succcurlyeq P_Y \Leftrightarrow c_X \geq c_Y$.

Ces trois axiomes, transposés directement de la théorie du consommateur, garantissent la représentation des préférences dans **L** par une fonction d'utilité U croissante et unique à une transformation croissante près.

L'axiome suivant permet de préciser la forme de la fonction U en univers risqué. Il garantit la séparabilité de U par rapport aux différentes conséquences et sa linéarité par rapport aux probabilités. Commençons par justifier la séparabilité. Une seule des conséquences se réalisera, l'utilité marginale de chaque conséquence ne doit donc dépendre que de la richesse initiale et de la probabilité de cette conséquence et non pas des autres conséquences. Concernant la linéarité en probabilité, elle vient du fait qu'il est supposé que chaque conséquence a un certain poids, dans le critère de décision, et que ce poids est exactement égal à sa probabilité. Toute perception « subjective » des probabilités est donc exclue du modèle[1].

- **Axiome 4. Indépendance** : la relation de préférence, $\succcurlyeq$, vérifie :
  pour tous $P_X, P_Y, P_Z \in \mathbf{L}$ et tout $\alpha \in [0,1]$:
  $P_X \succcurlyeq P_Y \Leftrightarrow \alpha P_X + (1-\alpha)P_Z \succcurlyeq \alpha P_Y + (1-\alpha)P_Z$.

Ce dernier axiome signifie que le choix entre X et Y n'est pas influencé (est indépendant) par une autre perspective Z qui peut se réaliser avec une probabilité $1-\alpha$.

D'après cet axiome, si Léia préfère l'emploi A à l'emploi B, elle continuera à préférer A à B, lorsqu'elle prendra en compte la possibilité de trouver un stage.

Plus précisément, si on note $\succcurlyeq_L$ la relation de préférence de Léia, nous aurons :

$$P_A \succcurlyeq_L P_B \Leftrightarrow 0{,}5P_A + 0{,}5P_C \succcurlyeq_L 0{,}5P_B + 0{,}5P_C$$

FOCUS

Théorème de von Neumann-Morgenstern (1944)

Si les préférences $\succcurlyeq$ d'un consommateur dans un ensemble de décisions comportant du risque vérifient les axiomes de pré-ordre total, de continuité, de monotonie et d'indépendance, alors il existe une fonction d'utilité $u : C \to \mathbb{R}$ telle que, la fonction U représentant les préférences $\succcurlyeq$ s'écrit, pour tout $P_X \in \mathbf{L}$, tel que $P_X = (x_1, p_1 ; x_2, p_2 ; \ldots ; x_n, p_n)$:

$$U(P_X) = p_1 u(x_1) + \ldots + p_n u(x_n) = Eu(X)$$

avec u fonction croissante et continue, et $E(.)$ représentant l'espérance mathématique.
La fonction u est unique à une transformation affine croissante près, c'est-à-dire que pour tout $a, b \in \mathbb{R}$ avec $a > 0$, la fonction $v = au + b$ représente les mêmes préférences.

Dans tout ce chapitre, nous supposons que la fonction u est deux fois continûment dérivable.

1 Cette hypothèse a été critiquée, notamment par Allais (1954) et Kahnemann, Tversky (1979). Voir controverse, p. 175.

Une décision dans le risque peut donc être évaluée par l'espérance mathématique de ses conséquences, transformées par une fonction d'utilité. Cette fonction d'utilité résume les goûts des individus et notamment leur tolérance au risque.

Nous dirons d'un décideur dont la relation de préférences vérifie les axiomes du théorème de von Neumann et Morgenstern que ses préférences sont représentées par le modèle d'« **espérance d'utilité** ».

Remarques

- U est linéaire par rapport aux probabilités : $U(\alpha P_X + (1 - \alpha)P_Y) = \alpha U(P_X) + (1 - \alpha)U(P_Y)$ pour tout $\alpha \in [0,1]$.
- Si $u(x) = x$, la valeur associée à une décision est l'espérance mathématique de ses conséquences : $U(P_X) = p_1x_1 + \ldots + p_nx_n = E(X)$.
- Dans le cas où l'ensemble des conséquences des décisions n'est pas fini, les décisions peuvent être caractérisées par les fonctions de répartition des variables aléatoires qui leur sont associées. Dans ce cas, pour une fonction de densité f_X,

$$U(X) = \int_C u(x) f_X(x)\,dx$$

Revenons aux choix initiaux de Léia et supposons que la fonction d'utilité qui représente ses goûts soit $u(x) = x^{0,5}$. La valeur associée à ses décisions est :

$$U(A) = \frac{1}{2}u(1200) + \frac{1}{2}u(1400) = \frac{1}{2}\sqrt{1200} + \frac{1}{2}\sqrt{1400} = 36{,}03$$

$$U(B) = \frac{1}{4}u(700) + \frac{3}{4}u(1500) = \frac{1}{4}\sqrt{700} + \frac{3}{4}\sqrt{1500} = 35{,}66$$

Elle choisira alors l'emploi à la Baule car $U(A) > U(B)$.

Supposons qu'elle fasse appel à son frère, Luke, pour prendre la décision à sa place. La fonction d'utilité représentant les goûts de Luke est $u(x) = x$. Les valeurs associées aux deux décisions sont alors :

$$U(A) = \frac{1}{2}1200 + \frac{1}{2}1400 = 1300$$

$$U(B) = \frac{1}{4}700 + \frac{3}{4}1500 = 1300$$

Luke a du mal à conseiller Léia car les deux décisions sont équivalentes pour lui, à la place de Léia, il serait indifférent entre les deux emplois d'été.

1.2.2 Caractérisation de l'attitude vis-à-vis du risque dans le modèle d'espérance d'utilité

La définition 2 de l'attitude vis-à-vis du risque peut être transposée dans le modèle d'espérance d'utilité.

FOCUS

Attitude vis-à-vis du risque dans le modèle d'espérance d'utilité

Un décideur dont les préférences sont représentées par le modèle d'espérance d'utilité et dont la fonction d'utilité est u :

- est adversaire du risque si pour tout X, $u(EX) \geq Eu(X)$;
- est neutre au risque si pour tout X, $u(EX) = Eu(X)$;
- a du goût pour le risque si pour tout X, $u(EX) \leq Eu(X)$.

Il est possible de préciser la forme des fonctions d'utilité selon l'attitude vis-à-vis du risque.

- Un individu est adversaire du risque si et seulement si sa fonction d'utilité est concave ($u''(x) \leq 0$ pour tout $x \in C$)
- Un individu est neutre au risque si et seulement si sa fonction d'utilité est linéaire ($u''(x) = 0$ pour tout $x \in C$)
- Un individu a du goût pour le risque si et seulement si sa fonction d'utilité est convexe ($u''(x) \geq 0$ pour tout $x \in C$).

Preuve D'après l'inégalité de Jensen ❷, on peut relier directement la définition de l'aversion au risque et la courbure de la fonction d'utilité.

Revenons aux concepts d'équivalent certain (▶ définition 3) et prime de risque (▶ définition 4). Sans faire référence à la fonction d'utilité, nous pouvons établir les propriétés suivantes.

FOCUS

Équivalent certain et attitude vis-à-vis du risque

Si un décideur est adversaire du risque, $C_E(X) \leq E(X)$ pour tout X.
Si un décideur est neutre vis-à-vis du risque, $C_E(X) = E(X)$ pour tout X.
Si un décideur a du goût pour le risque, $C_E(X) \geq E(X)$ pour tout X.

Preuve Considérons un adversaire du risque et une décision X. D'après la définition 2, $E(X) \succcurlyeq X$. La définition de l'équivalent certain implique que $X \sim C_E(X)$. Par l'axiome de transitivité, il vient que $E(X) \succcurlyeq C_E(X)$. Comme $E(X)$ et $C_E(X)$ sont des nombres réels, par l'axiome de monotonie, nous avons $E(X) \geq C_E(X)$.
Les preuves des relations suivantes s'obtiennent de façon similaire.

FOCUS

Prime de risque et équivalent certain

La prime de risque est égale à la différence entre l'espérance de gain associée à une décision et son équivalent certain :

$$\Pi_X = E(X) - C_E(X)$$

Preuve Par définition, pour une décision X, $E(X) - \Pi_X \sim X$. Comme $X \sim C_E(X)$, par l'axiome de transitivité, il vient que $E(X) - \Pi_X \sim C_E(X)$. Par l'axiome de monotonie, nous déduisons que $E(X) - \Pi_X = C_E(X)$.

Dans le modèle d'espérance d'utilité, pour un décideur dont la fonction d'utilité est u, $C_E(X)$ est tel que $u(C_E(X)) = Eu(X)$

Exemple 1

Quel serait le salaire fixe équivalent pour Léia au salaire variable de la Baule ? Ce salaire, $C_E(A)$, doit être tel que Léia est indifférente entre l'emploi à La Baule ou ce salaire certain pour un travail identique. Si sa fonction d'utilité est $u(x) = x^{0,5}$, cet équivalent certain de l'emploi à La Baule vérifie :
$C_E(A) = Eu(A) = 0,5u(1\,200) + 0,5u(1\,400)$ ou $\sqrt{C_E(A)} = \frac{1}{2}\sqrt{1200} + \frac{1}{2}\sqrt{1400}$ et donc $C_E(A) = 1\,298$.
En effet, si Léia reçoit de façon sûre $C_E(A)$, elle en retire une satisfaction $u(C_E(A))$ qui doit être égale à la satisfaction de l'emploi à La Baule représentée par $Eu(A)$. Cet équivalent certain peut être obtenu graphiquement (▶ figure 7.1).

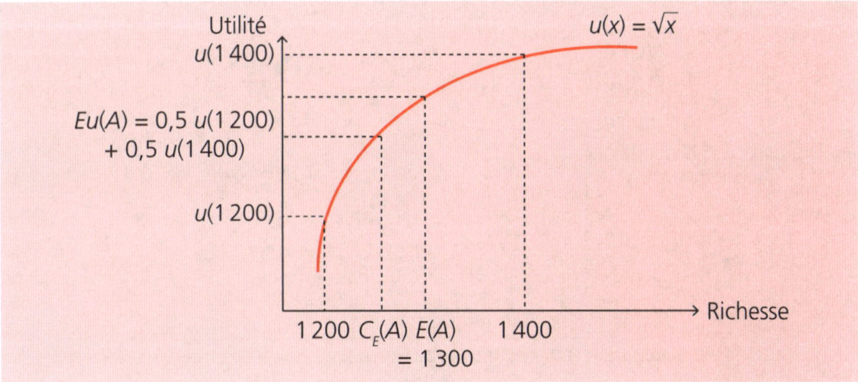

▲ **Figure 7.1 Équivalent certain d'une décision risquée**

Pour trouver l'équivalent certain de A, nous cherchons l'abscisse du point sur la courbe de la fonction d'utilité dont l'ordonnée est égale à $Eu(A) = 36,03$. Nous constatons que $C_E(A)$ est inférieur à $E(A) = 1\,300$.

Dans le modèle d'espérance d'utilité, pour un décideur dont la fonction d'utilité est u, Π_X est tel que : $u(E(X) - \Pi_X) = Eu(X)$.

Nous pouvons déduire directement de ce résultat une relation intuitive entre le signe de la prime de risque et l'attitude vis-à-vis du risque. La caractérisation de l'attitude vis-à-vis du risque à partir de la fonction d'utilité, de l'équivalent certain et de la prime de risque est résumée dans le tableau 7.4.

Défintion	Utilité espérée	Propriétés de u	$C_E(X)$	Π_x
Aversion pour le risque	$u(E(X)) \geq Eu(X)$	concave, $u'' \leq 0$	$C_E(X) \leq E(X)$	$\Pi_X \geq 0$
Neutralité vis-à-vis du risque	$u(E(X)) = Eu(X)$	linéaire, $u'' = 0$	$C_E(X) = E(X)$	$\Pi_X = 0$
Goût pour le risque	$Eu(X) \geq u(E(X))$	convexe, $u'' \geq 0$	$C_E(X) \geq E(X)$	$\Pi_X \leq 0$

▲ **Tableau 7.4 Différentes caractérisations de l'attitude vis-à-vis du risque dans le modèle d'espérance d'utilité**

Exemple 2

Calculons la prime de risque Π_A de Léia correspondant à l'emploi à la Baule (▶ figure 7.2). Nous pouvons procéder de deux manières.

– Soit nous utilisons la définition :

$u(E(A) - \Pi_A) = Eu(A)$ et donc $\sqrt{1300 - \Pi_A} = \frac{1}{2}\sqrt{1200} + \frac{1}{2}\sqrt{1400}$ ce qui donne $\Pi_A = 2$.

– Soit nous utilisons l'équivalent certain $C_E(A) : \Pi_A = E(A) - C_E(A) = 1300 - 1298 = 2$.

Léia a de l'aversion pour le risque puisque sa prime de risque est positive.

Han, l'ami de Léia, a une fonction d'utilité $v(x) = x^2$. Quelle serait sa prime de risque s'il était confronté aux mêmes décisions que Léia ? Un rapide calcul nous permet d'écrire que sa prime de risque serait d'environ $-255 < 0$. Han a du goût pour le risque, ce qui se traduit par une prime négative et une fonction d'utilité convexe (▶ figure 7.3).

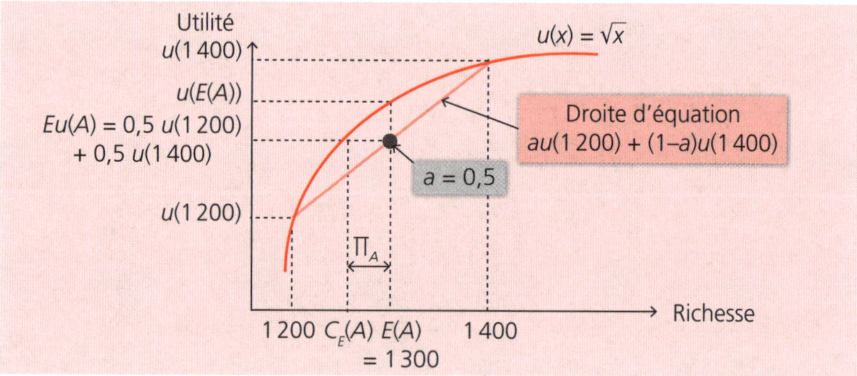

▲ **Figure 7.2 Prime de risque et équivalent certain pour un adversaire du risque**

Lorsque la fonction d'utilité est concave, la droite d'équation $a\,u(1\,200)+(1-a)u(1\,400)$ est au-dessous de la courbe de la fonction d'utilité, l'équivalent certain est inférieur à l'espérance de gain et la prime de risque est positive.

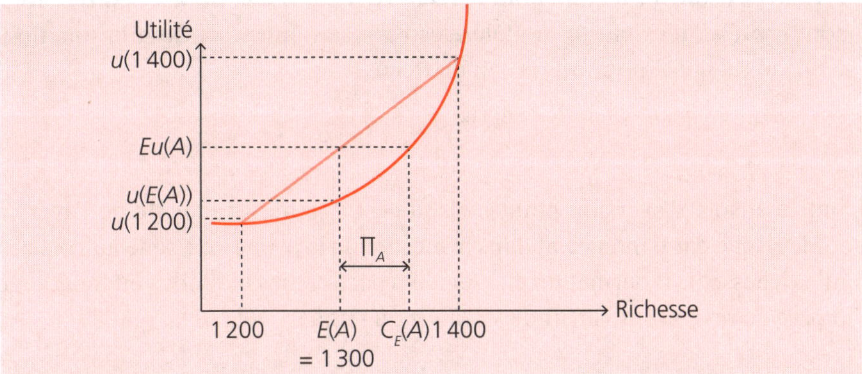

▲ **Figure 7.3 Prime de risque et équivalent certain pour un individu ayant du goût pour le risque**

Lorsque la fonction d'utilité est convexe, la droite d'équation $au(1\,200)+(1\text{-}a)u(1\,400)$ est au-dessus de la courbe de la fonction d'utilité, l'équivalent certain est supérieur à l'espérance de gain et la prime de risque est négative.

La prime de risque permet de comparer l'attitude vis-à-vis du risque de deux décideurs à partir de leurs fonctions d'utilité. Nous pouvons obtenir une valeur approchée de la prime de risque qui précisera cette comparaison.

FOCUS

Approximation de la prime de prime de risque

Soit un décideur ayant une richesse initiale w qui fait face à un risque caractérisé par une variable ε telle que $E(\varepsilon) = 0$ et $\text{Var}(\varepsilon) = \sigma^2$.
La prime de risque Π telle que $Eu(w + \varepsilon) = u(w - \Pi)$ peut s'écrire, par approximation : $\Pi \approx -\dfrac{\sigma_\varepsilon^2}{2}\dfrac{u''(w)}{u'(w)}$
Pour la preuve, voir Eeckhoudt, Gollier, Schlesinger (2005).

L'approximation de la prime de risque permet d'identifier deux parties bien distinctes :

- une partie « objective », qui dépend des caractéristiques objectives du risque ε : $\dfrac{\sigma_\varepsilon^2}{2}$;
- une partie « subjective » qui dépend des préférences du décideur, représentée par la fonction u, $-\dfrac{u''(w)}{u'(w)}$.

La partie subjective de la prime de risque indique le niveau d'aversion pour le risque du décideur. Plus l'individu présentera de l'aversion pour le risque (utilité concave), plus la valeur de cette expression sera grande.

Définition 6

L'indice absolu d'aversion pour le risque d'un décideur dont les préférences sont représentées par le modèle d'espérance d'utilité et dont la fonction d'utilité est u est, pour un niveau de richesse w :

$$A_u(w) = -\frac{u''(w)}{u'(w)}$$

L'indice absolu d'aversion pour le risque est une mesure **locale** de l'aversion pour le risque car il intervient dans la mesure de la prime de risque au voisinage d'une richesse w. Il permet un classement (partiel) des individus en fonction de l'impact du revenu sur l'attitude vis-à-vis du risque.

Définition 7

Soit un individu dont les préférences dans le risque sont représentées par le modèle d'espérance d'utilité et dont la fonction d'utilité est u. Nous dirons que la fonction d'utilité u est :

- à indice absolu d'aversion pour le risque décroissant (DARA, *Decreasing Absolute Risk Aversion*) si $\frac{dA_u(w)}{dw} < 0$ pour tout w.
- à indice absolu d'aversion pour le risque constant (CARA, *Constant Absolute Risk Aversion*) si $\frac{dA_u(w)}{dw} = 0$ pour tout w.
- à indice absolu d'aversion pour le risque croissant (IARA, *Increasing Absolute Risk Aversion*) si $\frac{dA_u(w)}{dw} > 0$ pour tout w.

Les études empiriques effectuées sur des choix de portefeuilles d'actifs financiers penchent en faveur des fonctions d'utilité DARA : les individus les plus fortunés semblent être ceux qui investissent le plus dans des actifs financiers à risque. Les études sur les choix d'assurance sont plus nuancées.

La comparaison de l'aversion au risque de deux décideurs se fait naturellement en comparant leurs primes de risque.

Définition 8

Un décideur est **plus adversaire** du risque qu'un autre si le montant maximal que ce décideur est prêt à payer pour se débarrasser d'un risque est toujours plus élevé que celui de l'autre.

Formulation mathématique : Soient deux décideurs dont les fonctions d'utilité sont u_1 et u_2 telles que $u'_i > 0, u''_i < 0, i = 1, 2$. Le décideur 1 est plus adversaire du risque que 2 si, pour tout X, $\Pi^1_X \geq \Pi^2_X$.

La difficulté dans la comparaison de l'aversion pour le risque vient du fait qu'il est difficile de calculer les primes de risques pour toute décision et de les comparer. Le résultat suivant permet d'utiliser l'indice absolu d'aversion pour le risque.

FOCUS

Comparaison des comportements dans le risque[1]

Soient deux décideurs dont les fonctions d'utilité sont u_1 et u_2 telles que $u'_i > 0, u''_i\ 0, i = 1, 2$.
Les trois propriétés suivantes sont équivalentes :

i. Le décideur 1 est plus adversaire du risque que 2 (au sens de la définition 8).
ii. Pour tout niveau de richesse w, $Au_1(w) \geq Au_2(w)$.
iii. Il existe une fonction $\varphi : \mathbb{R} \rightarrow \mathbb{R}$, croissante et concave, telle que $u_1 = \varphi\,(u_2)$.

Il est possible, en plus de l'indice absolu d'aversion pour le risque, de définir un indice relatif d'aversion pour le risque. Cet indice relatif est obtenu en suivant une démarche similaire à celle pour l'indice absolu.

Définition 9

L'indice relatif d'aversion pour le risque d'un décideur dont les préférences sont représentées par le modèle d'espérance d'utilité et dont la fonction d'utilité est u est, pour un niveau de richesse w :

$$R_u(w) = -w\frac{u''(w)}{u'(w)}$$

Les fonctions d'utilité dont l'indice relatif d'aversion pour le risque est constant sont appelées CRRA (*Constant Relative Risk Aversion*).
Nous constatons directement que $R_u(w) = wA_u(w)$. L'indice relatif d'aversion pour le risque est surtout utile dans l'analyse des décisions individuelles d'épargne et de choix de portefeuille d'actifs financiers.

1.3 Quelques fonctions d'utilité usuelles

Nous allons présenter les fonctions d'utilité les plus utilisées dans les études aussi bien théoriques qu'empiriques des décisions en présence de risque.

1.3.1 La fonction d'utilité quadratique

$$u(w) = w - aw^2, a > 0, w < \frac{1}{2a}$$

1 Arrow 1965, Pratt 1964.

- $u''(w) = -2a < 0$: cette fonction correspond à de l'aversion pour le risque ;
- $A_u(w) = \dfrac{2a}{1-2aw}$;
- u est une fonction IARA.

Cette fonction d'utilité doit son succès au fait qu'elle est équivalente au critère Espérance-Variance, très utilisé en finance pour l'évaluation des portefeuilles d'actifs financiers. Avec ce critère, un actif financier est évalué uniquement à partir de son rendement espéré et de la variance de son rendement (supposée être une mesure du risque).

Soit un actif X,
$Eu(X) = E(X - aX^2) = E(X) - aE(X^2) = E(X) - a\left\{Var(X) + \left[E(X)\right]^2\right\}$

1.3.2 La fonction d'utilité exponentielle

$$u(w) = -e^{-aw}, a > 0$$

- $u''(w) = -a^2 e^{-aw} < 0$: cette fonction correspond à de l'aversion vis-à-vis du risque ;
- $A_u(w) = a$;
- u est une fonction CARA.

1.3.3 La fonction d'utilité logarithmique

$$u(w) = \ln w, w > 0$$

- $u''(w) = \dfrac{1}{w^2} < 0$: cette fonction correspond à de l'aversion vis-à-vis du risque ;
- $A_u(w) = \dfrac{1}{w}$;
- u est une fonction DARA.

1.3.4 La fonction puissance

$$u(w) = \frac{w^{1-a}}{1-a}, a > 0, a \neq 1$$

- $u_n(w) = -aw^{-a-1} < 0$: cette fonction correspond à de l'aversion vis-à-vis du risque ;
- $A_u(w) = \dfrac{a}{w}$;
- u est une fonction DARA.

CONTROVERSE

La remise en cause du modèle d'espérance d'utilité

Le modèle d'espérance d'utilité reste le modèle dominant pour l'analyse des décisions en univers risqué. Il doit son succès, d'une part, à sa simplicité (une seule fonction résume les caractéristiques personnelles du décideur) et, d'autre part, à sa capacité à représenter les préférences aussi bien dans le risque que dans l'incertain non probabilisé. Cependant, ce modèle a été très rapidement remis en cause, principalement par Allais (1953) et Kahneman, Tversky (1979), pour son incapacité à expliquer certains choix observés en présence de risque. L'origine des limites du modèle d'espérance d'utilité semble être principalement son incapacité à prendre en compte une sur ou sous-estimation des probabilités, résultant du pessimisme ou de l'optimisme des individus. Cette perception des probabilités peut aboutir à un non-respect de l'axiome d'indépendance, mis en évidence dans le célèbre paradoxe d'Allais. Ces critiques ont donné lieu à des généralisations du modèle d'espérance d'utilité qui reposent sur un affaiblissement de l'axiome d'indépendance. Dans le plus connu de ces modèles, le modèle *Rank Dependant Utility* (RDU), proposé par Kahnemann, Tversky (1979) et Quiggin (1982), la fonction représentant les préférences dépend de deux fonctions : une fonction de transformation (de perception) des probabilités et une fonction d'utilité. Dans une version enrichie de ce modèle, la *Cumulative Prospect Theory* (Tversky, Kahnemann, 1992), la fonction d'utilité et la fonction de transformation des probabilités peuvent être différentes pour les gains et les pertes. ■

2 Les choix d'assurance

Exemple 3

Lando aime faire du VTT. Pour ses 20 ans, ses parents lui offrent un VTT d'une valeur de 600 euros. Au moment de l'achat, le magasin propose à Lando de souscrire une assurance contre le vol pour 40 euros par an. En cas de vol, le VTT est complètement remboursé. Lando s'est renseigné au sujet des vols de VTT dans la région et a obtenu l'information qu'un ménage sur 20 en moyenne en est victime. Lando va-t-il souscrire le contrat d'assurance contre le vol ? La réponse à cette question dépend essentiellement de l'aversion pour le risque de Lando et du prix du contrat d'assurance.

Considérons un problème plus général. Un individu avec une richesse initiale w fait face à un risque d'accident (événement A) pouvant entraîner une perte S avec une probabilité p. Les préférences de l'individu sont représentées par le modèle d'espérance d'utilité et sa fonction d'utilité est u. Nous supposons qu'il est adversaire du risque et donc que u est concave.

Cet individu a la possibilité de souscrire un contrat d'assurance qui, en cas de perte, lui rembourse I, avec $I \in [0, S]$ et qui coûte $\Pi(I) = \gamma I$. Pour que la compagnie d'assurance puisse couvrir ses pertes en moyenne, γ doit être supérieur ou égal à p.

À chaque contrat d'assurance est associée une décision caractérisée par une distribution de probabilité (ou loterie) $P_I = (w - S + I - \gamma I, p\,; w - \gamma I, 1 - p)$.

Le niveau de couverture I^* que l'individu choisira est celui qui maximise sa satisfaction, mesurée par son espérance d'utilité.

FOCUS

Choix optimal d'assurance

Pour couvrir un risque de perte, lorsqu'un adversaire du risque a le choix entre tous les niveaux d'indemnisation compris entre 0 et S (le montant de la perte)

- si la prime d'assurance est égale à l'espérance de la perte (on dit dans ce cas que la prime est actuarielle), il choisit une indemnisation à 100 % ;
- si la prime d'assurance est strictement supérieure à l'espérance de la perte (on dit dans ce cas que la prime est chargée), il choisit une indemnisation strictement inférieure à 100 %.

Preuve

I^* est solution du problème de maximisation suivant :

$$\underset{I \in [0, S]}{\text{Max}}\, Eu(P_1)$$

$$\text{avec } Eu(P_I) = pu(w - S + I - \gamma I) + (1 - p)u(w - \gamma I)$$

Notons $\underline{w} = w - S + I - \gamma I$, la richesse en cas d'accident (de perte) et $\overline{w} = w - \gamma I$, la richesse sans accident.
La condition de premier ordre s'écrit :

$$\frac{dEu(P_I)}{dI} = p(1-\gamma)u'(\underline{w}) - (1-p)\gamma u'(\overline{w}) = 0$$

La condition de second ordre est :

$$\frac{d^2Eu(P_I)}{dI^2} = p(1-\gamma)^2 u''(\underline{w}) + (1-p)\gamma^2 u''(\overline{w}) < 0$$

Elle est vérifiée du fait de la concavité de u.

En réarrangeant la condition du premier ordre, nous obtenons que le niveau de couverture choisi par l'individu vérifie :

$$\frac{p}{(1-p)}\frac{u'(\underline{w})}{u'(\overline{w})} = \frac{\gamma}{(1-\gamma)}$$

Nous retrouvons la condition d'optimalité de la théorie classique du consommateur (▶ chapitre 6), c'est-à-dire l'égalité entre le taux marginal de substitution et le rapport des prix.
Si $\gamma = p$, alors l'égalité ci-dessus implique $u'(\underline{w}) = u'(\overline{w})$ ce qui, par la monotonie de la fonction d'utilité implique $\underline{w} = \overline{w}$ et donc $I^* = S$.
Si $\gamma > p$, alors $u'(\underline{w}) > u'(\overline{w})$ ce qui, par la concavité de la fonction d'utilité, implique $\underline{w} < \overline{w}$ et donc $I^* < S$.

En conséquence, lorsque la prime d'assurance est chargée, même les adversaires du risque ne sont pas prêts à couvrir complètement leurs pertes. Ce résultat ne dépend pas du degré d'aversion pour le risque de l'individu. Ce degré interviendra lorsqu'il s'agira, parmi tous les contrats d'assurance partielle possibles, de déterminer celui qui est optimal.

Intéressons-nous maintenant à l'impact du revenu sur la demande d'assurance. Les compagnies d'assurance doivent-elles proposer leurs nouveaux produits en priorité aux individus dont les revenus sont les plus élevés ? La réponse dépend tout naturellement de la relation entre revenu et aversion pour le risque.

FOCUS

Impact du revenu sur la demande d'assurance

- La demande d'assurance d'un individu diminue avec son revenu si sa fonction d'utilité est DARA (▶ définition 7).
- La demande d'assurance d'un individu ne dépend pas de son revenu si sa fonction d'utilité est CARA.
- La demande d'assurance d'un individu augmente avec son revenu si sa fonction d'utilité est IARA.

Preuve

La condition de premier ordre qui caractérise I^* peut s'écrire $f(I^*, w) = 0$.
En calculant la différentielle totale de f, nous pouvons écrire :

$$\frac{dI^*}{dw} = -\left.\frac{\partial f/\partial w}{\partial f/\partial I}\right|_{I=I^*}, \quad \frac{\partial f}{\partial I} < 0 \text{ à cause de la concavité de } u.$$

Par conséquent, $\frac{dI^*}{dw}$ est du signe de $\left.\frac{\partial f}{\partial w}\right|_{I=I^*}$.

$$\left.\frac{\partial f}{\partial w}\right|_{I=I^*} = p(1-\gamma)u''(\underline{w}) + (1-p)\gamma u''(\overline{w}) \quad (1)$$

À partir de la condition de premier ordre qui caractérise I^*, nous pouvons écrire $p(1-\gamma) = \frac{(1-p)\gamma u'(\overline{w})}{u'(\underline{w})}$.
En remplaçant dans (1) et en mettant $(1-p)\gamma u'(\overline{w})$ en facteur nous obtenons :

$$\left.\frac{\partial f}{\partial w}\right|_{I=I^*} = (1-p)\gamma u'(\overline{w})\left[A_u(\overline{w}) - A_u(\underline{w})\right]$$

- si u est DARA alors $\left.\frac{\partial f}{\partial w}\right|_{I=I^*} = (1-p)\gamma u'(\overline{w})\left[A_u(\overline{w}) - A_u(\underline{w})\right] < 0$ car dans ce cas $\overline{w} > \underline{w}$ implique $A_u(\overline{w}) < A_u(\underline{w})$.
- si u est CARA alors $\left.\frac{\partial f}{\partial w}\right|_{I=I^*} = (1-p)\gamma u'(\overline{w})\left[A_u(\overline{w}) - A_u(\underline{w})\right] = 0$ car dans ce cas, $A_u(\overline{w}) = A_u(\underline{w})$.
- si u est IARA $\left.\frac{\partial f}{\partial w}\right|_{I=I^*} = (1-p)\gamma u'(\overline{w})\left[A_u(\overline{w}) - A_u(\underline{w})\right] > 0$ car dans ce cas, $\overline{w} > \underline{w}$ implique $A_u(\overline{w}) > A_u(\underline{w})$.

Exemple 4

Revenons maintenant aux choix de Lando. Pour déterminer son choix, nous devons d'abord comparer la prime d'assurance qui lui est demandée avec la prime actuarielle. Étant donné la probabilité estimée de vol, la prime actuarielle π_0 pour un contrat remboursant complètement le vélo en cas de vol est $\pi_0 = \frac{1}{20} \times 600 = 30$ euros.

Or le contrat proposé à Lando coûte 40 euros. Par conséquent, la prime est chargée et s'il a le choix entre tous les niveaux de remboursement possibles de son vélo, il n'achètera pas ce contrat et choisira une assurance partielle (▶ Focus).

Cependant, si aucun autre contrat ne lui est proposé, et donc si son choix est uniquement entre acheter ce contrat ou ne pas s'assurer du tout, s'il est suffisamment adversaire du risque, il est possible qu'il achète le contrat.

Supposons que sa fonction d'utilité est $u(x) = x^{0,5}$. Si son revenu annuel (bourse d'études plus aide de ses parents) est de 6000 euros, il va souscrire l'assurance si sa satisfaction avec l'assurance est supérieure ou égale à celle sans assurance, c'est-à-dire si la condition suivante est vérifiée :

$$\sqrt{6000 - 40} \geq \frac{1}{20}\sqrt{6000 - 600} + \frac{19}{20}\sqrt{6000}\ .$$

Cette condition n'étant pas vérifiée, Lando ne prendra pas d'assurance car la prime demandée est trop élevée.

3 Les choix de portefeuille

Exemple 5

Anakin a obtenu une mention Très Bien au Baccalauréat. En récompense, la banque Idej lui propose d'ouvrir un compte épargne en lui offrant 200 euros. Il a le choix entre deux types de titres financiers : des obligations dont les rendements sont de 2,50 % par an et des actions dont les rendements sont aléatoires et varient entre 1,50 % et 3,50 %. Anakin doit décider de la répartition de ses 200 euros entre les deux types de titres. Il constitue alors un portefeuille de titres. Plusieurs portefeuilles peuvent être construits. Il peut tout investir dans les obligations ou investir 100 euros dans les obligations et 100 euros dans les actions ou encore investir 50 euros dans les obligations et le reste dans les actions. Quel sera son choix ? La réponse dépend notamment de son attitude vis-à-vis du risque. S'il est très adversaire du risque, il peut choisir de tout investir dans le titre sûr (les obligations) et, s'il l'est moins, il peut investir un peu dans les titres risqués (les actions).

L'analyse des choix de portefeuille permet d'étudier comment un individu va allouer sa richesse entre différents actifs. Dans ce manuel, nous n'étudierons que des choix simples sur une période.

Nous supposons qu'il n'existe que deux types de titres financiers, un actif dit risqué et un actif dit sûr. Le rendement de l'actif sûr, i, est connu en début de période. Le rendement de l'actif risqué est incertain au moment du choix de l'individu et est représenté par une variable aléatoire, R, dont la distribution de probabilité est connue.

Anakin reçoit une somme d'argent de la part de sa famille qui vient s'ajouter aux 200 euros de la banque Idej. La richesse totale qu'il peut investir est maintenant w_0. Il doit décider de sa répartition entre les deux actifs.

S'il investit un montant a dans l'actif risqué en début de période, il recevra en fin de période ce montant initial et les intérêts aléatoires : $a(1 + R)$.

S'il investit un montant m dans l'actif sûr en début de période, il recevra en fin de période ce montant initial et les intérêts certains : $m(1 + i)$.

Pour une répartition, $w_0 = a + m$, la richesse finale de Anakin sera alors :

$$W_f = a(1 + R) + m(1 + i)$$

Anakin peut décider de ne pas subir de risque en choisissant $a = 0$ ou investir dans l'actif risqué en choisissant $a > 0$[1].

Le choix optimal sera celui qui lui permet d'atteindre la plus grande satisfaction. Les préférences dans le risque d'Anakin sont représentées par le modèle d'espérance d'utilité avec u, supposée croissante et concave. Le programme de maximisation s'écrit :

$$\max_{a,m} Eu(W_f)$$

$$\text{sous les contraintes } W_f = a(1 + R) + m(1 + i)$$
$$w_0 = a + m$$

Nous pouvons exprimer la richesse finale comme une fonction du montant investi dans l'actif risqué en utilisant les contraintes :

$$W_f = a(1 + R) + (w_0 - a)(1 + i) = a(R - i) + w_0\,(1 + i)$$

Le programme d'Anakin s'écrit maintenant :

$$\max_{a} Eu(a(R-i)+w_0(1+i))$$

La condition d'optimalité du premier ordre est :

$$\frac{dEu(W_f)}{da} = E\left[(R-i)\times u'(a(R-i)+w_0(1+i))\right] = 0$$

La condition du second ordre est :

$$\frac{d^2Eu(W_f)}{da^2} = E\left[(R-i)^2 \times u''(a(R-i)+w_0(1+i))\right] < 0$$

Elle est bien vérifiée lorsque u est concave.

1 Nous supposerons pour simplifier au maximum l'analyse que $a \geq 0$, $m \geq 0$ (l'individu ne peut pas s'endetter).

Commençons par étudier sous quelles conditions, Anakin investira dans l'actif risqué. La condition sous laquelle $a^* > 0$ (▶ figure 7.4) est :

$$\left.\frac{dEu(W_f)}{da}\right|_{a=0} > 0 \Leftrightarrow E\left[(R-i)\times u'(a(R-i)+w_0(1+i))\right]_{a=0} > 0$$

$$\Leftrightarrow E(R-i)\times\left[u'(w_0(1+i))\right] > 0$$

Comme $u'(w_0(1+i))$ ne dépend pas de la variable aléatoire R, cette expression strictement positive peut « sortir » de l'espérance et la condition requise s'écrit simplement :

$$E(R-i) > 0 \text{ ou } \mathrm{E}(R) > i$$

Par conséquent, Anakin investira un montant strictement positif dans l'actif risqué si et seulement si le rendement espéré de l'actif risqué $E(R)$ est supérieur à celui de l'actif sans risque i. En effet, si ce n'était pas le cas, l'actif risqué présenterait un double inconvénient : il est risqué (et Anakin est adversaire du risque) et son rendement moyen est inférieur à celui de l'actif certain.

Nous supposerons que la condition $E(R) > i$ est bien vérifiée tout au long de ce chapitre.

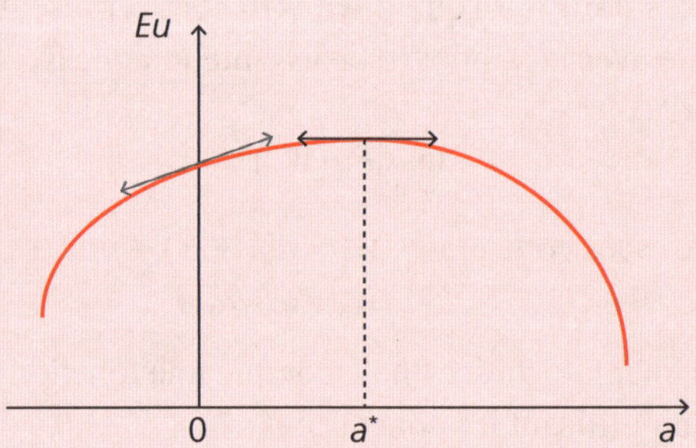

▶ **Figure 7.4**
Choix optimal d'investissement dans un actif risqué

La condition sous laquelle $a^* > 0$ est que la pente de la courbe d'utilité espérée soit positive en $a = 0$. Cette condition est simplement $E(R) > i$.

FOCUS

Condition d'optimalité d'un choix simple de portefeuille

À l'optimum, le coût d'opportunité de l'acquisition d'une unité supplémentaire d'actif risqué, i, est égal au bénéfice marginal. Ce dernier est composé de deux termes. Le premier représente le rendement moyen d'une unité supplémentaire d'actif risqué, $E(R)$. Le second représente le coût psychologique lié au supplément de risque à la suite d'un accroissement du montant investi dans l'actif risqué.

$$i = E(R) + \frac{cov\left(R, u'\left(W_f^*\right)\right)}{E\left[u'\left(W_f^*\right)\right]}$$

Preuve

En réarrangeant les termes de la condition d'optimalité de premier ordre, nous obtenons :

$$E\left[(R-i)\times u'\left(W_f^*\right)\right]=0 \Leftrightarrow E\left[R\times u'\left(W_f^*\right)\right]=iE\left[u'\left(W_f^*\right)\right]$$

avec $W_f = a^*(R - i) + w_0(1 + i)$

Le terme de gauche est l'espérance d'un produit de variables aléatoires, R et $u'(W_f^*)$. Or, par définition, la covariance entre ces deux variables s'écrit :

$$cov\left(R, u'\left(W_f^*\right)\right)=E\left[R\times u'\left(W_f^*\right)\right]-E[R]\times E\left[u'\left(W_f^*\right)\right]$$

Nous allons utiliser cette covariance dans l'expression de la condition d'optimalité :

$$cov\left(R, u'\left(W_f^*\right)\right)+E[R]\times E\left[u'\left(W_f^*\right)\right]=iE\left[u'\left(W_f^*\right)\right]$$

En simplifiant cette expression, nous obtenons la condition ci-dessus.

Nous pouvons vérifier que la covariance est négative lorsque l'individu est adversaire du risque (u' décroissante).

Exemple 6

La fonction d'utilité de Anakin est $u(w) = \ln w$, la condition d'optimalité s'écrit :

$$E(R-i)\times\left[\frac{1}{a^*(R-i)+w_0(1+i)}\right]=0$$

Avec $w_0 = 200$, $i = 2{,}5$ %, et deux valeurs possibles pour R, $\overline{r} = 1{,}5$ % et $\underline{r} = 3{,}5$ %.
On suppose que la probabilité d'un bon résultat, p, est 0,8.
Nous obtenons, avec ces valeurs numériques :

$$0{,}8\left[\frac{0{,}01}{0{,}01a^*+205}\right]+0{,}2\left[\frac{-0{,}01}{-0{,}01a^*+205}\right]=0$$

$$a^* = 12\,300$$

Comme Anakin ne peut pas s'endetter et qu'il possède uniquement 200 euros, il placera entièrement sa richesse en actif risqué (et cela bien qu'il soit adversaire du risque).

Anakin reçoit un prix du Ministère de l'Éducation en récompense de ses bons résultats. Il souhaite investir une partie de ce prix dans les actifs financiers. Ce supplément d'argent va-t-il être investi en majorité dans les actifs risqués ou sûrs ? Comment la composition du portefeuille d'Anakin va se modifier à la suite de cette augmentation de richesse ? La réponse n'est pas triviale et dépend étroitement de la façon dont l'aversion pour le risque évolue avec la richesse.

Pour simplifier, nous supposons que le rendement, R, ne peut prendre que deux valeurs, $\overline{r}$, avec la probabilité p et $\underline{r}$, avec la probabilité $(1 - p)$ et $\overline{r} > i > \underline{r}$.

La fonction d'utilité de Anakin est $u(w) = \ln w$, la condition d'optimalité s'écrit :

$$E(R-i)\times\left[\frac{1}{a^*(R-i)+w_0(1+i)}\right]=0$$

Soit, avec deux valeurs possibles pour $\tilde{r}$:

$$p\left[\frac{(\bar{r}-i)}{a^*(\bar{r}-i)+w_0(1+i)}\right]+(1-p)\left[\frac{(\underline{r}-i)}{a^*(\underline{r}-i)+w_0(1+i)}\right]=0$$

$$a^* = w_0\frac{(1+i)\left[p(\bar{r}-i)+(1-p)(\underline{r}-i)\right]}{(\bar{r}-i)(i-\underline{r})}$$

Le montant investi dans l'actif risqué augmente avec la richesse lorsque la fonction d'utilité est $u(w) = \ln w$. Notons que la fonction $\ln w$ est une fonction DARA (▶ section 1.2).

Padmé, amie de Anakin, n'est pas d'accord avec son choix. Ses préférences dans le risque sont représentées par la fonction d'utilité $u(w) = w - bw^2$.

La condition d'optimalité avec cette fonction est :

$$E(R-i)\times\left[1-2b\left(a^*(R-i)+w_0(1+i)\right)\right]=0$$

Soit, avec deux valeurs possibles pour R :

$$p(\bar{r}-i)\left[1-2b\left(a^*(\bar{r}-i)+w_0(1+i)\right)\right] +(1-p)(\underline{r}-i)\left[1-2b\left(a^*(\underline{r}-i)+w_0(1+i)\right)\right]=0$$

$$a^* =-w_0\frac{(1+i)\left[p(\bar{r}-i)+1(1-p)(\underline{r}-i)\right]}{p(\bar{r}-i)^2+(1-p)(\underline{r}-i)^2}+\frac{p(\bar{r}-i)+1(1-p)(\underline{r}-i)}{2b\left[p(\bar{r}-i)^2+(1-p)(\underline{r}-i)^2\right]}$$

Le montant investi dans l'actif risqué diminue avec la richesse lorsque la fonction d'utilité est . Contrairement à Anakin, Padmé a une aversion absolue pour le risque croissante de la richesse (IARA). À sa place, elle aurait diminué son placement en actif risqué.

Ces deux résultats peuvent être généralisés à des distributions de R quelconques (discrètes ou continues).

FOCUS

Effet d'un accroissement de la richesse sur la composition du portefeuille

À la suite d'une augmentation de la richesse initiale :

- Le montant investi dans un actif risqué augmente si le coefficient d'aversion absolue pour le risque est décroissant (fonction d'utilité DARA).
- Le montant investi dans un actif risqué ne se modifie pas si le coefficient d'aversion absolue pour le risque est constant (fonction d'utilité CARA).
- Le montant investi en actif risqué diminue si le coefficient d'aversion absolue pour le risque est croissant (fonction d'utilité IARA).

3 questions à Mohamed Baccouche

Directeur de l'actuariat assurance de personnes, AXA France

Comment se répartit le chiffre d'affaires d'AXA par branche d'assurance et quelle est la part approximative des assurances obligatoires (MRH, automobile au tiers) dans ce chiffre d'affaires ?

Le chiffre d'affaires n'est pas le meilleur indicateur de la répartition de l'activité puisqu'il favorise artificiellement l'activité Vie.

Pour l'année 2012, le chiffre d'affaires IARD était de 6.8 Md€, en Vie individuelle, de 8 Md€ et en Assurance collective de 6.4 Md€. L'essentiel de notre chiffre d'affaires n'est pas dans l'assurance obligatoire. En effet, seuls 5 % du chiffres d'affaires MRH (Multi-Risques Habitation) et 30 % du chiffre d'affaires Auto sont obligatoires. En revanche, les incitations fiscales sont efficaces pour favoriser certaines branches en vie ou en collectives. En France, le législateur ne favorise en général pas l'assurance obligatoire comme l'atteste le récent débat sur l'obligation de l'assurance dépendance qui est pour l'instant exclu par les différents gouvernements.

Peut-on considérer que les individus s'assurent plus aujourd'hui qu'il y a une dizaine d'années ? Si c'est le cas, qu'est ce qui expliquerait l'augmentation de l'intérêt pour l'assurance ? L'apparition de nouveaux risques ? Un besoin de sécurité accru ? Une meilleure communication de la part des sociétés d'assurance sur leurs produits ?

Il est très difficile de répondre à cette question. Mais si on prend le rapport entre le chiffre d'affaire direct (net des cessions) et le PIB alors le taux passe de 2,1 % en 2006 à 2,5 % en 2013 alors on peut conclure qu'il y a une augmentation relative de la demande d'assurance. En pratique, cette « augmentation » est le résultat de plusieurs facteurs : les assureurs ont pris conscience de l'ampleur de risques qu'ils portaient dans leur bilan comme les catastrophes naturelles ou l'allongement de l'espérance de vie et ont augmenté leurs prix pour le même niveau de couverture. Il y a des risques nouveaux que les assureurs ont contribué à faire connaitre auprès du grand public et donc à améliorer la couverture : le risque de perte d'autonomie ; les garanties contre les accidents de la vie et plus récemment les risques numériques.

Les compagnies d'assurance proposent régulièrement de nouveaux produits d'assurance-vie. En quoi le vieillissement de la population et la nouvelle problématique de la dépendance influencent cette offre de nouveaux produits ?

Les compagnies d'assurance ont effectivement pris une place importante pour la couverture du risque dépendance. Ils ne cessent d'innover pour convaincre plus de personnes à souscrire une couverture contre ce risque. L'année dernière, la FFSA a lancé un nouveau label (GAD) qui garantit un socle commun de caractéristiques et de couverture pour améliorer la qualité de l'information aux clients sur ce risque de long terme. Le vieillissement de la population ouvre en outre des perspectives intéressantes en matière de retraite pour les assureurs surtout compte tenu de l'état des comptes nationaux. Le principal défi pour les actuaires consiste à gérer ces produits dans un cadre Solvabilité 2 peu favorable aux engagements de long terme.

Les points clés

- Une relation de préférences, dans un ensemble de décisions dans le risque qui vérifie les axiomes de la théorie classique du consommateur, plus un axiome d'indépendance, peut être représentée par une espérance mathématique des conséquences des décisions évaluées avec une fonction d'utilité.

- La fonction d'utilité qui transforme les conséquences des décisions dans le modèle d'espérance d'utilité caractérise l'attitude des décideurs vis-à-vis du risque. Une fonction d'utilité concave correspond à de l'aversion pour le risque, une fonction linéaire, à de la neutralité vis-à-vis du risque, et une fonction convexe, à du goût pour le risque.

- L'indice absolu d'aversion pour le risque permet de comparer l'attitude vis-à-vis du risque de deux décideurs et aussi de déterminer l'impact d'un accroissement du revenu sur l'aversion au risque d'un individu.

- Un individu qui a de l'aversion pour le risque choisit toujours un contrat d'assurance partielle si la prime d'assurance est chargée. Un individu qui a de l'aversion pour le risque choisit toujours d'investir une part de son patrimoine dans un actif dont le rendement est risqué si le rendement espéré de cet actif est strictement supérieur à celui de l'actif sans risque.

ÉVALUATION

QCM

▶ Corrigés p. 348

1. L'équivalent-certain est le montant qui :

a. apporterait au décideur le même bien-être que sa richesse aléatoire.
b. permettrait au décideur de vendre sa loterie risquée.
c. apporterait au décideur un bien-être minimal en situation risquée.
d. inciterait le décideur à prendre un risque.

2. Lorsque la prime de risque est positive :

a. la différence entre l'équivalent certain et l'espérance de gains est positive.
b. le décideur est adversaire du risque.
c. le décideur est joueur.
d. le décideur investit sur les marchés financiers.

3. Un individu adversaire du risque a une fonction d'utilité :

a. convexe.
b. concave.
c. linéaire.
d. on ne sait pas *a priori*.

4. Une fonction d'utilité exponentielle correspond à une :

a. aversion absolue pour le risque constante.
b. aversion absolue pour le risque décroissante.
c. aversion relative pour le risque constante.
d. aversion relative pour le risque décroissante.

5. Un adversaire du risque s'assure à 100 % :

a. si la prime d'assurance est égale à 20 % du montant de la perte.
b. si sa fonction d'utilité est quadratique.
c. si la prime d'assurance est égale à l'espérance de la perte.
d. si la compagnie d'assurance se trouve près de chez lui.

6. Lucas (dont la fonction d'utilité est u) est plus adversaire du risque que George (dont la fonction d'utilité est v) si :

a. Lucas a souscrit plus de contrats d'assurance que George.
b. $u(w) = 10v(w)$
c. $u(w) = \sqrt{v(w)}$
d. aucune des précédentes.

Exercices

▶ Corrigés en ligne

7 Équivalence entre deux loteries

Ben dont les préférences sont représentées par $u(w) = w^2/2$ est indifférent entre les loteries :
$A = (2, 4 : 0.75, 0.25)$ et $B = (1, 5 ; p, 1 - p)$.

■ Déterminer p.

8 Prix d'un billet de loterie

Han dont la fonction d'utilité est la suivante $U(W) = \sqrt{W}$ possède un billet de loterie lui donnant la possibilité de gagner soit 96 euros avec la probabilité $(1–a)$, soit 0 avec la probabilité a.

1. Si Han est disposé à vendre le billet pour un prix minimum de 10,25 euros et que sa richesse est égale à 100 euros, quelle est la valeur de a ?

2. Pour cette valeur de a, quel sera le prix minimum du billet, si la richesse de Han est maintenant égale à 100000 euros ?

9 Choix de deux individus

Ludo et Naga ont le même niveau de richesse initiale $W_0 = 100$, mais avec des fonctions d'utilité différentes, respectivement $U(W) = \ln W$ et $V(W) = \sqrt{W}$. En plus de W_0, ils possèdent un billet de loterie chacun dont les gains et les probabilités associées sont indiqués dans le tableau ci-dessous :

Gains	1	10	100
Probabilités	1/3	1/3	1/3

■ Calculez et comparez les primes de risque respectives de Ludo et Naga pour cette loterie.

10 Assurance contre le vol

Un médecin souhaite souscrire une assurance pour son cabinet situé au premier étage d'un immeuble en plein centre d'une ville moyenne. La valeur de ses biens est estimée à 200000 €. Le cabinet est exposé à un risque de cambriolage.

Un cambriolage « simple » survient avec une probabilité p_2 égale à 30 % et se traduit par une perte de 50 % de la valeur des biens.

Un cambriolage « complet » survient avec une probabilité p_3 égale à 20 % et ne laisse au médecin que 10000 € de matériel, c'est-à-dire l'ordinateur et les dossiers qu'il emporte chez lui pour travailler.

La fonction d'utilité du médecin est $u(w)$ = avec a = 0,05 et b = 10 et où w est la richesse finale.

1. Calculez la probabilité p_1 qu'il ne se passe rien. Calculez ensuite l'espérance de richesse du médecin, l'utilité de cette espérance, son utilité dans chaque état de la nature et son espérance d'utilité.

2. Quelle est la prime d'assurance maximale que le médecin est prêt à payer pour s'assurer complètement ? La prime d'assurance est de la forme :

$\pi(\alpha) = \alpha\,(1 + \lambda)\,E(L)$ où :

- L est le montant aléatoire de la perte ;
- λ est le facteur de chargement appliqué par la compagnie d'assurance ;
- α est la part de la perte remboursée par la compagnie d'assurance.

3. Si la prime est actuarielle ($\lambda = 0$), quel taux de couverture le médecin choisira-t-il ? Quel est le taux de chargement maximal que le médecin accepterait pour une couverture complète ?

11 Choix de portefeuille

La fonction d'utilité de la richesse de Dormé est définie par :

$$u(w) = -\frac{1}{\beta}e^{-\beta w}$$

Il existe deux titres. Un titre sûr dont le taux de rentabilité, i, est 4 % et un titre risqué, A, dont la rentabilité r est une variable aléatoire réelle qui vérifie :

Probabilités	Rendements
0,5	8 %
0,5	2 %

La richesse initiale de Dormé est w_0.

■ Déterminez le montant investi dans l'actif risqué (a^*) en fonction de β et de w_0.

Supposons qu'un nouveau titre risqué, B, apparaisse sur le marché. Ses caractéristiques sont :

Probabilités	Rendements
0,75	6 %
0,25	2 %

Si Dormé n'a plus la possibilité d'investir dans le titre A, mais seulement dans le titre certain et le titre B, quel sera le montant investi dans le titre B (a^{**}) ?

■ Que pouvez-vous en conclure ?

Sujet d'examen

▸ Corrigés en ligne

12 Université Paris Ouest, 2013

M. Dupont a des préférences dans le risque qui peuvent être modélisées par le modèle d'Espérance d'Utilité, sa fonction d'utilité est $u(x) = \ln x$. Il doit prendre une assurance multirisques habitation. La probabilité de dégâts relevant de ce type de contrat est estimée à 0,01. On suppose, par souci de simplification, qu'un montant de dommage unique est possible, de 20000 €. La fortune de M. Dupont s'élève à 50000 €.

Une compagnie d'assurance X lui propose 2 contrats :

- contrat A, qui offre le remboursement total de son dommage en cas de sinistre et qui coûte 240 € ;
- contrat B, qui rembourse 10000 € en cas de sinistre et coûte 120 €.
- On suppose que l'indemnité donnée est brute, ainsi, dans le cas du contrat B, la richesse en cas de sinistre est de 39880 €.

1. Quel est le contrat que choisira M. Dupont ?

Compte tenu de la croissance très lente de la fonction lnx, vous devez, pour comparer les différents contrats conserver dans vos résultats au moins 4 chiffres après la virgule.

2. Quel aurait été le choix de M. Dupont si sa fortune avait été de 1Mln € ? Comment expliquez-vous ce résultat ?

3. Une compagnie *Y* propose à M. Dupont de choisir un pourcentage de couverture $\gamma \in [0, 1]$. Quel est, pour M. Dupont, le meilleur parmi les contrats proposés par cette compagnie, sachant que la prime correspondant à une couverture de proportion γ est $\Pi(\gamma) = (1+ \lambda)\ \gamma E(X)$, où $\lambda = 0.3$ et *X* est la variable aléatoire. correspondant au risque auquel fait face M. Dupont, $EX = 200$ € ?

4. Chez laquelle des deux compagnies *X* et *Y* M. Dupont va-t-il s'assurer ? Ce choix vous paraît-il surprenant ? Justifiez votre réponse.

POUR ALLER PLUS LOIN

Choix d'épargne face à un risque de revenu

Quel est l'effet du risque sur le niveau d'épargne d'un individu, selon son degré d'aversion pour le risque ?

Pour connaître la réponse à cette question, rendez-vous sur dunod.com, ou flashez le code ci-dessous.

Chapitre 8

Les économies sont formées d'un système de marchés interconnectés. Jenny achète des crevettes sur le port à Forrest. Pour pêcher sa production, Forrest achète un bateau à la firme Pear qui emploie Jenny. Ainsi, lorsque Jenny permet à Forrest de vendre sa marchandise, elle lui permet d'acheter la production de la firme Pear. Cette dernière produit en utilisant des employés comme Jenny, à qui elle verse un salaire qui leur permet de consommer des crevettes.

Dans ce chapitre, nous utiliserons les choix individuels pour déterminer les équilibres de marché. Nous commencerons par l'équilibre partiel, sur un marché particulier, puis, nous étudierons la réalisation simultanée de l'équilibre sur tous les marchés. Ce problème est très différent de l'étude de l'équilibre partiel. Prenons un marché de livres numériques, l'équilibre partiel des livres est obtenu à prix des liseuses donné. Supposons que nous prenions ce prix des livres comme fixé et que nous nous intéressions au marché des liseuses. Une fois l'équilibre trouvé, rien ne nous garantit que le marché des livres numériques demeure à l'équilibre. En effet, le prix des liseuses peut avoir changé par rapport à celui fixé initialement, lorsque nous avons déterminé le prix d'équilibre sur le marché des livres numériques, la demande de livres dépendant du prix des liseuses. L'équilibre général se détermine en prenant simultanément en compte l'ensemble des marchés existants.

LES GRANDS AUTEURS

Léon Walras (1834-1910)

L. Walras fut un des trois pionniers de la révolution marginaliste (avec S. Jevons et C. Menger). Dans son ouvrage *Éléments d'Économie Pure* (1874), il s'est intéressé aux conditions d'existence, de stabilité et d'unicité d'un équilibre général. Il fut le premier à proposer une formulation de la détermination simultanée de l'équilibre sur l'ensemble des marchés (notamment des produits et des facteurs de production). ■

Marchés concurrentiels

Plan

Prérequis

- → **Déterminer** les courbes d'indifférence et les fonctions de demande des consommateurs.
- → **Déterminer** les fonctions d'offre des producteurs.
- → **Connaître** les mécanismes d'offre et de demande sur un marché.

Objectifs

- → **Distinguer** un équilibre de court terme d'un équilibre de long terme sur un marché parfaitement concurrentiel.
- → **Déterminer** l'équilibre général en économie d'échange.
- → **Comprendre** et utiliser le concept d'optimum de Pareto.

1 Équilibre partiel

Dans le chapitre 1, nous avons défini ce qu'est un marché et comment la confrontation de la demande globale et de l'offre globale permettait d'atteindre un équilibre. L'équilibre partiel est l'étude de l'équilibre sur le marché d'un seul bien, qu'il s'agisse d'un bien de consommation ou un facteur de production. Pour déterminer l'offre et la demande agrégées (ou globales), nous utiliserons les fonctions d'offre et de demande individuelles telles qu'elles découlent des comportements des agents (▶ chapitres 4 et 6). Puis, nous chercherons à déterminer le prix du bien qui rend les souhaits individuels compatibles (▶ chapitre 1).

1.1 Équilibre partiel à court terme

Dans les chapitres 3 et 4, nous avons vu la différence entre les coûts à court terme et à long terme et l'offre des firmes qui en découlait. Cette distinction était d'ordre technologique. Nous allons maintenant distinguer l'équilibre à court terme de l'équilibre à long terme du point de vue de la structure du marché. À court terme, il n'y a pas d'entrées et de sorties : *le nombre de firmes présentes sur le marché est donné*. Cette période dite de court terme correspond également à la situation de court terme des producteurs. L'offre agrégée (globale) des firmes sera obtenue à partir de la somme des offres individuelles de court terme.

1.1.1 La demande agrégée

Commençons par la demande agrégée pour un bien. Supposons qu'il existe N consommateurs, la demande individuelle du consommateur i pour le bien considéré étant donné le prix de ce bien, p, est $x^i = x^i(p)$. La fonction de demande agrégée s'obtient à partir des demandes individuelles : $Q^D(p) = \sum_{i=1}^{N} x^i(p)$ avec $x^i(p) = 0$ si le prix est supérieur au prix maximal possible de l'individu i, $\overline{p}^i$ (▶ chapitre 6).

Pour déterminer la demande agrégée, il faut faire attention aux valeurs maximales des prix pour chaque consommateur. Selon le niveau de prix, certains consommateurs seront absents du marché (▶ figure 8.1).

Exemple 1

Considérons un marché avec deux consommateurs dont les fonctions de demande sont :

$$x^1(p) = \begin{cases} -p+10 & \text{si } p \leq 10 \\ 0 & \text{si } p > 10 \end{cases} \text{ et } x^2(p) = \begin{cases} -2p+6 & \text{si } p \leqslant 3 \\ 0 & \text{si } p > 3 \end{cases}$$

La fonction de demande agrégée résulte de ces deux fonctions :

$$Q^D(p) = \begin{cases} x^1(p)+x^2(p) = -3p+16 & \text{si } p \leq 3 \\ x^1(p) = -p+10 & \text{si } 3 < p \leq 10 \\ 0 & \text{si } p > 10 \end{cases}$$

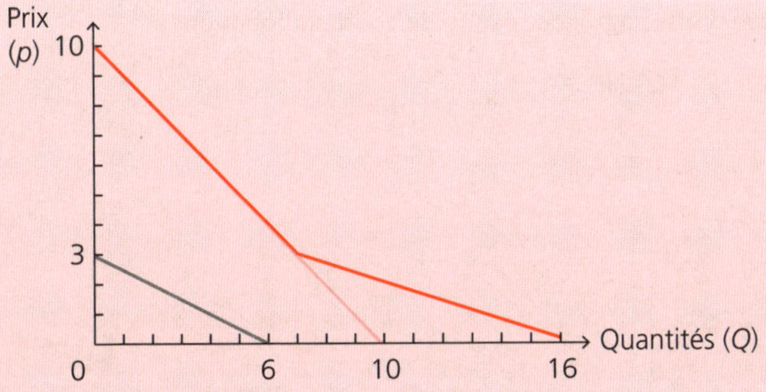

▲ **Figure 8.1 Demande agrégée**

La fonction de demande individuelle du consommateur 1 (▶ exemple 1), $p_1(q)$, est représentée en orange clair avec un prix maximal égal à 10. Celle du consommateur 2, $p_2(q)$, est représentée en gris avec un prix maximal égal à 3. La demande globale, $p(q)$, est confondue avec celle du consommateur 1 pour des prix compris entre 3 et 10. Pour des prix inférieurs à 3, elle est la somme des quantités demandées par les deux consommateurs (en orange).

1.1.2 L'offre agrégée

Étudions maintenant l'offre agrégée de court terme. Supposons qu'il existe M firmes dans l'économie. L'offre individuelle de court terme d'une firme j pour le bien étant donné le prix de ce bien, p, est $y^j = y^j(p)$ si p est supérieur au prix minimum de la firme j, $\underline{p}^j$ (▶ chapitre 4).

La fonction d'offre agrégée s'obtient à partir des offres individuelles : $Q^O(p) = \sum_{j=1}^{M} y^j(p)$ avec $y^j(p) = 0$ si le prix est inférieur au prix minimum $\underline{p}^j$.

De manière similaire à la demande, lorsque l'on détermine l'offre agrégée, il faut bien faire attention aux valeurs minimales des prix pour chaque firme. Selon le niveau de prix, certaines firmes seront absentes du marché (▶ figure 8.2).

Exemple 2

Considérons un marché avec deux firmes dont les fonctions de coût total à court terme sont $CT_1(y) = \frac{1}{4}y^2 + 8$ et $CT_2(y) = \frac{1}{2}y^2 + 4y + 10$.

Les prix minimaux sont déterminés à partir des coûts variables moyens, CVM_1 et CVM_2 : $CVM_1(y) = \frac{1}{4}y$ et $CVM_2(y) = \frac{1}{2}y + 4$. Ils sont à leur minimum pour $y = 0$. Nous en déduisons les seuils minimum pour les prix des deux firmes : $\underline{p}^1 = 0$ et $\underline{p}^2 = 4$. Les fonctions d'offre individuelles sont obtenues en égalisant le prix au coût marginal. Les coûts marginaux pour les deux firmes sont : $Cm_1(y) = \frac{1}{2}y$ et $Cm_2(y) = y + 4$.

Nous en déduisons : $y^1(p) = 2p$ si $p \geq 0$ et $y^2(p) = \begin{cases} p-4 & \text{si } p \geqslant 4 \\ 0 & \text{si } p < 4 \end{cases}$

La fonction d'offre agrégée résulte de ces deux fonctions :

$$Q^O(p) = \begin{cases} y^1(p) + y^2(p) = 3p - 4 & \text{si } p \geqslant 4 \\ y^1(p) = 2p & \text{si } 0 \leqslant p < 4 \end{cases}$$

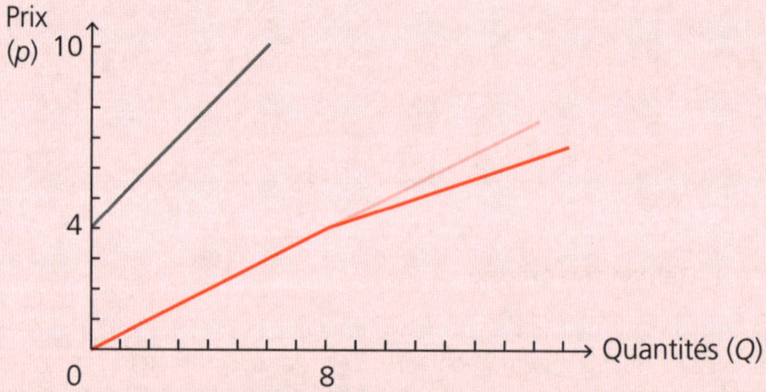

▲ **Figure 8.2 Offre agrégée**

La fonction d'offre individuelle de la firme 1 (▶ exemple 2) est représentée en orange clair avec un prix minimal égal à 0. Celle de la firme 2 est représentée en gris avec un prix minimal égal à 4. L'offre globale est confondue avec celle de la firme 1 pour des prix inférieurs à 4. Pour des prix supérieurs à 4, elle est la somme des quantités offertes par les deux firmes (en orange).

1.1.3 L'équilibre

En concurrence parfaite, tout ce qui est produit/offert est vendu (loi de Say). Il n'y a pas de contrainte de débouchés.

L'équilibre partiel de court terme est déterminé par la confrontation de l'offre et de la demande (▶ chapitre 1). Cependant, certains consommateurs ne pourront être servis et certaines firmes ne seront pas présentes sur le marché.

Définition 1

Équilibre concurrentiel de court terme

L'équilibre de court terme sur un marché parfaitement concurrentiel est donné par un prix de marché, p^*, des quantités achetées par chaque consommateur, x^{i*}, ($i = 1$ à N), et des quantités vendues par chaque producteur, y^{j*}, ($j = 1$ à M), tels que :

- au prix p^*, chaque consommateur maximise sa satisfaction,
- au prix p^*, chaque producteur maximise son profit,
- la somme des quantités vendues est égale à la somme des quantités achetées.

Exemple 3

Reprenons les deux exemples précédents avec deux consommateurs et deux firmes. Nous avions obtenu les fonctions de demande et d'offre agrégées suivantes :

$$Q^D(p) = \begin{cases} x^1(p)+x^2(p) = -3p+16 & \text{si } p \leqslant 3 \\ x^1(p) = -p+10 & \text{si } 3 < p \leqslant 10 \\ 0 & \text{si } p > 10 \end{cases}$$

$$\text{et } Q^O(p) = \begin{cases} y^1(p)+y^2(p) = 3p-4 & \text{si } p \geqslant 4 \\ y^1(p) = 2p & \text{si } 0 \leqslant p < 4 \end{cases}$$

Nous devons distinguer plusieurs cas selon le niveau du prix.

- $p \leq 3$: les deux consommateurs souhaitent acheter du bien, la quantité demandée agrégée est $Q^D(p) = -3p + 16$; mais seule la firme 1 est présente sur le marché, la quantité offerte agrégée est $Q^O(p) = 2p$. Si l'équilibre existe, il vérifie $Q^D(p) = Q^O(p) \Leftrightarrow -3p + 16 = 2p \Leftrightarrow p = \frac{16}{5}$. Ce prix « candidat » à l'équilibre est supérieur à 3. Nous devons donc rejeter ce candidat à l'équilibre. En effet, le prix à l'équilibre doit être inférieur à 3 car nous sommes dans l'intervalle de prix [0, 3].
- $3 < p < 4$: seul le consommateur 1 souhaite acheter du bien, la quantité demandée agrégée est $Q^D(p) = -p + 10$; et seule la firme 1 est présente sur le marché, la quantité offerte agrégée est $Q^O(p) = 2p$. Si l'équilibre existe, il vérifie $Q^D(p) = Q^O(p) \Leftrightarrow -p + 10 = 2p \Leftrightarrow p = \frac{10}{3}$. Ce prix « candidat » à l'équilibre est bien dans l'intervalle]3 , 4 [. Nous pouvons retenir ce candidat à l'équilibre.
- $4 \leq p < 10$: seul le consommateur 1 souhaite acheter du bien, la quantité demandée agrégée est $Q^D(p) = -p + 10$; mais les deux firmes sont présentes sur le marché, la quantité offerte agrégée est $Q^O(p) = 3p - 4$. Si l'équilibre existe, il vérifie $Q^D(p) = Q^O(p) \Leftrightarrow -p + 10 = 3p \Leftrightarrow p = \frac{14}{4}$. Ce prix « candidat » à l'équilibre est inférieur à 4. Nous devons donc le rejeter car le prix à l'équilibre doit être entre 4 et 10.

Par conséquent, l'unique équilibre possible est $p^* = \frac{10}{3}$, et la quantité échangée à l'équilibre correspond à la valeur demandée et offerte, $Q^D(p) = Q^O(p) = Q^* = \frac{20}{3}$.
À l'équilibre, seul le consommateur 1 et la firme 1 sont présents sur le marché, $x^1(p^*) = x^{1*} = \frac{20}{3}$, $x^2(p^*) = x^{2*} = 0$, $y^1(p^*) = y^{1*} = \frac{20}{3}$, $y^2(p^*) = y^{2*} = 0$.

Dans le chapitre 1, nous avions discuté de l'existence et l'unicité de l'équilibre. Si l'équilibre n'existe pas toujours, la propriété de transparence de l'information sur les marchés parfaitement concurrentiels assure son unicité lorsqu'il existe.

1.2 Équilibre partiel à long terme

Dans le long terme technologique, les firmes peuvent ajuster les quantités de tous les facteurs de production : il n'y a pas de coûts fixes. Le long terme du point de vue de la structure de marché est un peu différent au sens où il correspond à une période pendant laquelle les firmes peuvent entrer et sortir du marché. Les firmes peuvent ajuster les facteurs de production et s'il y a des coûts fixes, ils sont structurels (les coûts sont dits « quasi fixes »). Contrairement à l'équilibre de court terme, le nombre de firmes peut varier. La définition de l'équilibre s'en trouve modifiée.

Définition 2

Équilibre concurrentiel de long terme

Un équilibre de long terme d'un marché concurrentiel est donné par :

- un prix pour le bien, p^*,
- une liste des firmes actives choisies à partir de la liste de toutes les firmes potentiellement actives.

Pour chaque firme, un plan de production tel que :

- chaque firme maximise son profit en prenant le prix p^* comme donné,
- pour chaque firme active, ce profit maximal est non-négatif,
- chaque firme inactive ferait au mieux des profits non-positifs (strictement négatifs ou nuls) si elle décidait de devenir active,
- l'offre totale des firmes actives, qui est la somme de leur plan de production au prix p^*, est exactement égale à la demande de marché à ce prix.

1.2.1 Nombre de firmes sur le marché

Supposons que toutes les firmes d'un secteur soient identiques et réalisent un profit positif à court terme. Comme il n'existe pas de barrières à l'entrée, de nouvelles firmes à coûts identiques peuvent souhaiter entrer sur le marché pour réaliser des profits positifs. Tant que les profits sont positifs, de nouvelles firmes chercheront à entrer sur le marché. Ce processus ne s'arrêtera que lorsque les profits seront nuls. Ainsi, à l'équilibre de long terme, les profits des firmes sont nuls[1] et le prix est égal au seuil de rentabilité, soit le minimum du coût moyen de long terme (▶ figure 8.3).

1 Rappelons qu'un profit nul au sens économique du terme signifie que le bénéfice réalisé sur ce secteur est identique au meilleur de celui qui serait réalisé sur un autre secteur (▶ chapitre 4).

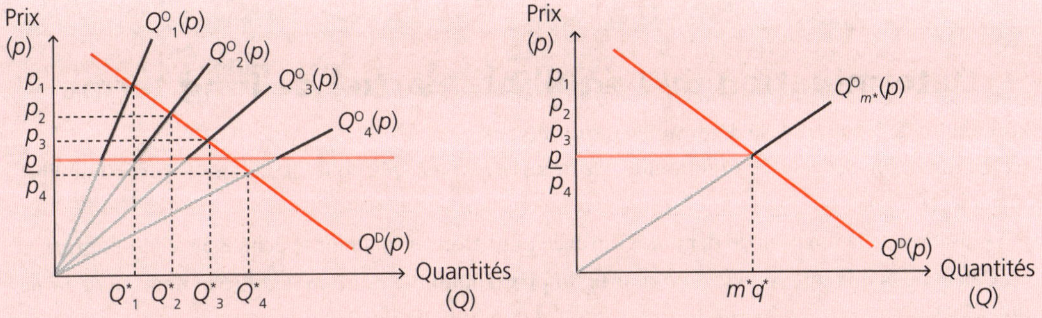

Le seuil de rentabilité, $\underline{p}$, est le même pour toutes les firmes. L'équilibre initial de court terme est représenté par l'intersection entre la courbe de demande, $Q^D(p)$, et la courbe d'offre initiale, $Q_1^O(p)$. Le prix d'équilibre est p_1 et la quantité Q_1. Le prix étant supérieur au seuil de rentabilité, le profit est strictement positif et de nouvelles firmes entrent sur le marché. Le nombre de firmes augmente, la courbe d'offre devient $Q_2^O(p)$ et on atteint un nouvel équilibre au prix p_2. Tant que le prix est supérieur à $\underline{p}$, de nouvelles firmes entrent sur le marché et la courbe d'offre se modifie. Mais, si le nombre est trop important, par exemple l'offre devient $Q_4^O(p)$, le prix d'équilibre passe sous le seuil $\underline{p}$ et les firmes font un profit négatif. En conséquence, des firmes sortent du marché. Ce processus se stabilise pour une offre $Q^O_{m^*}(p)$ et un prix d'équilibre égal à $\underline{p}$. On en déduit le nombre de firmes à l'équilibre de long terme m^*.

▲ **Figure 8.3 Courbes d'offre et nombre de firmes identiques présentes à long terme**

1.2.2 Différents types de firmes

Supposons maintenant qu'il existe différents types de firmes, mais qu'il y ait un grand nombre de firmes de chaque type. Pour simplifier, considérons qu'il y ait K types de firmes dans l'économie et les firmes de type k, $k = 1$ à K, ont la même fonction de coût, et donc le même seuil de rentabilité, $\underline{p}^k$. Rangeons les firmes selon leur seuil de rentabilité : $\underline{p}^1 < \underline{p}^2 < ... < \underline{p}^K$.

À court terme, il peut y avoir tous les types présents sur le marché. Supposons que ce soit le cas et que toutes les firmes fassent des profits positifs. Le prix va diminuer et atteindre le seuil $\underline{p}^k$. Les firmes de type K vont obtenir des profits nuls tandis que les autres continueront à faire des profits strictement positifs. De nouvelles firmes de type k, $k = 1$ à K–1, vont entrer sur le marché. Le prix va alors baisser de nouveau et atteindre le seuil $\underline{p}^{K-1}$. Le profit des firmes de type K devient négatif et ces firmes sortent du marché. Les firmes de type K–1 voit maintenant leur profit devenir nul. Mais, pour toutes les autres, les profits restent strictement positifs. Le prix va donc continuer à baisser et atteindre un nouveau seuil qui va faire disparaître du marché certaines firmes et entrer de nouvelles. Ce processus s'arrête lorsque le prix a atteint le seuil minimum, c'est-à-dire $\underline{p}^1$. Seules les firmes de type 1 sont présentes sur le marché et leurs profits sont nuls. À l'équilibre de long terme, il ne reste que des firmes avec les mêmes fonctions de coût.

FOCUS

Détermination de l'équilibre partiel de long terme

L'équilibre de long terme se détermine en trois étapes.

i. Détermination des seuils de rentabilité des firmes de type k, $\underline{p}^k$, pour en déduire le prix d'équilibre, $p^* = \min_k \underline{p}^k$.

ii. Utilisation de la fonction de demande agrégée pour trouver la quantité échangée à l'équilibre.

iii. Calcul de la quantité individuelle offerte au prix d'équilibre pour en déduire le nombre de firmes présentes.

Exemple 4

Considérons un marché avec deux types de firmes dont les fonctions de coût à long terme sont respectivement[1], $C_1(y) = y^3 + \frac{1}{4}y^2 + 8y$ et $C_2(y) = \frac{1}{2}y^2 + 2y + 2$. La demande agrégée est celle de l'exemple 1 :

$$Q^D(p) = \begin{cases} x^1(p) + x^2(p) = -3p + 16 & \text{si } p \leqslant 3 \\ x^1(p) = -p + 10 & \text{si } 3 < p \leqslant 10 \\ 0 & \text{si } p > 10 \end{cases}$$

i. Les seuils de rentabilité sont déterminés à partir des coûts moyens (▶ chapitre 4), CM_1 et CM_2 : $CM_1(y) = y^2 + \frac{1}{4}y + 8$ et $CM_2(y) = \frac{1}{2}y + 2 + \frac{2}{y}$. Nous en déduisons les seuils de rentabilité pour les prix des deux firmes : $\underline{p}^1 = 8$ et $\underline{p}^2 = 4$.

À long terme, le prix d'équilibre sera égal à $p^* = \underline{p}^2 = 4$.

ii. La quantité demandée au prix d'équilibre est $Q^D(4) = -4 + 10 = 6$

iii. L'offre individuelle pour les firmes de type 2 est obtenue à partir de l'égalité entre le prix et le coût marginal : $p = Cm^2(y) = y + 2$, soit $y^2(p) = p - 2$.

L'offre agrégée pour m firme de type 2 est $Q^O(p) = my^2(p) = m(p - 2)$. La quantité offerte agrégée à l'équilibre est donc $Q^O(4) = 2m$.

Or, à l'équilibre, l'offre est égale à la demande : $Q^O(4) = Q^D(4) \Leftrightarrow 6 = 2m$.

Nous pouvons en déduire qu'il y aura trois firmes de type 2 à l'équilibre de long terme.

1.3 Surplus et équilibre partiel

1.3.1 Le surplus du consommateur

Nous avons introduit, au chapitre 6, la notion de surplus pour un consommateur. Nous pouvons étendre cette notion au surplus des consommateurs.

1 Attention ! Il y a des coûts quasi-fixes à long terme car il s'agit du long-terme du point de vue de la structure de marché.

Définition 3

Surplus du consommateur

Le surplus du consommateur sur un marché est la somme des différences entre le montant maximum que les consommateurs sont prêts à payer pour chaque unité de bien et le prix effectif de cette unité.

Formulation mathématique : Soit $p_D(Q)$, la fonction de demande agrégée inverse, pour une quantité Q^* et un prix p^*, le surplus des consommateurs est :

$$S^C(p^*,Q^*) = \int_0^{Q^*} p_D(Q)dQ - p^*Q^*$$

1.3.2 Le surplus du producteur

Le surplus d'un producteur, défini dans le chapitre 4, est la différence entre le prix de marché et son propre prix de réserve (prix minimum qu'il est prêt à consentir). Ce prix minimum est simplement le coût marginal en concurrence parfaite.

Définition 4

Surplus du producteur

Le surplus du producteur sur un marché est la somme des différences entre le prix de vente du bien et le coût marginal de production de ce bien, représenté par la fonction d'offre agrégée.

Formulation mathématique : Soit $P_O(Q)$, la fonction d'offre agrégée inverse, pour une quantité Q^* et un prix p^*, le surplus des producteurs est :

$$S^P = p^* \cdot Q^* - \int_0^{Q^*} p_O(Q)dQ$$

Graphiquement, le surplus du producteur correspond à l'aire au-dessus de la courbe d'offre agrégée et entre le prix p^* et le prix minimal des producteurs (▶ figure 8.4).

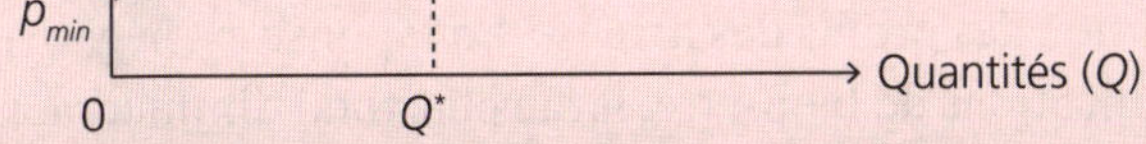

La fonction d'offre agrégée est linéaire (droite en noir). Le surplus du producteur est représenté par l'aire en gris. Dans le cas d'une demande linaire, le surplus se calcule facilement par l'expression de l'aire du triangle rectangle ($p_{min}p^*E$) qui est égal à $\frac{1}{2}(p^* - p_{min}) \times Q^*$.

◀ **Figure 8.4**
Surplus du producteur

1.3.3 Le surplus collectif

À partir des surplus du consommateur et du producteur, nous pouvons déterminer le surplus de l'ensemble des agents économiques.

Définition 5

Surplus collectif (ou global)

Le surplus collectif ou global est la somme du surplus du consommateur et de celui du producteur. C'est une mesure du bien-être de l'ensemble des agents économiques présents sur le marché. Il est maximal à l'équilibre de concurrence pure et parfaite (▶ figure 8.5).

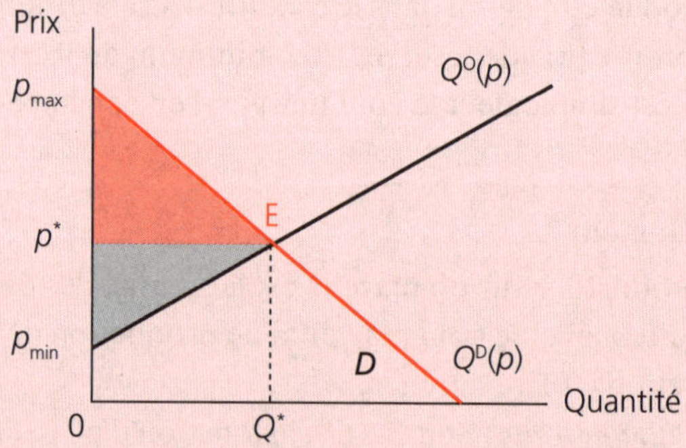

▶ Figure 8.5
Surplus collectif et équilibre concurrentiel

Le surplus collectif est une mesure du bien-être de l'ensemble des agents économiques sur un marché. Il est représenté par la somme des aires des triangles orangé et grisé. Il est maximal à l'équilibre concurrentiel.

1.3.4 Surplus collectif et évaluation des politiques économiques

Pour déterminer l'effet sur le bien-être d'une politique économique, nous pouvons mesurer le gain ou la perte du surplus des consommateurs et des producteurs. Supposons qu'une autorité publique souhaite contrôler les prix et impose un prix maximum, $\tilde{p}$, inférieur au prix d'équilibre, p^*. Le prix se fixera à ce prix maximal (prix plafond). Les consommateurs peuvent voir leur bien-être, mesuré par le surplus, augmenté par cette mesure tandis que les producteurs voient leur profit diminuer. L'augmentation du bien-être des consommateurs compense-t-elle la diminution des profits des firmes ? La réponse est négative. Quelles que soient les modifications de bien-être, le surplus total diminuera. Cette perte de bien-être collectif est appelée **la charge morte ou perte sèche** (▶ figure 8.6).

De façon plus générale, toute politique de modification des prix d'équilibre entraîne une perte sèche (taxe, subvention, prix plancher). L'ampleur de cette perte dépend des sensibilités des agents au prix (plus la demande est inélastique au prix et plus le bien-être des consommateurs sera affecté négativement pour une hausse des prix ▶ chapitre 6).

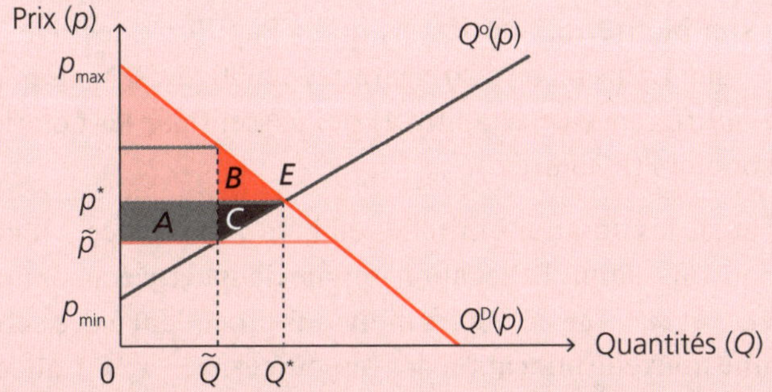

Supposons que le prix plafond $\tilde{p}$ soit inférieur au prix d'équilibre. Le passage de p^* à $\tilde{p}$ augmente le bien-être des consommateurs. Ce gain est mesuré par la différence entre l'aire du rectangle *A* et l'aire du triangle *B*. En revanche, il entraîne une perte pour les producteurs mesurée par la somme des aires du rectangle *A* et du triangle *C*. La différence de surplus total est mesurée par $(A - B) - (A + C) = -B - C$. La perte de surplus (charge morte) est mesurée par les aires des triangles *B* et *C*.

◀ **Figure 8.6**
Contrôle des prix et surplus collectif

2 Équilibre général dans une économie d'échange

Nous venons d'étudier l'équilibre partiel, sur un marché, en ignorant le reste de l'économie. Dans cette section, nous étudierons la réalisation simultanée de l'équilibre sur tous les marchés dans une économie simplifiée sans firme[1]. La quantité totale des biens est donnée et répartie entre les consommateurs. Les consommateurs pourront procéder à des échanges en vue d'améliorer leur bien-être. Les principaux résultats que nous présenterons dans ce cadre peuvent se généraliser à une économie avec production.

POUR ALLER PLUS LOIN
▶ *Voir p. 217*

2.1 Représentation du processus d'échanges : le diagramme d'Edgeworth

2.1.1 La construction du diagramme d'Edgeworth

Afin d'obtenir une représentation graphique, nous simplifions au maximum en présentant le cas de deux biens et deux consommateurs. Henri dit « Papillon » et

1 On pourrait aussi considérer que la production est donnée.

Louis sont prisonniers au bagne. Deux seuls biens peuvent être échangés entre prisonniers : les cigarettes, *c*, et les fèves, *f*. Chacun des deux prisonniers reçoit chaque jour des cigarettes et des fèves. Ils peuvent s'échanger une partie de ces dotations. Chaque prisonnier a intérêt à échanger tant que cela lui permet d'augmenter son bien-être. Supposons que « Papillon » reçoive 200 fèves et 30 cigarettes et que Louis reçoive 20 cigarettes et 600 fèves. Nous pouvons tracer les courbes d'indifférence (▶ chapitre 4) qui passent par les dotations initiales des deux prisonniers (▶ figures 8.7).

En notant ω_1^i et ω_2^i, les dotations initiales en bien 1 et en bien 2 d'un individu *i*, $i = 1,2$, nous pouvons définir l'allocation initiale dans cette économie, $\omega = (\omega_1, \omega_2)$ avec $\omega_1 = (\omega_1^1, \omega_1^2)$ et $\omega_2 = (\omega_2^1, \omega_2^2)$. Si les individus procèdent à des échanges, nous obtiendrons une nouvelle allocation des ressources, $x = (x_1, x_2)$, allocation finale s'il n'y a plus d'échange ensuite. Enfin, une allocation finale sera une allocation **réalisable** si elle peut être obtenue compte tenu de l'allocation initiale.

Définition 6

Une allocation est dite **réalisable** dans une économie de consommation si pour chaque bien disponible, la quantité allouée entre tous les consommateurs est égale à la quantité disponible, $x_k^1 + x_k^2 = \omega_k^1 + \omega_k^2$, pour tout bien *k*.

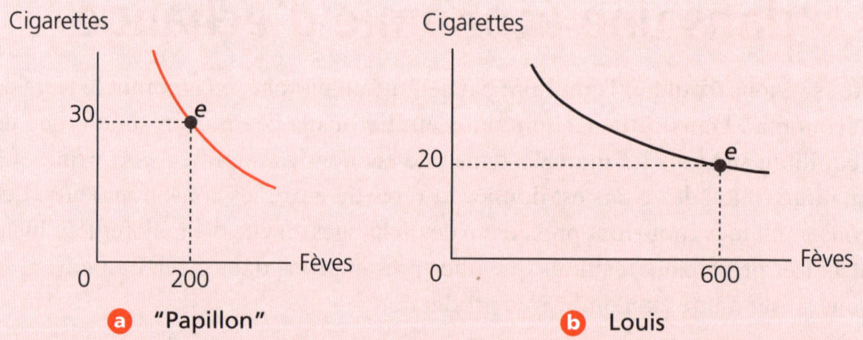

▶ **Figure 8.7 Construction de la boîte d'Edgeworth**

ⓐ Le point e correspond à la dotation initiale de « Papillon », e = (200, 30). La courbe en orange est la courbe d'indifférence de « Papillon » qui passe par ce point.

ⓑ Le point e correspond à la dotation initiale de Louis, e = (600, 20). La courbe en noir est la courbe d'indifférence de Louis qui passe par ce point.

Pour obtenir la boîte d'Edgeworth, nous combinons les graphiques représentant les courbes d'indifférence des consommateurs de manière à obtenir un double système d'axes dans le même graphique (▶ figure 8.8). La taille de la boîte d'Edgeworth est donnée par les quantités disponibles des deux biens.

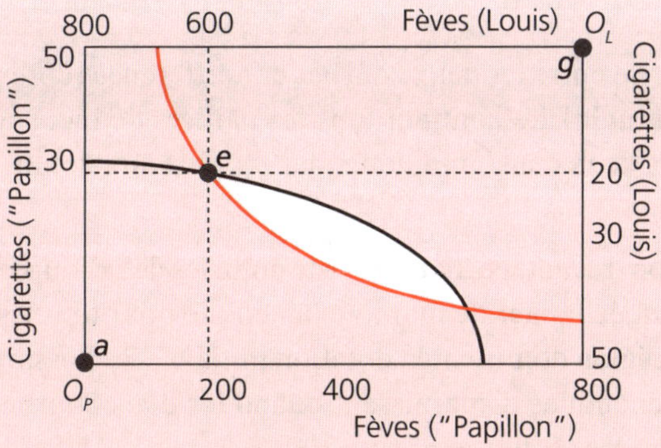

Cette représentation provient des deux figures 8.7. Le graphique de Louis a été « retourné » pour former un seul graphique avec celui de « Papillon ». La taille de la boîte d'Edgeworth est donnée par les quantités disponibles de cigarettes, soit 30 + 20 = 50 et de fèves, 200 + 600 = 800. Le point *e* correspond à la situation initiale sans échange.

◄ **Figure 8.8**
Boîte d'Edgeworth

2.1.2 Quand les consommateurs échangent-ils ?

Les deux consommateurs procéderont à des échanges si cela leur permet d'augmenter leur satisfaction. Graphiquement, cela correspond à la possibilité d'atteindre une courbe d'indifférence plus éloignée de l'origine pour chacun. D'après la figure 8.9, si « Papillon » offre 10 cigarettes à Louis en échange de 200 fèves, « Papillon » et Louis obtiendront des quantités de biens leur procurant une plus grande satisfaction. Ils ont intérêt à procéder à cet échange. Les consommateurs ont intérêt à échanger tant que leur satisfaction augmente.

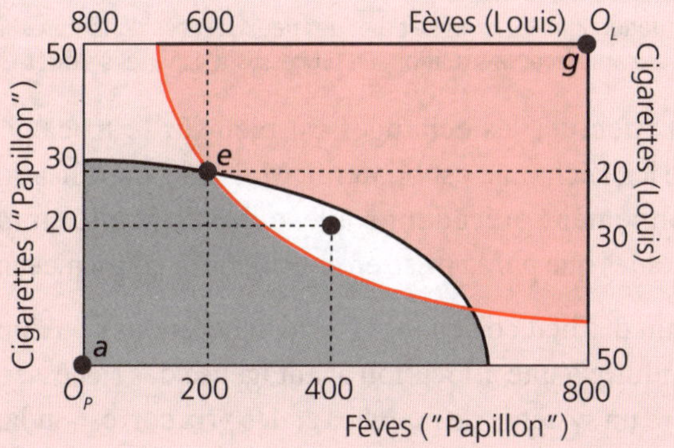

Si « Papillon » offre 10 cigarettes à Louis en échange de 200 fèves, les allocations seront de 20 cigarettes et 400 fèves pour « Papillon » et de 30 cigarettes et de 400 fèves pour Louis. Cette situation procure une plus grande satisfaction aux deux prisonniers. En revanche, si « Papillon » offre 10 cigarettes à Louis en échange de 400 fèves, les allocations seront de 20 cigarettes et 600 fèves pour « Papillon » et de 30 cigarettes et de 200 fèves pour Louis. Cette situation procure une plus grande satisfaction à « Papillon » mais pas à Louis.Tous les paniers se situant dans la zone orangée permettent d'améliorer la situation de « Papillon » mais détériorent celle de Louis. De manière symétrique, tous les paniers se situant dans la zone grisée permettent d'améliorer la situation de Louis mais détériorent celle de « Papillon ». Enfin, tous les paniers se situant dans la zone blanche centrale permettent d'améliorer le bien-être des deux prisonniers : c'est la région d'avantage mutuel.

◄ **Figure 8.9**
Échanges dans la boîte d'Edgeworth

Définition 7

La zone comprise entre les deux courbes d'indifférence représente la **région d'avantage mutuel.** Elle contient tous les paniers de biens qui améliorent la situation des deux consommateurs par rapport aux dotations initiales.

Tant qu'une région d'avantage mutuel existe entre les deux courbes d'indifférence, les agents peuvent échanger de manière bénéfique pour tous les deux. Les allocations de cette région dominent la dotation initiale. Ces possibilités d'échanges mutuellement bénéfiques disparaissent quand les deux courbes d'indifférence deviennent tangentes (► figure 8.10).

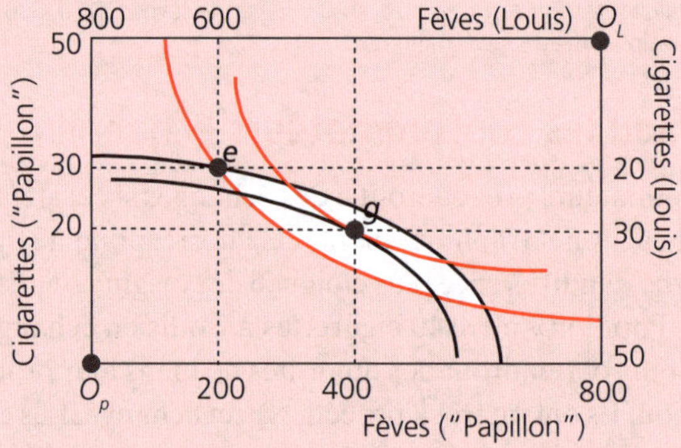

► **Figure 8.10**
Échanges (suite)

L'allocation *g* est dans la zone en blanc et procure une plus grande satisfaction aux deux prisonniers par rapport à la situation initiale, *e*. En ce point, les deux courbes d'indifférence sont tangentes et il n'est pas possible d'améliorer la situation. Le processus d'échanges s'arrête.

Une manière d'effectuer les échanges est bien sûr le troc. Ceci semble facile lorsque, comme ici, l'échange est bilatéral. Mais, la généralisation à plus de deux agents du raisonnement précédent soulève des difficultés importantes qui ne peuvent être résolues que par la prise en considération d'un mécanisme de marché.

Les marchés étant des lieux d'échange, par essence, nous pouvons nous demander s'ils peuvent conduire à une allocation avantageuse des richesses. Pour cela, nous devons introduire un système de marchés et des prix correspondant à ces marchés.

2.2 Équilibre des marchés

Continuons d'étudier une économie simplifiée avec deux biens que nous indicerons par $k = 1, 2$, et deux consommateurs indicés par $i = 1, 2$. Nous supposons désormais que chaque bien a un prix noté, p_k, avec $p_k \geq 0$.

En notant ω_1^i et ω_2^i, les dotations initiales en bien 1 et en bien 2 du consommateur i, la valeur de la dotation initiale de ce consommateur est donnée par : $R^i = p_1\omega_1^i + p_2\omega_2^i$.

Les paniers accessibles du consommateur i, (x_1^i, x_2^i), vérifient sa contrainte budgétaire : $p_1x_1^i + p_2x_2^i \leqslant p_1\omega_1^i + p_2\omega_2^i$.

Afin de mettre en évidence les échanges, et distinguer ce qui est acheté de ce qui est demandé et ce qui est vendu de qui est offert, nous pouvons réécrire la contrainte budgétaire comme suit : $p_1x_1^i + p_2x_2^i = p_1\omega_1^i + p_2\omega_2^i \Leftrightarrow p_1(x_1^i - \omega_1^i) + p_2(x_2^i - \omega_2^i) = 0$.

Cette écriture permet de mettre en évidence les demandes nettes des consommateurs sur chacun des marchés.

Définition 8

La demande nette d'un consommateur i sur le marché d'un bien k est la différence entre sa demande de bien k et sa dotation initiale en bien k : $x_k^i - \omega_k^i$.

Si la demande nette est positive, il s'agit d'un achat et si elle est négative, il s'agit d'une vente (▶ figure 8.11). Si elle est nulle, le consommateur consomme ce qu'il demande : son désir d'achat « s'épuise » dans sa demande.

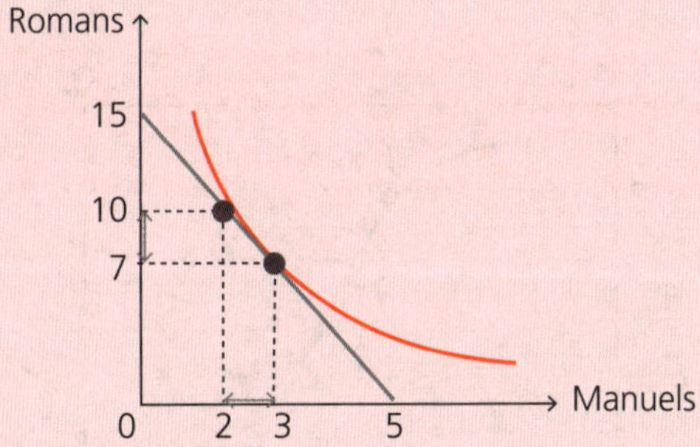

◀ **Figure 8.11**
Demandes nettes

Légolas possède 10 romans policiers et 2 manuels de microéconomie. Le prix d'un roman d'occasion est 6 € et celui d'un manuel d'occasion est de 18 €. La valeur de sa dotation initiale est donc égale à 10 × 6 + 2 × 18 = 96€. Compte tenu de ses préférences et de sa contrainte budgétaire, il souhaite avoir 7 romans et 3 manuels. Il est prêt à vendre 3 romans (demande nette de romans = – 3 < 0) et acheter 1 manuel (demande nette de manuels = 1 > 0).

Au vecteur de prix (p_1,p_2) donné, nous pouvons déterminer les choix optimaux des deux consommateurs comme dans le chapitre 5. Nous allons étudier simultanément ces deux problèmes dans une boîte d'Edgeworth en introduisant le vecteur de prix. À ce vecteur de prix, correspond une unique droite de budget D, de pente $-p_1/p_2$, qui passe par le point initial I. Il apparaît que les deux droites de budget des deux consommateurs sont confondues dans la boîte d'Edgeworth (▶ figure 8.12).

▶ **Figure 8.12**
Boîte d'Edgeworth et droite de budget

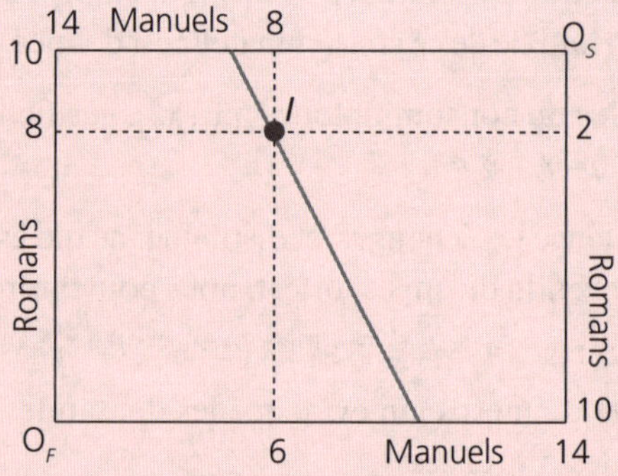

Frodon possède 6 manuels et 8 romans. Le prix d'un manuel d'occasion est de 8 € et celui d'un roman d'occasion 4 €. La valeur de sa dotation initiale est $R^F = 8 \times 6 + 4 \times 8 = 80$. Sam possède 8 manuels et 2 romans, la valeur de sa dotation initiale est $R^S = 8 \times 8 + 4 \times 2 = 72$. Le nombre de manuels dans cette économie est de 6 + 8 = 14. Le nombre total de romans est de 10. La droite de budget est représentée en gris par la droite de pente 4/8 = 1/2. Elle passe par le point initial, *I*.

Au vecteur de prix (p_1,p_2) donné, les demandes nettes des deux consommateurs ne sont pas toujours compatibles (▶ figure 8.13). Cela signifie qu'il y a excès d'offre sur un marché et excès de demande sur l'autre marché. Il s'agit donc de déterminer les prix (p_1,p_2) qui permettent l'équilibre sur les deux marchés simultanément.

▶ **Figure 8.13**
Choix des consommateurs et droite de budget

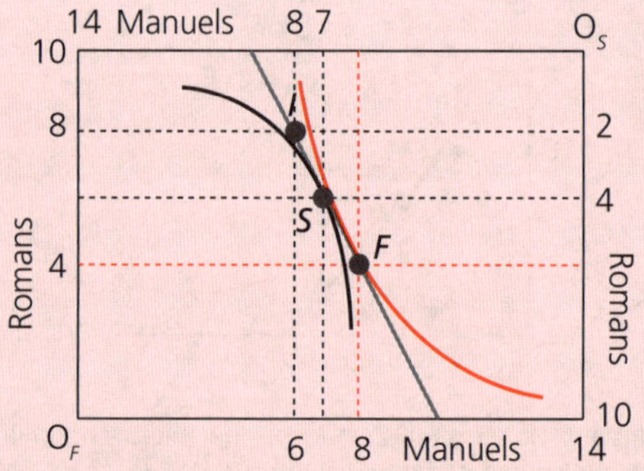

Étant donné le vecteur de prix (8,4), Frodon maximise son utilité en achetant 2 manuels et en revendant 4 romans. Ses demandes nettes sont $x_M^F - \omega_M^F = 6-8 = -2<0$ pour les manuels et $x_R^F - \omega_R^F = 8-4 = 4>0$ pour les romans. Sam maximise son utilité avec 7 manuels et 4 romans. Ses demandes nettes sont $x_M^S - \omega_M^S = 8-7 = 1>0$ pour les manuels et $x_R^S - \omega_R^S = 2-4 = -2<0$ pour les romans. *A priori*, les échanges devraient avoir lieu car Frodon souhaite vendre des manuels et acheter des romans et Sam souhaite acheter des manuels et vendre des romans. Cependant, il y a un excès d'offre sur le marché des manuels et un excès de demande sur celui des romans : $x_M^F - \omega_M^F + x_M^S - \omega_M^S = -2+1 = -1<0$ et $x_R^F - \omega_R^F + x_R^S - \omega_R^S = 4-2 > 0$. Les prix (8,4) ne permettent pas l'équilibre sur les deux marchés.

Définition 9

Équilibre général concurrentiel

Un équilibre concurrentiel d'une économie est donné par un vecteur de prix $p^* = (p_1^*, p_2^*)$ et une allocation des biens $x^* = (x_1^*, x_2^*) = \left(x_1^{1*}, x_1^{2*}, x_2^{1*}, x_2^{2*}\right)$ tels que :

i. étant donné ce vecteur de prix, p^*, chaque individu maximise son utilité sous sa contrainte budgétaire ;

ii. les marchés sont soldés (les demandes nettes sont nulles).

La condition (i) signifie qu'au vecteur de prix d'équilibre, p^*, l'allocation $\left(x_1^{1*}, x_1^{2*}\right)$ maximise l'utilité du consommateur 1 et l'allocation $\left(x_2^{1*}, x_2^{2*}\right)$ maximise l'utilité du consommateur 2.

La condition (ii) signifie que tous les marchés sont à l'équilibre, la demande agrégée est égale à l'offre agrégée.

À l'équilibre, les prix permettent de rendre les choix des agents compatibles (▶ figure 8.14). Notons que toute l'information passe par les prix et ces prix permettent la coordination des plans des agents, en les rendant mutuellement compatibles.

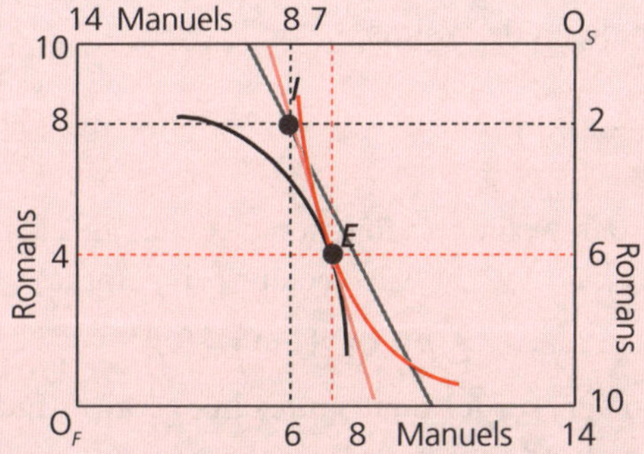

Le vecteur initial de prix ne permettait pas l'équilibre. Les prix se sont modifiés (nouvelle droite de budget en orange). Pour ces nouveaux prix, Frodon maximise son utilité avec 7 manuels et 4 romans tandis que Sam maximise son utilité avec 7 manuels et 6 romans. Les deux marchés sont équilibrés.

◀ **Figure 8.14** **Équilibre avec deux consommateurs et deux biens**

FOCUS

Propriété de l'équilibre dans une économie à deux biens et deux consommateurs

À l'équilibre, le TMS de chaque agent est égal au rapport des prix (▶ chapitre 5). Comme les consommateurs font face au même vecteur de prix, leur choix optimal correspond à la même pente tangente à leur courbe d'indifférence : $TMS_1 = TMS_2 = \frac{p_1}{p_2}$.

Remarquons qu'en vertu de la propriété d'absence d'illusion monétaire des consommateurs, les fonctions de demande nettes sont homogènes de degré zéro par rapport aux prix absolus Σ. Par agrégation, le système de demandes nettes qui déterminent les prix est aussi homogène de degré zéro par rapport aux prix nominaux, la solution de ce système donne donc un prix relatif qui exprime un taux d'échange. Ainsi, si $p = (p_1, p_2)$ est un vecteur de prix d'équilibre, $\lambda p = (\lambda p_1, \lambda p_2)$ est également un vecteur de prix d'équilibre. Ce sont les **prix relatifs** et non absolus qui déterminent l'équilibre. Dans ces conditions, le système d'équations de demandes nettes est surdéterminé puisqu'il n'y a qu'une inconnue et deux équations (donc une équation en trop). Le développement suivant permet de résoudre ce problème.

2.3 La loi de Walras

L'équilibre est obtenu lorsque les marchés sont soldés et que les individus maximisent leur utilité sous contraintes budgétaires. Sous cette dernière condition, on peut montrer que si le marché du bien 1 est soldé, le marché du bien 2 le sera aussi à l'équilibre. Ce résultat est la conséquence d'une propriété plus générale connue sous le nom de loi de Walras.

Théorème 1

Loi de Walras

Soit $x^i(p)$ et ω^i, respectivement la fonction de demande et la dotation initiale du consommateur i, $i = 1, 2$, et p, le vecteur prix, alors :

$$\sum_{i=1}^{2} p \cdot \left(x^i(p) - \omega^i\right) = 0$$

Preuve : Il suffit d'agréger les contraintes budgétaires individuelles. Pour chaque consommateur i, on a : $p \cdot \left(x^i(p) - \omega^i\right) = p_1\left(x_1^i - \omega_1^i\right) + p_2\left(x_2^i - \omega_2^i\right) = 0$. En additionnant ces égalités pour tous les consommateurs, on obtient $\sum_{i=1}^{2} p \cdot \left(x^i(p) - \omega^i\right) = 0$.

En d'autres termes, la somme des demandes nettes en valeur est nulle. La loi de Walras peut être généralisée à K marchés et N consommateurs.

FOCUS

Conséquence principale de la loi de Walras

Si $K-1$ marchés sont à l'équilibre, le K^e marché est à l'équilibre.

Preuve

Pour K marchés et N consommateurs, la loi de Walras se réécrit de la façon suivante :

$$\sum_{i=1}^{N} p\cdot\left(x^i(p)-\omega^i\right)=0 \Leftrightarrow \sum_{i=1}^{N}\sum_{k=1}^{K} p_k\left(x_k^i-\omega_k^i\right)=0$$

$$\Leftrightarrow \sum_{k=1}^{K} p_h \sum_{i=1}^{N}\left(x_k^i-\omega_k^i\right)=0 \Leftrightarrow \sum_{k=1}^{K-1} p_k\left[\sum_{i=1}^{N}\left(x_k^i-\omega_k^i\right)\right]+p_k\left[\sum_{i=1}^{N}\left(x_k^i-\omega_k^i\right)\right]=0$$

Si pour un vecteur de prix d'équilibre, p, les $K-1$ premiers marchés sont soldés, on a : $\left[\sum_{i=1}^{N}\left(x_k^i-\omega_k^i\right)\right]=0$, pour $K=1$ à $K-1$. Alors, d'après la loi de Walras, $p_k\left[\sum_{i=1}^{N}\left(x_k^i-\omega_k^i\right)\right]=0$, ce qui implique que le K^e marché est soldé également dès lors que $p_K>0$.

Dans le cas de deux biens, cette propriété signifie que les deux équations d'équilibre sur les marchés ne font plus qu'une. Se pose alors le problème de la détermination des prix, p_1 et p_2. Comme nous l'avions déjà remarqué précédemment, à l'équilibre, nous n'obtenons pas des valeurs des prix absolus mais des prix relatifs, $\frac{p_1}{p_2}$.

Par conséquent, il existe une infinité de prix d'équilibre dès lors qu'il en existe un. Pour autant, le niveau absolu des prix importe peu. La solution est alors de normaliser le prix d'un bien en particulier qui servira de numéraire[1]. Autrement dit, les prix des autres biens seront exprimés en fonction du prix du numéraire. Généralement, on choisit de fixer le prix du premier bien à un (le bien 1 sert de numéraire). On obtient alors le vecteur d'équilibre $p=\left(1,\frac{p_1}{p_2}\right)$.

2.4 Existence et unicité de l'équilibre

Nous venons de voir comment déterminer un équilibre général dans une économie avec deux consommateurs et deux biens. Nous pouvons généraliser ces résultats à N consommateurs et K biens. Reste la question de l'existence et de l'unicité de l'équilibre. Nous avons déjà discuté de cette question concernant l'équilibre sur un marché. Qu'en est-il avec plusieurs marchés ? Nous n'allons pas entrer dans les techniques de démonstration d'existence et d'unicité mais uniquement donner l'intuition des résultats[2].

1 Dans notre modèle, la monnaie est inexistante. L'introduction de la monnaie soulève des difficultés redoutables et requiert un modèle général plus complexe que nous n'aborderons pas dans ce manuel.

2 Pour une étude plus approfondie, voir Tallon (1997).

L'existence de l'équilibre est assurée dès lors que les fonctions de demande nette sont continues et satisfont la loi de Walras. En fait, cela revient à considérer des préférences convexes[1] (▶ chapitres 5 et 6).

Concernant l'unicité du vecteur de prix à une normalisation près, il n'y a *a priori* aucune raison pour que l'équilibre soit unique. Cependant, on peut obtenir, sous certaines conditions sur les fonctions de demandes agrégées, des équilibres uniques (notamment sur la substituabilité des biens). Par exemple, les fonctions d'utilité Cobb-Douglas garantissent l'existence d'un équilibre unique.

3 Optimum social et équilibre général

Nous avons vu, dans la section 1, que l'équilibre concurrentiel sur un marché était optimal dans le sens où il permettait un surplus global maximal. Qu'en est-il de l'équilibre général ? Est-il optimal ? Dans quel sens ? Nous allons voir que l'équilibre général concurrentiel possède la propriété remarquable d'optimalité.

3.1 Optimum de Pareto

La notion de surplus peut difficilement se généraliser à un ensemble de marchés[2]. Le concept d'optimalité le plus fréquemment utilisé par les économistes est celui de l'optimalité au sens de Pareto. Reprenons l'exemple des prisonniers « Papillon » et Louis. Nous avions vu que si « Papillon » offrait 10 cigarettes à Louis en échange de 200 fèves, « Papillon » et Louis obtiendraient des quantités de biens leur procurant une plus grande satisfaction (▶ figure 8.10). L'allocation $x = (x^P, x^L)$ avec $x^P = (400, 20)$ et $x^L = (400, 30)$ procure une satisfaction plus grande aux deux consommateurs que l'allocation initiale $\omega = (\omega^P, \omega^L)$ avec $\omega^P = (200, 30)$ et $\omega^L = (600, 20)$. On dit que l'allocation $x = (x^P, x^L)$ est meilleure au sens de Pareto que l'allocation $\omega = (\omega^P, \omega^L)$.

Ainsi, l'idée générale est de comparer des allocations de biens en termes de bien-être des individus. Cette comparaison d'états de l'économie repose sur la possibilité de comparer le bien-être des individus (mesuré par les utilités) entre eux.

1 Dans le cas de biens complémentaires, l'existence n'est pas toujours assurée.
2 Néanmoins, cela s'utilise dans certains problèmes comme nous le verrons au chapitre 9.

Définition 10

Optimum de Pareto

Une allocation réalisable est **un optimum de Pareto** s'il n'est pas possible d'améliorer la situation d'un agent sans détériorer celle d'au moins un autre.
Formulation mathématique: Une allocation réalisable $\hat{x} = (\hat{x}^1, \hat{x}^2)$ est un optimum de Pareto *s'il n'existe pas* d'autre allocation réalisable, $x = (x^1, x^2)$, telle que $u_1(x^1) \geqslant u_1(\hat{x}^1)$ et $u_2(x^2) \geqslant u_1(\hat{x}^2)$ avec une inégalité stricte pour au moins un consommateur.

Cette définition est restreinte à l'ensemble des allocations réalisables, ou encore possibles.

Le critère de Pareto est un critère « faible » dans le sens où il ne permet pas de comparer toutes les situations possibles (il définit un préordre partiel et non total ▶chapitre 5 sur les relations de préférence). Par exemple, si « Papillon » reçoit 400 fèves et conserve ses 30 cigarettes alors que Louis se retrouve avec 400 fèves et 20 cigarettes, « Papillon » voit son utilité augmenter mais pas Louis : $u_p(400, 30) \geq u_p(200, 30)$ et $u_L(400, 20) \leq u_L(600, 20)$. Ces deux allocations ne peuvent être comparées selon le critère de Pareto (ou critère parétien).

Par ailleurs, ce concept ne fait aucunement référence à la notion d'équité ou de justice sociale. Il ne permet donc pas d'analyser des situations de redistribution où l'on « prend aux riches pour donner aux pauvres » (▶ Controverse). Cependant, ce critère permet de déterminer les allocations intéressantes du point de vue collectif et cela indépendamment des allocations initiales entre les individus. En effet, un optimum de Pareto est une allocation que peut choisir un planificateur central dont l'objectif est la maximisation du bien-être des individus. Il lui suffit de collecter les dotations initiales et de les redistribuer de manière optimale.

Une autre façon de comprendre ce concept est de remarquer que les optima de Pareto correspondent à des situations pour lesquelles il n'y a plus de possibilité d'échanges. Dans la boîte d'Edgeworth, nous avons vu que ces situations étaient représentées par des points de tangence entre les courbes d'indifférence des deux consommateurs. Étant donné les cartes d'indifférence des deux consommateurs, nous avons un ensemble infini de points qui correspondent à ce type de situation.

Définition 11

La courbe des contrats est le lieu géométrique des points de tangence des courbes d'indifférence de deux consommateurs.

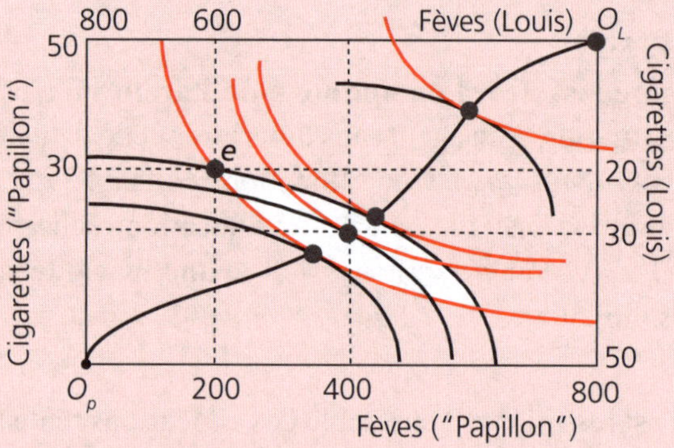

► **Figure 8.15**
Courbe des contrats

Les points sur la courbe des contrats sont des points de tangence entre une courbe d'indifférence de Papillon et une courbe d'indifférence de Louis. Arrivés à ce point, les deux prisonniers arrêtent les échanges : l'allocation est un optimum de Pareto.

À partir d'un point de la courbe des contrats, il n'est pas possible d'améliorer la situation d'un consommateur sans détériorer celle de l'autre (► figure 8.15).

Si la dotation initiale n'appartient pas à la courbe des contrats, il est possible d'améliorer la situation de chacun des agents en modifiant les quantités de biens dont dispose celui-ci. En partant de la situation initiale, les deux consommateurs peuvent procéder à une négociation pour atteindre un des points sur la courbe des contrats appartenant à la région d'avantage mutuel. Ces points appartiennent au noyau ou cœur de l'économie.

Définition 12

Cœur d'une économie

Le cœur ou noyau d'une économie d'échange est l'ensemble des échanges acceptables par tous les consommateurs à partir de leur dotation initiale.

Ainsi, le noyau d'une économie est une partie de la courbe des contrats. Cette notion est particulièrement pertinente dans l'étude des négociations. En effet, on s'attend à ce qu'une coopération ou coalition (par exemple internationale sur les questions environnementales) aboutisse à une allocation appartenant au noyau de l'économie. Ce concept permet de restreindre la classe des allocations « pertinentes ». Néanmoins, la multiplicité des allocations appartenant au noyau est une faiblesse de ce concept quant à son pouvoir prédictif.

Les concepts que nous venons de présenter permettent de déterminer les allocations optimales du point de vue social.

3.2 Les théorèmes du bien-être

L'allocation d'équilibre appartient à la région d'avantage mutuel et à la courbe des contrats. La première proposition est évidente puisque les agents ont toujours la possibilité de consommer leurs dotations initiales sans effectuer d'échanges. La seconde implique que l'équilibre est nécessairement un optimum de Pareto. Cette dernière propriété est connue sous le nom de premier théorème du bien-être et est vérifiée si les fonctions d'utilité des consommateurs, u_i, sont croissantes en chacun des biens (ce que nous avons supposé dans le chapitre 5).

Théorème 2

Premier théorème du bien-être

Si (p^*, x^*), avec p^*, le vecteur de prix et x^* l'allocation des biens, est un équilibre concurrentiel, alors x^* est un optimum de Pareto.
Preuve: cf. exercice 12 en fin de chapitre (p. 216).

Ce théorème généralise les propriétés de l'équilibre partiel. La concurrence aboutit à une situation optimale au sens de Pareto. Dans le cas de deux consommateurs et deux biens, nous pouvons vérifier que l'équilibre concurrentiel est bien sur la courbe des contrats. Ce théorème constitue un des fondements au libéralisme économique puisqu'il énonce des conditions dans lesquelles une économie de marché assure une répartition efficace des richesses. L'équilibre appartient au noyau de l'économie. Néanmoins, cette allocation dépend fortement de la dotation initiale autrement dit de la répartition des ressources entre les individus qui peut être plus ou moins inégalitaire. La notion d'optimum de Pareto ne prend absolument pas en compte les aspects d'équité (▶ Controverse).

Par ailleurs, ce premier théorème du bien-être implique que les prix permettent une coordination optimale des décisions individuelles. C'est un autre argument en faveur des économies parfaitement concurrentielles. Néanmoins, ce théorème n'est validé que si les hypothèses de concurrence (▶ chapitre 4) sont vérifiées, notamment celle d'une information parfaite.

Le second théorème du bien-être est moins souvent évoqué mais peut-être plus important encore.

Théorème 3

Deuxième théorème du bien-être

Soit x^* une allocation Pareto optimale. Si les préférences des individus sont convexes, alors il existe un vecteur de prix p^* et une allocation initiale ω^*, tels que (p^*, x^*) soit un équilibre.

D'après ce second théorème du bien-être, il est possible d'obtenir une allocation socialement optimale de façon **décentralisée**. Supposons qu'une autorité publique souhaite réaliser une allocation x^*, il lui suffit de redistribuer l'allocation initiale entre les agents et de « laisser faire les marchés ». Ainsi, les objectifs d'efficacité et de justice sociale ne sont pas nécessairement antagonistes. Une autre façon d'obtenir l'allocation désirable par les autorités publiques, ou un planificateur central, est de procéder à des transferts. L'État peut taxer certains consommateurs et redistribuer le revenu de cette taxe à d'autres consommateurs. Il aura ainsi modifié l'allocation initiale. Il faut néanmoins que ces transferts soient forfaitaires pour ne pas modifier les comportements des agents. Ce dernier point souligne une faiblesse du caractère normatif de ce théorème. Il est en effet difficile de baser une politique de redistribution uniquement sur des transferts forfaitaires. Par exemple, cela signifie que les tarifs « jeunes » ne permettent pas d'atteindre une allocation optimale et ne doivent pas être mis en place. Il vaudrait mieux donner directement aux jeunes un revenu supplémentaire.

Par ailleurs, ce théorème suppose que le planificateur possède une information parfaite sur l'économie et notamment sur les préférences et les caractéristiques des agents. Il semble difficile d'accepter une telle hypothèse. C'est pourquoi les économistes proposent d'étudier les allocations optimales en absence d'information parfaite sur les fondamentaux qui constituent l'économie.

3.3 Détermination des optima de Pareto

Cherchons maintenant à déterminer les optima de Pareto dans notre économie d'échange à deux consommateurs et deux biens. On peut montrer que les optima de Pareto sont solutions d'un problème de maximisation d'une « fonction de bien-être social », $W(x)$. Cette fonction représente le bien-être de la société qui compose l'économie. Elle représente la satisfaction que l'ensemble des agents (ou le planificateur qui les représente) retire d'une allocation.

FOCUS

Détermination des optima de Pareto

Si les fonctions d'utilité sont continues, croissantes et concaves, x^* est une solution du problème :

$$\max_x W(x, \alpha) = \sum_{i=1}^{2} \alpha_i u_i(x^i)$$

$$\text{s.c.} \begin{cases} \sum_{i=1}^{2} x_k^i \leqslant \sum_{i=1}^{2} \omega_k^i & \forall i \forall k \\ x_k^i \geqslant 0 \end{cases}$$

si et seulement si x^* est un optimum de Pareto pour un vecteur α.

Résolvons maintenant ce programme. Pour cela, nous utiliserons la méthode de Lagrange ➋:

$$\max_x \mathcal{L}(x) = \sum_{i=1}^{2} \alpha_i u_i(x^i) + \lambda_1 \left[\sum_{i=1}^{2} (\omega_1^i - x_1^i) \right] + \lambda_2 \left[\sum_{i=1}^{2} (\omega_2^i - x_2^i) \right]$$

avec λ_1, λ_2, les multiplicateurs de Lagrange associés aux contraintes sur les marchés des biens 1 et 2.

Les conditions d'optimalité s'écrivent :

$$\begin{cases} \dfrac{\partial \mathcal{L}(x)}{\partial x_1^1} = \alpha_1 \dfrac{\partial u_1(x^1)}{\partial x_1^1} - \lambda_1 = 0 \\ \dfrac{\partial \mathcal{L}(x)}{\partial x_2^1} = \alpha_1 \dfrac{\partial u_1(x^1)}{\partial x_2^1} - \lambda_2 = 0 \\ \dfrac{\partial \mathcal{L}(x)}{\partial x_1^2} = \alpha_2 \dfrac{\partial u_2(x^2)}{\partial x_1^2} - \lambda_1 = 0 \\ \dfrac{\partial \mathcal{L}(x)}{\partial x_2^2} = \alpha_2 \dfrac{\partial u_2(x^2)}{\partial x_2^2} - \lambda_2 = 0 \\ \lambda_1 \left[\sum_{i=1}^{2} (\omega_1^i - x_1^i) \right] = 0 \\ \lambda_2 \left[\sum_{i=1}^{2} (\omega_2^i - x_2^i) \right] = 0 \end{cases}$$

Utilisons les conditions d'optimalité du consommateur 1 et le rapport de ses utilités marginales, supposées strictement positives, il vient :

$$\frac{\dfrac{\partial u_1(x^1)}{\partial x_1^1}}{\dfrac{\partial u_1(x^1)}{\partial x_2^1}} = \frac{\lambda_1}{\lambda_2}$$

Remarquons que le rapport des multiplicateurs de Lagrange est indépendant des caractéristiques des individus. Par conséquent, à l'optimum, les TMS des individus sont égaux entre eux.

Dans la section 2, nous avions montré qu'à l'équilibre, les TMS des consommateurs étaient égaux au rapport des prix. À l'optimum, ces TMS sont tous égaux au rapport des multiplicateurs de Lagrange. En conséquence, les multiplicateurs peuvent être interprétés comme les « prix » des biens.

La fonction de bien-être social $W(x) = \sum_{i=1}^{N} \alpha_i u_i(x^i)$ est la somme pondérée des utilités individuelles. Le bien-être collectif est obtenu à partir du bien-être individuel mesuré par l'utilité. Les paramètres α_i représentent les poids relatifs aux individus i dans la fonction de bien-être social, $W(x)$.

D'après le second théorème du bien-être, il est possible de décentraliser un optimum de Pareto. Ceci signifie qu'un planificateur central peut « choisir » les poids, déterminer l'allocation optimale correspondante et la décentraliser. Le choix des poids peut permettre d'introduire de l'équité dans le critère paretien.

CONTROVERSE

Un certain nombre d'économistes, et de philosophes, remettent en cause l'approche standard du bien-être collectif comme somme des utilités individuelles. Amartya Sen (prix Nobel d'économie en 1998) a notamment soulevé les problèmes éthiques de cette approche, à partir des travaux philosophiques de John Rawls sur la théorie de la justice. La branche de l'économie qui, entre autres, s'intéresse aux questions éthiques est l'économie du bien-être. Une fonction de bien-être social alternative à la somme des utilités est, par exemple, la fonction de bien-être social dite rawlsienne : $W(x) = \min_i u_i(x^i)$, le bien-être collectif dépend seulement du niveau d'utilité atteint par l'individu avec l'utilité la plus faible. ■

Les points **clés**

→ Sur un marché parfaitement concurrentiel, l'équilibre de court terme est déterminé par un prix et une quantité pour un nombre donné de firmes présentes sur le marché. À l'équilibre de long terme, le nombre de firmes n'est pas fixé.

→ Un équilibre général concurrentiel en économie d'échange est donné par un vecteur de prix et une allocation des biens. Pour ce vecteur de prix et cette allocation, tous les individus maximisent leur utilité sous contrainte budgétaire et les marchés de biens sont soldés.

→ Un optimum de Pareto est une allocation réalisable qui ne peut être améliorée par des échanges.

ÉVALUATION

QCM

▶ Corrigés p. 348

1 Sur un marché parfaitement concurrentiel, une politique économique de contrôle des prix peut augmenter le surplus global.

VRAI
FAUX

2 L'étude de l'équilibre général prend en compte les interactions entre les prix et les quantités sur différents marchés.

VRAI
FAUX

3 Une allocation optimale au sens de Pareto est une allocation de biens qui maximise la richesse pour tous.

VRAI
FAUX

4 Dans la boîte d'Edgeworth, quand deux courbes d'indifférence sont tangentes, l'échange ne peut pas avoir lieu pour améliorer le bien-être d'un individu sans réduire celui d'un autre.

VRAI
FAUX

5 D'après la loi de Walras, et dans une économie à 3 marchés, si 2 marchés sont en équilibre, le 3e le sera également.

VRAI
FAUX

6 La courbe des contrats décrit des situations où les échanges peuvent être mutuellement avantageux.

VRAI
FAUX

Exercices

▶ Corrigés en ligne

7 Équilibre partiel à court terme

Soit une branche concurrentielle composée de 30 firmes de deux types. Les 15 firmes du premier type sont identiques avec comme fonction de coût : $C_1(y^1) = 0{,}5(y^1)^2$ avec y^1, la production d'une de ces firmes. Les firmes du deuxième type sont identiques avec comme fonction de coût : $C_2(y^2) = 1{,}5(y^2)^2 + y^2 + 1{,}5$ avec y^2, la production d'une de ces firmes. On note p, le prix du produit.

1. Déterminer l'offre globale des 15 firmes de type 1.

2. Calculer le seuil de rentabilité des firmes de type 2. Puis, déterminer l'offre globale des 15 firmes de type 2.

3. Déterminer et représenter graphiquement l'offre globale de la branche.

4. La demande globale est $x = -2p + 127$. Représenter graphiquement l'équilibre de la branche. Calculer le prix d'équilibre.

8 Équilibre partiel à long terme

Le coût à long terme de chaque entreprise produisant y est $C(y) = y^3 + -4y^2 + 8y$. De nouvelles entreprises entreront dans la branche si les profits sont positifs d'autres en sortiront sinon.

1. Décrire la fonction d'offre à long terme de la branche.

2. Supposons que la fonction de demande soit $x = 2000 - 100p$. Déterminer le prix, la quantité et le nombre de firmes à l'équilibre.

9 Équilibre sur le marché d'un facteur de production

Soit une économie à deux secteurs de production. 16 firmes de type 1 produisent un bien de consommation, y, à partir de deux facteurs de production, le travail, L, et un bien intermédiaire, z. Les coûts des facteurs sont respectivement w et p et on notera q, le prix du bien y. Chaque entreprise de type 1 a une fonction de production de type Cobb-Douglas : $y_1 = L_1^{1/4} z_1^{1/4}$.

Le bien intermédiaire est produit par une seule firme (qualifiée de type 2) qui produit à l'aide du travail selon la technologie suivante : $z_2 = \sqrt{L_2}$.

1. Déterminer la demande de bien z pour chaque firme de type 1. En déduire la demande globale en fonction des prix p, q, w.

2. Déterminer l'offre de bien z pour la firme de type 2.

3. Déterminer l'équilibre sur le marché du bien intermédiaire (A.N. $q = \frac{1}{8}$ et $w = 1$).

10 Équilibre dans une économie d'échange

On considère une économie avec deux consommateurs, A et B et deux biens, x et y. Les fonctions d'utilité sont $u_A(x_A, y_A) = x_A^{1/4} y_A^{1/4}$ et $u_B(x_B, y_B) = x_B^{3/4} y_B^{1/4}$.

Le consommateur A reçoit 4 unités de bien x et 2 unités de bien y. Le consommateur B reçoit 6 unités de bien x et 8 unités de bien y.

Enfin, on note p_x et p_y, les prix des deux biens.

1. Déterminer les demandes nettes individuelles sur chaque marché.

2. Calculer l'équilibre général de cette économie.

3. Représenter l'équilibre dans la boîte d'Edgeworth.

11 Équilibre et bien-être dans une économie d'échange

On considère une économie avec deux consommateurs, A et B et deux biens, x et y. Les fonctions d'utilité sont $u_A(x_A, y_A) = \frac{1}{3}\ln x_A + \frac{2}{3}\ln y_A$ et $u_B(x_B, y_B) = \frac{2}{3}\ln x_B + \frac{1}{3}\ln y_B$.

Les deux consommateurs reçoivent 1 unité de chaque de bien chacun.

Enfin, on note p_x et p_y, les prix des deux biens.

1. Déterminer et représenter graphiquement l'ensemble des états optimaux.

2. Calculer l'équilibre général de cette économie.

3. Vérifier le premier théorème du bien-être.

12 Premier théorème du bien-être

■ Démontrer le premier théorème énoncé p. 211.

13 Équilibre général dans une économie avec production

On considère une économie avec deux consommateurs ($i = 1,2$) consommant deux biens 1 et 2 produits par deux firmes ($j = 1,2$) à l'aide du travail des deux individus.

La firme 1 produit le bien 1, en quantité y_1 à partir de la technologie de production : $y_1 = \sqrt{L_1}$, L_1 est la quantité de travail utilisée par la firme 1. La firme 2 produit le bien 2, en quantité y_2 à partir de la technologie de production : $y_2 = 2\sqrt{L_2}$, L_2 est la quantité de travail utilisée par la firme 2.

Les fonctions d'utilité des deux individus sont

$$u_1(x_1^1, x_2^1, l^1) = 2\ln x_1^1 + 2\ln x_2^1 + 2\ln(1 - l^1)$$

$$u_2(x_1^2, x_2^2, l^2) = 4\ln x_1^2 + 2\ln x_2^2 + 2\ln(1 - l^2)$$

avec x_1^i, x_2^i, l^i les quantités de biens 1 et 2 et le temps de travail offert de l'individu i.

Enfin, on suppose que les deux individus sont actionnaires des deux firmes. Les firmes 1 et 2 versent respectivement 60 % et 50 % de leurs profits à l'individu 1, et 40 % et 50 % à l'individu 2.

On notera p_1 et p_2 les prix des biens 1 et 2 et w, celui du travail.

1. Déterminer les fonctions d'offre de biens, de demande de travail et de profit des deux firmes.

2. Déterminer les fonctions de demande de biens et d'offre de travail des deux individus.

3. Déterminer le vecteur de prix d'équilibre.

POUR ALLER PLUS LOIN

Équilibre général concurrentiel de court terme avec production

Considérons un seul consommateur, une seule firme et deux biens : le bien produit et le travail. Dans ce cadre simplifié, le consommateur est également détenteur de la firme. Nous supposons une situation parfaitement concurrentielle bien que le nombre d'agents soit réduit ici.

L'utilité du consommateur dépend de la quantité de bien consommée, x, et du temps consacré au loisir, l, $u(x,l)$, avec u croissante et concave en chacun de ses arguments.

La fonction de production dépend du facteur travail en quantité L, $y = F(L)$, avec F, croissante et concave. Nous notons p le prix du produit et w, celui du travail.

La détermination de l'équilibre se fait en 4 étapes.

Comportements des firmes

On commence par déterminer les demandes de facteurs et offres de produit des firmes.

Dans notre cas, il y a une seule firme qui maximise son profit, $\pi = py - wL$, sous contrainte technologique $y = F(L)$. À l'optimum, la productivité du travail est égale au coût relatif du travail : $F'(L) = \frac{w}{p}$.

On en déduit la demande de facteur, l'offre de produit et le profit à l'optimum : $L^d = L^d\left(\frac{w}{p}\right)$, $y^o = y\left(\frac{w}{p}\right)$ et $\pi = py\left(\frac{w}{p}\right) - wL^d\left(\frac{w}{p}\right) = \pi\left(\frac{w}{p}\right)$.

Les revenus non salariaux proviennent des profits distribués. Dans le cas d'un seul consommateur et d'une seule firme, le consommateur reçoit le profit $R = \pi\left(\frac{w}{p}\right)$, considéré comme exogène par le consommateur.

Comportements des consommateurs

On détermine les demandes individuelles de biens et offres de travail.

Dans notre cas, il y a un seul consommateur qui maximise son utilité, $u(x,l)$, sous sa contrainte budgétaire $px + wl = w + \text{R}$. Nous avons normalisé le temps total à 1 par souci de simplification des résultats. Ainsi, $1 - l$ représente le temps consacré au travail. À l'optimum, le TMS est égal au rapport des prix, ici $\frac{w}{p}$. On en déduit la demande de bien et l'offre de travail : $x^d = x\left(\frac{w}{p}\right)$ et $L^o = 1 - l\left(\frac{w}{p}\right)$.

Équations d'équilibre sur les marchés

Chaque marché est soldé à l'équilibre. Nous considérons ici deux marchés :

(i) marché du produit : $x^d = y^0$

(ii) marché du travail : $L^d = L^0$

Retrouvez la résolution en ligne sur dunod.com

Chapitre 9

En avril 2013, l'organisation FairSearch, regroupant 15 sociétés technologiques, dépose une plainte auprès de la Commission européenne pour abus de position dominante par Google sur le marché des téléphones portables. Microsoft, Nokia, Oracle, Expedia et Trip Advisor figurent parmi les plaignants. Ils reprochent notamment à Google de contraindre les producteurs de smartphones à installer une suite de services mobiles Google. Cette stratégie rappelle celle adoptée par Microsoft, accusée de profiter de sa position dominante sur le marché des systèmes d'exploitation pour imposer des logiciels tels qu'Internet Explorer ou Windows Media. La Commission européenne avait infligé en 2008 une amende historique à la firme de près de 860 millions d'euros.

Du côté des firmes concurrentes, l'argument phare est une concurrence déloyale qui les empêche de se développer et, éventuellement, de rester sur le marché. Du côté des consommateurs, une plus grande concurrence est perçue comme source d'un plus grand bien-être puisqu'elle permet de faire baisser les prix.

Le monopole correspond à la situation d'une seule firme sur le marché, qui possède un pouvoir de marché. Dans ce chapitre, nous étudierons également le monopsone. Cette situation, assez rare, correspond au cas d'un unique demandeur face à un nombre élevé d'offreurs. C'est par exemple le cas pour la sécurité intérieure et le marché de l'armement où le seul acheteur est l'État.

LES GRANDS AUTEURS

Joan Robinson (1903-1983)

En 1933, dans son ouvrage, *The Economics of Imperfect Competition*, J. Robinson présentait une étude de la discrimination par les prix d'un monopole faisant face à des marchés séparés. Trois conditions nécessaires à la discrimination par les prix sont énoncées : l'existence d'un pouvoir de marché, l'homogénéité des produits vendus et des élasticités de la demande par rapport au prix différentes selon les marchés. Dans les années 1990, l'analyse du monopole a profondément évolué avec l'introduction de différentes stratégies commerciales comme la différenciation des produits ou la vente liée ou encore la prise en compte de la publicité. ■

Monopole et monopsone

Plan

Prérequis

- → **Calculer** un surplus.
- → **Déterminer** les décisions des firmes en concurrence parfaite.
- → **Calculer** des élasticités.
- → **Connaître** les propriétés de l'équilibre partiel en situation parfaitement concurrentielle.

Objectifs

- → **Distinguer** un monopole d'un monopsone.
- → **Déterminer** la décision optimale d'un monopole privé.
- → **Mesurer** le pouvoir de marché du monopole.
- → **Définir** et calculer la perte sociale en situation de monopole.
- → **Déterminer** le prix du monopsone par rapport au prix du marché concurrentiel.

1 Choix du monopole

En pratique, il est difficile de trouver de véritables monopoles dans les économies modernes. Les oligopoles, que nous étudierons dans le chapitre 11, sont beaucoup plus courants. Cependant, les monopoles jouent un rôle important dans certains secteurs comme les transports ou l'industrie pharmaceutique. De plus, l'analyse du monopole sert de référence pour les autres cas de concurrence imparfaite. La différence principale avec les firmes en concurrence parfaite, est que le monopole fixe ses prix, il est **faiseur de prix** (*price-maker*). Néanmoins, si d'autres firmes sont prêtes à entrer sur le marché, cette entrée potentielle peut discipliner le comportement du monopole et l'obliger à ne pas exploiter pleinement son pouvoir de marché.

1.1 Monopole et barrières à l'entrée

Considérons un marché sur lequel un seul offreur est présent. Pour que ce monopole persiste, des barrières à l'entrée doivent empêcher l'arrivée de concurrents potentiels. Ces barrières à l'entrée peuvent être de nature technologique ou stratégique. Il en existe 4 principaux types.

- **Le monopole peut contrôler l'accès à une ressource rare** ou à une technologie particulière nécessaire pour produire le bien considéré. Ainsi, la firme exclut les concurrents des accès aux ressources de manière à conserver le monopole de la production finale qui nécessite ces ressources. L'exemple le plus connu est celui de la firme De Beers, conglomérat diamantaire sud-africain fondé en 1888, qui contrôla les mines de diamants et monopolisa la fourniture de diamants bruts à tous les diamantaires et à tous les ateliers de taille dans le monde au XXe siècle.
- **L'existence d'économies d'échelle** (▶ chapitre 3) justifie la présence de monopoles sur les marchés. La technologie de production est telle que les coûts de production de l'industrie sont plus faibles quand il y a un seul producteur. Un monopole créé et maintenu par des économies d'échelle est appelé un **monopole naturel**. La source des économies d'échelle est généralement la présence de coûts fixes importants. Cette situation existe dans l'industrie des réseaux comme les transports publics et les télécommunications ou dans le secteur de l'énergie.
- **La supériorité technologique du monopole** peut expliquer sa position. En effet, le monopole peut maintenir une avance technologique importante sur ses concurrents potentiels et les empêcher d'entrer sur le marché. Ce type

de barrière à l'entrée est généralement observable à court terme mais non à long terme. Les firmes concurrentes peuvent rattraper le retard ou proposer des substituts aux produits du monopole. Nous retrouvons ici l'exemple de Microsoft. Dans la même idée, le brevet accorde aux inventeurs un monopole temporaire sur leur découverte. Les firmes sont alors incitées à innover.

- Enfin, **des barrières gouvernementales** peuvent exister. C'est d'ailleurs une source historique de reconnaissance des situations de monopole. Certaines professions se voient accorder des droits exclusifs comme les notaires ou les taxis parisiens. Ce privilège politique a été peu à peu remplacé par des nécessités économiques comme la présence d'économies d'échelle. C'est ainsi que certaines productions sont assurées par des monopoles publics ou des régies comme dans le secteur de l'énergie. Des situations de monopoles légaux peuvent également être créées par l'introduction de brevets ou de droits comme les droits d'auteur.

1.2 Les décisions du monopole

Nous avons vu, dans le chapitre 4, qu'en situation parfaitement concurrentielle, le prix de vente est considéré comme donné par les firmes et les décisions sont prises en supposant que toute quantité produite peut être vendue. La relation entre prix et demande n'est pas perçue. En situation de monopole, la firme est confrontée à l'ensemble des demandes individuelles. Il lui est donc plus facile de connaître la demande qui s'offre à elle (à partir d'études de marché par exemple).

Pour tout prix p, le monopole est supposé connaître la quantité demandée Q. Le monopole utilise cette information pour déterminer ses recettes potentielles et, ainsi, le prix et la quantité de biens qui maximisent son profit. À partir de la demande inverse, $p(Q)$, on peut déduire la recette du monopole pour chaque quantité vendue, $RT(Q) = p(Q) \times Q$.

Nous supposons, dans tout le chapitre, que la demande est décroissante et que la recette marginale diminue quand la production augmente. De plus, la recette marginale est nécessairement inférieure au prix auquel la dernière unité est vendue $Rm(Q) < p(Q)$.

La décision du monopole dépend de la recette anticipée et donc de la sensibilité des consommateurs potentiels au prix. Une façon de mettre en évidence cette sensibilité est d'exprimer la recette marginale en fonction de l'élasticité prix directe.

FOCUS

Recette marginale et élasticité prix directe

La recette marginale est l'accroissement de la recette totale lorsque le volume de production est augmenté d'une unité : $Rm(Q) = RT'(Q) = p(Q) + p'(Q) \times Q$.

$Rm = p(Q) \times \left[1 + Q \times \frac{p'(Q)}{p(Q)}\right] = p(Q) \times \left[1 + \frac{1}{\varepsilon^D}\right]$ avec $1/\varepsilon^D$, l'élasticité de la demande inverse.

Le monopole choisit le niveau de production, et le prix, qui maximisent son profit, $\pi(Q)$, connaissant la demande inverse, $p(Q)$. Nous supposerons que les profits sont concaves tout au long de ce chapitre.

Le programme du monopole s'écrit :

$$\max_Q \pi(Q) = RT(Q) - C(Q)$$

La quantité optimale, Q^M, égalise la recette marginale, $Rm(Q^M)$ au coût marginal $Cm(Q^M)$ (► figure 9.1)

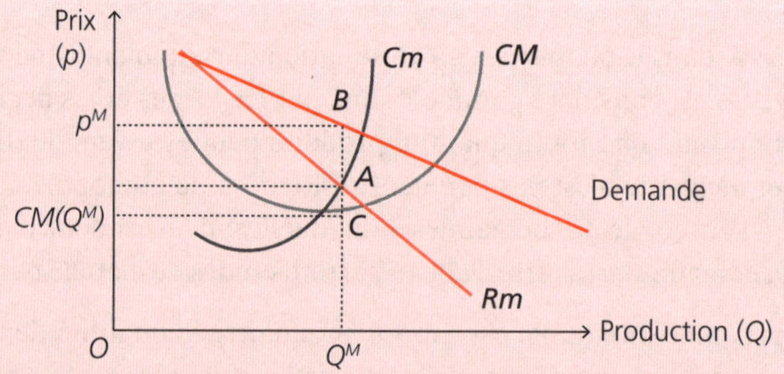

► **Figure 9.1 Décision de production du monopole**

À l'optimum, le coût marginal est égal à la recette marginale. La recette marginale est déterminée à partir de la courbe de demande. Une fois la quantité optimale choisie, le monopole fixe le prix en utilisant la fonction de demande. La recette totale est représentée par l'aire du rectangle $O\ Q^M\ B\ P^M$. Le coût total est représenté par l'aire du rectangle $O\ Q^M\ C\ CM(Q^M)$.

APPLICATION

Calcul des quantités et prix pratiqués par un monopole

Dans le cas d'une demande linéaire, $p(Q) = a - bQ$, avec $a > 0$ et $b > 0$, et d'un coût marginal constant, $C(Q) = cQ + F$, avec $c > 0$ et $F > 0$, des coûts fixes, nous avons : $\max_Q \pi(Q) = (a - bQ)Q - cQ - F$.

La condition d'optimalité est : $\pi'(Q) = a - 2bQ - c = 0$. Nous obtenons : $Q^M = \frac{a-c}{2b}$ qui est positif si $a > c$.

Le profit du monopole à l'optimum est : $\pi^M = (a - bQ^M)Q^M - cQ^M - F = \frac{(a-c)^2}{4b} - F$ qui est positif si les coûts fixes ne sont pas trop élevés.

Enfin, le prix du bien déterminé par le monopole est $p^M = a - bQ^M = \frac{a+c}{2}$.

1.3 Le pouvoir du monopole

En situation parfaitement concurrentielle, la recette marginale étant égale au prix (▶ chapitre 4), la condition d'optimalité est l'égalité entre le coût marginal et le prix. Dans le cas du monopole, le coût marginal est inférieur au prix à l'optimum. En effet, $Cm(Q^M) = Rm(Q^M) = p(Q^M) + p'(Q^M)Q^M < p(Q^M)$.

La quantité qui serait échangée à l'équilibre concurrentiel, si toutes les firmes avaient la même fonction de coût que le monopole, est supérieure à la quantité produite du monopole. Le prix, lui, est inférieur au prix du monopole. Le monopole a un pouvoir de marché qui lui permet de fixer un prix plus élevé qu'en situation concurrentielle.

Définition 1

> **Le « pouvoir de marché »** d'une firme est sa capacité à élever son prix au-dessus de son coût marginal.

L'indice de Lerner est un indicateur de ce pouvoir de marché. Il mesure l'écart relatif entre le prix et le coût marginal du monopole :

$$L = \frac{p(Q) - Cm(Q)}{p(Q)}$$

Cet indice est compris entre 0 et 1 et vaut zéro si la firme est en situation parfaitement concurrentielle. En pratique, il est difficile d'estimer directement l'indice de Lerner compte tenu du manque d'information sur les coûts des entreprises. Pour contourner ce problème, on utilise l'élasticité de la demande pour la firme. Le profit du monopole est maximal lorsque $Rm(Q^M) = Cm(Q^M)$. Soit :

$$Cm(Q^M) = p(Q^M) \times \left[1 + \frac{1}{\varepsilon^D}\right] \Leftrightarrow p(Q^M) = \frac{Cm(Q^M)}{\left[1 + \frac{1}{\varepsilon^D}\right]} \Leftrightarrow$$

$$\frac{p(Q^M) - Cm(Q^M)}{p(Q^M)} = -\frac{1}{\varepsilon^D} = \frac{1}{|\varepsilon^D|}$$

Plus la demande est sensible au prix (élasticité élevée en valeur absolue), moins le monopole pourra s'éloigner du coût marginal et user de son pouvoir de marché.

La tarification au-dessus du coût marginal est ainsi directement reliée à l'élasticité de la demande. Le monopole applique un taux de marge (*mark-up*), m, sur le coût marginal :

$$p(Q^M) = (1 + m)Cm(Q^M), \; m \geq 0$$

On peut exprimer le taux de marge, m, comme une fonction de l'élasticité de la demande :

$$m = \frac{p(Q^M) - Cm(Q^M)}{Cm(Q^M)} = \frac{1}{|\varepsilon^D| - 1}$$

Un monopole ne produit jamais une quantité correspondant à la partie inélastique de la courbe de demande (la recette marginale doit rester positive). Par conséquent, le taux de marge est toujours positif. Si la demande est très élastique, tend vers l'infini, le taux de marge est nul et la tarification se fait au coût marginal, $p(Q^M) = Cm(Q^M)$. Sinon, le monopole tarifie au-dessus du coût marginal mais le taux de marge est d'autant plus faible que la demande est sensible au prix. Le pouvoir de monopole est donc limité par les réactions consommateurs aux hausses de prix (▶ figure 9.2).

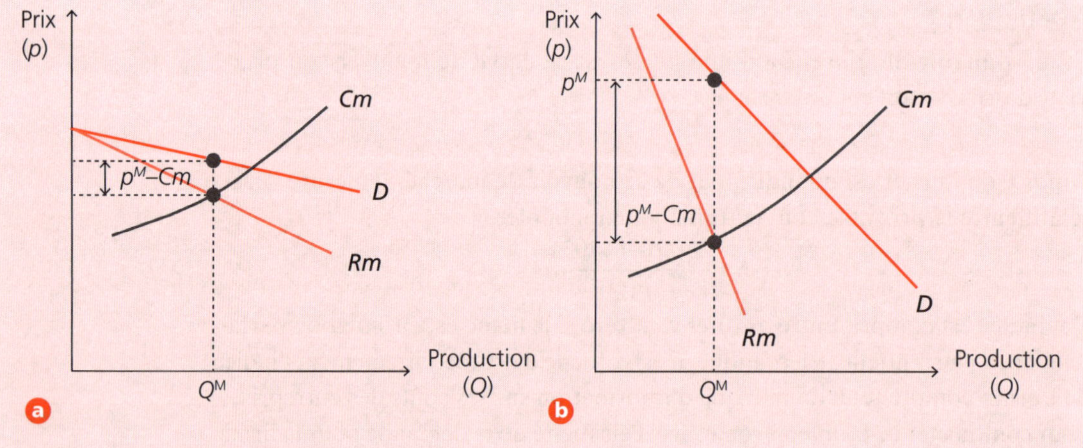

Dans le graphique ⓐ, la courbe demande est très plate, les consommateurs sont très sensibles à une variation de la demande. Dans le graphique ⓑ, les consommateurs sont moins sensibles au prix et le monopole peut augmenter sa marge.

▲ **Figure 9.2 Élasticité de la demande et marge**

Un monopole a intérêt à pratiquer des prix élevés là où la demande est peu élastique.

Il y a donc une incitation à pratiquer des prix différents selon le type de la population.

1.4 Coûts sociaux du monopole

Nous venons de voir qu'un monopole est en mesure de demander un prix supérieur au coût marginal. Du point de vue des consommateurs, ce prix n'est guère souhaitable. Cependant, les propriétaires d'une entreprise monopolistique profitent de ce prix élevé. Les bénéfices réalisés par les propriétaires dépassent-ils les coûts imposés aux consommateurs ? Au niveau agrégé, la puissance de monopole diminue-t-elle le bien-être des consommateurs et des producteurs ? Intuitivement, nous nous attendons à ce que plus le transfert de bien-être est grand entre les consommateurs et la firme, plus le coût social du monopole sera important.

Pour répondre à ces questions, nous allons déterminer le surplus dans une situation de monopole et le comparer avec celui que nous obtiendrions dans une situation parfaitement concurrentielle.

En situation parfaitement concurrentielle, le prix, p^*, est égal au coût marginal, $Cm(Q^*)$. Le surplus (▶ chapitre 8) est au maximum. En monopole, la quantité est obtenue en égalisant la recette marginale au coût marginal et le prix est obtenu par la demande inverse, $p^M = p(Q^M) > p^*$.

Le profit du monopole est plus élevé qu'en situation concurrentielle mais le surplus des consommateurs plus faible. Au total, on montre que toute tarification différente du coût marginal engendre une perte sèche ou une perte nette pour la société (▶ figure 9.3). La perte sèche est obtenue en calculant la différence de surplus entre les situations concurrentielle et de monopole.

Le monopole obtient une augmentation de profit égal à $\pi(Q^M) - \pi(Q^*)$ avec $\pi(Q) = pQ - F - CV(Q)$, où F est le coût fixe et $CV(Q)$, la partie variable.

Les consommateurs[1] voient leur bien-être diminué de $S^C(Q^M) - S^C(Q^*)$ avec $S^C(Q) = u(Q) - pQ$.

La perte de bien-être de la société est mesurée par :

$$S(Q^*) - S(Q^M) = \left[\Pi(Q^*) + S^C(Q^*)\right] - \left[\pi(Q^M) + S^C(Q^M)\right]$$

$$S(Q^*) - S(Q^M) = u(Q^*) + CV(Q^*) - \left[u(Q^M) + CV(Q^M)\right]$$

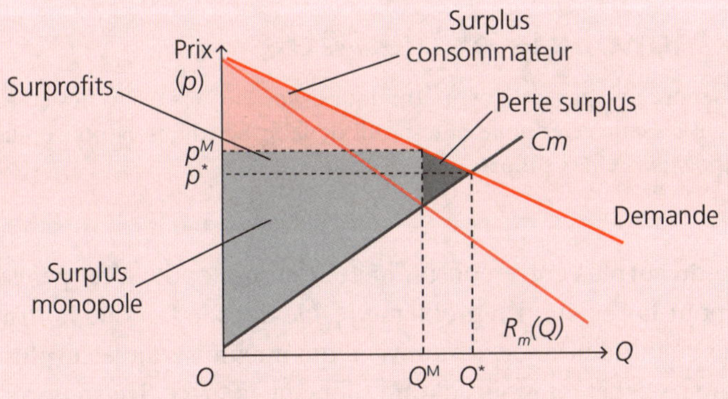

Le monopole tarifie au-dessus du coût marginal, il obtient un gain en termes de profit (surprofit). Le surplus du producteur (aire en gris clair) est donc plus élevé. Le surplus du consommateur diminue car le prix est plus élevé qu'en concurrence parfaite (aire en orangé). Au total, le surplus a diminué et cette baisse est mesurée par la perte sèche (aire en gris foncé)..

◀ **Figure 9.3** **Surplus et efficacité en situation de monopole**

1 Nous supposons ici qu'ils sont tous identiques.

APPLICATION Monopole et perte de bien-être

Reprenons le cas d'une demande linéaire et d'un coût marginal constant. Dans une situation parfaitement concurrentielle, le prix, p^*, est égal au coût marginal, c, la quantité échangée est obtenue à partir de la demande pour le prix d'équilibre, p^*. En partant de la fonction de demande inverse, $p^* = a - bQ^*$, nous obtenons $Q^* = \frac{a-p^*}{b} = \frac{a-c}{b}$.

Nous constatons que la quantité échangée est bien inférieure dans le cas du monopole $Q^M = \frac{a-c}{2b}$, pour un prix supérieur, $p^M = \frac{a+c}{2}$.

Le profit pour une firme en situation concurrentielle est $\pi^* = (a - bQ^*) - cQM^* - F = -F$ alors qu'en monopole, il est égal à $\pi^M = \frac{(a-c)^2}{4b} - F$.

Déterminons maintenant la perte de bien-être de la société.

La perte de bien-être des consommateurs est $S^c(Q^*) - S^c(Q^M)$ avec $S^C(Q) = \frac{(p^{max} - p) \times Q}{2}$ où $p^{max} = a$.

Nous obtenons alors : $S^C(Q^*) - S^C(Q^M) = \frac{(a-p^*) \times Q^*}{2} - \frac{(a-p^M) \times Q^M}{2} = \frac{3(a-c)^2}{8b}$.

Le gain en bien-être des firmes est simplement : $\pi^M - \pi^* = \frac{(a-c)^2}{4b}$.

La perte de la société est $\frac{3(a-c)^2}{8b} - \frac{(a-c)^2}{4b} = \frac{(a-c)^2}{8b}$.

FOCUS

Monopole et bien-être

La situation de monopole engendre une perte de bien-être pour la société, le surplus des consommateurs est plus faible qu'en situation concurrentielle et le profit de la firme (du monopole) plus élevé. Cette perte de bien-être est appelée la **charge morte**.

Le partage du surplus entre consommateur et monopole n'est pas le principal problème pour la société. Le problème réside dans le fait que la firme produit et vend une quantité inférieure au niveau qui maximiserait le surplus total. Les consommateurs achètent moins d'unités lorsque la firme fixe son prix au-dessus de son coût marginal. Pour résoudre les problèmes posés par les monopoles, les pouvoirs publics disposent de trois possibilités. Tout d'abord, les autorités peuvent essayer d'accroître la concurrence sur les marchés monopolistiques. Le gouvernement doit parfois légiférer pour favoriser la concurrence et décourager les pratiques monopolistiques (lois sur la protection de la concurrence). Mais, pour véritablement améliorer le bien-être économique, les autorités doivent pouvoir mesurer les conséquences des stratégies des firmes, comme par exemple, la fusion de deux entreprises. Dans ce cas, les autorités de régulation de la concurrence devraient être capables de décider si une fusion est souhaitable ou non. La solution la plus fréquemment adoptée, notamment dans le cas des monopoles naturels, comme celui de la distribution du gaz et de l'électricité, est la réglementation des tarifs (▶ figure 9.4).

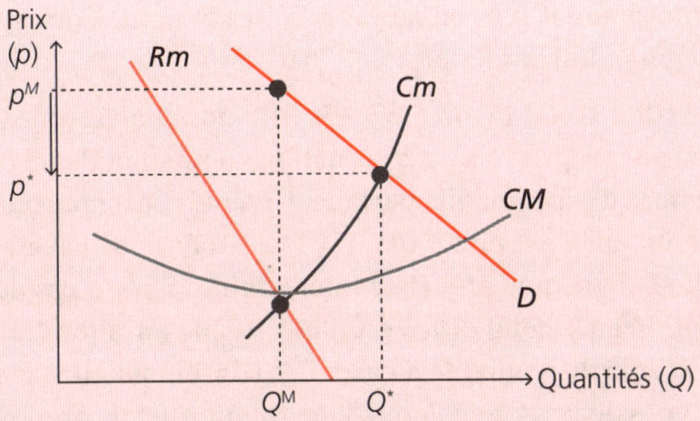

Sans réglementation, le monopole fixe son prix à p^M, au-dessus du coût marginal. Le gouvernement réglemente et fixe un prix plafond égal à p^*. Ainsi, la production croît à son maximum Q^* et il n'y a pas de perte sèche.

◀ **Figure 9.4**
Réglementation des prix d'un monopole

Enfin, au lieu de réglementer un monopole naturel détenu par une entreprise privée, le gouvernement peut décider de le nationaliser en en faisant une société d'État. La tarification d'un monopole public s'éloigne de celle d'un monopole privé. En effet, le critère retenu n'est pas forcément une maximisation du profit mais du bien-être collectif.

POUR ALLER PLUS LOIN
▶ Voir p. 237

2 Monopole et discrimination par les prix

En situation parfaitement concurrentielle, le prix est déterminé par l'offre et la demande. Chaque producteur estime la demande de marché, puis gère uniquement sa production pour maximiser son profit. En monopole, la connaissance exigée du marché est plus grande car le producteur peut agir le long de la courbe de demande et capturer une partie du surplus des consommateurs. Nous allons étudier un mode particulier de capture du surplus par le monopole: la discrimination par les prix. L'idée est de pratiquer des prix différents à différents consommateurs, pour un même bien.

L'entreprise HelloMovies décide de créer un site de vidéo à la demande (VOD). En observant le comportement de ses concurrentes, elle se dit que deux formules semblent pertinentes : une tarification binôme qui consiste en un abonnement mensuel et un prix faible pour la location de chaque film ou une location sans abonnement mais pour un prix plus élevé (tarification uniforme). Elle peut faire appel à une entreprise de service pour obtenir des informations sur la demande potentielle. Selon le budget dont elle dispose pour financer cette étude, elle peut obtenir des informations plus ou moins précises et pourra pratiquer différents types de discrimination par les prix.

À la suite d'Arthur Cecil Pigou (1877-1959), nous analyserons trois types de discrimination par les prix. La discrimination au premier degré correspond au cas théorique de la discrimination parfaite. Chaque consommateur paye le bien au prix maximum qu'il est prêt à payer. Ce cas théorique est assez éloigné de la réalité mais souligne une propriété intéressante : il n'y a pas de perte sèche. La discrimination au second degré est plus difficile à traiter. Le monopole ne peut pas observer la disponibilité à payer des consommateurs, mais il sait qu'il y a plusieurs types de consommateurs. Une solution est de proposer des menus combinant prix et quantité. C'est par exemple, le cas de vente de lots. Enfin, la situation de discrimination au troisième degré correspond au cas de division du marché en fonction des caractéristiques (observables), de groupes de consommateurs (tarifs étudiants, familles nombreuses).

2.1 Discrimination de premier degré

La discrimination de premier degré est une discrimination parfaite. Chaque consommateur se voit offrir un prix égal à son consentement à payer (▶ chapitre 6). Ce type de pratique peut s'observer sur les sites de ventes par internet. L'information sur les profils des clients potentiels est de plus en plus fine et certains distributeurs l'utilisent pour discriminer en proposant certains tarifs préférentiels par exemple. Le site Amazon a été accusé de discrimination parfaite au début des années 2000. Certains clients américains ont découvert que le site affichait des prix « à la tête du client ». Le coût d'un même DVD variait selon qu'ils accédaient au service sur leur propre ordinateur ou sur celui de quelqu'un d'autre. Le prix dépendait de l'historique d'achats révélant le consentement à payer du client.

Aussi étrange que cela puisse paraître pour les clients discriminés, la discrimination de premier degré conduit à l'absence de perte sèche si le monopole dispose d'une information parfaite sur les disponibilités à payer des consommateurs. Puisque le monopole capture entièrement le surplus du consommateur, le surplus total est maximal (▶ figure 9.5). Évidemment, cela peut remettre en cause le surplus comme mesure de bien-être.

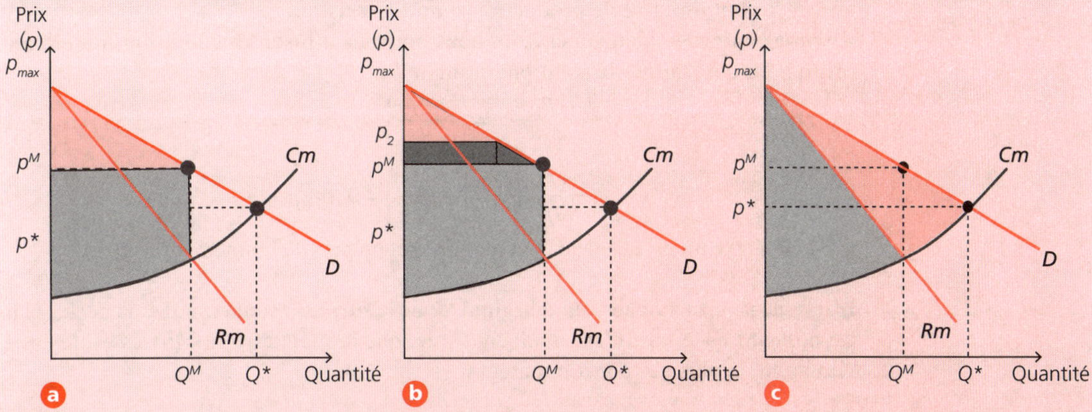

▲ **Figure 9.5 Discrimination parfaite**

Dans la figure a, le monopole pratique un prix unique. Il capte une partie du surplus du consommateur et le bien-être de la société diminue.
Dans la figure b le monopole propose un deuxième prix, p_2, supérieur à p^M. Ce prix plus élevé lui permet d'augmenter son profit et de capturer le surplus des consommateurs dont la disponibilité à payer est comprise entre p^M et p_2.
Dans la figure c, le monopole discrimine parfaitement et capte entièrement le surplus des consommateurs. Néanmoins, il n'y a plus de perte sèche. Cet équilibre est efficace.

Exemple 1

Revenons à la société HelloMovies et supposons qu'elle puisse discriminer parfaitement. La société de conseil apprend à HelloMovies qu'il y a deux types de consommateurs dont les fonctions de demande inverse sont :

$$p_1(Q) = a_1 - b_1Q \text{ et } p_2(Q) = a_2 - b_2Q$$

Si HelloMovies choisit un tarif uniforme, sans abonnement, elle proposera au consommateur de type i, le prix $T_i(q) = p_i(q)$.

Si elle choisit un tarif binôme, c'est-à-dire soit (abonnement mensuel, prix de la location d'un film faible), soit (pas d'abonnement, prix de la location élevé), ce tarif pour un consommateur i sera composé d'une partie fixe, A_i, et d'une partie variable : $T_i(q) = A_i + p_iq$ de telle sorte que le vendeur pourra capter tout le surplus.

Calculons le surplus pour chaque consommateur :

$$S_i^c = \frac{(p_i^{max} - p)Q_i(p)}{2} = \frac{(a_i - p)\dfrac{(a_i - p)}{b_i}}{2} = \frac{(a_i - p)^2}{2b_i}$$

Pour maximiser son profit, la société HelloMovies a intérêt à fixer le montant d'abonnement le plus élevé possible soit $A_i = S_i^c = \dfrac{(a_i - p)^2}{2b_i}$. Elle choisit donc les prix qui maximisent son profit sur chacun des types de consommateurs :

$$\max_{p_1,p_2} \pi(p_1,p_2)=\left(\frac{a_1-p_2}{b_1}\right)(p_1-c)+\frac{(a_1-p_1)^2}{2b_1}+\left(\frac{a_2-p_2}{b_2}\right)(p_2-c)+\frac{(a_2-p_2)^2}{2b_2}$$

avec c, le coût unitaire de production supposé constant.

Ce programme est bien concave, et nous pouvons utiliser les conditions du premier ordre pour déterminer la solution optimale :

$$\frac{\partial \pi(p_1,p_2)}{\partial p_1}=\left(\frac{c-p_1}{b_1}\right)=0 \Leftrightarrow p_1=c$$

$$\frac{\partial \pi(p_1,p_2)}{\partial p_2}=\left(\frac{c-p_2}{b_2}\right)=0 \Leftrightarrow p_2=c$$

La société fixe un prix égal au coût marginal et un prix d'abonnement égal à $\frac{(a_i-c)^2}{2b_i}$.

La tarification se fait au coût marginal, donc le surplus est maximal et la perte sèche est nulle. Mais le tarif d'abonnement est tel que la société HelloMovies capte entièrement le surplus des consommateurs.

De manière générale, on peut démontrer des gains potentiels à la discrimination – même imparfaite – en prix. Des cas de discrimination imparfaite, où le vendeur peut séparer le marché et pratiquer des prix différents, sont plus courants. Par exemple, les médecins et les avocats peuvent pratiquer des tarifs différents selon le revenu de leurs clients. Les vendeurs de voiture ont également la possibilité de proposer des rabais plus ou moins importants.

2.2 La discrimination de deuxième degré

Sur certains marchés, comme l'eau, le gaz ou l'électricité, co-existent des consommateurs qui diffèrent par leur demande (« gros » consommateurs et « petits » consommateurs). Les firmes connaissent cette différence, mais ne sont pas capables d'identifier un consommateur donné comme étant « gros » ou « petit » consommateur. Ici, le monopole n'a pas l'information sur le consentement à payer des consommateurs.

Exemple 2

Reprenons l'exemple de la société HelloMovies avec deux types de consommateurs. La société HelloMovies décide de n'exclure aucun des consommateurs et de proposer une tarification binôme, (A, p). Supposons que pour tout prix, les consommateurs de type 2 demandent une quantité plus importante de VOD que les consommateurs de type 1 : $a_1 < a_2$ et $b_1 > b_2$

Pour tout prix choisi par le monopole, le surplus des consommateurs de type 2 sera plus grand que celui des consommateurs de type 1. Pour servir les deux types de consommateurs, HelloMovies a donc intérêt à proposer un abonnement d'un montant égal au surplus des consommateurs de type 1 :

$$A = S_1^c = \frac{(a_1 - p)^2}{2b_1} < \frac{(a_2 - p)^2}{2b_2}$$

La société HelloMovies choisit le prix p qui maximise son profit :

$$\max_p \pi(p) = \left(\frac{a_1 - p}{b_1} + \frac{a_2 - p}{b_2}\right)(p - c) + 2\frac{(a_1 - p)^2}{2b_1}$$

Ce programme est bien concave, et nous pouvons utiliser la condition du premier ordre pour déterminer la solution optimale :

$$\frac{\partial \pi(p)}{\partial p} = 0 \Leftrightarrow p = \frac{c(b_1 + b_2)}{2b_1} + \frac{b_1 a_2 - b_2 a_1}{2b_1}$$

Aucun consommateur n'est exclu si $p < a_1$, soit $\frac{c(b_1 + b_2)}{2b_1} + \frac{b_1 a_2 - b_2 a_1}{2b_1} < a_1 \Leftrightarrow$ $c < 2a_1 - a_2 \frac{b_1}{b_1 + b_2}$. Sous cette hypothèse, on peut vérifier que $p > c$.

Dans certains cas très spécifiques, le monopole a intérêt à proposer un tarif qui exclut un des deux types de consommateurs et ainsi à capturer le surplus des plus gros consommateurs. Mais la solution optimale la plus courante est de proposer des contrats destinés à chacun des types de consommateurs de telle sorte que chaque tarif soit effectivement choisi par le groupe à qui il est destiné. Par exemple, les opérateurs de téléphonie mobile proposent différents types d'abonnement. Les consommateurs vont en choisir un librement, selon leur consentement à payer. On parle alors d'**auto-sélection**.

2.3 La discrimination de troisième degré

Le type le plus courant est la discrimination en prix au troisième degré. Le monopole va proposer des tarifs pour des groupes de consommateurs bien identifiés (étudiants, seniors, etc.). À la différence de la discrimination de second degré, il y a exclusion de certains consommateurs. Si vous avez entre 26 et 60 ans et êtes sans enfants, vous ne bénéficiez d'aucune réduction de cinéma. Le marché est divisé en groupes, chaque groupe ayant sa propre fonction de demande. Dans le cas de la discrimination de 3e degré, le monopole n'a pas suffisamment d'information sur les demandes individuelles pour proposer un tarif binôme.

Exemple 3

Reprenons l'exemple de la société HelloMovies avec deux types de consommateurs, les jeunes de moins de 25 ans et les autres. Pour la même quantité de biens, la société HelloMovies peut proposer des tarifs différents selon que le client a moins ou plus de 25 ans. Son profit s'écrit :

$$\begin{aligned}\pi(Q_1 + Q_2) &= p_1(Q_1)Q_1 + p_2(Q_2)Q_2 - C(Q_1 + Q_2)\\ &= (a_1 - b_1Q_1)Q_1 + (a_2 - b_2Q_2)Q_2 - cQ_1 - cQ_2\end{aligned}$$

Les conditions d'optimalité sont :

$$\frac{\partial \pi(Q_1 + Q_2)}{\partial Q_1} = (a_1 - c) - 2b_1Q_1 = 0 \Leftrightarrow Q_1 = \frac{a_1 - c}{2b_1}$$

$$\frac{\partial \pi(Q_1 + Q_2)}{\partial Q_2} = (a_2 - c) - 2b_2Q_2 = 0 \Leftrightarrow Q_2 = \frac{a_2 - c}{2b_2}$$

Plus généralement, à l'optimum, les recettes marginales sur chacun des groupes sont identiques et égales au coût marginal :

$$Rm_1 = p_1(Q_1) \times \left[1 + \frac{1}{\varepsilon_1^D}\right] = Cm(Q_1 + Q_2)$$

$$Rm_2 = p_2(Q_2) \times \left[1 + \frac{1}{\varepsilon_2^D}\right] = Cm(Q_1 + Q_2)$$

L'interprétation de cette tarification est plus simple en regardant les prix relatifs :

$$p_1(Q_1) = \frac{Cm(Q_1 + Q_2)}{1 + \frac{1}{\varepsilon_1^D}} \text{ et } p_2(Q_2) = \frac{Cm(Q_1 + Q_2)}{1 + \frac{1}{\varepsilon_2^D}}, \text{ d'où : } \frac{p_1(Q_1)}{p_2(Q_2)} = \frac{1 + \frac{1}{\varepsilon_2^D}}{1 + \frac{1}{\varepsilon_1^D}}$$

Les prix pratiqués par le monopole discriminant sont supérieurs pour les groupes de moindre élasticité de la demande. Moins les consommateurs sont sensibles au prix, plus le monopole peut pratiquer un prix élevé et ainsi capter du surplus des consommateurs (▶ figure 9.6).

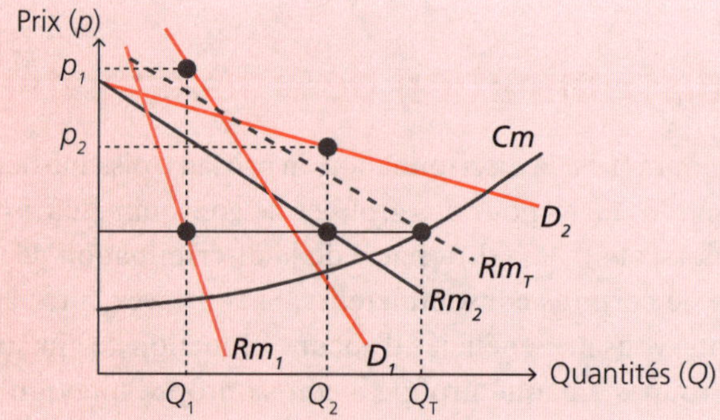

▶ Figure 9.6 Discrimination au 3e degré

Le groupe 1 associé à une demande D_1 est moins sensible au prix que le groupe 2 associé à la demande D_2. Le monopole peut pratiquer un prix plus élevé pour le groupe 1, $p_1 > p_2$.

L'impact sur le bien-être des consommateurs n'est pas évident. Pour s'en rendre compte, supposons que le monopole ne discrimine pas. Il fait face à une demande globale, somme des demandes individuelles des deux groupes. Il est facile de déterminer le niveau de production optimal dans ce cas : $Q = \frac{a_1 - c}{2b_1} + \frac{a_2 - c}{2b_2}$. Nous retrouvons exactement la somme des deux quantités avec discrimination. Néanmoins, le prix uniforme est compris entre les deux prix discriminants, p_1 et p_2. Il se peut qu'au prix uniforme, le monopole ne vende rien à un des marchés. Dans ce cas, la discrimination a un effet positif sur le bien-être des consommateurs. Sinon, l'effet peut être négatif.

CONTROVERSE

En décembre 2013, l'Assemblée vote le projet de loi Consommation qui met fin au monopole des opticiens. Les arguments à l'encontre de ce projet sont principalement un risque de perte pour les commerçants souvent indépendants. Depuis 2000, le nombre de magasins d'optique a explosé. Les arguments en faveur de ce projet sont, entre autres, que l'ouverture à la concurrence, en baissant les prix, favoriserait l'accès aux soins optiques. En effet, d'après une enquête de l'IRDES (2008), un Français sur dix renonce à des soins dentaires ou optiques. De plus, la baisse du coût remboursé par la Sécurité sociale permettrait de diminuer son déficit. ■

3 Monopsone

Le monopsone est le cas extrême opposé du monopole. Dans cette situation de concurrence imparfaite, il y a un seul acheteur. Par exemple, la société Logista France SAS est la seule cliente en France des fabricants de tabac. Le pouvoir du monopsone est sa capacité à influencer le prix d'achat du bien, et de payer moins qu'en marché concurrentiel.

Pour une quantité donnée de bien, le monopsone va essayer de dépenser au minimum. Comme le monopole était supposé connaître parfaitement la demande, le monopsone est supposé connaître parfaitement l'offre. À partir de l'offre inverse, $p(Q)$, on peut déduire la dépense du monopsone pour chaque quantité achetée, $DT(Q) = p(Q) \times Q$. Comme la courbe d'offre est croissante, la dépense marginale augmente avec la production et elle est nécessairement supérieure au prix auquel la dernière unité est achetée, $Dm(Q) > p(Q)$ (▶ figure 9.6).

FOCUS

Dépense marginale et élasticité de l'offre

La dépense marginale est l'accroissement de la dépense totale lorsque le volume de production est augmenté d'une unité : $Dm(Q) = DT'(Q) = p(Q) + p'(Q) \times Q$.

$Dm = p(Q) \times \left[1 + Q \times \frac{p'(Q)}{p(Q)}\right] = p(Q) \times \left[1 + \frac{1}{\varepsilon^0}\right]$ avec $1/\varepsilon^0$, l'élasticité de l'offre inverse.

La décision du monopsone dépend de la dépense anticipée et donc de la sensibilité des vendeurs au prix. Nous venons de voir que le monopsone va utiliser l'information sur l'offre pour anticiper sa dépense. Pour déterminer le choix optimal du monopsone, nous avons besoin de connaître le bénéfice qu'il retire de l'achat du bien. Nous avons vu, au chapitre 1, que la courbe de demande représente le prix maximal que les acheteurs sont prêts à payer pour acquérir le bien, soit la disposition marginale à payer ou valeur marginale, Vm.

Le monopsone va alors choisir la quantité de bien qui maximise son bénéfice net, soit la différence entre la valeur accordée au bien, $V(Q)$, et la dépense pour une quantité donnée, $BN(Q) = V(Q) - DT(Q)$.

À l'optimum du monopsone, Q^m, la valeur marginale, $Vm(Q^m)$, est égale à la dépense marginale, $Dm(Q^m)$ (▶ figure 9.7).

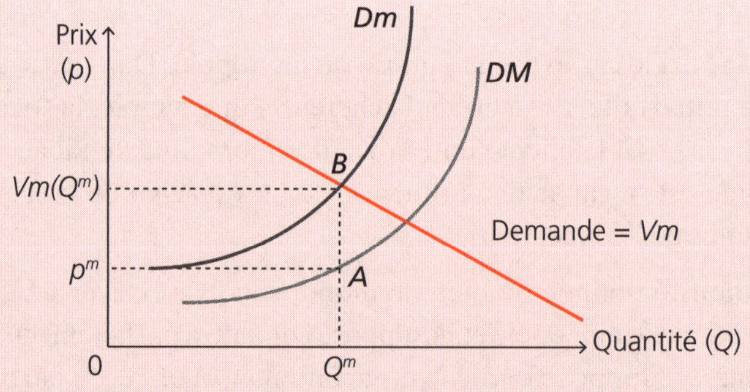

▶ Figure 9.7 Décision d'achat du monopsone

À l'optimum, la dépense marginale est égale à la valeur marginale. La valeur marginale est donnée par la courbe de demande et la dépense marginale est déterminée à partir de la courbe d'offre. Une fois la quantité optimale choisie, le monopsone fixe le prix en utilisant la fonction d'offre.
La valeur totale est représentée par l'aire du rectangle $OQ^mBVm(Q^m)$.
La dépense totale est représentée par l'aire du rectangle OQ^mAp^m.

En situation parfaitement concurrentielle, la dépense marginale est égale au prix. Dans le cas du monopsone, la dépense marginale est supérieure au prix à l'optimum. La quantité qui serait échangée à l'équilibre concurrentiel, si tous les acheteurs avaient la même fonction valeur que le monopsone, est supérieure à la quantité demandée du monopsone. Le prix est supérieur au prix du monopsone. Le monopsone a un pouvoir de marché qui lui permet de fixer un prix plus bas qu'en situation concurrentielle.

Qu'en est-il du bien-être de la société ? Le bien-être du consommateur est plus élevé, mais, les vendeurs vendent moins et à un prix plus faible qu'en situation parfaitement concurrentielle. On montre que la décision du monopsone engendre une perte sèche pour la société (▶ figure 9.8) due à la perte de profit des producteurs.

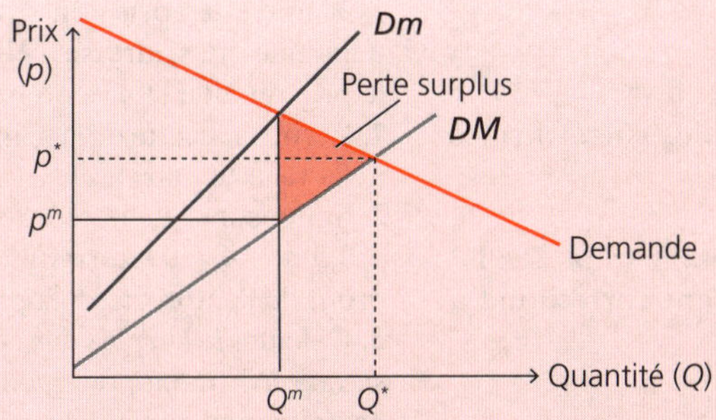

Le monopsone fait baisser les prix sous le prix concurrentiel, il obtient un gain en termes de bien-être (surplus). Le surplus des producteurs diminue. Au total, le surplus a diminué et cette baisse est mesurée par la perte sèche (aire orangée).

◀ **Figure 9.8 Surplus et efficacité en situation de monopsone**

Les points **clés**

- Lorsqu'il y a un seul vendeur sur le marché et de multiples acheteurs, on parle de situation de monopole. Le cas opposé, un seul acheteur et de multiples vendeurs, correspond au cas d'un monopsone

- La quantité optimale produite par un monopole privé égalise sa recette marginale et son coût marginal. Le prix optimal est obtenu à partir de la fonction de demande connue par le monopole.

- Le pouvoir de marché du monopole peut se mesurer en comparant le prix du monopole et le coût marginal représentant le prix en situation parfaitement concurrentiel.

- La perte sèche en situation de monopole correspond à la perte de surplus due à une tarification au-dessus du coût marginal.

- La quantité optimale d'un monopsone égalise sa dépense marginale à sa valeur marginale. Le prix optimal est obtenu à partir de la fonction d'offre.

ÉVALUATION

QCM

▶ Corrigés p. 348

1 Si une firme a un certain pouvoir de marché, alors, le prix de son produit est :

a. Au-dessus de son coût moyen.
b. Une variable de décision pour la firme.
c. Déterminé par les stratégies des autres firmes concurrentes.

2 Le forfait Imagine'R proposé par la RATP pour les jeunes de moins de 26 ans correspond à une discrimination par les prix :

a. Au premier degré.
b. Au deuxième degré.
c. Au troisième degré.

3 La société HappyApple est la seule à utiliser des pommes de la variété Redlady dans la production de ses compotes. La société HappyApple est un :

a. Monopole.
b. Monopsone.

4 Par rapport à un secteur concurrentiel, un monopole :

a. Produit une quantité moindre, fixe un prix plus élevé et réalise des profits plus élevés.
b. Produit une quantité moindre, fixe un prix plus faible et ne réalise pas de profit plus élevés.
c. Produit une quantité moindre, fixe un prix plus faible et réalise des profits plus élevés.
d. Produit une quantité supérieure, fixe un prix plus élevé et réalise des profits plus élevés.

5 La charge morte du monopole mesure, par rapport à une situation parfaitement concurrentielle :

a. La diminution du surplus du consommateur.
b. Le gain en termes de rente pour le producteur.
c. La perte collective due à la présence d'un monopole privé.

Exercices

▶ Corrigés en ligne

6 Décisions du monopole avec coûts quadratiques

Soit une entreprise en situation de monopole. La demande qui s'adresse à elle est $p = -2q + 6$, p étant le prix du bien et q sa quantité.

1. Écrire la recette de la firme. En déduire l'expression de la recette marginale.
2. Supposons que le coût total du monopole est $C(q) = 0,5\, q^2 - 4\, q$. Déterminer le prix, la quantité et le profit de l'entreprise à l'optimum.
3. Calculer le surplus des consommateurs dans cette situation de monopole et comparer avec une situation parfaitement concurrentielle.
4. Déterminer la perte sèche.

7 Régulation du monopole

On considère un marché caractérisé par une fonction de demande inverse, $p = -q + 10$, avec p, le prix et q, la quantité. Ce bien est produit par un monopole privé. Sa fonction de coût est $c(q) = 2q - 4$.

1. Calculer le prix, la quantité produite et le profit du monopole.
2. Comparer ces résultats aux prix, quantité produite et profit de la firme si elle se comportait comme une entreprise en concurrence parfaite.
3. Quelle contrainte pèse sur la firme quand elle fixe son prix ?
4. Comparez les surplus dans les deux situations.
5. L'État jugeant la situation du monopole socialement non satisfaisante envisage un contrôle des prix et pense tout d'abord imposer au monopole une tarification au coût marginal. Cette mesure est-elle pertinente ?
6. Quelle autre tarification l'État pourrait-il mettre en place ?

8 Monopole discriminant

Le monopole Céréa fabrique des clones. La demande provient de deux catégories de consommateurs différents, les Siths et les Jedis. Les fonctions de demande

inverses des deux groupes sont respectivement : $p_s = 100 - q_s$ et $p_j = 200 - 2q_j$.
La fonction de coût total du monopole est $C(Q) = 0{,}5Q^2$ avec $Q = q_s + q_j$.

1. Comment ce monopole va-t-il se comporter si la loi lui interdit de discriminer par les prix ? Déterminer la quantité offerte qui maximise son profit. Calculer la valeur de ce profit.

2. Quelle stratégie adoptera le monopole si la loi l'autorise maintenant à discriminer par les prix ? Quelle quantité produira-t-il ? Comment répartira-t-il ce volume de production ? À combien s'élèvera son profit à l'optimum ?

3. Calculer la valeur de l'élasticité de la demande par rapport au prix sur chaque marché. Vérifier la relation qui unit la recette marginale, le prix de vente et l'élasticité de la demande.

Sujet d'examen

► Corrigés en ligne

9 Juin 2013, L2 Economie – Gestion, Université Paris Ouest Nanterre La Défense

Les équipes de recherche de l'entreprise Reso-Com ont mis au point des équipements pour les infrastructures de télécommunication pour lesquels elle a déposé des brevets et dispose de ce fait d'une situation de monopole. Sa fonction de coût total s'écrit :

$$CT_R(Q) = 1\,800 + 20Q$$

Elle vend ses équipements dans deux pays : le Comté et la Lorien. Les fonctions de demande pour ces équipements dans les deux pays sont respectivement : $Q^C = 200 - 2p^C$ et $Q^L = 240 - 4p^L$.
Où Q^C et Q^L sont respectivement les quantités demandées en Comté et en Lorien et p^C et p^L les prix dans ces mêmes pays.

1. Déterminez les quantités d'équipements écoulées sur chacun des deux marchés et les prix auxquels elles le sont. Déterminez aussi le profit de Reso-Com.

2. Dans la situation d'équilibre, déterminez l'élasticité prix de la demande et l'indice de pouvoir de marché de Reso-Com sur chacun des deux marchés. À l'aide des résultats que vous avez trouvés, expliquez pourquoi le prix des équipements est plus élevé sur le marché de la Comté que sur celui de la Lorien.

POUR ALLER PLUS LOIN

Tarification du monopole public

Comme le monopole est contrôlé par les pouvoirs publics, l'État peut demander de respecter certains principes en matière de prix. Le critère retenu pour un monopole public n'est pas la maximisation du profit mais du bien-être collectif. Alors, à quel niveau fixer le prix ?

Pour connaître la réponse à cette question, rendez-vous sur dunod.com, ou flashez le code ci-dessous.

Chapitre 10

Jusqu'à présent, nous avons étudié des situations sans interactions stratégiques entre les agents (individus ou firmes). Or, une firme qui décide de la quantité qu'elle veut vendre, et éventuellement du prix, doit se positionner en fonction de ses concurrentes. Supposons que vous souhaitiez vendre vos vieux DVD sur eBay pour acheter des Blu-ray plus récents. Si vous vendez vos DVD à un prix supérieur aux prix proposés par d'autres vendeurs des mêmes DVD, il est fort probable que vous ne trouviez aucun acquéreur. Si vous les vendez à un prix très faible, certes vous trouverez des acheteurs potentiels, mais vous ne réussirez peut-être pas à obtenir assez d'argent pour acheter les Blu-ray souhaités. Il faut donc trouver le prix qui vous permettra de vendre vos DVD et acheter les Blu-ray. Cela dépend, non seulement de la demande des acheteurs potentiels, mais également des stratégies des autres vendeurs de DVD.

De façon plus générale, en dehors des situations très rares de concurrence pure et parfaite, les firmes sur les marchés sont confrontées à ce type de problème. Quelle quantité de bien ou service doivent-elles mettre sur le marché et à quel prix étant donné les stratégies des concurrents ? Quelle influence exercent-elles sur les décisions des autres firmes ? Les firmes doivent non seulement connaître les caractéristiques de la demande sur le marché, mais également anticiper les stratégies des firmes concurrentes.

Les situations sont analysées à l'aide des outils de la théorie des jeux.

LES GRANDS AUTEURS

John F. Nash (1928)

J. F. Nash (1928) mathématicien américain, est un professeur à l'université de Princeton. Ses travaux sur la théorie des jeux lui ont valu le prix Nobel d'économie en 1994. En 1951, Nash définit un concept général de solution pour les jeux non-coopératifs, c'est-à-dire des situations dans lesquelles beaucoup d'agents agissent simultanément sans concertation. C'est le cas des acheteurs, voire des vendeurs, sur un vaste marché. Ces équilibres non-coopératifs seront rebaptisés plus tard « équilibres de Nash ». Pour l'anecdote, le film *Un homme d'exception* avec Russel Crowe sorti en 2001 est basé sur sa vie. ■

Une introduction à la théorie des jeux

Plan

Objectifs

→ **Décrire** et représenter un jeu simultané.

→ **Déterminer** un équilibre en stratégies dominantes.

→ **Représenter** un jeu sous la forme extensive.

→ **Déterminer** un équilibre par la méthode d'induction à rebours.

→ **Définir** et déterminer un équilibre de Nash.

1 Notion de jeu

La théorie des jeux est un ensemble d'outils visant à décrire et à prévoir le résultat des actions d'un ensemble d'agents, en interaction les uns avec les autres, dans le cas où l'action de chaque agent est susceptible d'affecter les gains des autres agents. En théorie des jeux, les agents économiques sont appelés les joueurs. On peut faire une typologie des jeux selon les caractéristiques du problème posé.

On parle de **jeu à somme nulle**, lorsque la somme des gains de tous les joueurs est nulle ou constante. Ce cas correspond à des situations où si un joueur gagne, l'autre perd obligatoirement. Par exemple, un match de rugby est un jeu à somme nulle si remporter le match rapporte 1, le perdre rapporte -1 et en cas d'égalité, les équipes reçoivent 0. En revanche, lors de la préparation d'un exposé en binôme, chaque étudiant a intérêt à ce que l'autre fasse son travail de préparation au mieux. Chacun est gagnant à travailler. Ce jeu est à somme non nulle.

Dans cet ouvrage, nous étudions les jeux dits **non-coopératifs**. Nous considérons que les agents ne coopèrent pas, c'est-à-dire que les décisions des agents sont prises sans concertation avec les autres agents. Cependant, il existe des situations dans lesquelles les agents se coordonnent. Par exemple, dans le cas d'accords entre pays ou entre firmes (comme l'Opep) sur le marché du pétrole. Ces situations correspondent à des jeux dits **coopératifs**. Un des problèmes avec les situations de jeux coopératifs est la possibilité pour certains de dévier, c'est-à-dire de ne pas se comporter comme annoncé au préalable. Ce problème est d'autant plus pertinent lorsque les engagements sont pris sur plusieurs périodes. Ceci nous amène à distinguer les **jeux statiques** (sur une seule période) et les **jeux dynamiques** (sur plusieurs périodes voire en horizon infini).

Dans ce manuel, nous étudions essentiellement des jeux statiques avec décisions simultanées, c'est-à-dire que tous les joueurs doivent prendre leur décision au même moment. Nous analysons également des jeux avec décisions séquentielles dans lesquelles les joueurs prennent leur décision à des moments différents. Par conséquent, certains joueurs peuvent avoir de l'information sur les décisions des autres avant de prendre leur décision.

La nature de l'information caractérise le jeu.

On dit que l'information est **complète** lorsque chaque joueur lors de sa prise de décision connaît ses possibilités d'action, celles des autres joueurs, les gains résultants de ces actions et les motivations des autres joueurs. Si une des ces informations n'est pas connue, on dira que le jeu est à information incomplète.

On dit que l'information est **parfaite** dans le cas de jeu à mécanisme séquentiel, lorsque chaque joueur a connaissance de toutes les actions effectuées avant son choix. Sinon, on parle de jeu à information imparfaite.

Dans ce chapitre, nous étudions des jeux à information complète et parfaite.

2 Jeux sous forme normale

Nous allons commencer par étudier des jeux dans lesquels les agents prennent leur décision de façon simultanée. Cela nous permettra d'introduire la notion d'équilibre au sens de Nash que nous utiliserons dans la suite du chapitre et de l'ouvrage.

2.1 Définition d'un jeu

De façon générale, un jeu sous forme normale se définit par les trois éléments suivants :

i. Un **ensemble de N joueurs**, $I = \{1, 2, ..., N\}$. Chaque joueur, i, peut entreprendre une action a_i au sein d'un ensemble d'actions possibles A_i : $A_i = \{a_i^1, a_i^2, \ldots, a_i^{ki}\}$ où k_i est le nombre d'actions possibles du joueur i.

ii. Une **réalisation (résultat) d'un jeu**, c'est-à-dire un ensemble de décisions prises par les joueurs, que l'on note $a = (a_1, ..., a_N)$.

iii. Une **fonction de gain π_i**, propre au joueur i, qui associe à chaque réalisation un gain $\pi_i(a)$.

Un jeu sous forme normale correspond au cas où tous les joueurs jouent en même temps. Prenons l'exemple bien connu sous le nom du « dilemme du prisonnier ». Dans ce jeu, proposé par Al Tucker en 1950, deux voleurs complices sont arrêtés par la police qui est certaine de leur méfait, mais qui n'a pas assez de preuves. Les policiers cherchent à obtenir des aveux. Les deux complices ont promis de ne pas se trahir. Le juge propose deux stratégies à chaque suspect : soit il dénonce son complice et obtient une remise de peine, soit il ne le dénonce pas.

Le jeu proposé est un jeu non-coopératif : les deux suspects sont séparés, ne peuvent pas communiquer entre eux et ne peuvent donc pas négocier. Le jeu est statique dans la mesure où les deux suspects ne peuvent pas revenir sur leur déclaration. Enfin, l'hypothèse d'information complète est retenue ici puisque chaque suspect sait que le juge a fait la même proposition à l'autre suspect.

APPLICATION Le dilemme du prisonnier

Dans le dilemme du prisonnier, les éléments du jeu sont :

- 2 joueurs, les deux complices, appelons-les Bonnie et Clyde, $I = \{B, C\}$
- 2 actions possibles pour chaque joueur :
  $A_B = A_C = \{D, ND\}$, D = dénoncer, ND = ne pas dénoncer.
- 4 résultats possibles :
  $A = \{(D, D), (D, ND), (ND, D), (ND, ND)\}$
- Les gains sont les suivants. Le juge décide d'une peine de 2 ans de prison s'ils dénoncent leur complice tous les deux et de 4 ans de prison s'ils n'avouent pas. Si l'un des complices dénonce l'autre mais que l'autre ne le dénonce pas, celui qui dénonce a une remise de peine, et obtient une peine de 1 an de prison tandis que l'autre a une peine de 5 ans de prison.

Lorsque le jeu est sous forme normale, on peut représenter les gains des individus par une matrice des gains. Dans le cas de deux joueurs, il est habituel de décrire les stratégies du joueur 1 en ligne et celles du joueur 2 en colonne. L'ordre des gains suit l'ordre des joueurs. Dans l'exemple du dilemme du prisonnier, la matrice de gains est donnée par le tableau 10.1. Le gain de Bonnie est en première position et celui de Clyde en seconde.

▶ **Tableau 10.1**
Matrice de gains dans le jeu du dilemme du prisonnier

		Clyde (Joueur 2)	
		Dénoncer (*D*)	**Ne pas dénoncer (*ND*)**
Bonnie (Joueur 1)	**Dénoncer (*D*)**	(– 2, – 2)	(– 1, – 5)
	Ne pas dénoncer (*ND*)	(– 5, – 1)	(– 4, – 4)

Il faut bien faire attention à ne pas confondre une action ou stratégie d'un joueur, a_i, et un résultat, a, qui est une combinaison particulière des stratégies de tous les joueurs.

Comme nous le verrons dans le chapitre suivant, les ensembles de stratégies sont souvent continus et contiennent une infinité d'actions possibles (choix de quantités, de prix, etc.).

2.2 Équilibre en stratégies dominantes

Dans l'exemple du dilemme du prisonnier, la question qui nous intéresse est de savoir si les joueurs vont se dénoncer ou non. On appelle la solution d'un jeu un équilibre. Bien que la notion de solution d'un jeu soit facile à comprendre, il existe différents types d'équilibre dans la littérature. Une première approche consiste à déterminer s'il existe une stratégie qui soit toujours la meilleure pour les agents quelle que soit la décision des autres. On parle alors de stratégie dominante. Dans ce cas, on s'attend à ce que les agents jouent cette stratégie et que la solution du jeu en découle naturellement.

Notation

On notera a_{-i}, un résultat du jeu qui contient toutes les stratégies des joueurs sauf le joueur i : $a_{-i} = (a_1, \ldots, a_{i-1}, a_{i+1}, \ldots, a_N)$. Un résultat du jeu peut alors s'écrire du point de vue du joueur i : $a = (a_i, a_{-i})$.

Définition 1

Une stratégie, $\bar{a}_i$, est dite faiblement **(strictement) dominante** pour le joueur i si, quelle que soit l'action des autres joueurs, elle permet de maximiser le gain du joueur i :

$$\pi_i(\bar{a}_i, a_{-i}) \geqslant (>) \pi_i(a_i, a_{-i}), \forall a_i \in A_i, \forall a_{-i} \in A_{-i}$$

Reprenons l'exemple de Bonnie et Clyde. Quelle est la meilleure stratégie pour Bonnie ? Supposons que Clyde décide de dénoncer Bonnie. Si Bonnie le dénonce également, sa peine sera de 2 ans de prison, mais si elle ne le dénonce pas, sa peine sera de 5 ans. Elle est donc incitée à dénoncer dans ce cas. Supposons maintenant que Clyde décide de ne pas dénoncer Bonnie. Si Bonnie le dénonce, sa peine sera de 1 an de prison et si elle ne le dénonce pas, sa peine sera de 4 ans. Il est donc préférable pour Bonnie de dénoncer Clyde encore une fois. La stratégie dominante de Bonnie est de dénoncer. On peut faire le même raisonnement pour Clyde et trouver que sa stratégie dominante est de dénoncer. La solution de ce jeu est que chaque joueur « dénonce ». On obtient un équilibre en stratégies dominantes.

Définition 2

Un **résultat**, $(\bar{a}_1, \bar{a}_2, \ldots, \bar{a}_N)$, est **un équilibre en stratégies dominantes** si $\bar{a}_i$ est la stratégie dominante de chaque joueur i.

Malheureusement, il n'existe pas d'équilibre en stratégies dominantes dans tous les jeux. Colin et Chloé doivent décider comment organiser leur soirée. Ils ont le choix entre aller à un concert de jazz (J) ou aller voir un film au cinéma (C). Pour les deux, ce qui compte avant tout est d'être ensemble. Colin a une préférence pour le jazz et Chloé pour le cinéma. Leurs gains, ici leurs utilités, sont représentés par la matrice du jeu suivante :

		Chloé	
		Concert de jazz (J)	Cinéma (C)
Colin	Concert de jazz (J)	(2, 1)	(0, 0)
	Cinéma (C)	(0, 0)	(1, 2)

Supposons que Colin choisisse le concert de jazz, Chloé préfère également le concert de jazz. Mais, si Colin choisit le cinéma, elle préférera aller au cinéma. Dans cet exemple, il n'y a pas de stratégie dominante. Nous ne pouvons donc pas trouver une solution par l'élimination des stratégies dominantes. Afin de résoudre ce jeu, nous allons introduire un autre concept d'équilibre.

2.3 Équilibre de Nash

L'équilibre de Nash est le concept d'équilibre le plus utilisé. L'idée de base est d'obtenir une solution telle qu'aucun joueur n'ait intérêt à dévier seul de cette situation. Ce concept d'équilibre assez intuitif repose sur la rationalité des individus et suppose que chacun agisse uniquement pour ses propres intérêts.

Définition 3

Un résultat, $a^* = (a_1^*, a_2^*, ..., a_N^*)$, est **un équilibre de Nash** si aucun joueur i n'a intérêt à dévier unilatéralement de sa stratégie quand les autres joueurs continuent à jouer a_{-i}^* :

$$\pi_i(a_i^*, a_{-i}^*) \geqslant \pi_i(a_i, a_{-i}^*) \; \forall a_i \in A_i$$

Dans l'exemple du dilemme du prisonnier, si Bonnie et Clyde décident de ne pas dénoncer, le résultat n'est pas stable au sens où chacun à intérêt à dévier et à dénoncer son complice. En revanche, la solution qui consiste à dénoncer pour Bonnie et Clyde conduit à un équilibre de Nash. De manière générale, on peut montrer que **tout équilibre en stratégies dominantes** est aussi un **équilibre de Nash**. Mais attention, la réciproque est fausse. Nous verrons un peu plus loin comment obtenir cet équilibre. Avant cela, posons-nous la question de l'unicité et de l'existence de l'équilibre de Nash. Reprenons l'exemple de la bataille des sexes illustrée par la soirée de Chloé et Colin. Nous pouvons remarquer que les deux résultats (2, 1) et (1, 2) correspondant à des décisions communes (aller voir un concert de jazz ensemble ou aller au cinéma ensemble) sont des équilibres de Nash. Aucun des deux n'a intérêt à modifier son choix si l'autre ne le fait pas. Il y a donc 2 équilibres de Nash ici (J, J) et (C, C). Évidemment, reste à savoir ce qu'ils feront réellement. Iront-ils au cinéma ou au concert de jazz ? Nous y reviendrons rapidement. Si, dans cet exemple, l'équilibre n'est pas unique, dans d'autres cas, il n'en existe pas. Supposons que Chloé et Colin soient maintenant mariés depuis 30 ans. Chloé est lasse de passer ses soirées avec Colin mais ce n'est pas le cas de Colin qui aime toujours sortir en couple. La matrice de gains devient :

		Chloé + 30 ans	
		Concert de jazz (*J*)	Cinéma (*C*)
Colin + 30 ans	Concert de jazz (*J*)	(2, 0)	(0, 2)
	Cinéma (*C*)	(0, 1)	(1, 0)

Dans cette situation, aucun résultat ne correspond à un équilibre de Nash. Il n'existe pas d'équilibre de Nash.

Considérons qu'au moins un équilibre de Nash existe. Comment le déterminer ? Pour cela, nous allons utiliser le concept de fonctions de meilleures réponses des joueurs. L'idée est de déterminer la meilleure stratégie d'un joueur face à des stratégies données des autres joueurs.

Définition 4

La fonction de meilleure réponse du joueur i est la fonction $MR_i(a_{-i})$ qui associe à chaque combinaison de stratégies des autres joueurs a_{-i}, les stratégies du joueur i qui maximise son gain :

$$\pi_i\left(MR_i\left(a_{-i}\right), a_{-i}\right) \geqslant \pi_i\left(a_i, a_{-i}\right) \forall a_i \in A_i, \forall a_{-i} \in A_{-i}$$

Dans l'exemple initial de Chloé et Colin, nous pouvons déterminer les meilleures réponses de chacun des joueurs comme suit. Si Chloé joue C, Colin a intérêt à jouer C, et si Chloé joue J, il a intérêt à jouer J. Les fonctions de meilleure réponse de Colin, MR_{Co}, sont : $MR_{Co}(C) = C$ et $MR_{Co}(J) = J$. De façon similaire, les fonctions de meilleure réponse de Chloé, MR_{Ch}, sont : $MR_{Ch}(C) = C$ et $MR_{Ch}(J) = J$.

Un résultat a^* est un **équilibre de Nash** si et seulement si $a_i^* = MR_i\left(a_{-i}^*\right)$, pour tout $i = 1$ à N.

Graphiquement, cela correspond à la recherche de points d'intersection des fonctions de meilleure réponse[1].

Dans l'exemple initial, C est la meilleure réponse de Colin à la décision C de Chloé et C est la meilleure réponse de Chloé à la décision C de Colin, $MR_{Co} = \left(MR_{Ch}(C)\right) = C$. De même, on obtient que $MR_{Co} = \left(MR_{Ch}(J)\right) = J$. Par conséquent, ($C$, C) et (J, J) sont bien des équilibres de Nash. Cette méthode pourra être appliquée à tous les jeux simultanés.

L'équilibre de Nash est une solution des jeux non-coopératifs dans lesquels chaque joueur cherche à améliorer sa situation individuelle. Mais, cet équilibre est-il socialement souhaitable ? Pour répondre, utilisons le concept d'efficacité au sens de Pareto.

1 La recherche des équilibres de Nash est équivalente à la recherche de points fixes des fonctions de meilleure réponse.

Définition 5

Un résultat sera **efficace au sens de Pareto** s'il n'existe pas d'autre résultat qui permette d'augmenter le gain d'au moins un agent sans diminuer celui d'un autre.
Mathématiquement, l'efficacité au sens de Pareto repose sur la définition de la dominance au sens de Pareto.

i. Le résultat $\hat{a}$ Pareto-domine le résultat a si :

$$\forall i, i = 1 \text{ à } N, \pi_i(\hat{a}) \geq \pi_i(a) \text{ et } \exists j, \pi_j(\hat{a}) > \pi_j(a).$$

ii. Un résultat est un optimum de Pareto s'il n'existe pas un autre résultat qui le Pareto-domine.

iii. Les résultats $\hat{a}$ et a ne sont pas Pareto-comparables si $\exists j, \pi_j(\hat{a}) > \pi_j(a)$.

Dans le dilemme du prisonnier, (D, D) est un équilibre de Nash. Mais, (ND, ND) Pareto-domine cet équilibre. Il n'y a donc aucune raison pour qu'un équilibre de Nash soit pareto-optimal. Dans la bataille des sexes, les deux équilibres de Nash (C, C) et (J, J) ne sont pas Pareto-comparables mais ils Pareto-dominent les deux autres résultats. En effet, (J, J) est préféré par Colin et (C, C) est préféré par Chloé.

Dans ce dernier exemple, le concept d'optimalité au sens de Pareto ne nous aide pas à choisir entre les deux équilibres. Une solution pourrait être de tirer au sort entre les deux résultats. Par exemple, on pourrait proposer à Colin et Chloé de lancer une pièce de monnaie. Si Face sort, ils vont au concert et si Pile, ils vont au cinéma. L'avantage est que la probabilité est la même pour les deux sorties. Une solution alternative est que chaque joueur tire au sort la soirée (C ou J) et décide de la probabilité de tirer son choix préféré. Nous allons étudier cette possibilité dans la section suivante.

2.4 Équilibre de Nash en stratégies mixtes

Les stratégies que nous avons définies et utilisées jusqu'à présent sont des **stratégies** dites **pures**, c'est-à-dire correspondant à des options qui s'offrent aux joueurs. Colin et Chloé peuvent jouer deux stratégies pures : voir un concert de jazz (J) ou voir un film (C).

Une **stratégie mixte** est une distribution de probabilités sur l'ensemble des stratégies pures. Lancer une pièce de monnaie correspond à la distribution qui donne une chance sur deux d'aller au concert et une chance sur deux d'aller au cinéma. Supposons que Chloé et Colin puisse choisir une distribution de probabilité sur les deux sorties possibles. Pour Colin, cela revient à choisir une probabilité de voir un concert de jazz, p (sa probabilité d'aller au cinéma est donc $1 - p$). Pour

Chloé, nous notons q la probabilité d'aller au cinéma (sa probabilité de voir un concert de jazz est donc $1 - q$). Les décisions se basent sur les gains espérés étant donné chacune des stratégies (▶ chapitre 7).

Commençons par Colin. Si le résultat est (J, J), Colin recevra un gain égal à 2. Cet événement survient avec la probabilité $p \times (1 - q)$. Si le résultat est (J, C), il recevra un gain égal à 0. Cet événement survient avec la probabilité $p \times q$. Si le résultat est (C, J), il recevra un gain égal à 0. Cet événement survient avec la probabilité $(1 - p) \times (1 - q)$. Enfin, si le résultat est (C, C), il recevra un gain égal à 1. Cet événement survient avec la probabilité $(1 - p) \times q$.

Son espérance de gains est donc égale à :

$$\begin{aligned}\mu_{Co}(p, q) &= p \times (1 - q) \times 2 + p \times q \times 0 + (1 - p) \times (1 - q) \times 0 \\ &\quad + (1 - p) \times q \times 1 \\ &= p(2 - 3q) + q\end{aligned}$$

De façon similaire, nous pouvons déterminer l'espérance de gains de Chloé :

$$\begin{aligned}\mu_{Ch}(p, q) &= p \times (1 - q) \times 1 + p \times q \times 0 + (1 - p) \times (1 - q) \times 0 \\ &\quad + (1 - p) \times q \times 2 \\ &= q(2 - 3q) + p\end{aligned}$$

À partir des gains espérés, nous pouvons déterminer les fonctions de meilleures réponses des deux joueurs. Si Chloé joue une probabilité q inférieure à 2/3, le gain espéré de Colin est une fonction croissante de p. Il a donc intérêt à jouer la valeur la plus grande de p, soit 1. Si Chloé choisit une probabilité q égale à 2/3, le gain espéré de Colin ne dépend pas de p. Il peut donc jouer n'importe quelle valeur de p dans [0, 1]. Enfin, si Chloé joue une probabilité q supérieure à 2/3, le gain espéré de Colin est une fonction décroissante de p. Il a donc intérêt à jouer la valeur la plus petite de p, soit 0. En résumé, la fonction de meilleure réponse de Colin aux décisions de Chloé est :

$$\begin{cases} p = 0 & \text{si } 2 - 3q < 0 \quad \text{soit } q > \dfrac{2}{3} \\ p \in [0, 1] & \text{si } 2 - 3q = 0 \quad \text{soit } q = \dfrac{2}{3} \\ p = 1 & \text{si } 2 - 3q > 0 \quad \text{soit } q < \dfrac{2}{3} \end{cases}$$

Nous pouvons appliquer le même raisonnement pour Chloé et obtenir sa fonction de meilleure réponse :

$$\begin{cases} q = 0 & \text{si } 2 - 3p < 0 \quad \text{soit } p > \dfrac{2}{3} \\ q \in [0, 1] & \text{si } 2 - 3p = 0 \quad \text{soit } p = \dfrac{2}{3} \\ q = 1 & \text{si } 2 - 3p > 0 \quad \text{soit } p < \dfrac{2}{3} \end{cases}$$

Une façon simple de résoudre ce jeu, dans le cas de deux joueurs et de deux stratégies, est de représenter les fonctions de meilleure réponse et de déterminer les points d'intersection (▶ figure 10.1). Trois équilibres existent dont deux en stratégies pures : ($p = 0$, $q = 1$), ($p = 1$, $q = 0$) et ($p = 2/3$, $q = 2/3$).

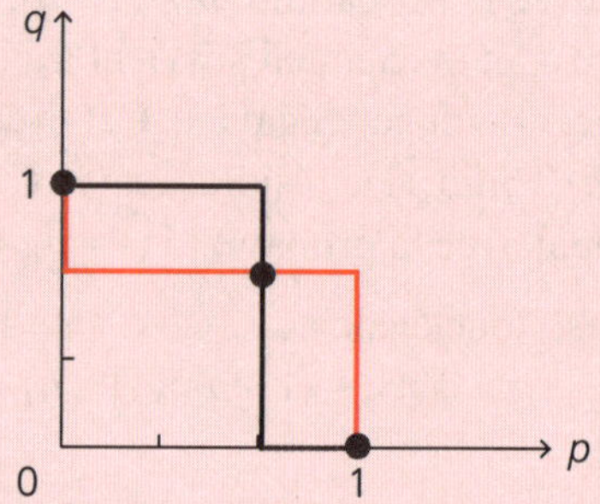

▶ Figure 10.1
Bataille des sexes et stratégies mixtes

La courbe en orange est la fonction de meilleure réponse de Colin et celle en noir celle de Chloé. Les deux courbes se croisent en trois points qui correspondent aux trois équilibres de Nash. On retrouve les deux équilibres en stratégies pures (*C*, *C*) et (*J*, *J*) . Le dernier équilibre est un équilibre en stratégies mixtes, Colin joue la stratégie (2/3, 1/3), la probabilité associée à *J* est 2/3 et celle associée à *C* est 1/3. Chloé joue la stratégie (1/3, 2/3), la probabilité associée à *J* est 1/3 et celle associée à *C* est 2/3.

Nash (1950) a montré que tout jeu qui peut se mettre sous une forme normale admet au moins un **équilibre de Nash en stratégies mixtes**.

Dans un cadre plus général, une stratégie mixte pour un joueur *i* est une distribution de probabilités sur l'ensemble de ses stratégies pures.

CONTROVERSE

Les concepts d'équilibre n'explicitent pas la manière dont les joueurs vont se coordonner sur un état d'équilibre. Le choix du joueur 1 dépend de celui du joueur 2, qui dépend également de ce que fait le joueur 1, etc. Les joueurs n'adopteront la stratégie d'équilibre théorique que s'ils ont de bonnes raisons de penser que les autres joueurs l'adopteront aussi. Robert Aumann, économiste américano-israélien et prix Nobel en 2005, considère que les joueurs sont rationnels dans le sens où ils utilisent toute l'information disponible et prennent parfaitement en compte les réactions des autres joueurs. Une connaissance commune élevée permet d'atteindre un équilibre. Au contraire, pour Kenneth Binmore, économiste anglais, les joueurs adaptent leur comportement au fur et à mesure de leur expérience du jeu. ■

3 Jeux séquentiels ou jeux sous forme extensive

La forme normale est surtout adaptée aux jeux simultanés. Lorsque les joueurs prennent des décisions à des moments différents, on représente plus habituellement le jeu sous une forme dite extensive.

3.1 Représentation d'un jeu sous forme extensive

Une firme M est en situation de monopole sur un marché. Une autre firme E peut décider d'entrer (e) ou non (n) sur le marché. Si E décide d'entrer, M peut alors soit combattre (c), soit s'en accommoder (a). Supposons que les paiements pour E et pour M sont (0, 2) si E n'entre pas, (– 1, – 1) si E entre et M combat, et (1, 1) si E entre et M s'accommode. Nous pouvons représenter ce jeu sous la forme d'un arbre de décision (▶ figure 10.2).

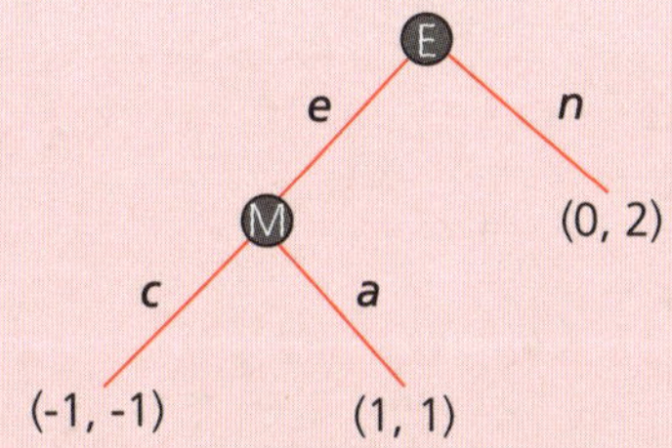

Chaque branche de l'arbre correspond à une décision. Chaque sommet correspond à un nœud de décision. Les paiements sont spécifiés à chaque nœud terminal. Si *E* joue *e* et ensuite *M* joue *c*, le paiement sera de – 1 pour chaque firme.

◀ **Figure 10.2**
Jeu d'entrée

Définition 6

Un jeu sous forme extensive est donné par :

i. Un arbre de jeu contenant un nœud initial, des nœuds de décisions, des nœuds terminaux et des branches reliant chaque nœud à ceux qui lui succèdent

ii. Un ensemble de n joueurs, indicés par $i = 1$ à n.

iii. Pour chaque nœud de décision, le nom du joueur qui a le droit de choisir une stratégie à ce nœud.

iv. Pour chaque joueur i, la spécification de l'ensemble des stratégies permises à chaque nœud où il a le droit de prendre une décision.

v. La spécification des gains de chaque jeu à chaque nœud terminal.

Dans les jeux séquentiels, chaque joueur peut être amené à prendre des décisions plusieurs fois. Nous ne pouvons pas associer une stratégie à une unique action, mais à une série d'actions.

Une stratégie d'un joueur est un plan d'actions complet qui spécifie une action pour chaque nœud où le joueur doit adopter une décision. Supposons que la firme *E* puisse maintenant décider de répliquer (*r*) ou non (*nr*) si *M* décide de combattre. Les paiements pour *E* et pour *M* deviennent (0, 2) si *E* n'entre pas, (– 1,– 1) si *E* entre, *M* combat et *E* ne réplique pas, (– 2, – 2) si *E* réplique et (1, 1) si *E* entre et *M* s'accommode (▶ figure 10.3). La firme *M* n'a qu'un seul nœud de décision. Ses stratégies contiennent une action unique : $S_M = \{c, a\}$. La firme *E* a deux nœuds de décisions : un au départ et un après le choix de *M*. Ses stratégies doivent préciser une action à chacun de ces nœuds : $S_E = \{(e, r), (e, nr), n\}$.

Comme pour les jeux simultanés, un résultat du jeu est une combinaison des stratégies des différents joueurs. L'ensemble des résultats du jeu d'entrée 2 est donc (▶ figure 10.3) :

$$S = \{((e, r), c), ((e, nr), c), (n, \mathrm{c})\ ((e, r), a), ((e, nr), a), (n, a)\}$$

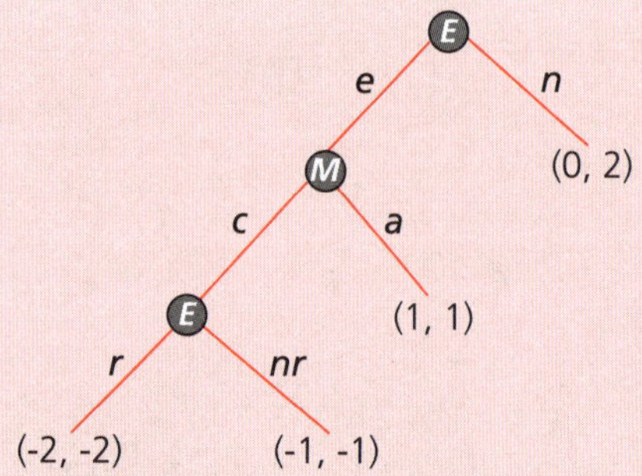

▶ Figure 10.3
Jeu d'entrée 2

La firme *E* peut maintenant jouer de nouveau si la firme *M* décide de combattre. Deux nouvelles actions sont possibles : répliquer (*r*) ou ne pas répliquer (*nr*).

Avant de déterminer la solution de ces deux jeux, comparons les deux formes possibles de jeu que nous venons d'étudier. Tout d'abord, remarquons qu'il est possible d'associer, à chaque jeu sous forme extensive, un jeu sous forme normale dans lequel les joueurs choisissent simultanément les stratégies qu'ils mettront en œuvre.

Nous pouvons représenter le premier jeu sous une forme normale en considérant que chacune des firmes a deux stratégies possibles et qu'elles choisissent simultanément leurs actions (▶ tableau 10.2).

Cependant, nous ne pouvons pas savoir si c'est la firme *E* ou *M* qui joue en premier. Seule la combinaison des actions est représentée. Cette forme est possible puisque les deux firmes ont toute l'information sur les décisions de l'autre.

		Firme *M*	
		Combattre (*c*)	S'accommoder (*a*)
Firme *E*	Entrer (*e*)	(– 1, – 1)	(1, 1)
	Ne pas entrer (*n*)	(0, 2)	(1, 1)

Tableau 10.2
Jeu d'entrée sous forme normale

La représentation d'un jeu séquentiel sous forme normale ne pose pas de problème tant qu'aucun des joueurs n'a plus d'information qu'un autre. Sinon, il faut spécifier ce manque d'information comme nous le verrons en fin de chapitre.

POUR ALLER PLUS LOIN
▶ *Voir p. 257*

En revanche, il semble plus délicat de représenter un jeu statique sous forme extensive car plusieurs représentations sont possibles. Reprenons l'exemple de Chloé et Colin. Nous pouvons représenter ce jeu sous la forme d'un arbre en supposant que Chloé joue en premier (▶ figure 10.4) ou que Colin joue en premier.

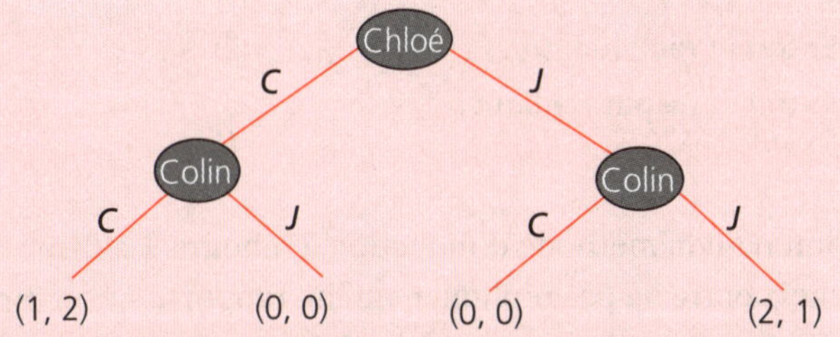

Chloé a deux stratégies : aller au cinéma (*C*) ou écouter un concert de jazz (*J*). De manière similaire, Colin a les deux mêmes stratégies possibles. Dans cette représentation, Chloé joue en premier.

Figure 10.4
Bataille des sexes sous forme extensive

3.2 Recherche des équilibres par la méthode de récurrence à rebours (*backward* induction)

Il s'agit maintenant de trouver des solutions aux jeux séquentiels (ou les solutions des jeux séquentiels). Une première méthode consiste à déterminer les choix des joueurs en partant des nœuds terminaux, puis pour les décisions plus « en amont » de l'arbre, progressivement jusqu'au nœud initial. Dans le jeu d'entrée, la firme *M* joue en dernier, elle peut choisir soit l'action *c* qui lui rapporte – 1, soit l'action *a* qui lui rapporte 1. Elle va donc choisir l'action *a*. Nous venons de déterminer la stratégie optimale de la firme M à ce dernier nœud de décision. La firme E sait maintenant que si elle choisit l'action e, la firme M choisira a et elle recevra un paiement de 1. L'autre action possible est de ne pas entrer, n, ce qui lui procure un paiement de 0. Elle a donc intérêt à choisir e. L'équilibre qui en découle est le résultat (e, a). Cet équilibre est un équilibre de Nash en stratégies pures : aucun des deux joueurs n'a intérêt à dévier.

Zermelo (1913) et Kuhn (1953) ont montré que tout jeu (fini) sous forme extensive à information parfaite a un **équilibre de Nash en stratégies pures** (équilibre que l'on peut obtenir par la méthode à rebours). On obtient une stratégie unique pour chaque joueur s'il n'y pas d'égalité entre deux paiements aux nœuds terminaux.

La méthode d'induction à rebours est une façon de déterminer la solution d'un jeu sous forme extensive en information parfaite et permet également d'éliminer des stratégies basées sur des menaces non crédibles.

Reprenons le jeu d'entrée 2 (▶ figure 2.3). En représentant ce jeu sous forme normale, nous pouvons facilement déterminer les trois équilibres de Nash de ce jeu : (n, c), $((e, r), a)$, et $((e, nr), a)$.

		Firme *M*	
		Combattre (*c*)	**S'accommoder (*a*)**
Firme *E*	**Entrer (*e*)**	(0, 2)	(0, 2)
	Entrer et répliquer (*e, r*)	(– 2, – 2)	(1, 1)
	Entrer et ne pas répliquer (*e, nr*)	(– 1, – 1)	(1, 1)

Utilisons maintenant la méthode d'induction à rebours. La firme E, qui joue en dernier, a le choix entre ne pas répliquer, qui lui rapporte – 1, et répliquer qui lui rapporte – 2. Elle va donc choisir de ne pas répliquer. La firme M, qui joue avant, a le choix entre combattre, qui lui rapportera – 1 car la firme E ne répliquera pas, et s'accommoder, qui lui rapportera 1. Elle va choisir de s'en accommoder. Enfin la firme E a maintenant le choix entre entrer, qui lui rapportera 1 et ne pas entrer qui lui rapportera 0. Elle va choisir d'entrer. La solution est : $((e, nr), a)$.

Pour restreindre les équilibres de Nash aux équilibres avec menaces crédibles, nous allons utiliser ce concept d'équilibre de Nash Parfait.

3.3 Équilibre de Nash parfait

Nous allons commencer par introduire le concept de **sous-jeu**. L'idée est de « couper » l'arbre de décision et de ne retenir qu'une partie du jeu. Évidemment pour déterminer la solution, nous ne devrons pas couper l'arbre de n'importe quelle façon.

Prenons un jeu avec deux amis, Jules et Jim. Jules propose à Catherine, soit de l'épouser (*m*) et Jim est content pour son ami, soit de rester amis (*a*). Dans ce dernier cas, comme Jim est aussi amoureux de Catherine, il lui propose également soit le mariage (*m*) et Jim est heureux pour son ami, mais se sent nostalgique, soit de rester amis également (*a*). Si Catherine et Jim ne se marient pas, Jules et Jim peuvent décider de se livrer un combat pour obtenir l'amour de Catherine (*c*) ou non (*nc*). Les paiements sont indiqués dans l'arbre de la figure 10.5.

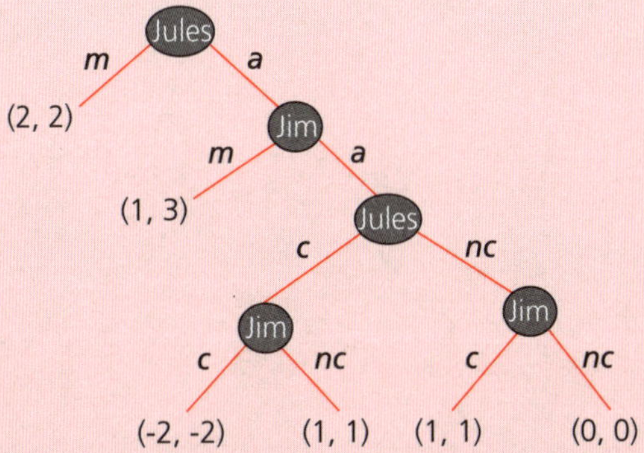

Si Jules et Jim décident de se battre, ils perdent tous les deux. Si un des deux combat, quelle que soit l'issue, ils en tirent un même amusement et finissent amis. Si les deux décident de ne pas combattre, ils ne tirent aucun bénéfice et aucune perte.

◄ **Figure 10.5**
« Jules et Jim »

En partant des nœuds terminaux, nous déterminons les actions optimales pour Jim. Si Jules décide de se battre, Jim a intérêt à ne pas combattre. Mais, si Jules décide de ne pas combattre, il a intérêt à se battre. Par conséquent, quelle que soit l'action de Jules, le paiement sera de 1 pour chacun des amis. Nous pouvons utiliser cette connaissance pour réécrire l'arbre de la façon suivante.

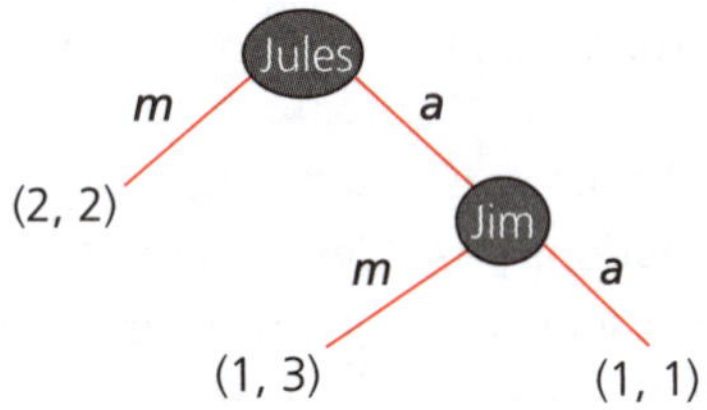

Nous venons d'obtenir un sous-jeu du jeu de Jules et Jim.

De façon plus générale, un sous-jeu d'un jeu sous forme extensive est un jeu composé d'un nœud, de tous les nœuds successeurs de ce nœud, de tous les arcs reliant ces nœuds, et des utilités associées à tous les nœuds terminaux successeurs.

À partir des sous-jeux, nous allons pouvoir restreindre les équilibres de Nash aux équilibres avec menaces crédibles en utilisant la notion d'équilibre en sous-jeu.

Définition 7

Un équilibre de Nash d'un jeu sous forme extensive est un **équilibre parfait en sous-jeux** si toute restriction du profil de stratégies à un sous-jeu est un équilibre de Nash pour ce sous-jeu.

Pour les jeux à information parfaite, la notion d'équilibre parfait en sous-jeux coïncide avec la notion d'induction à rebours.

Les points **clés**

- Un jeu simultané se définit par (i) un ensemble de joueurs, chaque joueur pouvant choisir une action au sein d'un ensemble d'actions possibles ; (ii) une réalisation d'un jeu et (iii) des fonctions de gain pour chaque joueur.
- Un équilibre en stratégies dominantes se détermine en choisissant les stratégies dominantes (c'est-à-dire les stratégies les meilleures quel que soit le choix de l'autre joueur) de chacun des joueurs.
- Un jeu sous forme extensive est représenté par un arbre dont les branches correspondent aux actions possibles, les nœuds précisent quel joueur joue et les gains sont représentés aux nœuds terminaux.
- La méthode d'induction à rebours permet d'obtenir un équilibre d'un jeu sous forme extensive en déterminant chaque action optimale en partant des nœuds terminaux.
- Un équilibre de Nash est un résultat dans lequel aucun des joueurs n'a intérêt à dévier unilatéralement. On peut le déterminer en utilisant les fonctions de meilleures réponses.

ÉVALUATION

QCM

▶ Corrigés p. 348

1 Vrai ou faux

1. Tous les jeux sous forme normale ont un équilibre en stratégie dominante.
2. Une stratégie pure ne peut jamais dominer une stratégie mixte.
3. Un équilibre en stratégies dominantes est un équilibre de Nash.
4. Un équilibre de Nash correspond à un résultat tel que les joueurs n'ont aucune incitation collective à dévier (même si chacun peut avoir une incitation individuelle à le faire).

2 On considère le jeu sous forme normale ci-après. Laquelle des affirmations suivantes est vraie ?

		Joueur 2		
		Gauche	Milieu	Droite
Joueur 1	Haut	(1, 3)	(2, 1)	(1, 4)
	Centre	(2, 1)	(4, 2)	(2, 3)
	Bas	(3, 1)	(1 ,3)	(3, 2)

a. Ce jeu n'admet aucun équilibre de Nash en stratégies pures.
b. La combinaison de stratégies « haut-droite » est un équilibre de Nash de ce jeu.
c. combinaison de stratégies « bas-gauche » est l'unique équilibre de Nash de ce jeu.
d. Aucune des précédentes.

3 On considère une variante du jeu précédent.

		Joueur 2		
		Gauche	Milieu	Droite
Joueur 1	Haut	(1 ,3)	(2, 1)	(3, 4)
	Centre	(2, 1)	(4, 2)	(2, 3)
	Bas	(3, 4)	(1 ,3)	(3, 2)

a. Ce jeu n'admet aucun équilibre de Nash en stratégies pures.
b. La combinaison de stratégies « haut-droite » est un équilibre de Nash de ce jeu.
c. La combinaison de stratégies « bas-gauche » est l'unique équilibre de Nash de ce jeu.
d. Aucune des précédentes.

Exercices

▶ Corrigés en ligne

4 Équilibre de Nash

Déterminez les équilibres de Nash en stratégies pures des jeux simultanés à 2 joueurs suivants.

1. $\begin{pmatrix} (2,2) & (0,0) \\ (0,0) & (1,1) \end{pmatrix}$

2. $\begin{pmatrix} (2,2) & (1,3) \\ (3,1) & (0,0) \end{pmatrix}$

3. $\begin{pmatrix} (1,-1) & (-1,1) \\ (-1,1) & (1,-1) \end{pmatrix}$

5 « Pierre, Feuille, Ciseaux »

On considère le jeu à deux joueurs « Pierre, Feuille, Ciseaux ». Les deux joueurs jouent simultanément. Rappelons que la *pierre* bat les *ciseaux*, les *ciseaux* battent la *feuille*, la *feuille* bat la *pierre*.
Si les deux joueurs jouent la même chose, la partie est nulle, et les gains sont de 0 pour les deux joueurs. Si un joueur bat l'autre, le gagnant a un gain de 1 et le perdant une perte de 1.
1. Représenter ce jeu sous forme normale
2. Supposons qu'avant de jouer, le joueur 2 observe le coup du joueur 1, représenter cette variante du jeu sous forme extensive.

6 Équilibre et optimum

Soit le jeu suivant à deux joueurs :

		Joueur 2	
		L	R
Joueur 1	H	(a, b)	(c, d)
	B	(e, f)	(g, h)

1. Quelles sont les conditions à poser sur a, b, c, d, e, f, g, h pour que (B, L) soit un équilibre en stratégies dominantes ?
2. Quelles sont les conditions à poser sur a, b, c, d, e, f, g, h pour que (B, L) soit un équilibre de Nash ?
3. Quelles sont les conditions à poser sur a, b, c, d, e, f, g, h pour que (B, L) soit un optimum de Pareto ?

7 Dilemme du samaritain

Dans le jeu suivant, l'étudiant typique peut se prendre en charge (« étudier », trouver un travail...) ou réclamer l'assistance du gouvernement (« bloquer » la fac, et exiger de l'État un diplôme, un emploi, une retraite, etc.). Le gouvernement peut aider l'étudiant ou refuser toute assistance. Les gains sont indiqués dans le tableau ci-après :

		Étudiant (joueur 2)	
		Étudier	**Bloquer**
Gouvernement (joueur 1)	**Aider**	(2, 2)	(– 2, 3)
	Refuser	(– 1, 1)	(1, 0)

1. Montrez que le jeu n'admet pas d'équilibre de Nash en stratégies pures.
2. Déterminez l'équilibre de Nash en stratégies mixtes.
3. Représentez graphiquement les meilleures réponses des joueurs.

8 Jeu sous forme extensive

Considérons le jeu sous forme extensive à 2 joueurs, Paul et Virginie, suivant.

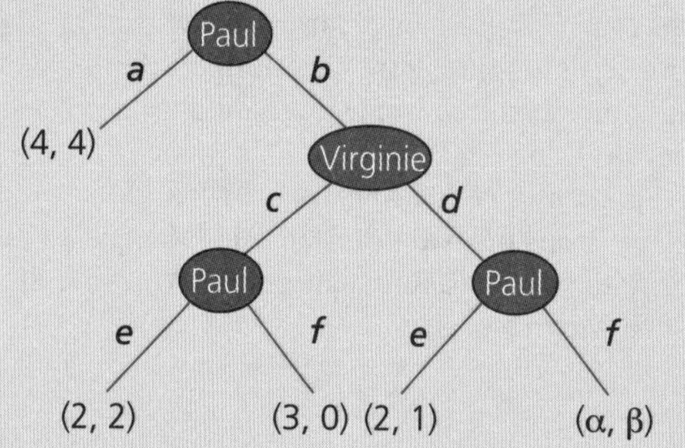

Déterminez les équilibres de Nash parfaits en sous jeu lorsque :
1. $\alpha = 5$ et $\beta = 2$
2. $\alpha = 1$ et $\beta = 1$
3. $\alpha = 3$ et $\beta = 1$
4. $\alpha = 1$ et $\beta = -1$

Sujet d'examen

▶ Corrigés en ligne

9 L2 Économie-Gestion Université Paris Ouest Nanterre La Défense, juin 2013

Soit un jeu défini par la structure suivante :
3 joueurs repérés par un indice $i = 1, 2, 3$.
Chacun d'eux dispose d'un ensemble de stratégies : $S_1 = \{A, B, C\}$, $S_2 = \{F, G\}$ et $S_3 = \{T, R\}$.
Les fonctions de gain sont résumées dans le tableau ci-dessous :

		2		2	
		F	*G*	*F*	*G*
1	*A*	(2 ; 2 ; 6)	(3 ; 1 ; 4)	(5 ; 5 ; 3)	(0 ; 2 ; 0)
	B	(0 ; 4 ; 2)	(1 ; 5 ; 5)	(0 ; 0 ; 0)	(3 ; 3 ; 0)
	C	(3 ; 2 ; 2)	(1 ; 0 ; 6)	(3 ; 0 ; 1)	(1 ; 1 ; 3)
		T		R	
		3		3	

Avec (gain de 1, gain de 2, gain de 3).

1. Donnez les définitions :
a. D'un jeu simultané.
b. D'une stratégie pure.
c. D'une stratégie strictement dominée.
d. D'un équilibre de Nash.
2. Déterminez le ou les équilibres de Nash en stratégies pures de ce jeu. S'agit-il d'un équilibre en stratégies dominantes ? Justifiez votre réponse.

POUR ALLER PLUS LOIN

Jeu à information imparfaite

Reprenons l'exemple de Chloé et Colin. Aucun des joueurs ne sait ce que décidera l'autre. Nous pouvons représenter ce jeu sous forme extensive en introduisant cette imperfection d'information. Pour cela, nous représentons l'ensemble d'information de Colin, comprenant les deux nœuds de décision (▶ figure 10.6).

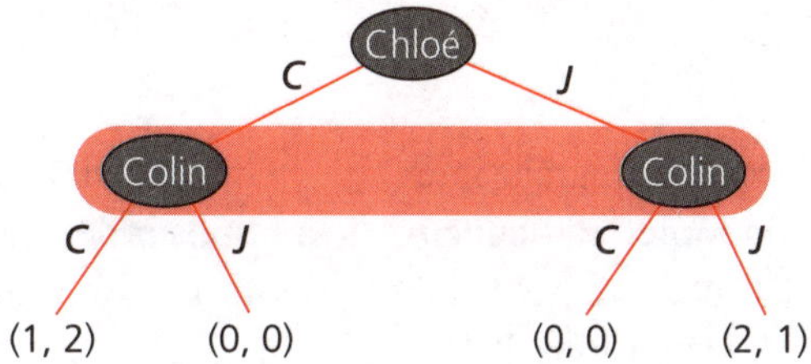

Chapitre 11

L'oligopole est une structure de marché intermédiaire entre le monopole et la concurrence parfaite, cas où de nombreuses firmes se font concurrence. Dans les situations d'oligopole, il y a quelques firmes sur le marché mais les biens sont considérés comme homogènes. La situation oligopolistique est une situation fréquente dans les secteurs tels que l'automobile ou les télécommunications. À la différence du monopole, il n'y a pas d'isolement stratégique. Chaque entreprise doit tenir compte du comportement de ses concurrents et peut adopter un comportement stratégique.

Un vendeur en situation d'oligopole est amené à se poser des questions du type « Si je modifie mon prix ou mon volume de production, quel comportement les autres firmes vont-elles adopter ? ». Sa stratégie dépend de la façon dont il va anticiper la réaction de ses rivaux et l'efficacité de la stratégie menée dépend de la façon dont les rivaux vont effectivement réagir. L'équilibre sera atteint lorsque chaque vendeur n'aura pas intérêt à changer sa décision étant donné celles de ses concurrents. Nous retrouvons la notion d'équilibre de Nash vue au chapitre 10. La théorie des jeux va nous permettre d'analyser plus finement des situations concurrentielles avec interactions stratégiques.

LES GRANDS AUTEURS

Joseph Louis François Bertrand (1822-1900)

J. Bertrand est un des plus éminents mathématiciens français de cette époque. Bien que sa motivation première ait été de critiquer la *Théorie mathématique de la richesse sociale* de Walras, il est davantage reconnu pour son commentaire de l'ouvrage de Cournot. Il critiqua la solution du duopole de Cournot et suggéra que ce sont plutôt les vendeurs qui fixent les prix et que chaque vendeur fixe son prix en supposant que son rival garde son prix constant. On parle aujourd'hui du « modèle de Bertrand » comme d'une alternative à la formulation de la théorie de l'oligopole proposée par Cournot. ■

Oligopole

Plan

Prérequis

- → **Déterminer** les prix et quantités d'une firme en situation de monopole.
- → **Définir** et déterminer des équilibres de Nash dans des jeux simultanés et séquentiels.
- → **Calculer** un surplus.

Objectifs

- → **Distinguer** un duopole à la Cournot d'un duopole à la Stackelberg.
- → **Déterminer** les prix et quantités d'équilibre des situations de duopole lorsque la concurrence est en quantité.
- → **Déterminer** les prix et quantités d'équilibre des situations de duopole lorsque la concurrence est en prix.
- → **Déterminer** les différences en termes de bien-être entre les différentes structures de marché.

1 La concurrence en quantité

En situation d'oligopole, les firmes anticipent la demande globale comme en monopole. La demande est l'agrégation des demandes individuelles émanant d'un grand nombre de consommateurs qui prennent le prix comme donné. L'offre du bien sera manipulée par les entreprises qui, par leurs stratégies d'offre, influenceront le prix de marché. Plusieurs situations sont possibles selon que les firmes coopèrent ou non. Dans ce chapitre, nous supposerons qu'elles ne coopèrent pas. Elles vont donc essayer d'obtenir le plus grand profit tout en sachant que leurs concurrentes feront de même. Dans cette première section, nous considérons que les firmes produisent un bien homogène et qu'elles vont jouer sur les quantités. Les décisions des entreprises correspondront aux meilleurs choix possibles *étant donné les actions de leurs concurrents.* La solution finale de ce problème est atteinte lorsqu'aucune des firmes n'a intérêt à modifier son niveau de production. Pour simplifier l'analyse, nous considérons principalement des situations de duopole c'est-à-dire deux firmes sur le marché.

1.1 Le duopole de Cournot (1838)

Malgré la présence de divers concurrents, Airbus et Boeing continuent d'agir comme s'ils étaient seuls sur le marché en produisant davantage. Fin 2011, Airbus avait 4 453 appareils en carnet de commandes et Boeing 3 535 appareils. Ces deux géants de l'aéronautique se font une concurrence en quantité. Le duopole de Cournot décrit une situation similaire, très simple, dans laquelle les firmes choisissent simultanément ce qu'elles vont produire en prenant le niveau de production de l'autre comme donné. L'information est parfaite et les firmes prennent leur décision une fois pour toutes (cadre statique).

Considérons deux entreprises, A et B, qui font face à la même demande globale de bien décrite par la fonction $p(Y)$, avec Y, la quantité totale du bien produit par A et B. Si la firme A pense que la firme B ne va pas produire, elle considéra que la demande qui s'adresse à elle est la demande du marché, $p(Y)$ et sa décision sera similaire à celle d'un monopole. Mais, si elle pense que la firme B produira une quantité positive, la firme A anticipera une plus faible demande pour elle. Sa décision optimale en sera modifiée. En suivant ce raisonnement, la firme A construit sa fonction de meilleure réponse (de réaction) à la décision de la firme B. Le profit de la firme A dépend de la décision de la firme B, à savoir la quantité qu'elle souhaite produire : $\pi_A = p(y_A + y_B) \times y_A - CT_A(y_A)$, avec y_A et y_B, les quantités produites par les firmes A et B et $CT_A(y_A)$, le coût total de production de la firme A pour une quantité y_A.

La firme A va chercher la quantité, y_A, qui maximise son profit. Nous considérons dans la suite du chapitre que les profits sont bien quasi-concaves. La condition d'optimalité s'écrit simplement : $\frac{\partial \pi_A}{\partial y_A} = \frac{\partial \pi_A(y_A, y_B)}{\partial y_A} = 0.$

FOCUS

Fonction de réaction dans le duopole de Cournot

La condition d'optimalité d'une firme permet de déterminer sa « fonction de réaction » ou « fonction de meilleure réponse » : $y_A = MR_A(y_B)$. Cette fonction donne la quantité y_A qui maximise les profits de la firme A en fonction de la quantité y_B produite par sa concurrente.

Évidemment, la firme B agit de manière similaire et nous pouvons déduire de sa condition d'optimalité, sa fonction de réaction, $MR_B(y_A)$. L'existence et la stabilité d'un équilibre de marché en duopole, et plus généralement en oligopole, dépendent des anticipations que font les entreprises sur les stratégies de leurs concurrents. Plusieurs équilibres sont possibles en fonction des situations et des stratégies possibles. Pour déterminer les solutions d'équilibre, nous allons utiliser les outils de la théorie des jeux (▶ chapitre 10). Nous allons résoudre une situation de duopole à la Cournot dans un cas simple où la fonction de demande est linéaire et les coûts marginaux sont constants.

Les deux firmes, A et B, produisent un bien homogène. Leurs fonctions de coûts sont $CT_A(y_A) = c_A \times y_A$ et $CT_B(y_B) = c_B \times y_B$, avec $c_A > 0$ et $c_B > 0$. Pour simplifier les résultats, supposons sans perte de généralité que la firme A est plus efficace que la firme B : $c_A = c$ et $c_B = c + \theta$, avec $\theta \geq 0$.

La demande totale inverse s'écrit simplement, $p(Y) = a - bY$ avec $Y = y_A + y_B$, la quantité totale produite par les deux firmes.

Nous pouvons écrire les profits des deux firmes facilement :

$$\begin{cases} \pi_A = \left[a - b(y_A + y_B)\right] \times y_A - cy_A \\ \pi_B = \left[a - b(y_A + y_B)\right] \times y_B - (c+\theta)y_A \end{cases}$$

Nous allons maintenant déterminer les fonctions de meilleure réponse des deux firmes. Pour cela, nous devons résoudre le programme des deux firmes et déterminer la quantité optimale (décision de la firme) en fonction de la quantité de la concurrente. Commençons par la firme A. Son programme s'écrit :

$$\max_{y_A} \pi_A = \left[a - b(y_A + y_B)\right] \times y_A - cy_A = \left[a - c - by_B\right] \times y_A - by_A{}^2$$

et la condition d'optimalité est obtenue en dérivant le profit par rapport à y_A :

$$\left[a-c-by_B\right]-2by_A=0$$

Nous pouvons en déduire la fonction de réaction de la firme A par rapport à la décision, y_B, de la firme B : $y_A = MR_A(y_B) = \dfrac{a-c-by_B}{2b}$.

De manière similaire, nous pouvons déterminer la fonction de meilleure réponse de la firme B aux décisions de la firme A : $y_B = MR_B(y_A) = \dfrac{a-(c+\theta)-by_A}{2b}$.

Nous avons obtenu les deux fonctions de meilleures réponses, il faut maintenant déterminer l'équilibre. Comme nous l'avons vu au chapitre 10, il faut chercher les points fixes, soit résoudre le système à deux équations et deux inconnues suivant.

$$\begin{cases} y_A = MR_A(y_B) = \dfrac{a-c-by_B}{2b} \\ y_B = MR_B(y_A) = \dfrac{a-(c+\theta)-by_A}{2b} \end{cases}$$

La solution de ce système, (y_A^C, y_B^C), est l'équilibre dit de Cournot-Nash :

$$\begin{cases} y_A^C = \dfrac{a-c+\theta}{3b} \\ y_B^C = \dfrac{a-c-\theta}{3b} \end{cases}$$

Nous pouvons représenter cet équilibre graphiquement (▶ figure 11.1).

▶ **Figure 11.1**
L'équilibre dans le duopole de Cournot

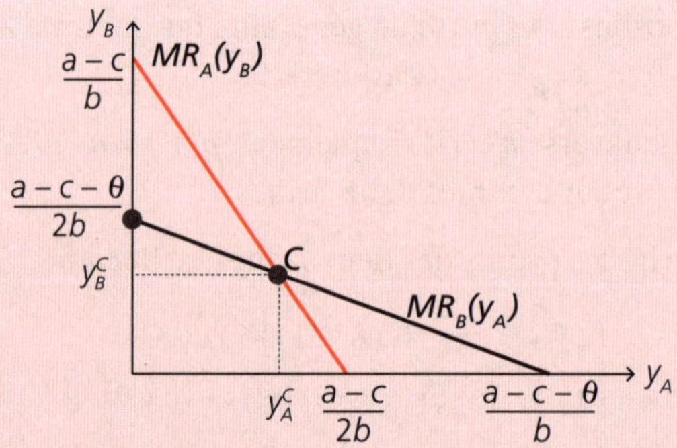

Dans la mesure où la demande et les coûts sont supposés linéaires, les deux fonctions de meilleure réponse sont représentées par des droites. Ces droites sont décroissantes ce qui traduit la substituabilité stratégique. Plus la firme concurrente produira, moins la firme pourra elle-même produire. L'équilibre est représenté par le point d'intersection des deux courbes de meilleures réponses.

À partir des quantités d'équilibre, $Y^C = y_A^C + y_B^C = \frac{2(a-c)}{3b}$, nous déduisons le prix d'équilibre en utilisant la fonction de demande inverse :

$$p^C = p(Y^C) = a - b(Y^C) = \frac{a+2c+\theta}{3}$$

Les profits des firmes à l'équilibre sont $\begin{cases} \pi_A^C = \dfrac{(a-c+\theta)^2}{9b} \\ \pi_B^C = \dfrac{(a-c-\theta)^2}{9b} \end{cases}$.

Nous pouvons déduire de ce cas simple, quelques propriétés des résultats. Tout d'abord, nous remarquons que les deux entreprises produisent alors même qu'il y en a une qui possède un coût de production plus élevé que l'autre. Dans un cadre parfaitement concurrentiel, seul le producteur le plus efficace (coût plus faible) devrait produire. Néanmoins, c'est le producteur le plus efficace qui produit le plus : $y_A^C - y_B^C = \frac{2\theta}{3b} \geq 0$. De plus, le producteur le plus efficace réalise le profit le plus élevé B : $\pi_A^C - \pi_B^C = \frac{4\theta(a-c)}{9b} \geqslant 0$ [1].

Nous avons vu dans le chapitre 10 la façon dont on peut représenter les profits des entreprises par des courbes d'isoprofit. À quoi ressemblent ces courbes dans la situation de duopole ? Pour la firme A, une courbe d'isoprofit représente toutes les paires d'output (y_A, y_B) donnant à la firme A un même niveau de profit (▶ figure 11.2). Il est intéressant de noter que nous pouvons obtenir les fonctions de meilleures réponses à partir de ces courbes d'isoprofit (▶ figure 11.3).

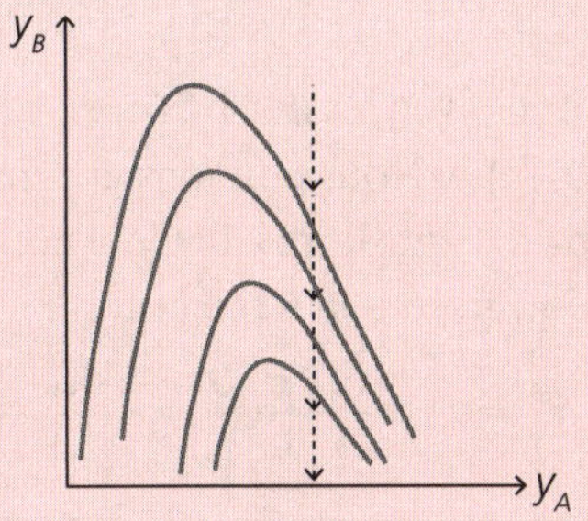

À y_A fixé, le profit de la firme A croît lorsque y_B diminue.

◀ **Figure 11.2**
Courbes d'isoprofit de la firme A

1 Notons que nous supposons que les quantités sont bien positives, $a > c$.

▶ **Figure 11.3**
Courbes d'isoprofit et fonction de meilleure réponse

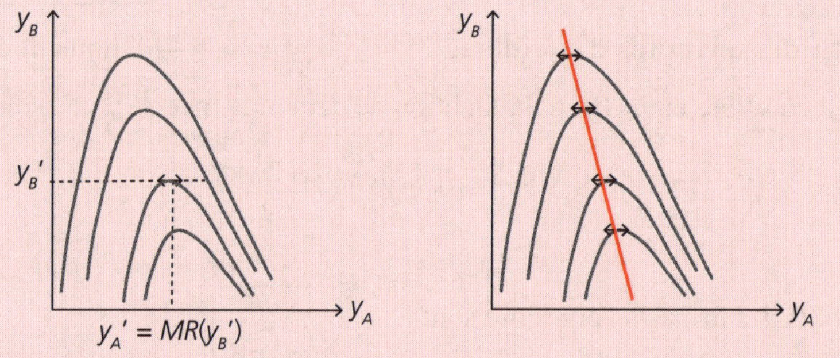

a Si la firme B choisit un niveau y_B', le niveau de y_A qui maximise le profit de la firme A correspond au point le plus élevé sur la courbe d'isoprofit de A. y_A' est la meilleure réponse de A à y_B'.

b La courbe de réaction de A passe par les maxima des courbes d'isoprofits de la firme A. Réciproquement, les points maxima des courbes d'isoprofits de A définissent la fonction de réaction de A.

Comme nous l'avons introduit, les situations d'oligopole sont examinées par les autorités de la concurrence. Nous avons vu au chapitre 9, qu'une situation de monopole qui permettait à la firme d'avoir un pouvoir de marché, entraînait une perte de surplus pour les consommateurs. Qu'en est-il d'une situation de duopole ? Si les oligopoles sont généralement décriés, c'est bien parce qu'ils entraîneraient une perte de bien-être des consommateurs. Comme nous le savons, la perte de surplus provient de l'écart entre le prix d'équilibre et le coût marginal. Mais, dans la situation d'un duopole, quel coût marginal devrons-nous choisir ? Il vient naturellement que la comparaison doive se faire avec le coût le plus faible, soit le coût du producteur le plus efficace. À l'optimum social, seul le producteur le plus efficace devrait rester sur le marché et vendre à un prix égal à son coût marginal.

Reprenons le cadre précédent avec les deux firmes A et B. L'optimum social est obtenu pour $p^* = c$ et $Y^* = (a - c)/b$. Nous pouvons exprimer les écarts entre le prix socialement optimal et le prix d'équilibre à la Cournot et la quantité socialement optimale et la quantité d'équilibre à la Cournot.

$$p^* - p^C = c_A - \frac{a+2c+\theta}{3} = \frac{c-a-\theta}{3} < 0$$

$$\text{et } Y^* - Y^C = \frac{a-c}{b} - \frac{2a-2c-\theta}{3b} = \frac{a-c+\theta}{3b} > 0$$

Les écarts sont croissants avec l'inefficacité de la firme B, θ. La perte sèche de surplus, $\Delta^C = \frac{1}{2}(p^C - p^*)(Y^* - Y^C) = \frac{(a-c+\theta)^2}{9b} > 0$, est également croissante de l'inefficacité de la firme B.

Pour terminer, notons que si les deux firmes avaient les mêmes coûts, $\theta = 0$, les résultats n'en seraient que peu changés et les consommateurs continueraient de payer le pouvoir de marché des deux firmes présentes. Cependant, il est simple de montrer que la situation s'améliore par rapport au monopole. L'accroissement du nombre de concurrents fait baisser le profit total : on parle d'**érosion du pouvoir de marché**. Plus le nombre de concurrents est grand, moins la perte de surplus le sera et on se rapprochera d'une situation parfaitement concurrentielle (▶ figure 11.4).

POUR ALLER PLUS LOIN
▶ Voir p. 280

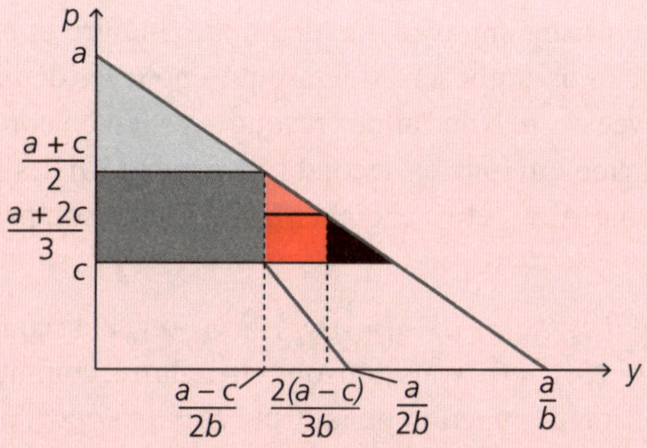

◀ **Figure 11.4** **Surplus et concurrence**

Considérons des firmes ayant le même coût marginal, c. Dans la situation d'un monopole, le prix est fixé à $\frac{a+c}{2}$. Le surplus des consommateurs est représenté par l'aire du triangle gris clair et celui de la firme par l'aire du rectangle en gris. Si deux firmes se font une concurrence à la Cournot, le prix diminue à $\frac{a+2c}{3}$. Le surplus total augmente de l'aire du triangle et du rectangle en orange. Dans le cas walrasien, le prix est égal au coût marginal, c. Le surplus est maximal et le supplément par rapport au surplus dans Cournot est représenté par l'aire du triangle noir.

1.2 Le duopole de Stackelberg (1934)

Nous avons supposé précédemment que les firmes choisissaient leurs niveaux de production simultanément. Dans la réalité, il est plus courant d'observer des situations dans lesquelles, les firmes prennent leur décision de façon séquentielle. Apple est considéré comme une firme en position de leader sur le marché des tablettes. Bien que Microsoft, entre autres, cherche à concurrencer Apple sur ce marché, la domination d'Apple semble perdurer. Plus généralement, une firme déjà installée est en position de leader dans la mesure où elle propose en premier un bien sur le marché. Une firme peut décider d'entrer sur le marché et de proposer une quantité de bien étant donné celle offerte par la firme leader. Une troisième firme peut entrer ensuite et observer les décisions des deux premières, etc.

Dans ce manuel, nous ne considérons que des situations de duopole, soit une firme leader et une autre firme dite « suiveur ». Nous allons chercher l'équilibre d'une situation dans laquelle, la firme A choisit en premier et la firme B suit en second. En termes de jeu, nous passons d'un jeu simultané à un jeu séquentiel. Les stratégies des deux firmes vont s'en trouver modifiées car la firme B va réagir aux décisions de la firme A et la firme A va anticiper les réactions de la firme B à ses propres décisions. La firme A a-t-elle intérêt à rester leader ? Quelles seront les quantités produites par les deux firmes ? La quantité produite est-elle plus importante que dans le cas du duopole de Cournot ?

Reprenons le cadre précédent avec une demande linéaire et des coûts marginaux constants, que nous supposerons identiques pour les deux firmes, $CT_A(y) = CT_B(y) = c \times y$, avec $c < a$. Nous allons résoudre ce jeu en commençant par la fin, c'est-à-dire la firme qui joue en second (▶ chapitre 10). La firme B connaît la décision de la firme A, y_A, et va chercher à maximiser son profit étant donné cette information.

Le profit de la firme B est $\pi_B = \left[a - b(y_A + y_B)\right] \times y_B - cy_B$ et la condition d'optimalité est $\left[a - c - by_A\right] - 2by_B = 0$. Nous pouvons en déduire, comme dans la section précédente, la fonction de réaction de la firme B par rapport à la décision, y_A, de la firme A : $y_B = MR_B(y_A) = \dfrac{a - c - by_A}{2b}$. La firme « suiveur » se comporte donc à la Cournot.

Quelle va être la réaction de la firme A ? Elle sait que la firme B va réagir en fonction de sa décision, $\tilde{y}_A$ et va mettre sur le marché, une quantité $\tilde{y}_B = MR_B(\tilde{y}_A)$. Elle va donc utiliser cette information pour déterminer la quantité qui maximise son profit :

$$\max_{y_A} \pi_A = \left[\left[a - b(y_A + y_B)\right]\right] \times y_A + cy_B$$

$$s.c.\ y_B = MR_B(y_A) = \frac{a - c - by_A}{2b}$$

Soit $\max_{y_A} \pi_A = \left[a - b\left(y_A + \dfrac{a - c - by_A}{2b}\right)\right] \times y_A + cy_A$.

En réécrivant le profit de la firme A, le programme de la firme leader devient :

$$\max_{y_A} \pi_A = \frac{a - c}{2} \times y_A - \frac{b}{2} y_A^2$$

La condition d'optimalité pour la firme A est alors :

$$\frac{a - c}{2} - b \times y_A = 0 \Leftrightarrow y_A^S = \frac{a - c}{2b}$$

Dans ce cas, le leader produit la quantité du monopole. Nous déduisons la décision de la firme B à partir de sa fonction de réaction :

$$y_B^S = \frac{a-c}{4b}$$

La quantité offerte est $Y^S = y_A^S + y_B^S = \frac{3(a-c)}{4b}$ et peut être comparée à celle de l'équilibre de Cournot avec coûts identiques. Enfin, le prix d'équilibre est $p^S = \frac{a+3c}{4}$.

Notons que la firme A, qui détient un pouvoir plus important que la firme B, produit davantage et réalise un profit plus grand que celui de la firme B.

Rappelons-nous qu'à l'équilibre de Cournot, la quantité produite par les deux firmes est $y^C = \frac{a-c}{3b}$ lorsque les coûts marginaux sont identiques. Nous pouvons remarquer que la firme A, leader, produit davantage qu'à l'équilibre de Cournot, mais pas la firme B, suiveur. Une façon simple de comparer l'équilibre de Stackelberg et l'équilibre de Cournot est de les représenter graphiquement (▶ figure 11.5).

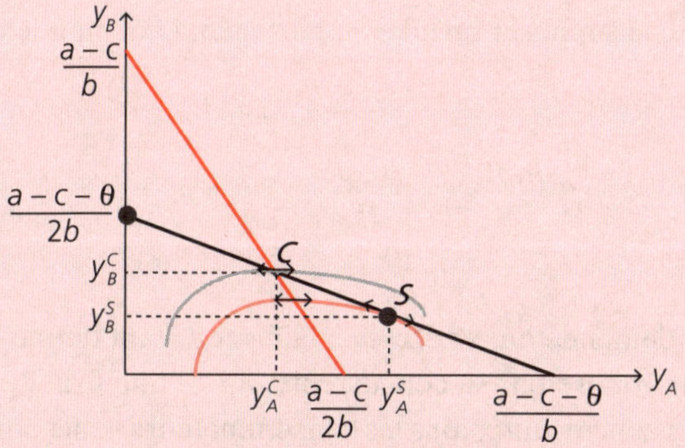

À l'équilibre de Stackelberg, la firme A, leader, choisit une quantité sur une courbe d'isoprofit la plus proche de l'axe des abscisses (qui maximise son profit) étant donné la réaction de la firme B. Au point S, la firme A réalise plus de profit qu'au point C.

◀ **Figure 11.5**
Équilibre de Stackelberg

2 La concurrence en prix

Que se passe-t-il si les firmes se concurrencent en utilisant les prix au lieu des quantités ? Les producteurs pourraient avoir intérêt à former un cartel, c'est-à-dire se réunir pour maximiser non pas leur propre profit, mais la somme des profits de l'ensemble des membres du cartel et se partager équitablement ce profit de monopole. Sinon, dans un cas simple sans coût, la concurrence en prix conduirait à un prix nul.

2.1 Le duopole de Bertrand (1883)

Dans un duopole à la Bertrand, chaque vendeur s'engage à fournir, à un prix convenu à l'avance, toute quantité qui lui sera demandée par les consommateurs. Nous supposons, conformément à ce qui précède, que le bien est homogène, et ne considérerons pas le cas des biens différenciés (▶ chapitre 12). La décision des firmes concerne uniquement le prix de vente des biens. L'équilibre qui en découle est un équilibre de Nash en prix. Reprenons le modèle simple avec une courbe de demande linéaire et des coûts marginaux constants. Pour simplifier la résolution, nous supposons que les coûts sont identiques pour les deux firmes, $CT_A(y) = CT_B(y) = c \times y$, avec $c > 0$.

La demande totale s'écrit simplement, $Y^D(p) = \frac{a-p}{b}$ avec $a > 0$ et $b > 0$.

En cas d'égalité des prix à l'équilibre, la demande peut se partager entre les deux firmes de différentes façons. Dans notre exemple, les firmes sont identiques et il semble naturel de supposer qu'elles se partagent la demande à part égale :

$$Y_j^D(p_j, p_{-j}) = \begin{cases} \dfrac{a-p_j}{b} & \text{si } p_j < p_{-j} \\ \dfrac{a-p}{2b} & \text{si } p_j = p_{-j} = p \\ 0 & \text{si } p_j > p_{-j} \end{cases}$$

$Y_j^D(p_j, p_{-j})$ est la demande qui s'adresse à la firme j étant donné le prix proposé par j, p_j et celui proposé par sa concurrente, p_{-j}. Si une firme propose un prix plus faible que sa concurrente, tous les consommateurs vont souhaiter acheter à cette firme et elle fera face à la demande totale tandis que la firme qui propose le prix le plus élevé ne trouvera aucun acheteur.

Quel est l'équilibre de ce jeu ? Il n'est pas possible de résoudre ce jeu, comme nous l'avons fait précédemment, en dérivant la fonction de profit des deux firmes dans la mesure où la fonction de demande qui s'adresse à chaque firme présente une discontinuité en $p_j = p_i = p$. Nous remarquons néanmoins que le seul équilibre possible correspond à une situation avec des prix identiques. En effet, supposons que ce ne soit pas le cas. Si, par exemple, la firme A fixe son prix à un niveau inférieur à celui de son concurrent, $p_A < p_B$, la firme B perd toute sa clientèle et réalise un profit nul. Or, en réduisant son prix, la firme B peut gagner soit la moitié ($p_B = p_A$) soit la totalité ($p_B < p_A$) de la demande. La firme B a donc intérêt à modifier son prix. La situation $p_A < p_B$ n'est pas un équilibre.Si la firme A fixe un prix supérieur à sa concurrente, $p_A > p_B$, la firme A perd ses clients et réalise à son tour un profit nul. Elle a donc intérêt à dévier de cette solution en diminuant son prix. Si les prix sont égaux, les deux firmes captent la moitié de la demande et réalisent un profit positif. Les deux joueurs n'ont pas intérêt à dévier : c'est bien un équilibre au sens de Nash.

Nous venons de montrer que les prix à l'équilibre seront les mêmes. Mais, cela ne nous indique pas à quel niveau ils vont se fixer. Nous allons montrer, par un raisonnement simple, que les firmes vont vendre au coût marginal. Supposons que les firmes vendent à un prix supérieur au coût marginal, $p_A = p_B = p > c$. Les deux joueurs ont intérêt à diminuer leur prix pour réaliser un profit plus important en captant la demande. En fait, tant que le prix est strictement supérieur au coût marginal, il est possible de le réduire en produisant de manière rentable pour toute la demande.

L'**équilibre de Nash en prix** lorsque les firmes sont identiques est tel que les firmes vendent toutes au même prix, égal au coût marginal, $p^B = c$.

Nous retrouvons ici le même résultat qu'en concurrence parfaite. L'équilibre du duopole est optimal.

Attention ! Ce résultat n'est vrai que si les hypothèses que nous avons faites sont vérifiées. Or, ce n'est généralement pas le cas. Supposons, par exemple, que les coûts soient différents avec $c_B > c_A$. La concurrence en prix incite chaque firme à baisser son prix par rapport à sa concurrente. La firme A peut vendre à un prix inférieur au coût marginal de la firme B, éliminer sa concurrente et se retrouver en situation de monopole sur le marché. Dans ce cas, la firme A va pratiquer un prix de monopole, $p_A = p^M = \frac{a + c_A}{2}$. Cette situation est possible si effectivement le prix du monopole est bien inférieur au coût marginal de la firme B, $\frac{a+c_A}{2} \leq c_B$. Dans le cas opposé, la firme A a intérêt à proposer un prix juste inférieur au coût marginal de la firme B pour obtenir toute la demande des consommateurs, $p_A = c_B - \varepsilon$, avec ε, un réel positif. La firme A reste donc en position de monopole sans pratiquer le prix du monopole. Nous pouvons montrer que le profit de A reste supérieur au profit qu'elle ferait en tarifant au coût marginal de B. À la limite, le prix d'équilibre devient :

$$p^B = \min\left\{c_B, \frac{a+c_A}{2}\right\}$$

La concurrence à la Bertrand conduit ici à un prix différent de celui en concurrence parfaite. De plus, cet équilibre n'est pas optimal puisque l'optimum consisterait à produire au coût marginal le plus faible c_A et non au coût marginal le plus élevé c_B.

Revenons au cas de coûts identiques, la différence entre la structure du jeu de Cournot et celle de Bertrand semble résider uniquement dans le choix de la variable stratégique. Cependant, les deux jeux conduisent à des équilibres de

Nash totalement différents. Dans le duopole de Cournot, le prix est supérieur au coût marginal alors qu'il est égal au coût marginal dans le duopole de Bertrand. Ceci est d'autant plus étonnant que le fait de fixer le prix semble plus réaliste que le fait de fixer une quantité. Cette apparente contradiction constitue ce que l'on appelle couramment le paradoxe de Bertrand.

FOCUS

Paradoxe de Bertrand

Une situation avec deux firmes en concurrence sur les prix peut être équivalente à une situation de concurrence parfaite (tarification au coût marginal).
Pour résoudre ce paradoxe, nous pouvons remarquer que les approches de Bertrand et de Cournot ne font pas la même hypothèse sur les capacités de production (Edgeworth, 1897). À l'équilibre de Cournot, les entreprises s'engagent sur une quantité qu'elles fourniront au prix du marché. À l'équilibre de Bertrand, les entreprises s'engagent sur un prix, et doivent fournir toutes les quantités qui leur seront demandées à ce prix. Cette dernière hypothèse sous-entend que les firmes ont une capacité de production suffisante pour satisfaire la demande à un prix relativement faible.

2.2 Contraintes sur les capacités de production

Nous allons considérer que la concurrence entre les deux firmes se fait en deux étapes. Le choix de capacité est une décision de long terme, tandis que le prix est une décision de court terme contrainte par la capacité de production de l'entreprise. Dans une première étape, les firmes choisissent une capacité de production (choix d'une quantité comme dans le modèle de Cournot). Puis, dans une seconde étape, les firmes choisissent leur prix et produisent la quantité demandée sous la contrainte qu'elles ne dépassent pas leur capacité de production (choix d'un prix comme dans le modèle de Bertrand).

Nous allons résoudre ce jeu dans le cas simple de demande linéaire, $Y^D(p) = \frac{a-p}{b}$. Chaque firme fait face à une contrainte de production, $y_j \leq \bar{y}_j$, avec y_j, la quantité de biens vendue par la firme j et $\bar{y}_j$, sa capacité de production. Nous supposerons que chaque unité de capacité coûte $c \leq a$ (il n'y a pas de coût variable dans ce modèle).

2.2.1 1re étape de résolution : la concurrence en prix

Pour résoudre cette étape, nous devons faire des hypothèses sur les capacités de production. En effet, selon les capacités, la totalité de la demande peut être ou non servie. Trois cas sont possibles.

Cas 1 : Les capacités de production sont « élevées »

Les capacités de production sont suffisamment élevées pour que chaque entreprise puisse servir tout le marché. Les capacités de production ne sont donc pas contraignantes. Nous retrouvons exactement le cadre de la concurrence à la Bertrand. Puisque le coût marginal est nul par hypothèse (pas de coût variable), le prix à l'équilibre s'établit pour les deux firmes à $\tilde{p} = 0$.

Ce résultat est vrai si la capacité de production des deux firmes est bien « élevée », c'est-à-dire qu'elle vérifie : $\bar{y}_j = Y^D(\tilde{p} = 0) = \dfrac{a}{b}$.

La quantité proposée par chaque firme se partageant la demande à parts égales est $\tilde{y}_j = \dfrac{a}{2b}$. Nous pouvons remarquer que les profits sont négatifs : $\tilde{\pi}_j = 0\tilde{y}_j - c\bar{y}_j$.

Cas 2 : Les capacités de production sont « moyennes »

Nous supposons maintenant qu'aucune firme ne peut servir le marché à elle seule, sa capacité de production est inférieure à la demande totale, $\bar{y}_j < \dfrac{a}{b}$.

Chaque firme a deux possibilités. Elle peut fixer un prix inférieur à sa concurrente et répondre à toute la demande qu'elle peut satisfaire ou fixer un prix supérieur à celui de sa concurrente et maximiser son profit sur la demande que lui a laissé sa concurrente. Pour que ce type de stratégie corresponde à un équilibre en prix, il faut que les entreprises réalisent le même gain dans les deux situations. Nous voyons bien que, sinon, une d'entre elles aurait intérêt à dévier. Nous allons chercher l'équilibre qui est défini ici par deux prix, un prix relativement faible, $\underline{p}$, et un prix plus élevé, $\bar{p}$. Sans perte de généralité, nous supposons que c'est la firme A qui fixe le prix le plus faible.

Les acheteurs vont préférer acheter à la firme A, mais la contrainte de capacité de la firme A ne lui permet pas de satisfaire toute la demande. La quantité produite par la firme A sera donc égale à sa capacité maximale, $\bar{y}_A$. Son profit est alors $\pi_A = \left(\underline{p} - c\right)\bar{y}_A$.

La firme B servira la demande résiduelle. Sa demande est donc réduite des unités déjà vendues par la firme A : $Q^D(\bar{p}) - \bar{y}_A$.

La firme B choisit le prix, $\bar{p}$, qui maximise son profit, $\pi_B = p\left(\dfrac{a - \bar{p}}{b} - \bar{y}_A\right) - c\bar{y}_B$. Le profit étant concave, la condition (suffisante) d'optimalité est :

$$\frac{\partial \pi_B}{\partial \overline{p}} = 0 \Leftrightarrow \left(\frac{a-\overline{p}}{b} - \overline{y}_A\right) - \frac{\overline{p}}{b} = 0$$

Le prix proposé par la firme B est donc $\overline{p} = \frac{a-b\overline{y}_A}{2}$. À ce prix, la firme B obtient le profit $\pi_B = \frac{a-b\overline{y}_A}{2}\left(\frac{a-\frac{a-b\overline{y}_A}{2}}{b} - \overline{y}_A\right) - c\overline{y}_B = \frac{1}{b}\left(\frac{a-b\overline{y}_A}{2}\right)^2 - c\overline{y}_B$.

Nous venons de déterminer les prix des deux firmes à l'équilibre en fonction des capacités de production. Encore faut-il que cet équilibre existe. Pour cela, nous devons nous assurer que les profits des deux firmes sont bien identiques. Si tel n'était pas le cas, une des firmes au moins aurait intérêt à modifier sa stratégie.

$$\pi_A = \pi_B \Leftrightarrow (\underline{p}-c)\overline{y}_A = \frac{1}{b}\left(\frac{a-b\overline{y}_A}{2}\right)^2 - c\overline{y}_B$$

Nous pouvons en déduire le prix d'équilibre $\underline{p}$,

$$\underline{p} = \frac{1}{\overline{y}_A}\left[\frac{1}{b}\left(\frac{a-b\overline{y}_A}{2}\right)^2 - c(\overline{y}_B + \overline{y}_A)\right]$$

Comme les firmes sont identiques, il est naturel de penser que les capacités de production choisies seront identiques, $\overline{y}_B = \overline{y}_A = \overline{y}$. Dans ce cas, le prix bas s'écrit simplement $\underline{p} = \frac{1}{b\overline{y}}\left(\frac{a-b\overline{y}}{2}\right)^2$.

Il faut maintenant être assuré que le prix $\overline{p}$ est bien plus élevé :

$$\overline{p} = \frac{a-b\overline{y}}{2} > \underline{p} = \frac{1}{\overline{y}b}\left(\frac{a-b\overline{y}}{2}\right)^2$$

Cette condition est vérifiée lorsque la capacité de production est supérieure à $\frac{a}{3b}$.

Il reste à étudier le cas de capacité de production inférieure à $\frac{a}{3b}$.

Cas 3 : Les capacités de production sont « petites »

Dans ce cas, les deux firmes n'arrivent pas à satisfaire l'ensemble de la demande. Elles ont intérêt à produire à leur capacité maximale. Comme elles se font concurrence en prix, le seul équilibre possible est obtenu en égalisant les prix, $p_A = p_B = \tilde{p}$. En effet, si elles proposaient un prix plus faible, les deux firmes vendraient toute leur capacité mais gagneraient moins. En vendant à un prix plus élevé, les firmes se feraient une guerre des prix qui tendrait le prix à diminuer.

Le prix d'équilibre est obtenu à partir de la fonction de demande, $\tilde{p} = a - b(\overline{y}_B + \overline{y}_A)$

Les profits des firmes A et B sont respectivement $\tilde{\pi}_A = (a - c - b\overline{y}_A - b\overline{y}_B)\overline{y}_A$ et $\tilde{\pi}_B = (a - c - b\overline{y}_A - b\overline{y}_B)\overline{y}_B$.

Les profits obtenus selon les trois cas sont résumés ci-après.

$$\pi_j = \begin{cases} -c\bar{y}_j & \text{si } \bar{y}_j \geqslant \dfrac{a}{b} \\ \dfrac{\left(a - b\bar{y}_{-j}\right)^2}{4b} - cy_j & \text{si } \dfrac{a}{3b} \leqslant \bar{y}_j < \dfrac{a}{b} \\ \left(a - c - by_j - b\bar{y}_{-j}\right)\bar{y}_j & \text{si } 0 \leqslant \bar{y}_j < \dfrac{a}{3b} \end{cases}$$

Nous venons de terminer la résolution de l'étape 1, nous allons maintenant résoudre l'étape 2.

2.2.2 2e étape de résolution : le choix des capacités de production

Les entreprises choisissent leurs capacités de production, en anticipant la concurrence en prix qui aura lieu ultérieurement. Comme nous l'avons déjà évoqué, il est naturel de se pencher sur les équilibres symétriques dans la mesure où toutes les firmes sont identiques.

Lorsque la capacité est élevée, la firme doit payer un investissement élevé. Il s'en suit une guerre des prix et l'équilibre qui en résulte est un équilibre de Bertrand. Le profit est maximisé lorsque la capacité de production est égale à $\frac{a}{b}$, $\tilde{\pi}^B = -c\frac{a}{b}$.

Lorsque la capacité est moyenne, le profit décroît avec la capacité de production. Le profit est maximisé pour une capacité égale à $\frac{a}{3b}$. Les profits des deux firmes sont $\tilde{\pi}^E = \dfrac{\left(a - b\dfrac{a}{3b}\right)^2}{4b} - c = \dfrac{a(a-3c)}{9b}$.

Enfin, **lorsque la capacité est faible**, chaque firme maximise son profit pour une capacité de production vérifiant $\dfrac{\partial \tilde{\pi}_j}{\partial \bar{y}_j} = \dfrac{\partial}{\partial \bar{y}_j}\left(a - c - b\bar{y}_j - b\bar{y}_{-j}\right)\bar{y}_j = 0$.

Nous en déduisons les fonctions de meilleures réponses : $\bar{y}_j = \dfrac{a - c - b\bar{y}_{-j}}{2b}$ pour $j = A,B$.

La solution est $\bar{y}_A = \bar{y}_B = \dfrac{a-c}{3b}$ et le profit $\tilde{\pi}^C = \dfrac{(a-c)^2}{9b}$.

Les capacités de production sont égales aux quantités du duopole de Cournot et le profit est ici exactement le profit de l'équilibre de Cournot.

Maintenant que nous avons déterminé les profits selon les capacités de production choisies, il faut déterminer le choix optimal de capacité. À cette fin, nous devons comparer les trois situations.

Tout d'abord, il semble clair que la première situation avec un profit négatif n'est souhaitable pour aucune des firmes. Ensuite, il vient facilement que $\tilde{\pi}^C > \tilde{\pi}^E$.

L'**équilibre de Cournot** est le résultat d'un jeu en deux étapes, où les firmes choisissent leurs capacités de production dans une première étape, puis, choisissent leurs prix sous contrainte de capacités de production dans une seconde étape.

Par conséquent, les deux firmes choisiront une capacité de production égale à $\bar{y}_A = \bar{y}_B = \frac{a-c}{3b}$. Ce choix de capacité implique que les quantités produites sont identiques à celles de l'équilibre de Cournot. Ce résultat, démontré de façon plus générale par Kreps et Scheinkman (1983), permet d'obtenir une nouvelle interprétation de l'équilibre de Cournot. Face à une situation oligopolistique, quel est le modèle à retenir ? Bertrand ou Cournot ? D'après ce que nous venons de voir, si la capacité de production peut être ajustée facilement, la concurrence à la Bertrand semble la plus pertinente. Mais, si la capacité de production s'ajuste difficilement, le modèle pertinent est la concurrence à la Cournot. Dans le secteur automobile avec une capacité de production difficile à ajuster, la concurrence en quantité semble plus naturelle. En revanche, dans le secteur bancaire ou assuranciel, la capacité de production est ajustable facilement et une concurrence en prix semble plus pertinente.

3 L'équilibre coopératif

Quand les firmes en situation d'oligopole s'entendent entre elles, on parle d'entente oligopolistique (ou de collusion). L'intérêt d'une entente est que le cartel se comporte comme un monopole. Cette situation permet d'augmenter le profit de toutes les firmes du cartel, de réduire l'incertitude et de dissuader l'entrée de nouveaux concurrents. Un arrangement collusif explicite et formel est un cartel, c'est-à-dire une organisation d'entreprises indépendantes, créant des produits similaires, qui collaborent pour augmenter les prix et limiter la production. C'est l'exemple du cartel de l'OPEP sur le marché pétrolier. Ces pratiques sont réglementées et certaines ententes sont jugées illégales (les cartels sont interdits par le droit de la concurrence en Europe et aux États-Unis). Néanmoins, cette situation d'entente n'est viable que si les firmes n'ont pas intérêt à dévier. Or, chaque firme est tentée de tricher et profiter des prix artificiellement élevés pour proposer un prix un peu plus faible et capter tout le marché. Une firme peut aussi dévier en supposant que l'autre produit la quantité de cartel et produire une quantité supérieure (sa part de marché augmente). Sa concurrente va alors utiliser sa fonction de réaction et calculer, compte tenu de la nouvelle stratégie de la firme qui a dévié, sa nouvelle production, qui augmente. Le processus peut tendre vers la solution de Cournot.

En outre, des changements dans la demande et les coûts entraînent une renégociation des accords tacites au cours du temps. Ainsi, le cartel peut être difficile à maintenir à long terme.

3 questions à Anne Perrot

Cabinet MAPP, professeur agrégée des universités en sciences économiques, a été présidente de l'Autorité de la concurrence

L'arrivée de Free Mobile dans la téléphonie est-elle positive ?

Pour déterminer si une situation est meilleure qu'une autre économiquement, il faut savoir quel est l'objectif que l'on cherche à atteindre. Pour les seuls consommateurs, l'arrivée de Free est une bonne nouvelle : le nouvel entrant rend de nouveaux services disponibles et la concurrence en prix permet d'abaisser le niveau des forfaits. Mais les consommateurs sont aussi des salariés, bien souvent. De ce point de vue, l'arrivée d'un nouvel entrant peut détruire des emplois en abaissant les marges des entreprises en place.

Free dénonçait des pratiques anticoncurrentielles des autres opérateurs. Était-ce justifié ?

Dans le passé, une entente entre les opérateurs de téléphonie mobile a été détectée et sanctionnée par l'autorité de la concurrence (2005). Plus généralement, il est vrai que le petit nombre d'opérateurs présents sur un marché est un facteur qui favorise les ententes car la soutenabilité d'un équilibre collusif y est plus grande : les acteurs ont plus de facilité pour détecter et identifier les déviations vis-à-vis du comportement collusif et punir les déviants. L'arrivée d'un « maverick » comme l'a été Free dans les télécoms permet de casser ce fonctionnement collusif. Notons qu'il ne semble pas que de pareils comportements se soient manifestés récemment.

Quel serait le nombre optimal d'opérateurs sur le marché des télécoms ?

Il est pratiquement impossible de déterminer quel est le nombre optimal d'opérateurs sur un marché. Si un très grand nombre d'opérateurs semble préférable pour stimuler la concurrence en prix, il est possible que des économies d'échelle diminuent ce nombre optimal en permettant des économies aux opérateurs servant un grand nombre de clients. Dans les marchés de réseaux, comme celui de la téléphonie mobile, il existe des coûts fixes importants qui rendent la présence d'un trop grand nombre d'acteurs inefficace. Le nombre optimal dépend de la structure des coûts mais également des possibilités de différenciation des services possible, de la répartition de la population sur le territoire et de sa densité, et de beaucoup d'autres facteurs. Ce nombre résulte en fait d'un arbitrage entre une concurrence plus intense qui plaide en faveur de nombreux concurrents et l'obtention d'économie de coûts qui tend à réduire le nombre d'acteurs souhaitables.

Nous allons montrer que l'équilibre coopératif n'est pas toujours viable. Pour cela, nous reprenons l'exemple simple de deux firmes dont les coûts marginaux sont identiques et qui font face à une demande linéaire.

Le profit du cartel s'écrit $\pi = (y_A + y_B)\left[a - b(y_A + y_B)\right] - cy_A - cy_B$, avec $a > c > 0$ et $b > 0$. En notant $Y = y_A + y_B$, la quantité totale choisie par le cartel, son profit s'écrit comme celui d'un monopole, $\pi = Y\,[a - bY] - cY$. La solution est $Y^{cartel} = \dfrac{a-c}{2b}$ et $y_A^{cartel} = y_B^{cartel} = \dfrac{a-c}{4b}$ puisque nous supposons que chaque firme joue le même rôle dans le cartel.

Est-ce un équilibre ? Autrement dit, une firme a-t-elle intérêt à dévier de cette solution ? Pour répondre, nous devons reprendre les fonctions de meilleures réponses des deux firmes dans une situation de concurrence à la Cournot (▶ section 1.1). Supposons que la firme A dévie mais pas la firme B, $y_B^{cartel} = \dfrac{a-c}{4b}$. La meilleure réponse de la firme A est $y_A^d = MR_A\left(y_B^{cartel}\right) = \dfrac{a - c_A - b\dfrac{a-c}{4b}}{2b} = \dfrac{3}{8}\dfrac{a-c}{b}$.

Cette quantité est plus grande que celle que la firme A produit en cartel, $y_A^D > y_A^{cartel}$.

Le profit de la firme A est également plus grand lorsque la firme dévie :

$$\pi_A^D - \pi_A^{cartel} = \frac{3}{8}\frac{a-c}{b} \times \left(a - c - b\frac{3}{8}\frac{a-c}{b} - b\frac{1}{4}\frac{a-c}{b}\right) - \frac{1}{4}\frac{a-c}{b} \times \left(a - c - b\frac{1}{2}\frac{a-c}{b}\right)$$

$= \dfrac{1}{8}\dfrac{(a-c)^2}{b}$. La firme A a donc intérêt à dévier. Nous pouvons faire le même raisonnement pour la firme B.

Chacune des firmes a intérêt à dévier de l'équilibre du cartel. Par conséquent, la solution coopérative n'est pas stable. Pour la rendre stable, les firmes peuvent mettre en place un système de menace ou de punition.

POUR ALLER PLUS LOIN
▶ Voir p. 281

La collusion tacite correspond à des situations où des entreprises sur un marché oligopolistique sont amenées à se coordonner sans accord explicite. En s'appuyant sur la théorie des jeux dynamiques, on peut mettre en évidence la façon dont les firmes peuvent organiser une collusion tacite de manière non coopérative.

Les points clés

- Dans l'oligopole à la Cournot, les firmes choisissent leur quantité de façon simultanée. Dans une situation à la Stackelberg, certaines firmes prennent des décisions avant d'autres, il s'agit d'un jeu séquentiel.
- L'équilibre en quantité ou en prix est obtenu en déterminant les meilleures réponses de chaque firme. Il s'agit d'un équilibre au sens de Nash.
- La concurrence à la Bertrand entre des firmes identiques donne lieu à une tarification au coût marginal.
- Le « bien-être » mesuré par le surplus total est d'autant plus important que la concurrence est grande.

ÉVALUATION

QCM

▶ Corrigés p. 348

1 Le duopole de Cournot engendre :

a. Une perte de bien-être par rapport à une situation parfaitement concurrentielle.
b. Une perte de bien-être par rapport à une situation de monopole.
c. Un gain de bien-être par rapport à une situation parfaitement concurrentielle.
d. Un gain de bien-être uniquement pour une des deux firmes.

2 Dans le duopole de Cournot, l'équilibre est :

a. Un équilibre coopératif.
b. Un équilibre de Nash non-coopératif.
c. Un optimum de Pareto.
d. Aucune des réponses ci-dessus n'est exacte.

3 Dans le duopole de Bertrand lorsque les deux firmes ont des coûts différents :

a. Seule la firme ayant le coût marginal le plus faible reste sur le marché.
b. Chaque firme tarifie à son coût marginal.
c. Le prix peut se fixer au coût marginal le plus élevé.
d. L'optimum social est atteint.

4 Le leader dans le modèle de Stackelberg :

a. À une contrainte de capacité sur ses quantités.
b. Fait un profit toujours inférieur à celui du suiveur.
c. Produit moins qu'à l'équilibre de Cournot.
d. Produit plus qu'à l'équilibre de Cournot.

5 Un groupe d'entreprises qui décident ensemble de manière formelle des prix et de la production est appelé :

a. Un monopole naturel.
b. Un oligopole.
c. Un cartel.
d. Une fusion.

Exercices

▶ Corrigés en ligne

6 Oligopole à la Cournot

Les autorités politiques de la Bordurie et de la Syldavie décident d'ouvrir à la concurrence leur marché des transports, régis jusqu'alors par un monopole. Les monopoles de ces deux pays se retrouvent en concurrence sur un marché commun unique (on supposera que les coûts d'entrée sur ce marché sont trop importants pour que des producteurs autres que ces deux entreprises aient intérêt à y entrer).

Les préférences des consommateurs de ces deux pays pour les services des transports sont identiques et la fonction de demande globale est $y^D(p) = 8 - p$, avec p, le prix du transport.

Les fonctions de coût des monopoles B et S sont $CT_B(y) = \frac{1}{2}y^2$ et $CT_S(y) = \frac{1}{4}y^2$.

On suppose qu'aucune des deux entreprises n'a un avantage stratégique sur l'autre.

1. Déterminez les fonctions de réaction de ces deux entreprises.
2. Calculez les quantités produites, le prix de vente ainsi que les profits des deux entreprises à l'équilibre.
3. Représentez graphiquement cet équilibre.
4. Calculez la quantité totale de transport dans cette situation de duopole. En déduire le surplus que retirent les consommateurs de ce marché ainsi que le surplus collectif.

7 Oligopole à la Stackelberg

Reprenons les données de l'exercice 6 et supposons que La Bordurie soit en position de leader dans la région. Tout se passe comme si l'entreprise de Bordurie était leader et celle de Syldavie suiveur.

1. Calculez les quantités produites, le prix de vente ainsi que les profits des deux entreprises à l'équilibre de Stackelberg.
2. Représentez graphiquement cet équilibre.

3. Calculez la quantité totale de transport dans cette situation de duopole. En déduire le surplus que retirent les consommateurs de ce marché ainsi que le surplus collectif.

4. Comparez cette situation avec la situation du duopole de Cournot.

8 Concurrence en prix et capacité de production

Deux entreprises, Aamusik et BimusiK, proposent des téléchargements de musique. Les fonctions de coût sont données par : $CT_A(y) = 7y$ et $CT_B(y) = 6y$. La fonction de demande inverse est $p = 10 - Y$ où p est le prix et Y la quantité demandée totale.

1. On suppose que les firmes se font concurrence en prix et que les capacités de production sont illimitées.

a. Caractérisez les fonctions de demande s'adressant à chaque firme.

b. En supposant qu'une firme ne produit qu'à condition d'obtenir un profit strictement positif, caractérisez l'équilibre de Bertrand du duopole (prix, quantités, profits).

2. On suppose maintenant que les capacités de production des firmes Aamusik et BimusiK sont limitées chacune à 2.

a. Si la firme BimusiK continue à vendre au prix d'équilibre de Bertrand, quelle sera la demande résiduelle à la firme Aamusik ?

b. Quels sont alors le prix pratiqué et la quantité produite par la firme Aamusik ?

c. Calculez les profits réalisés par les deux entreprises.

d. Le comportement de la firme B est-il optimal ?

9 Décision d'un cartel

Deux firmes se partagent le marché des sodas, Sodassola et Pepsoda. Leurs fonctions de coûts sont respectivement $CT_S(y) = \frac{1}{2}y^2$ et $CT_p(y) = 4q$.

La fonction de demande inverse est donnée $p = 16 - Y$ avec Y la quantité totale.

a. Déterminez les quantités, le prix et les profits d'équilibre de Cournot.

b. Les firmes décident de former un cartel, visant à maximiser le profit total. Déterminez les quantités, le prix d'équilibre et les profits correspondant.

c. Quel problème se pose au cartel ? Illustrez à l'aide d'un graphique.

Sujet d'examen

▶ Corrigés en ligne

10 Université Paris Ouest Nanterre La Défense, 2013

Le laboratoire pharmaceutique Pharma dispose suite au dépôt d'un brevet d'une situation de monopole sur le marché du Riathol en Lorien. Ses coûts de production sont donnés par la fonction : $CT_{PH}(Y) = Y^2 - 4Y$. La demande totale de Riathol dans ce pays est représentée par la fonction : $Y = 6 - \frac{1}{2}p$.

1. Déterminez la quantité que Pharma met sur le marché et le prix auquel elle le fait en l'absence de toute réglementation. Calculez son profit.

Le brevet du Riathol va tomber dans le domaine public et le laboratoire Santé-Plus envisage de produire cette molécule. Ses coûts de production du Riathol sont donnés par la fonction : $CT_{SP}(Y) = 2Y^2 - 4Y + 4$.

Pharma étudie plusieurs premiers scénarios dans lesquels Santé-Plus entre sur le marché.

2. Dans le premier scénario, Pharma conserve une position de leader dans une situation asymétrique de type duopole de Stackelberg.

a. Montrez que la quantité de Riathol proposée par Pharma sera de $y_{PH}^S = \frac{12}{7}$ et que celle proposée par Santé-Plus de $y_{SP}^S = \frac{11}{7}$.

b. Déterminez le prix d'équilibre ainsi que les profits des deux laboratoires

c. Déterminez le surplus des consommateurs et le surplus collectif.

3. Dans le deuxième scénario, les deux laboratoires sont dans une situation symétrique de type duopole de Cournot.

a. Montrez que les quantités de Riathol proposées par Pharma et Santé-Plus seront de $y_{PH}^C = y_{SP}^C = \frac{8}{5}$.

b. Déterminez le prix d'équilibre ainsi que les profits des deux laboratoires

c. Déterminez le surplus des consommateurs et le surplus collectif.

4. Dans le dernier scénario, Pharma vise à définir une stratégie de collusion avec Santé-Plus.

a. Montrez que les quantités de Riathol proposées par Pharma et Santé-Plus seront de $y_{PH}^{Cartel} = y_{SP}^{Cartel} = \frac{4}{3}$.

b. Déterminez le prix d'équilibre ainsi que les profits des deux laboratoires.
c. Santé-Plus peut-elle répondre à cette stratégie favorablement ? L'équilibre qui en résulte est-il stable ?
d. Déterminez le surplus des consommateurs et le surplus collectif.
e. Les autorités publiques peuvent-elles accepter la constitution d'un cartel ? Justifiez votre réponse.

POUR ALLER PLUS LOIN

Oligopole et atomicité

L'hypothèse d'atomicité des producteurs est souvent évoquée pour justifier la tarification au coût marginal. Elle postule que chaque entreprise produit une quantité trop petite pour avoir une influence significative sur le prix de marché. Nous allons démontrer cette propriété à partir d'un équilibre de Cournot à M firmes. Le jeu est le suivant :

- Il y a M joueurs, indicés par $i \in \{1, 2, ..., M\}$.
- Les stratégies des joueurs sont les quantités qu'ils mettent sur le marché, elles sont notées y^i.
- Les règles du jeu sont les suivantes :
  - Le prix est déterminé par les quantités selon la fonction de demande inverse $p = a - bY$.
  - Les coûts marginaux de production des entreprises sont constants, égaux à c, $0 < c < a$.
  - Les entreprises appliquent leurs décisions en même temps et maximisent leur profit.

Le profit d'une entreprise i est : $p_i(y_1, y_2, ... y_N) = (p - c)y_i$, avec $p = p(y_1, y_2, ..., y_M) = a - b\sum_{j=1}^{M} y$. Le profit est bien une fonction concave de la quantité produite.

Les N conditions d'optimalité sont :

$$\forall i = 1, ..., M, \frac{\partial \pi_i(y_1, y_2, ..., y_M)}{\partial q_i} = 0 \Leftrightarrow -b(y_i + Y) + (a - c) = 0$$

Si on additionne les M conditions, on obtient : $-b\sum_{j=1}^{M}(y_j + Y) + M(a - c) = 0$.

Soit $-b\sum_{j=1}^{M} y_j - bMY + M(a + c) = 0$. On en déduit qu'à l'équilibre, la quantité totale produite par les firmes est $Y^C = \frac{M}{M+1}\frac{a-c}{b}$.

La quantité vendue par chaque firme est $y_i^C = \frac{1}{M+1}\frac{a-c}{b}$ et le prix $p^C = \frac{a + M_C}{M+1}$.

L'hypothèse d'atomicité revient à supposer que le nombre de vendeurs est infiniment grand, $M \to +\infty$, $\lim_{M \to +\infty} Y_i^C = 0$, $\lim_{M \to +\infty} p^C = c$ et $\lim_{M \to +\infty} Y^C = \frac{a-c}{b} = Y^*$, avec Y*, la quantité socialement optimale. Nous retrouvons les quantités de la concurrence parfaite (▶ chapitre 8).

Ce type de raisonnement peut inciter à promouvoir la concurrence parfaite. Mais, il faut faire attention car une des limites de ce raisonnement est l'hypothèse de coûts identiques pour toutes les entreprises et d'absence de coûts fixes.

POUR ALLER PLUS LOIN

Collusion soutenable

Considérons un modèle à la Cournot répété avec deux firmes identiques et une demande linéaire. La différence avec la section 3 de ce chapitre est que le jeu est répété un nombre infini de fois. À chaque instant t, $t = 0$ à ∞, les deux firmes fixent des quantités simultanément, conditionnellement aux quantités fixées précédemment. Si les firmes s'entendent (collusion), elles fixent à chaque période, la quantité de monopole, y^M. Elles produisent ainsi chacune $y^{cartel} = \frac{a-c}{4b}$.

Considérons la stratégie suivante. En période de collusion, chaque firme fixe la quantité de monopole si l'autre firme a fixé cette quantité aux dates précédentes. Si une firme dévie et propose une quantité supérieure, $Y^D = \frac{3}{8}\frac{a-c}{b}$ à une date t, la firme concurrente punie la firme déviante en proposant une quantité à la Cournot à la période suivante, $t+1$, $Y^C = \frac{a-c}{3b}$. Ensuite, les firmes recevront les profits du duopole de Cournot.

L'accord tacite de collusion est-il soutenable ? Pour répondre à cette question, nous allons comparer les profits actualisés en cas de poursuite de la collusion avec ceux en cas de déviation. Soit δ le facteur d'escompte, avec $0 < \delta < 1$. En cas de collusion, à chaque période, les deux firmes se partagent le profit de monopole, $\pi^{coll} = \frac{1}{2}\pi^M = \frac{(a-c)^2}{8b}$. Le profit actualisé d'une firme à toutes les périodes est :

$$\Pi^{coll} = \pi^{coll} + \delta\pi^{coll} + \delta^2\pi^{coll} + \ldots = \pi^{coll}\left(1+\delta+\delta^2+\ldots\right) = \frac{(a-c)^2}{8b} \times \frac{1}{1-\delta}$$

Si une firme décide de dévier, son profit à la période de déviation est $\pi^D = \left(\frac{3}{8}\right)^2 \frac{(a-c)^2}{b}$. Ensuite, elle obtiendra le profit du duopole de Cournot-Nash, $\pi^C = \frac{(a-c)^2}{9b}$. Le profit actualisé à la période de déviation est :

$$\Pi^D = \pi^D + \delta\pi^C + \delta^2\pi^C + \ldots = \pi^D + \delta\pi^C\left(1+\delta+\delta^2+\ldots\right) = \frac{9(a-c)^2}{64b} + \frac{(a-c)^2}{9b} \times \frac{\delta}{1-\delta}$$

La firme n'a pas intérêt à dévier si $\Pi^D = \Pi^{coll}$:

$$\frac{9(a-c)^2}{64b} + \frac{(a-c)^2}{9b} \times \frac{\delta}{1-\delta} < \frac{(a-c)^2}{8b} \times \frac{1}{1-\delta} \Leftrightarrow \frac{9}{17} < \delta$$

Tant que δ est suffisamment grand, aucune des firmes n'a intérêt à dévier de la collusion.

Chapitre 12

Dans les rayons des supermarchés, le café (moulu) occupe souvent beaucoup de place, les paquets diffèrent par la marque (Carte Noire, Lavazza, Grand-mère, etc.), la provenance (Éthiopie, Costa Rica, etc.), la saveur (arabica, robusta), et les prix peuvent varier du simple au triple. Comment s'explique cette variété ? Quelle est la structure (concurrentielle) de ce marché ? Il se rapproche de la concurrence parfaite dans la mesure où il y a un grand nombre de firmes présentes sur le marché et qu'il y a libre entrée et sortie. Mais les biens proposés, tout en étant substituts proches (permettant tous de faire du café), ne sont pas perçus comme identiques par les consommateurs. Il y a en effet des amateurs uniquement d'arabica ou de café des îles Java, ce qui donne à chaque firme un certain pouvoir de monopole.

Ce type de concurrence, appelée « concurrence monopolistique » est très fréquent (produits ménagers, voitures, produits de beauté, etc.). Pour se différencier de leurs concurrentes, et échapper à une guerre des prix, les firmes utilisent non seulement les caractéristiques de leurs produits et la marque, mais aussi la localisation, on parle dans ce dernier cas de « concurrence spatiale ». La différenciation des produits est aussi pratiquée sur des marchés où le nombre de firmes est faible, on parle alors d'oligopole avec produits différentiés. Dans ce chapitre, après avoir défini les différents types de différenciation des produits, nous étudierons les équilibres sur des marchés avec des produits différenciés.

LES GRANDS AUTEURS

Edward Chamberlin (1899-1967)

E. Chamberlin est un économiste américain, professeur à Harvard. Il est l'un des pionniers de l'analyse moderne de la concurrence imparfaite. Son œuvre majeure, qui se situe dans le prolongement de sa thèse de doctorat, est la *Théorie de la concurrence monopolistique*, publiée en 1933. Dans cet ouvrage, Chamberlin cherche à expliquer les stratégies de différenciation des produits qu'utilisent des entreprises concurrentes et à caractériser l'équilibre de marché qui en résulte. Chamberlin est aussi un des premiers économistes à avoir utilisé la méthode expérimentale pour tester les résultats de ses travaux. En 1948, il forme parmi ses propres étudiants un groupe expérimental destiné à tester la validité de la concurrence imparfaite entre agents rationnels. Vernon Smith et Daniel Kahneman (prix Nobel 2002) ont fait partie de ces étudiants. ■

Différenciation des produits

Plan

Prérequis

→ **Connaître** les caractéristiques (prix et quantités) de l'équilibre d'un marché de concurrence pure et parfaite et de monopole.

→ **Déterminer** les prix et quantités d'équilibre de duopole lorsque la concurrence est en quantité.

→ **Déterminer** les prix et quantités d'équilibre de duopole lorsque la concurrence est en prix.

→ **Connaître** la définition d'une loi uniforme et sa fonction de répartition.

Objectifs

→ **Distinguer** les différents types de différenciation des produits.

→ **Analyser** la concurrence en prix et en quantité dans un duopole avec produits différenciés horizontalement.

→ **Comprendre** les stratégies de localisation spatiale des firmes.

→ **Comprendre** les stratégies de différenciation verticale des firmes en duopole.

→ **Déterminer** les prix et quantités à l'équilibre sur un marché de concurrence monopolistique.

1 La différenciation des produits

Une des conditions de la concurrence pure et parfaite est l'homogénéité des produits. Cette homogénéité est, en présence d'un grand nombre de firmes et d'information complète, une des conditions qui garantit qu'à chaque fois qu'une entreprise augmente son prix, la demande qui lui est adressée s'annule (▶ chapitre 8).

Ainsi, pour pratiquer un prix au-dessus de celui de ses concurrentes tout en conservant une part de marché, une entreprise peut proposer un produit différent (ou perçu comme tel par les consommateurs) de celui de ses concurrentes. Cette stratégie s'appelle la **différenciation des produits**. Elle consiste, pour une entreprise, à proposer des produits proches de ceux de ses concurrentes, mais qui, à cause de caractéristiques objectives ou subjectives différentes, ne sont pas perçus comme identiques par les consommateurs. On parle alors de **substituts imparfaits**.

Selon Chamberlin (1933) « une catégorie de produits est différenciée s'il existe une base suffisante pour distinguer les marchandises d'un vendeur de celles d'un autre. Peu importe que cette base soit réelle ou illusoire, aussi longtemps qu'elle revêt une importance quelconque pour les acheteurs, et mène à la préférence d'une variété de produits sur une autre. »

Les économistes distinguent habituellement trois grands types de différenciation des produits.

- **La différenciation « horizontale »** est basée sur les goûts des consommateurs. Les produits proposés ont des caractéristiques différentes car chacun s'adresse à une clientèle spécifique. Si deux produits *A* et *B* horizontalement différenciés sont proposés au même prix, certains consommateurs se tourneront vers *A* et d'autres vers *B*. Les jeux vidéo sont un exemple de ce type de différenciation. Certains joueurs préféreront des jeux de rôle, d'autres, des jeux de course automobile.
- **La différenciation « spatiale »** est basée sur la localisation des produits. Les produits sont perçus comme différents par les consommateurs uniquement parce que leurs points de vente ne sont pas situés au même endroit. Les consommateurs vont préférer le produit qui est plus près de chez eux. Par exemple, nous achetons notre journal chez le marchand de journaux le plus proche, notre pain chez un boulanger du quartier. La différenciation spatiale peut être vue comme un cas particulier de différenciation horizontale. En effet, si deux produits *A* et *B* qui diffèrent par leur localisation sont proposés au même prix, les consommateurs vont choisir entre les deux en fonction de leur localisation : ceux qui sont plus près de *A*

choisiront A, et les autres B. Il est possible de réinterpréter la différenciation horizontale comme une différenciation spatiale. Si pour chaque consommateur, il existe une variété idéale d'un produit, à prix identique, un consommateur choisira le produit de la firme A (plutôt que celui de la firme B) si celui de la firme A est plus « proche » de son produit idéal.

- **La différenciation « verticale »** est basée sur la qualité. Si deux produits A et B de qualité différente sont proposés au même prix, tous les consommateurs vont préférer celui de meilleure qualité. Mais si le bien de meilleure qualité est le plus cher, certains consommateurs vont le choisir, et d'autres non. La différenciation verticale est pratiquée par les firmes pour la plupart des biens de consommation durables : automobiles, téléviseurs, meubles, électro-ménager. Pour chacun de ces biens, sont proposés des produits haut de gamme et des produits plus standards.

Des produits différenciés peuvent être offerts sur un marché de libre entrée où sont présentes beaucoup d'entreprises ou sur un marché limité par des barrières à l'entrée. Dans le cas de libre entrée, on parle de « **concurrence monopolistique** ». Dans le cas d'un nombre limité de firmes, on parle d'**oligopole avec produits différenciés**. L'économie industrielle, la branche de l'analyse économique qui s'intéresse aux comportements des firmes, étudie depuis les années 1930 les différentes stratégies de différenciation des produits et leurs conséquences sur le bien-être des consommateurs[1].

2 La différenciation horizontale

Dans le chapitre 11, nous avons étudié les stratégies concurrentielles et les profits de firmes se partageant le marché d'un bien homogène. Que deviennent les résultats obtenus si les produits proposées par les firmes ne sont perçus que comme partiellement substituables par les consommateurs ?

Considérons le marché des chocolats en poudre que se partagent (à quelques marques de distributeurs près) Poulain (Cadbury) et Nesquik (Nestlé). Certains consommateurs sont des inconditionnels de Poulain, d'autres achètent en priorité du Nesquik (et changent donc de supermarché si celui qui est près de chez eux n'en vend pas). Enfin, certains consommateurs n'ont pas de préférence particulière pour l'un ou l'autre des deux produits et font leurs choix essentiellement en fonction du prix.

1 Pour une étude plus approfondie, voir les ouvrages d'économie industrielle (Tirole, 1993, ou Shy, 1995, pour une présentation technique des modèles et Gabszewicz, 2006, pour une présentation plus intuitive).

Quelles sont les stratégies de prix optimales pour ces deux marques ? Si elles étaient perçues comme plus différentes par les consommateurs, ceci leur permettrait-il d'augmenter leurs profits ? Quelle est, de la concurrence en prix ou en quantité, celle qui permet aux entreprises d'atteindre les profits les plus élevés ?

Considérons une situation de duopole (▶ chapitre 11). Deux entreprises, A et B, produisent le même bien (chocolat en poudre par exemple), mais avec des caractéristiques différentes (plus de sucre ou plus de chocolat) qui rendent leurs produits **partiellement substituables** par les consommateurs. Nous supposons que les coûts marginaux de production des deux entreprises sont constants et identiques. Dans ce cas, nous pouvons considérer (comme Singh, Vives (1984)) que les prix sont nets de ces coûts marginaux et les ignorer pour la suite.

L'entreprise A sait que la demande inverse, P^A, qui s'adresse à elle dépend de la quantité produite par l'entreprise B, mais n'est pas égale à la demande globale pour le produit, ni égale à la demande qui s'adresse à B. Il en est de même pour l'entreprise B.

Écrivons les demandes comme des fonctions des quantités produites par A, y_A, et par B, y_B :

$$P^A = a - by_A - cy_B \text{ et } P^B = a - cy_A - by_B$$

Nous supposons $c \geq 0$ ce qui signifie que les biens sont substituts ou indépendants, a et b sont supposés strictement positifs[1].

Les valeurs des paramètres b et c déterminent le **degré de différenciation** entre les produits des deux entreprises.

- Si $b = c$, les demandes s'adressant aux deux entreprises sont identiques. Une augmentation de la quantité produite par A a le même impact sur la demande qu'une augmentation de la quantité produite par B. Les produits ne sont pas perçus comme différents par les consommateurs. La demande a, dans ce cas, la même forme que dans un duopole de Cournot (▶ chapitre 11).
- Si $b > c$, une augmentation de la quantité produite par A a un plus grand impact sur la demande qui s'adresse à elle qu'une augmentation de la quantité produite par B. Les produits des deux entreprises sont perçus comme très différents par les consommateurs[2].

1 Les résultats ci-dessous ne changent pas qualitativement si on suppose $P^A = a_1 - b_1 y_A - cy_B$ et $P^B = a_2 - b_2 y_A - cy_B$ avec $a_1 \neq a_2$ et $b_1 \neq b_2$.

2 $b < c$ n'est pas envisagé. En effet, cela correspondrait à une demande qui s'adresse à l'entreprise A moins sensible à la quantité produite par A qu'à celle produite par B. Ceci ne paraît pas réaliste dans notre contexte.

Définition 1

Degré de différenciation des produits

– Les produits de deux entreprises A et B sont fortement différenciés si une augmentation du prix du produit de la marque A a un impact faible (ou nul) sur la demande qui s'adresse à la marque B (et inversement).
– Les produits de deux entreprises sont peu différenciés (ou homogènes) si une augmentation du prix de la marque A a le même impact sur la demande pour la marque B qu'une baisse de même ampleur du prix de B (et inversement).

Formulation mathématique: Soient P^A et P^B, les fonctions de demande inverses pour les biens produits par deux entreprises A et B:

$$P^A = a - by_A - cy_B \text{ et } P^B = a - cy_A - by_B$$

Notons $\delta = \frac{c^2}{b^2}$ le degré de différenciation des marques A et B, $\delta \in [0, 1]$. $\delta = 0$ correspond à l'indépendance entre les deux biens et $\delta = 1$, à la substituabilité parfaite. Lorsque δ est proche de 1, nous sommes proches du cas d'homogénéité du bien produit, et donc d'une situation de duopole avec produits homogènes.

2.1 Concurrence en quantité et produits différenciés

Quels seront les quantités offertes et les prix pratiqués si les entreprises A et B se font concurrence en quantité ? Pour répondre à ces questions, nous utilisons la même démarche que celle utilisée dans le chapitre 11 pour la détermination de l'équilibre d'un duopole de Cournot (la courbe de demande est linéaire et les coûts de production sont supposés nuls). Chaque firme choisit la quantité qui maximise son profit en supposant la quantité de sa concurrente comme donnée (▸ chapitre 11).

Commençons par écrire les profits des deux firmes en utilisant les fonctions de demande inverses.

$$\begin{cases} \pi_A(y_A, y_B) = [a - by_A - cy_B] \times y_A \\ \pi_B(y_A, y_B) = [a - cy_A - by_B] \times y_B \end{cases}$$

Nous allons maintenant déterminer les fonctions de meilleure réponse des deux entreprises. Pour cela, nous devons déterminer, pour chaque firme, la quantité qui maximise son profit en fonction de la quantité de la concurrente.

Commençons par la firme A. Sa condition d'optimalité est obtenue en dérivant le profit par rapport à y_A: $a - cy_B - 2by_A = 0$.

Nous en déduisons la fonction de réaction de la firme A par rapport à la décision, y_B, de la firme B: $y_A = MR_A(y_B) = \frac{a - cy_B}{2b}$.

Nous déterminons de la même façon la fonction de meilleure réponse de la firme B aux décisions de la firme A: $y_B = MR_B(y_A) = \frac{a - cy_A}{2b}$.

Les deux fonctions de meilleure réponse sont symétriques puisque les coûts de production sont identiques. L'équilibre est obtenu en résolvant le système de deux équations à deux inconnues suivant :

$$\begin{cases} y_A = MR_A(y_B) = \dfrac{a - cy_B}{2b} \\ y_B = MR_B(y_A) = \dfrac{a - cy_A}{2b} \end{cases}$$

La solution de ce système, (y_A^{BD}, y_B^{BD}), est l'équilibre de Cournot-Nash avec produits différenciés : $y_A^{CD} = y_B^{CD} = \frac{a}{2b+c}$ (▶ figure 12.1).

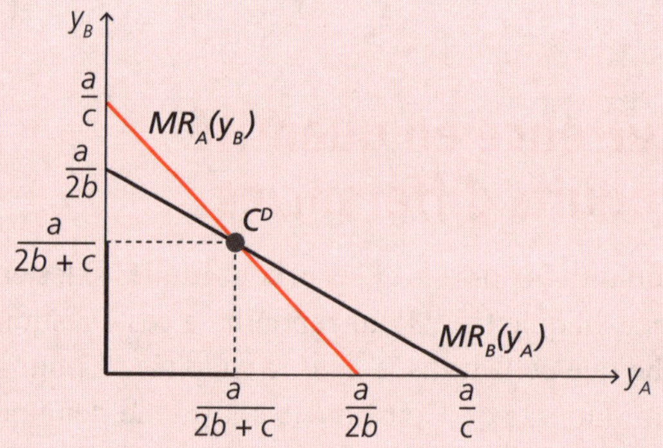

▶ **Figure 12.1**
Duopole de Cournot avec produits différentiés

La droite en orange est la courbe de meilleure réponse de la firme A et celle en noir, la courbe de meilleure réponse de la firme B. Les deux courbes sont des droites décroissantes. Plus la firme concurrente produira, moins la firme pourra elle-même produire. L'équilibre est représenté par le point d'intersection C^D (des deux courbes de meilleures réponses.

À partir des quantités d'équilibre, nous déduisons les prix d'équilibre en utilisant les fonctions de demande inverse :

$$p^A = P(y_A^{CD}, y_B^{CD}) = a - by_A^{CD} - cy_B^{CD} = \frac{ab}{2b+c}$$

$$p^B = P(y_A^{CD}, y_B^{CD}) = a - cy_A^{CD} - by_B^{CD} = \frac{ab}{2b+c}$$

Les profits des firmes à l'équilibre sont : $\pi_A{}^{CD} = \pi_B{}^{CD} = \frac{a^2 b}{(2b+c)^2}$.

Quel est l'impact du degré de différenciation des produits sur le profit ?

- Si les produits sont homogènes, $b = c$, $\pi_A{}^{CD} = \pi_B{}^{CD} = \frac{a^2}{9b}$, nous retrouvons le profit positif du duopole de Cournot, obtenu dans le chapitre 11, avec $c_A = c_B = 0$.
- Si les produits sont fortement différenciés, c proche de zéro, le profit des deux firmes tend vers $\frac{a^2}{4b}$ qui est strictement supérieur à $\frac{a^2}{9b}$. Le profit est plus élevé lorsque les produits sont fortement différenciés. De plus, nous retrouvons le profit de monopole.

Si deux firmes, fabriquant des produits différenciés, se font concurrence en quantité, leurs profits augmentent avec le degré de différenciation des produits.

2.2 Concurrence en prix et produits différenciés

Considérons maintenant une concurrence à la Bertrand (▶ chapitre 11). Pour déterminer les prix d'équilibre, nous avons besoin des **demandes directes** qui s'adressent aux deux firmes. Autrement dit, nous cherchons à exprimer y^A et y^B comme des fonctions des prix p_A et p_B. À cette fin, nous partons des demandes inverses et résolvons le système suivant :

$$P^A = a - by_A - cy_B$$
$$P^B = a - cy_A - by_B$$

Les demandes directes correspondantes sont, dans le cas où $b > c$:

$$y^A = \alpha - \beta p_A - \gamma p_B$$
$$y^B = \alpha - \gamma p_A - \beta p_B$$

où $\alpha = \frac{a}{b+c}$, $\beta = \frac{b}{b^2 - c^2}$, $\gamma = \frac{c}{b^2 - c^2}$.

Lorsque la concurrence se fait en prix, les firmes choisissent les prix qui maximisent leur profit en considérant le prix de leur concurrente comme donné (▶ chapitre 11).

Les profits des deux firmes s'écrivent, en utilisant les fonctions de demande directe :

$$\begin{cases} \pi_A(p_A, p_B) = [\alpha - \beta p_A + \gamma p_B] \times p_A \\ \pi_B(p_A, p_B) = [\alpha - \gamma p_A + \beta p_B] \times p_B \end{cases}$$

Déterminons maintenant les fonctions de meilleure réponse des deux entreprises. Pour cela, nous devons trouver, pour chaque firme, le prix qui maximise son profit en fonction du prix de sa concurrente.

Les conditions d'optimalité sont obtenues en dérivant le profit π_A par rapport à p_A et le profit π_B par rapport à p_B :

$$\alpha - 2\beta p_A + \gamma p_B = 0$$
$$\alpha - 2\beta p_B + \gamma p_A = 0$$

Nous en déduisons les fonctions de meilleure réponse des firmes A et B :

$$p_A = MR_A(p_B) = \frac{\alpha + \gamma p_B}{2\beta}$$

$$p_B = MR_B(p_A) = \frac{\alpha + \gamma p_A}{2\beta}$$

Les fonctions de meilleures réponses (▶ figure 12.2) sont croissantes. Ainsi, la meilleure réponse d'une firme face à l'augmentation du prix de sa concurrente, est d'augmenter son propre prix (et inversement).

Les prix d'équilibre sont obtenus en résolvant le système :

$$\begin{cases} p_A = \dfrac{\alpha + \gamma p_B}{2\beta} \\ p_B = \dfrac{\alpha + \gamma p_A}{2\beta} \end{cases}$$

La solution de ce système, (p_A^{BD}, p_B^{BD}), est l'équilibre de Bertrand-Nash avec produits différenciés : $p_A^{BD} = p_B^{BD} = \dfrac{\alpha}{2\beta - \gamma} = \dfrac{a(b-c)}{(2b-c)}$.

Les quantités et les profits à l'équilibre sont :

$$y_A^{BD} = y_B^{BD} = \frac{\alpha\beta}{2\beta - \gamma} = \frac{ab}{(b+c)(2b-c)},\ \pi_A^{BD} = \pi_B^{BD} = \frac{\alpha^2\beta}{(2\beta-\gamma)^2} = \frac{a^2b(b-c)}{(2b-c)^2(b+c)}$$

▶ **Figure 12.2**
Duopole de Bertrand avec produits différenciés

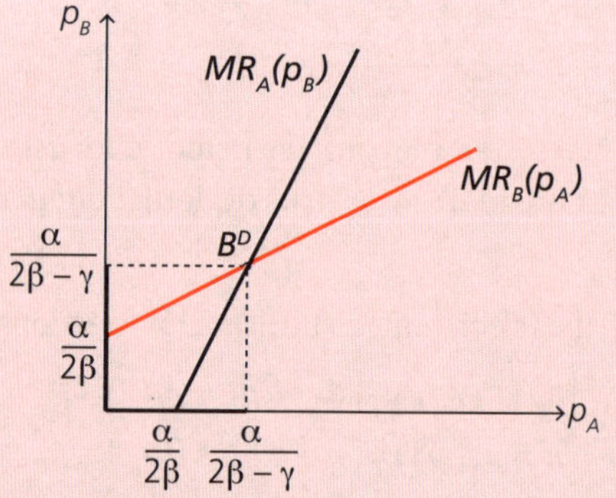

La droite en noir est la courbe de meilleure réponse de la firme A et en orange, celle de meilleure réponse de la firme B. Les deux courbes sont des droites croissantes. L'équilibre est représenté par le point d'intersection B^D (des deux courbes de meilleures réponses.

Quel est l'impact du degré de différenciation des produits sur le profit lorsque la concurrence est en prix ?

- Si les produits sont homogènes, $b \approx c$, $\pi_A^{BD} = \pi_B^{BD} \approx 0$. Nous retrouvons le profit nul de l'équilibre de Bertrand étudié dans le chapitre 11.
- Si les produits sont fortement différenciés, c proche de zéro, le profit des deux firmes est strictement positif.

Ainsi, comme dans le cas du duopole de Cournot, une différenciation plus forte donne, aux deux firmes, un certain pouvoir de monopole et conduit à une augmentation des prix.

Si deux firmes, fabriquant des produits différenciés, se font concurrence en prix, leur profit augmente d'autant plus que leurs produits sont différenciés.

Qualitativement, l'impact de la différenciation des produits sur le profit des firmes est donc le même dans le cas de concurrence en prix et en quantité. Mais quel est le type de concurrence qui est le plus défavorable pour les consommateurs ? Plus précisément, à niveau de différenciation identique, dans quel cas les prix seront les plus élevés ?

2.3 Impact de la différenciation des produits sur les consommateurs

Nous allons d'abord comparer les prix à l'équilibre de Cournot et Bertrand pour un niveau de différenciation des produits donné. Ensuite, nous étudierons l'impact du degré de différenciation des produits sur la différence de prix.

Le tableau 12.1 résume les caractéristiques des équilibres de Cournot et de Bertrand avec produits différenciés.

	Prix	Quantités
Cournot	$\frac{ab}{2b+c}$	$\frac{a}{2b+c}$
Bertrand	$\frac{a(b-c)}{(2b-c)}$	$\frac{ab}{(b+c)(2b-c)}$

◄ **Tableau 12.1**
Prix et quantités à l'équilibre de duopole avec produits différenciés

Calculons la différence entre p^{CD} et p^{BD} :

$$p^{CD} - p^{BD} = \frac{ab}{2b+c} - \frac{a(b-c)}{2b-c} = \frac{a}{4\frac{b^2}{c^2} - 1}$$

Rappelons que nous avons défini $\delta = c^2/b^2$ comme le degré de différenciation des produits avec $\delta \in [0, 1]$. Nous en déduisons que :

$$p^{CD} - p^{BD} = \frac{a}{4\delta^{-1} - 1} = \frac{a\delta}{4 - \delta} > 0 \quad \text{et} \quad \frac{\partial\left(p^{CD} - p^{BD}\right)}{\partial\delta} = \frac{4a}{(4-\delta)^2} > 0$$

Sur un marché de duopole avec produits différenciés :

- Les prix sont plus élevés lorsque les firmes se font concurrence à la Cournot qu'à la Bertrand.
- La différence de prix entre ces deux types de concurrence diminue lorsque la différenciation des produits augmente.

Si nous comparons les quantités, nous obtenons :

$$y^{CD} - y^{BD} = -\frac{ac^2}{\left(4b^2 - c^2\right)(b + c)} < 0$$

La concurrence à la Cournot conduit à des prix plus élevés et à des quantités plus faibles. Par conséquent, le surplus des consommateurs est supérieur dans le cas d'une concurrence à la Bertrand. Concernant les profits des firmes, si les biens sont substituts, et non indépendants ($c > 0$), ils sont plus élevés dans le cas de concurrence à la Cournot.

Sur un marché de duopole avec produits différenciés :

- Pour les consommateurs, la concurrence à la Bertrand est préférable à la concurrence à la Cournot (leur surplus est plus élevé).
- Pour les firmes, la concurrence à la Cournot est préférable à la concurrence à la Bertrand (les profits sont plus élevés).

Les résultats précédents montrent, dans un cas simple, que les firmes ont intérêt, pour augmenter leurs profits, à proposer des produits perçus comme les plus différents possibles par les consommateurs.

3 La différenciation spatiale

Le problème de la différenciation des produits peut être analysé comme un problème de localisation spatiale.

D'une part, certains produits peuvent être perçus comme différents par les consommateurs uniquement par leur localisation, et plus précisément par la distance qui sépare leur point de vente aux consommateurs. Nous préférons la librairie de notre quartier plutôt que celle qui se trouve dans la ville voisine, bien que les livres soient les mêmes.

D'autre part, chaque bien pouvant être caractérisé par l'ensemble de ses caractéristiques[1], la différence entre deux biens peut être mesurée par leur distance dans l'espace des caractéristiques. Par exemple, la différence entre deux tablettes de chocolat noir peut être mesurée par la différence de pourcentage de cacao. Si ce que nous aimons le plus est le chocolat à 80 % de cacao, nous choisirons notre tablette en fonction de la différence (ou de la distance) entre son pourcentage de chocolat affiché et 80 %.

Comment les entreprises vont-elles choisir leur localisation ? Quelle est la localisation optimale des firmes ? Quels prix seront pratiqués ?

3.1 Le cadre d'analyse

Hotelling (1929) a proposé une première analyse de la différenciation spatiale dans le cas d'un duopole et d'une concurrence en prix.

Deux boulangers[2] décident de s'installer dans la rue principale du nouveau quartier de MarsCity. Les deux boulangers proposent les mêmes baguettes, et leur coût moyen de production (main d'œuvre, farine, etc.) est identique et constant. Les riverains choisissent leur boulanger en fonction de son prix et de sa proximité. Les immeubles le long de la rue sont tous identiques, les riverains sont supposés uniformément répartis le long de la rue. Ils achètent tous une baguette par jour.

Si la localisation des boulangeries est fixée par un décret du conseil municipal, quels seront les prix des baguettes ? S'ils peuvent choisir leur localisation, où les deux boulangers s'installeront-ils ? au milieu de la rue ou aux deux extrémités ?

Considérons plus généralement un bien vendu par deux firmes A et B situées le long d'une rue dont la longueur est normalisée à 1 et supposons les hypothèses suivantes vérifiées.

- La firme A est située à une distance a du début de la rue, et la firme B, à une distance b du début de cette même rue (▶ figure 12.3), soit $0 \leq a \leq b \leq 1$.
- Le coût de production unitaire, $c \geq 0$, est identique pour les deux firmes.
- Les consommateurs sont répartis uniformément le long de la rue et achètent tous une unité du bien. Plus simplement, en chaque point de la droite, il y a un seul consommateur. Chaque consommateur est identifié par sa position

1 Lancaster (1966).
2 Hotelling (1929) part de l'exemple de deux vendeurs de glaces sur une plage.

dans la rue. La seule différence qu'un consommateur voit entre le bien vendu par la firme A et celui vendu par B est la distance qu'il doit parcourir pour l'acheter. Ainsi, si les deux firmes vendent le bien au même prix, chaque consommateur achètera le bien de la firme située le plus près de chez lui.

▶ **Figure 12.3** **Localisation de deux firmes le long d'une rue**

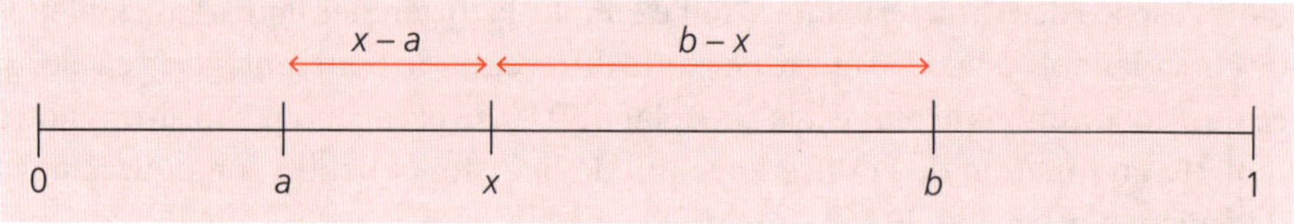

Le déroulement du jeu entre les firmes A et B peut être décomposé en trois étapes :

- Étape 1. Les firmes choisissent leur localisation le long de la rue.
- Étape 2. Les firmes choisissent leurs prix en fonction de leur localisation.
- Étape 3. Les consommateurs choisissent la firme dont ils achètent le bien en fonction de sa localisation et des prix qu'elle propose[1].

La détermination de l'équilibre de ce jeu se fait par une résolution « vers l'amont » (▶ chapitre 10) en trois étapes :

- Étape 1. Détermination des choix des consommateurs pour des localisations et des prix donnés, qui déterminent les fonctions de demande des deux firmes.
- Étape 2. Détermination des prix d'équilibre fixés par les firmes en fonction de leur localisation (supposée donnée).
- Étape 3. Détermination des localisations d'équilibre des firmes.

3.2 Choix des consommateurs et fonctions de demande

Nous commençons par déterminer les fonctions de demande qui s'adressent aux firmes A et B. Les consommateurs choisissent la firme à laquelle ils vont acheter le bien en fonction du prix, mais également de la distance qui les sépare du point de vente.

Considérons un consommateur situé à une distance x du début de la rue qui achète le bien au prix p_A à la firme A. Il subit un coût total de p_A (prix du bien vendu par A) augmenté d'un coût de transport supposé proportionnel à la distance qui le sépare de A, $t|x-a|$ ($t>0$ est le coût monétaire par unité de distance parcourue).

1 Cette étape est différente des deux autres car les consommateurs ne sont pas des joueurs stratégiques. Certains auteurs ne la font pas figurer explicitement dans le déroulement du jeu.

L'utilité d'un consommateur localisé en x, qui achète le bien à la firme A s'écrit :

$$U(x, A) = u - p_A - t|x - a|$$

où u mesure la satisfaction que le bien apporte au consommateur[1].

S'il achète à la firme B, son utilité est :

$$U(x, B) = u - p_B - t|b - x|$$

Un consommateur en x achètera le bien de A si $U(x, A) \geq U(x, B)$.

Dans l'analyse des équilibres du jeu de localisation, nous devons distinguer deux cas selon que (les deux firmes sont localisées au même endroit ou qu'elles sont éloignées l'une de l'autre.

3.2.1 Cas 1. Les deux firmes sont localisées au même endroit ($a = b$)

Quelle que soit la localisation d'un consommateur, il va subir les mêmes coûts de transport, qu'il achète chez A ou chez B. La seule différence entre les biens sera le prix :

- si $p_A < p_B$, il achètera le bien de A ;
- si $p_A > p_B$, il achètera le bien de B ;
- si $p_A = p_B$, il sera indifférent entre les deux.

Nous retrouvons un jeu de concurrence en prix avec produits homogènes. D'après les résultats du chapitre 11, les prix d'équilibre sont $p_A = p_B = c$ et les profits des firmes sont nuls.

3.2.2 Cas 2. Les deux firmes ne sont pas localisées au même endroit ($a < b$)

Faisons pour le moment l'hypothèse, notée **H**, que nous discuterons plus loin. Elle garantit qu'une des firmes n'attire pas seule la totalité des consommateurs.

Hypothèse H

Les prix p_A et p_B sont tels que tous les consommateurs situés entre 0 et a achètent le bien de A et tous les consommateurs situés entre b et 1, celui de B.

H est vérifiée si $|p_A - p_B| < t(b - a)$.

Dans ce cas, il existe une localisation $\hat{x}$ sur la rue telle que tous les consommateurs situés entre 0 et $\hat{x}$ achètent chez A, et tous les consommateurs entre $\hat{x}$ et 1 vont achètent chez B. Le consommateur localisé en $\hat{x}$ est indifférent entre aller chez

1 Nous supposons que u est suffisamment élevée pour que tous les consommateurs choisissent d'acheter le bien.

A ou chez B. Le point $\hat{x}$ vérifie : $U(\hat{x}, A) = U(\hat{x}, B)$. Nous obtenons facilement $\hat{x} = \dfrac{p_B - p_A}{2t} + \dfrac{b+a}{2}$.

La demande $y_A(p_A, p_B)$ qui s'adresse à A est le nombre de consommateurs entre 0 et $\hat{x}$, c'est-à-dire $\hat{x}$. De façon similaire, la demande $y_B(p_A, p_B)$ qui s'adresse à B est $1 - \hat{x}$.

3.3 Prix d'équilibre pour une localisation donnée

Nous venons de déterminer les fonctions de demande. Dans ce contexte de duopole en situation de concurrence en prix, chaque firme choisit son prix de façon à maximiser son profit en considérant le prix de sa concurrente comme donné.

Les profits des deux firmes s'écrivent :

$$\begin{cases} \pi_A(p_A, p_B) = (p_A - c)\left(\dfrac{p_B - p_A}{2t} + \dfrac{b+a}{2}\right) \\ \pi_B(p_A, p_B) = (p_B - c)\left(\dfrac{p_A - p_B}{2t} + \dfrac{2-b-a}{2}\right) \end{cases}$$

À partir des conditions de maximisation de premier ordre des firmes, nous obtenons, les fonctions de meilleure réponse :

$$p_A = MR_A(p_B) = \frac{1}{2}\left[p_B + (a+b)t + c\right]$$

$$p_B = MR_B(p_A) = \frac{1}{2}\left[p_A + (2-a-b)t + c\right]$$

Les prix d'équilibre, obtenus en résolvant le système ci-dessus, sont :

$$\begin{cases} p_A = \dfrac{t}{3}[a+b+2] + c \\ p_B = \dfrac{t}{3}[-a-b+4] + c \end{cases}$$

et les profits associés :

$$\begin{cases} \pi_A = \dfrac{t}{18}(a+b+2)^2 + \dfrac{1}{6}(a+b+2)c \\ \pi_B = \dfrac{t}{18}(-a-b+4)^2 + \dfrac{1}{6}(-a-b+4)c \end{cases}$$

L'équilibre en prix caractérisé ci-dessus existe-t-il quelle que soit la localisation des firmes ? La réponse à cette question est négative.

Donnons l'intuition de ce résultat d'inexistence. Rappelons d'abord que, pour que le couple (p_A, p_B) soit un équilibre, il faut que lorsque la firme B propose p_B, il soit dans l'intérêt de A de proposer exactement p_A. Par construction, nous avons supposé que c'était bien le cas, mais en nous limitant aux prix et aux localisations vérifiant l'hypothèse **H**. Nous avons donc supposé qu'il n'était pas dans l'intérêt de A (ni de B) de proposer un prix suffisamment faible pour attirer l'ensemble des clients, y compris ceux localisés au même endroit que la firme concurrente. Plus précisément, cela implique que le profit maximal que la firme A pourrait réaliser en vendant le bien (à un prix très faible) à tous les consommateurs est inférieur à celui qu'elle peut réaliser (avec un prix plus élevé) en partageant le marché avec la firme B. Ceci est vrai uniquement lorsque les firmes sont suffisamment éloignées pour qu'il soit très coûteux, pour l'une d'entre elles, d'attirer tous les clients de l'autre. Par conséquent, *si la distance entre* A *et* B *est inférieure à un certain seuil*, le couple de prix (p_A, p_B) caractérisé ci-dessus n'est pas un équilibre.

FOCUS

Équilibre en prix dans un jeu de duopole avec localisation donnée des firmes

- Si les firmes sont localisées au même endroit ($a = b$), un seul équilibre en prix existe. Il correspond à l'équilibre de Bertrand avec produits homogènes et vérifie $p_A = p_B = c$.
- Si les firmes sont trop proches l'une de l'autre, l'équilibre en prix n'existe pas (il existe $D > 0$ tel que, si $b - a < D$, l'équilibre n'existe pas).
- Si les firmes sont suffisamment éloignées l'une de l'autre ($b - a > D$), l'équilibre en prix existe, est unique et a les propriétés suivantes :
  - Les prix sont strictement supérieurs aux coûts marginaux.
  - Si les firmes sont à égale distance des extrémités de la rue, leurs prix sont identiques.
  - Les prix et les profits augmentent avec les coûts de transport.

Une augmentation des coûts de transport augmente la différenciation des firmes et diminue la pression concurrentielle. En effet, plus les coûts de transport sont élevés, plus une firme doit baisser ses prix pour espérer attirer une partie de la clientèle de sa concurrente. D'après Hotelling (1929), « Les commerçants devraient, plutôt que de soutenir des associations militant pour l'amélioration de l'état des routes et des transports en commun, faire en sorte que les transports soient les plus pénibles possible. »

3.4 Choix de localisation

Où les firmes vont-elles se positionner ? La position optimale d'une firme est celle qui maximise son profit étant donné la position de l'autre. Or, nous obtenons facilement que le profit augmente avec la localisation : $\frac{\partial \pi_A}{\partial a} > 0$ pour tout b et $\frac{\partial \pi_B}{\partial b} > 0$ pour tout a.

Ainsi, chaque firme a intérêt à se rapprocher de sa concurrente pour gagner des parts de marché. A l'issu de ce processus de rapprochement, les deux firmes devraient se retrouver au même endroit, à égale distance des deux extrémités de la rue. On parle de **principe de différenciation minimale**.

Cependant, nous avons vu que la localisation au milieu de la rue des deux firmes ne peut pas être un équilibre. En outre, si elles étaient localisées au même endroit, les prix d'équilibre seraient égaux aux coûts marginaux et les profits s'annuleraient. Toute firme dans cette situation aurait intérêt à s'éloigner de sa concurrente pour augmenter ses profits.

Le jeu de localisation de Hotelling dans lequel les firmes choisissent dans une première étape leurs prix, et dans une seconde étape, leur localisation, n'a pas d'équilibre.

L'inexistence d'équilibre est le résultat d'un conflit entre deux forces contradictoires : une **force d'agglomération**, qui pousse les firmes à se rapprocher les unes des autres pour conquérir des parts de marché, et une **force de différenciation**, qui pousse les firmes à s'éloigner les unes des autres pour échapper à une guerre des prix.

Lorsque les coûts de déplacement sont linéaires, ces deux forces sont d'amplitude comparable, ce qui conduit à l'instabilité du marché et à l'inexistence d'équilibre. En revanche, si on suppose que les coûts de déplacement sont quadratiques, la force de différenciation l'emporte sur celle d'agglomération. L'équilibre existe, et correspond à un éloignement maximal des firmes.

POUR ALLER PLUS LOIN
▶ Voir p. 317

4 La différenciation verticale

La différenciation verticale concerne des produits qui diffèrent par leur qualité. Tous les consommateurs ordonnent ces produits de la même façon, et, à prix identique, tous les consommateurs achèteraient le même produit. Tous les consommateurs préfèrent l'iPhone 5S à l'iPhone 4S. À prix identiques, tous les utilisateurs de téléphones et de tablettes achèteraient le dernier modèle, car il est plus puissant, a plus d'options et a souvent un design plus attractif. Si les modèles plus anciens se vendent toujours, c'est parce que leurs prix plus faibles les rendent plus abordables pour les consommateurs à budget limité. Tous les consommateurs ne sont pas prêts à débourser 100 euros de plus pour acheter l'iPhone 5S à la place du modèle 4S. La différence entre les deux modèles ne justifie pas une dépense de 100 euros de plus pour tout le monde.

Dans un tel contexte, comment les firmes choisissent-elles la qualité qu'elles vont produire et leur prix ? Nous présentons un modèle simple où deux firmes sont en concurrence sur le marché d'un bien qui peut être produit en différentes qualités. Le nombre de consommateurs du bien est normalisé à 1 et chacun d'entre eux achète 0 ou 1 unité du bien. Les consommateurs diffèrent par leur « goût » (ou préférence) pour la qualité.

Le déroulement du jeu concurrentiel entre les firmes A et B peut être décomposé en trois étapes :

- Étape 1. Les firmes choisissent leur qualité.
- Étape 2. Les firmes choisissent les prix en fonction de la qualité.
- Étape 3. Les consommateurs choisissent la firme dont ils vont acheter le bien, en fonction de sa qualité et des prix qu'elle propose.

Comme dans la section 3, la détermination de l'équilibre de ce jeu se fait par une résolution « vers l'amont » (*backward*) en trois étapes.

- Étape 1. Détermination des fonctions de demande des deux firmes en fonction de leurs qualités et prix.
- Étape 2. Détermination des prix d'équilibre proposées par les firmes en fonction de leur qualité (supposée donnée).
- Étape 3. Détermination des qualités d'équilibre.

4.1 Choix des consommateurs et fonctions de demande

Les caractéristiques des biens offerts sont les suivantes :

- Chaque bien est caractérisé par sa qualité, notée s, $s \in [\underline{s}, \overline{s}]$.
- La firme A offre un bien de qualité s_A qu'elle vend au prix p_A.
- La firme B offre un bien de qualité s_B qu'elle vend au prix p_B.
- Nous supposons que $s_A < s_B$ et $p_A < p_B$ et nous notons $\Delta s = s_B - s_A$ le différentiel de qualité.
- Le coût de production est le même pour toutes les qualités[1] et noté c.

1 Cette hypothèse est souvent peu réaliste. Cependant, elle permet d'obtenir des résultats de référence et sera discutée plus loin.

L'utilité d'un consommateur qui achète un bien de qualité s à un prix p est :

$$U(\theta, s, p) = \theta s - p$$

où θ est un paramètre de « goût » pour la qualité qui caractérise le consommateur.

S'il n'achète pas le bien, l'utilité du consommateur est $U(\theta, 0, 0) = 0$.

Le paramètre θ peut prendre toutes les valeurs entre $\underline{\theta}$ et $\bar{\theta}$ avec $\bar{\theta} - \underline{\theta} = 1$.

La distribution de θ sur $\left[\underline{\theta}, \bar{\theta}\right]$ est supposée uniforme. Par conséquent, pour un θ_0 donné dans l'intervalle $\left[\underline{\theta}, \bar{\theta}\right]$, le pourcentage de consommateurs avec un θ inférieur à θ_0 est $F(\theta_0) = \theta_0 - \underline{\theta}$, où F est la fonction de répartition d'une variable aléatoire qui suit une loi uniforme.

Un consommateur de paramètre θ_0 choisit :

- la firme A si $U(\theta_0, s_A, p_A) > U(\theta_0, s_B, p_B)$, ce qui est vrai pour tous les θ_0 tels que $\theta_0 < \dfrac{p_B - p_A}{\Delta s}$;
- la firme B si $U(\theta_0, s_B, p_B) > U(\theta_0, s_A, p_A)$, ce qui est vrai pour tout $\theta_0 > \dfrac{p_B - p_A}{\Delta s}$;
- indifféremment A ou B si $U(\theta_0, s_B, p_B) = U(\theta_0, s_A, p_A)$, ce qui est vrai pour $\theta_0 = \dfrac{p_B - p_A}{\Delta s}$.
- de ne pas acheter le bien si $\text{Max}\{U(\theta_0, s_A, p_A), U(\theta_0, s_B, p_B)\} < 0$, ce qui est vrai si $\theta_0 < \text{Min}\left\{\dfrac{p_A}{s_A}, \dfrac{p_B}{s_B}\right\}$.

Supposons, pour le moment, que tous les consommateurs achètent le bien et notons $\tilde{\theta} = \dfrac{p_B - p_A}{\Delta s}$.

La demande qui s'adresse à A est égale au nombre de consommateurs dont le paramètre de goût pour la qualité vérifie $\theta < \tilde{\theta}$. Le nombre total de consommateurs étant normalisé à 1 et le paramètre suivant une loi uniforme, le nombre d'agents qui achèteront le bien de A sont $F(\tilde{\theta}) = \tilde{\theta} - \underline{\theta}$ et ceux qui achèteront le bien de B, $1 - F(\tilde{\theta}) = \bar{\theta} - \tilde{\theta}$.

Ce qui nous permet d'écrire les fonctions de demande de A et de B :

$$y_A(p_A, p_B) = \frac{p_B - p_A}{\Delta s} - \underline{\theta}$$

$$y_B(p_A, p_B) = \bar{\theta} - \frac{p_B - p_A}{\Delta s}$$

4.2 Prix d'équilibre pour des qualités fixées

Nous devons maintenant déterminer les prix correspondant à l'équilibre de Nash du jeu entre les firmes A et B. La démarche est similaire à celle de la section 3.2.

Les profits des deux firmes s'écrivent :

$$\begin{cases} \pi_A(p_A,p_B) = (p_A - c)\left(\dfrac{p_B - p_A}{\Delta s} - \underline{\theta}\right) \\ \pi_B(p_A,p_B) = (p_B - c)\left(\bar{\theta} - \dfrac{p_B - p_A}{\Delta s}\right) \end{cases}$$

À partir des conditions de maximisation de premier ordre des firmes, nous obtenons les fonctions de meilleure réponse :

$$p_A = MR_A(p_B) = \frac{1}{2}\left[p_B + c - \underline{\theta}\,\Delta s\right]$$
$$p_B = MR_B(p_A) = \frac{1}{2}\left[p_A + c - \bar{\theta}\,\Delta s\right]$$

Les prix d'équilibre, obtenus en résolvant le système ci-dessus, sont :

$$\begin{cases} p_A = c + \dfrac{\bar{\theta} - 2\underline{\theta}}{3}\Delta s \\ p_B = c + \dfrac{2\bar{\theta} - \underline{\theta}}{3}\Delta s \end{cases}$$

et les profits à l'équilibre sont :

$$\begin{cases} \pi_A = c + \dfrac{(\bar{\theta} - 2\underline{\theta})^2}{9}\Delta s \\ \pi_B = c + \dfrac{(2\bar{\theta} - \underline{\theta})^2}{9}\Delta s \end{cases}$$

Nous pouvons maintenant étudier les propriétés de l'équilibre en comparant les prix d'équilibre avec les coûts marginaux, ainsi que les prix et les profits entre les firmes.

FOCUS

Équilibre en prix dans un jeu de duopole avec qualité fixée des produits

Si les qualités proposées par les deux firmes sont identiques ($s_A = s_B = s$), les consommateurs achètent le bien uniquement si $\underline{\theta} > \frac{c}{s}$. Dans ce cas, le produit est homogène et nous retrouvons une situation de duopole à la Bertrand avec produits homogènes. Les prix d'équilibre sont identiques et égaux aux coûts marginaux ($p_A = p_B = c$). Les firmes se partagent le marché et font des profits nuls.

Si les qualités proposées par les deux firmes sont différentes et B produit la qualité la plus élevée, nous devons d'abord vérifier que lorsque les firmes fixent les prix d'équilibre, tous les consommateurs achètent bien le produit. Pour que ce soit le cas, il faut que $U(\underline{\theta}, S_A, p_A) > U(\underline{\theta}, 0, 0) = 0$, ce qui est vrai lorsque $c + \frac{\bar{\theta} - 2\underline{\theta}}{3}\Delta s < \underline{\theta} s_A$. Par conséquent :

- Si $c + \frac{\bar{\theta} - 2\underline{\theta}}{3}\Delta s < \underline{\theta} s_A$, l'équilibre en prix existe et tous les consommateurs achètent une des deux qualités du produit.
- Si la dispersion des goûts pour la qualité des consommateurs est suffisamment grande ($\bar{\theta} - 2\underline{\theta} > 0$), les prix des deux firmes sont supérieurs à leurs coûts marginaux et les profits sont strictement positifs.
- La firme B fait des profits plus élevés. L'écart entre les profits augmente avec la différence de qualité entre les deux firmes.
- Les profits des deux firmes sont d'autant plus élevés que la différence entre les qualités qu'elles proposent est importante.

4.3 Choix de la qualité

Si les firmes ont le choix de la qualité qu'elles vont produire et décident simultanément du niveau de qualité à mettre sur le marché, quelles seront les qualités proposées ? Nous supposons que la qualité peut prendre toutes les valeurs de l'intervalle $[\bar{s}, \underline{s}]$ et ignorons complètement le coût de production de la qualité ($c = 0$).

Pour garantir que tous les consommateurs vont acheter le bien, nous supposons que la condition $\frac{\bar{\theta} - 2\underline{\theta}}{3}\Delta s < s_A$ est vérifiée pour $s_A = \underline{s}$ et $s_B = \bar{s}$.

Chaque firme va choisir la quantité qui maximise son profit en supposant fixée la qualité de l'autre firme. La caractérisation des prix d'équilibre nécessite de distinguer deux cas selon que les qualités sont identiques, $s_A = s_B$, ou non, $s_A > s_B$.

Peut-on avoir $s_A = s_B$ à l'équilibre ? Non, car dans ce cas, les firmes font des profits nuls. Chacune d'entre elles pourrait alors augmenter son profit en modifiant légèrement sa qualité pour la rendre différente de celle de l'autre firme. Nous avons vu, dans la section précédente, que dès que s_A est différent de s_B, le profit des deux firmes devient positif. Donc, à l'équilibre, les qualités proposées par les firmes sont différentes.

Un équilibre avec $s_A \neq s_B$ existe-t-il toujours ? Si oui, quelles sont, parmi toutes les combinaisons de qualités possibles, celles qui seront produites par les firmes ?

Si $s_B > s_A$, alors $\frac{\partial \pi_A}{\partial \Delta s} > 0$ et $\frac{\partial \pi_B}{\partial \Delta s} > 0$.

Par conséquent, pour une qualité donnée de la firme A, la meilleure stratégie de la firme B est de proposer une qualité qui s'écarte au maximum de celle de A. Comme ici $s_B > s_A$, la firme B va augmenter sa qualité jusqu'à la qualité maximale : $s_B = \bar{s}$. Pour la firme A, la meilleure stratégie pour une qualité fixée de B est de réduire sa qualité jusqu'à la qualité minimale : $s_A = \underline{s}$.

En appliquant le même raisonnement au cas $s_A > s_B$, nous obtenons un deuxième équilibre possible dans lequel A propose la qualité la plus élevée et B, la qualité la plus faible.

Sur un marché de concurrence sur la qualité avec deux firmes, les qualités proposées à l'équilibre sont la qualité maximale et la qualité minimale.

Comme dans les autres cas de différenciation des produits, les entreprises tentent d'échapper à la concurrence en prix en rendant leurs produits les plus « différents » possibles. C'est le principe de **différenciation maximale**. Une firme propose la qualité minimale, non pour diminuer ses coûts de production, mais pour fuir la concurrence.

Contrairement à la différenciation horizontale ou spatiale, les bénéfices de la différenciation ne sont pas les mêmes pour les deux firmes. Celle qui propose la qualité la plus élevée obtient un profit plus élevé[1]. Si l'entrée sur le marché était séquentielle (en supposant des coûts d'entrée nuls), la firme leader choisirait la qualité la plus élevée.

5 La concurrence monopolistique

Sur certains marchés, un grand nombre d'entreprises proposent des produits similaires, mais perçus comme légèrement différents par les consommateurs (livres, disques, etc.). Cette différence de produits procure à chaque entreprise un relatif pouvoir de monopole. Ainsi, chaque entreprise fait face à une fonction de demande relativement élastique et décroissante. Cette situation ressemble à celle d'un monopole, mais ici les entreprises sont en concurrence. En effet, les individus considèrent que les biens sont très proches et peuvent préférer acheter un substitut plutôt que le bien produit par l'entreprise en cas d'écart de prix significatif. La libre entrée sur le marché empêche les interactions stratégiques entre les firmes et *le pouvoir de marché de chaque entreprise* est limité dans l'espace et le temps.

1 Ce résultat n'est pas toujours vrai si les coûts de production sont croissants avec la qualité.

Considérons le marché des macarons. Rick adore les macarons. Dans le quartier de New York où il habite quatre pâtisseries en proposent[1]. Rick préfère les macarons de la pâtisserie HappySweets, une partie de ces voisins, ceux de SuperSweet, d'autres ceux de DeliciousSweet ou de GoodSweet. Si les quatre pâtisseries vendent leurs macarons au même prix de 1,5 $, chacune a ¼ des habitants du quartier comme clients. Si les 4 magasins s'entendent pour baisser leur prix, en même temps, à 1,2 $, elles se partageront, de la même façon, la nouvelle demande, en 4 parts égales. Imaginons que la pâtisserie préférée de Rick, Happysweet, soit la seule à baisser le prix de ses macarons, les trois autres conservant leur prix à 1,5 $. Elle va, dans ce cas, récupérer le quart de la demande globale pour des macarons à 1,2 $, mais aussi une partie des clients de ses concurrentes. Ces derniers considèrent que la différence entre les macarons de SuperSweet et ceux de HappySweet n'est pas suffisante pour payer un supplément de 0,3 $ par macaron. Il y aura donc un « report » d'une partie de la demande vers la pâtisserie qui a baissé son prix. La demande « spécifique »[2] qui s'adresse à la pâtisserie HappySweet est plus élastique que sa demande « effective »[3]. De la même manière, une augmentation unilatérale des prix de la pâtisserie HappySweet entraînera une baisse de sa demande plus forte qu'une augmentation des prix de toutes les pâtisseries. Comment, dans ce contexte, les pâtissiers choisissent-ils les prix des macarons ? À plus long terme, peut-on s'attendre à une augmentation ou à une réduction du nombre de commerçants proposant des macarons ?

5.1 L'équilibre de court terme

L'hypothèse fondamentale du modèle de concurrence monopolistique[4] est que, du fait du nombre important d'entreprises dans le secteur, chaque entreprise choisit son prix en supposant que toutes les autres maintiennent le leur inchangé. Les biens sont des substituts proches, mais imparfaitement substituables.

Déterminons les prix et les quantités d'équilibre pour un produit vendu par M firmes. Pour simplifier, supposons que toutes les firmes ont les mêmes coûts de production et ne diffèrent que par la « marque » du produit qu'ils proposent.

1 Les macarons des grands pâtissiers préférés par tous les amateurs, et bien plus chers que les macarons du pâtissier de quartier, sont exclus de notre analyse.

2 Aussi appelée « subjective » ou « perçue ». C'est la demande que la firme anticipe sans être parfaitement informée des stratégies de ses concurrentes.

3 Aussi appelée « objective » ou « réelle ».

4 Chamberlin (1933).

En notant $Y(p)$ la fonction de demande globale pour le produit, la demande « effective » qui s'adresse à une firme A si toutes les firmes proposent le même prix est :

$$y_A^D(p) = \frac{Y(p)}{M}$$

Si les firmes ont fixé un prix p_1 et seule la firme A choisit un autre prix, sa demande « spécifique » sera donnée par $y_A^{d1}(p)$.

Le report positif ou négatif de demande, dont la firme A bénéficie (ou qu'elle subit) si elle est la seule à changer son prix, implique une demande spécifique moins pentue que la demande effective (▶ figure 12.4).

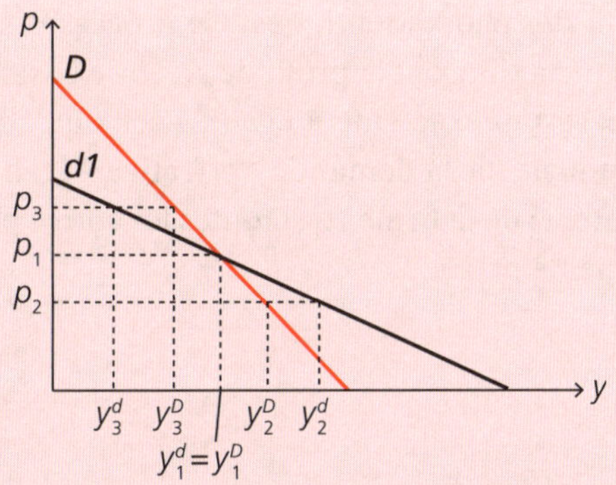

◀ **Figure 12.4**
Demande effective et demande spécifique d'une firme en concurrence monopolistique

La droite D (en orange) représente la demande qui s'adresse à la firme A si toutes les firmes fixent le même prix (c'est la demande effective). La droite $d1$ (en noir) représente la demande qui s'adresse à A si toutes les autres firmes fixent le même prix p_1 (c'est la demande spécifique). Si A propose p_1, sa demande «spécifique» sera la même que sa demande « effective » : $y_A^D(p_1) = y_A^{d1}(p_1)$. Si A choisit $p_2 < p_1$, alors que toutes les autres firmes restent avec p_1, la demande qui s'adressera à elle sera $y_A^{d1}(p_2)$, notée y_2^d. Cette demande sera strictement supérieure à celle que A aurait si toutes les firmes fixaient un prix de p_2 ($y_A^D(p_2)$ notée y_2^D) car elle bénéficiera d'un report de consommation. Si A augmente son prix à p_3, elle perdra plus de clients si elle est la seule à faire cette augmentation que si toutes les firmes augmentaient leurs prix. : $y_3^D > y_3^d$. La pente de la demande spécifique est donc plus faible (en valeur absolue) que la pente de la demande « effective ».

Dans le modèle de concurrence monopolistique, la firme A choisit son prix et la quantité à produire en supposant que les autres firmes maintiendront leur prix à p_1 et donc que la demande qui s'adressera à elle sera y_A^{d1}.

Elle se comporte donc comme un monopole qui fait face à une fonction de demande $y_A^{d1}(p)$.

En notant $Rm^1(y)$ la recette marginale associée à la demande $y_A^{d1}(p)$, la quantité y^{1*} optimale pour la firme vérifie :

$$Rm^1(y^{1*}) = Cm(y^{1*})$$

Le prix p^*_1 associé est doné par : $y_A^{d1}(p_1^*) = y^{1*}$ (▶ figure 12.5).

(p^*_1, y^{1*}) peut il constituer un équilibre ? La réponse est négative. En effet, les autres firmes adopteront la même stratégie que A, et modifieront leur prix pour le faire passer à p_1^*. Ceci aura pour conséquence d'entraîner une demande pour A (comme celles de toutes les autres firmes) à $y_A^D\,(p_1^*) < y^{1*}$.

À ce nouveau prix p_1^*, est associée une autre demande « spécifique » pour la firme A, $y_A^{d2}(p)$, ainsi qu'une nouvelle courbe de recette marginale $Rm^2(y)$.

La firme A devra choisir un nouveau prix p^*_2 et une nouvelle quantité, y^{2*} tels que :

$$Rm^2(y^{1*}) = Cm(y^{2*}) \text{ et } y_A^{d2}(p_2^*) = y^{2*}$$

La demande « effective » au prix p_2^* sera de nouveau différente de y^{2*} puisque les autres firmes font des choix identiques. Ce processus s'arrêtera lorsque la quantité et le prix qui maximisent le profit de A, en se basant sur sa fonction de demande spécifique, seront exactement égaux à ceux qu'elle obtiendrait si elle fondait son raisonnement sur la demande « effective » (▶ figure 12.6). Dans ce cas, la meilleure stratégie de la firme A, si toutes les autres proposent un prix p^*, est de proposer ce même prix p^*.

▶ **Figure 12.5**
Les choix d'une firme en concurrence monopolistique

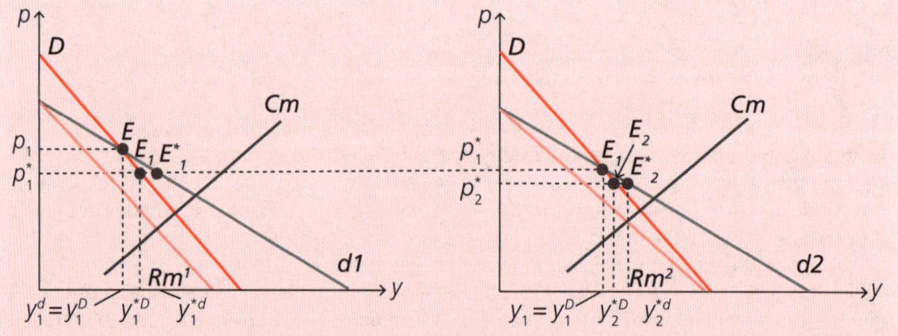

a Passage du prix p_1 au prix p_1^* **b** Passage du prix p_1^* au prix p_2^*

Nous partons d'un prix p_1 commun à l'ensemble des firmes. La demande à ce prix est y_1^D (point E sur la figure **a**. La firme A choisit un nouveau prix p_1^*. p_1^* est l'ordonnée du point E_1^* qui se trouve sur la droite $d1$ (la demande « spécifique » de A) et dont l'abscisse est y_1^{*d}. y_1^{*d} est la quantité qui correspond au point d'intersection entre le coût marginal $Cm(y)$ et la recette marginale $Rm^1(y)$. Mais au prix p_1^* la firme A ne peut pas vendre y_1^{*d} mais seulement y_1^{*D} car toutes les firmes vont modifier leurs prix en même temps que A (elles font le même raisonnement et ont les mêmes caractéristiques). La situation du marché pour A se déplace du point E_1^* vers E_1.
Par E_1 passe une nouvelle droite de demande « spécifique », $d2$ qui correspond au prix p_1^*. $d2$ est en dessous de $d1$. À cette nouvelle droite de demande « spécifique » est associée une nouvelle recette marginale $Rm^2(y)$ et un nouveau prix p_2^*. De nouveau, la demande à ce prix ne sera pas y_2^{*D} comme prévue par la firme A, mais une demande plus faible, y_2^{*D}.

Définition 2

Équilibre de court terme sur un marché de concurrence monopolistique

Le prix d'équilibre de court terme p^{*ct}, sur un marché de concurrence monopolistique avec M entreprises, est tel que, si $M-1$ des entreprises proposent p^{*ct}, la M-ième entreprise est incitée, pour maximiser son profit (évalué comme si l'entreprise était en monopole), à proposer p^{*ct}.

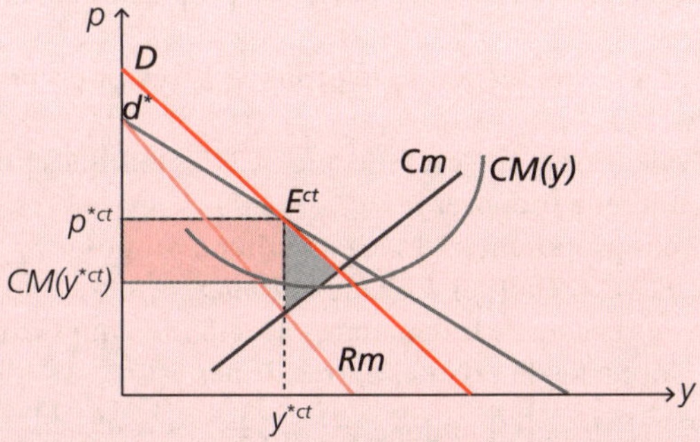

Figure 12.6 **Équilibre de court terme sur un marché de concurrence monopolistique**

Le point E^{ct} représente l'équilibre de court terme de concurrence monopolistique. Il est situé à l'intersection de la droite de demande « effective » et d'une droite de demande « spécifique ». L'abscisse du point E^{ct} vérifie $Rm(y^{*ct}) = Cm(y^{*ct})$. Le rectangle orangé représente le profit d'une firme à l'équilibre de court terme. La perte de surplus apparaît en grisé.

Quelles sont les caractéristiques de cet équilibre ? Les firmes déterminent leurs prix comme si elles étaient en position de monopole. Le prix d'équilibre à court terme sera donc supérieur au coût marginal[1]. Le prix étant supérieur au minimum du coût moyen, les firmes font des profits positifs. Le surplus des consommateurs n'est pas maximal et une perte sèche de surplus global apparaît comme dans le cas du monopole (▶ chapitre 9).

Exemple 1

Considérons le marché des crèmes solaires et supposons que quatre grandes marques se partagent ce marché. La fonction de coût est $CT(y) = y + 40$.

La demande y^i qui s'adresse à la marque i, avec $i = 1, \ldots, 4$, dépend du prix qu'elle pratique, p^i et du prix moyen des quatre marques, $\hat{p}$ avec $\hat{p} = \frac{1}{4}\sum_{i=1}^{4} p_i$:

$$y_i^d\left(p^i\right) = \frac{100 - 6\hat{p}}{4} + 2\left(\hat{p} - \hat{p}^i\right)$$

Considérons la marque Livea. Si toutes les marques vendent leur crème au même prix $\hat{p}$, la demande qui s'adresse à Livea est $y_L^d = \dfrac{100 - 6\hat{p}}{4}$.

1 Sauf dans certains cas très particuliers et avec un très grand nombre de firmes.

Si $\hat{p} = 10$, la quantité vendue par Livea (et par toutes les autres marques) est $y^d = 10$. Si Livea modifie son prix alors que les autres marques laissent le leur à 10 euros, la demande qui s'adressera à elle sera $y_L^d(p_L) = \frac{115}{4} - \frac{15}{8} p_L$.

Cette demande est calculée en prenant en compte le fait que $\hat{p} = \frac{1}{4}(3 \times 10 + p_L)$.

Quel sera le prix d'équilibre p^* et le nombre de tubes de crème vendus y^* si le marché de la crème solaire est un marché de concurrence monopolistique ?

D'après la définition 2, le prix d'équilibre p^* doit être tel que, si toutes les firmes proposent ce prix, aucune n'a intérêt à dévier en proposant un autre prix.

Nous devons :

- déterminer le prix p_L qui maximise le profit de Livea pour un prix p^* fixé par les autres marques ;
- déterminer la valeur de p^* qui est telle que, si 3 des marques proposent p^*, la quatrième a aussi intérêt à proposer p^*.

Si toutes les marques proposent p^*, Livea a intérêt à proposer p_L^* tel que $y_L^* = y^d(p_L^*)$ où y_L^* vérifie $Rm(p^*, y_L^*) = Cm(y_L^*)$. Calculons $Rm(p^*, y_L^*)$.

Pour cela, nous avons besoin de la demande « spécifique » qui s'adresse à Livea si elle fixe son prix à p_L, alors que le prix des autres firmes est p^*.

Par définition $\hat{p} = \frac{1}{4}(3p^* + p_L)$ et donc $y^d(p_L) = 25 + \frac{3}{8} p^* - \frac{15}{8} p_L$.

Pour calculer la recette marginale de Livea, nous avons besoin de la demande inverse « spécifique » qui est $p_L(p^*, y_L) = \frac{40}{3} + \frac{3}{15} p^* - \frac{8}{15} y_L$.

$$Rm(p^*, y_L) = \frac{\partial}{\partial y_L}\left(p_L(p^*, y_L) \times y_L\right) = \frac{40}{3} + \frac{1}{5} p^* - \frac{16}{15} y_L$$

La quantité y_L^* qui maximise le profit égalise la recette marginale et le coût marginal :

$\frac{40}{3} + \frac{1}{5} p^* - \frac{16}{15} y^*_L = 1$. Nous en déduisons $y_L^* = \frac{185}{16} + \frac{3}{16} p^*$.

Le prix p_L^* associé est obtenu à partir de la fonction de demande spécifique inverse :

$$p_L^* = \frac{43}{6} + \frac{1}{10} p^*$$

En réécrivant $p_L^* = 1 + \frac{37}{6} + \frac{1}{10} p^*$ nous constatons qu'il est supérieur au coût marginal $c = 1$.

Nous venons de déterminer le prix de meilleure réponse de la marque Livea à un prix commun de ses concurrentes, déterminons maintenant le prix d'équilibre de court terme p^{*ct} sur ce marché. Il doit être tel que, pour toute marque, la réponse à un prix commun p^{*ct} de ses concurrentes est exactement p^{*ct}. Toutes les marques de crème solaire ayant les mêmes fonctions de coût, p^{*ct} vérifie :

$$p^{*ct} = \frac{43}{6} + \frac{1}{10} p^{*ct}$$

Nous obtenons $p^{*ct} = 7{,}96$.

À ce prix, la demande totale de crèmes solaire est de 52,2 et celle qui s'adresse à chacune des marques est de $y^{*ct} = 13{,}05$.

Le profit de chaque marque est :

$$\pi = RT(p^{*ct}, y^{*ct}) - CT(y^{*ct}) = 1{,}96 \times 13{,}05 - 13{,}05 - 40 = 50{,}8$$

5.2 L'équilibre de long terme

Que deviennent les caractéristiques de l'équilibre à long terme ? Revenons à l'offre de macarons. En voyant le succès des macarons des 4 pâtisseries, les autres pâtissiers près de chez Rick vont se demander s'ils ne devraient pas en proposer. Si certains tentent l'expérience, cela augmentera l'offre et devrait conduire à une baisse des prix. Jusqu'où les prix baisseront ils ? Toutes les pâtisseries proposeront-elles à terme des macarons ? Des boutiques spécialisées vont-elles s'installer en plus ? La variété de macarons proposés sera-elle optimale ?

Considérons de nouveau la firme A. Elle fait des profits strictement positifs à l'équilibre si, pour la quantité produite, y^*, son coût moyen, $CM(y^*)$ est inférieur au prix d'équilibre p^* (▶ chapitre 4). Le profit positif attire de nouvelles firmes sur le marché (supposées avoir la même fonction de coût que les firmes présentes). L'arrivée de chaque nouvelle firme modifie, à la baisse, la demande « effective » de la firme A. Ainsi, en passant de M à $M+1$ firmes, la demande « effective » passe de $\frac{Y(p)}{M}$ à $\frac{Y(p)}{M+1}$. Ceci modifie l'équilibre de sorte que les quantités produites par chaque entreprise et le prix baissent. L'entrée de nouvelles firmes s'arrête lorsque les profits deviennent nuls. Le nombre de firmes est tel que le prix d'équilibre p^* et la quantité d'équilibre y^* égalisent le coût moyen $CM(y^*)$ au prix p^*. La courbe de demande spécifique est alors tangente à la courbe de coût moyen de long terme (▶ figure 12.7).

La courbe de demande « spécifique » étant strictement décroissante, le point de tangence de cette courbe avec celle du coût moyen (supposée en U) ne peut pas se trouver au point qui minimise le coût moyen (ce serait le cas si la demande spécifique était parallèle à l'axe des abscisses). La quantité y^*, produite par chaque entreprise à long terme, est donc strictement inférieure à la quantité y^{cp} de concurrence pure parfaite qui minimise le coût moyen.

Notons que plus la courbe de demande spécifique est « plate » (demande très sensible aux variations des prix), plus l'équilibre est proche de celui de concurrence parfaite. C'est le cas lorsque les biens des différentes firmes sont très semblables, et les reports de demande très importants en cas de changement de prix.

FOCUS

Équilibre de long terme et concurrence monopolistique

À long terme, sur un marché de concurrence monopolistique :

- Le prix est supérieur au prix de concurrence parfaite.
- Les entreprises font des profits nuls.
- La quantité produite par chaque firme est inférieure à la quantité de concurrence parfaite (la firme possède des capacités excédentaires).
- Le nombre de firmes présentes sur le marché, et donc de marques ou de variétés, est trop important (chacune produit une quantité trop faible).

La concurrence monopolistique a certaines des caractéristiques de la concurrence parfaite (profits nuls pour les entreprises) et du monopole (prix supérieur au coût marginal et quantité produite sous-optimale). Il est cependant difficile d'évaluer précisément l'inefficacité de cette structure de marché et notamment de celle résultant du trop grand nombre de firmes. Pour cela, il est nécessaire de prendre en compte le goût éventuel pour la variété des consommateurs.

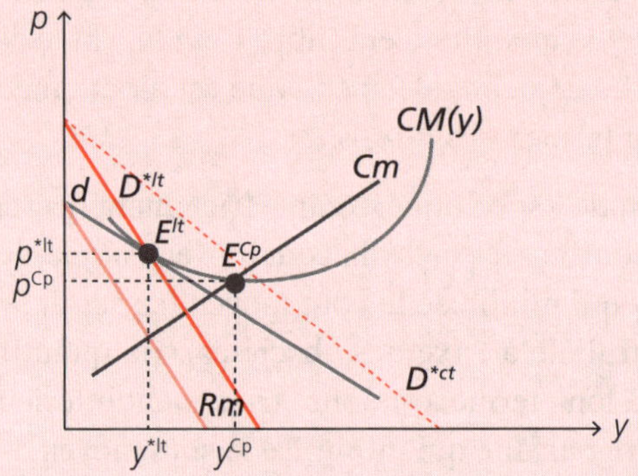

▶ Figure 12.7
Équilibre de long terme sur un marché de concurrence monopolistique

À long terme, le nombre d'entreprises augmente, la courbe de demande effective se déplace vers le bas (de D^{*ct} à D^{*lt}). Les équilibres de court terme successifs, résultant de l'augmentation progressive du nombre de firmes correspondent à des prix de plus en plus bas. L'entrée de nouvelles firmes s'arrête lorsque la droite de demande « spécifique » (*d*), associée au prix d'équilibre, devient tangente à la courbe de coût moyen (E^{lt}). Les profits dans ce cas s'annulent. Le point E^{Cp} correspond à l'équilibre de concurrence parfaite. Le prix de concurrence parfaite est plus faible et la quantité produite par chaque firme, plus élevée.

Exemple 2

Reprenons le marché de la crème solaire et étudions son évolution à long terme. Nous avons montré que si quatre marques se partagent le marché, le prix des crèmes est très au-dessus du coût marginal et les entreprises font des profits strictement positifs. Ce marché va attirer de nouvelles marques. Supposons que les nouvelles marques produisent aux mêmes coûts de production que les anciennes.

Lorsqu'il y a M marques sur le marché, la demande d'une de ces marques, en fonction du prix moyen est :

$$y_i^d\left(p^i\right) = \frac{100-6\hat{p}}{M} + 2\left(\hat{p}-p^i\right) \text{ où } \hat{p} = \frac{1}{M}\sum_{i=1}^{M} p_i$$

En suivant la démarche de l'exemple 1, nous pouvons déterminer le prix d'équilibre et les quantités de court terme pour un nombre quelconque de firmes. Nous obtenons :

$$p^{*ct}(N) = 1 + \frac{94M}{6(M+1)+2(M-1)M} = 1 + \frac{94}{\left(5+2M+\dfrac{6}{M}\right)}$$

$$y^{*ct}(M) = \frac{100M-(6-2M)(M-1)p^{*ct}(M)-6-2M(M-1)}{2M^2}$$

Le profit correspondant est :

$$\pi(M) = RT\left(p^{*ct}(M), y^{*ct}(M)\right) - CT\left(y^{*ct}(M)\right) = p^{*ct}(M)\times y^{*ct}(M) - y^{*ct}(M) - 40$$

L'équilibre de long terme est atteint lorsque le nombre M d'entreprises est tel que $\pi(M) = 0$.

Le calcul des valeurs de $\pi(M)$ pour $M = 5, 6, 7, \ldots$ peut s'effectuer en utilisant un tableur. Nous avons $\pi(7) = 5{,}64$ et $\pi(9) = -8$. Donc, 8 marques proposeront des crèmes solaires à long terme car une de plus entraînerait des pertes pour toute la branche. Le prix sera alors d'environ 5,5 euros et la quantité vendue par chaque marque de 8,3. La quantité totale de crème solaire vendue sera de 66,4. Si la concurrence avait été parfaite, le prix à long terme, serait égal au minimum du coût moyen (ici proche de 1) et la quantité vendue serait supérieure à 66,4.

Les hypothèses du modèle de concurrence monopolistique ont été critiquées, notamment du fait de l'absence de comportement stratégique des firmes. Cependant, ce modèle présente l'avantage d'analyser une situation intermédiaire entre la concurrence pure et parfaite et le monopole et a été très utilisé en macroéconomie et en commerce international.

CONTROVERSE

Le rôle de la publicité

La publicité regroupe un ensemble d'activités menées par une entreprise dans le but de promouvoir son produit. Deux visions contradictoires s'affrontent depuis les années 1950 au sujet de son rôle. La publicité est un moyen d'informer les consommateurs sur les caractéristiques des nouveaux produits (Telser, 1964). Elle renforce ainsi la concurrence en réduisant les coûts de recherche d'information sur les produits et sur les prix. Cette vision positive est contrebalancée par une vision négative. La publicité est un moyen de tromper les consommateurs en créant de la différenciation fictive entre des produits objectivement très similaires comme par exemple les lessives ou les dentifrices (Kaldor, 1950 ou Dixit, Norman, 1978). Des économistes ont tenté d'évaluer empiriquement l'impact de la publicité sur les prix, d'autres se sont interrogés sur l'impact des dépenses publicitaires sur le bien-être collectif. Les résultats de ces travaux montrent que le rôle de la publicité dépend très fortement des caractéristiques du marché étudié, du produit concerné et de la nature de la concurrence que se livrent les firmes. ■

La différenciation des produits est une stratégie adoptée par les firmes pour atténuer la concurrence en prix. Cette stratégie a eu comme conséquence une augmentation très importante des variétés de produits proposés sur les marchés, chaque firme essayant d'attirer de nouveaux consommateurs en leur proposant les produits les plus adaptés à leurs goûts et à leurs revenus. Poussée à l'extrême, cette démarche aboutit aujourd'hui à proposer de plus en plus de produits personnalisés. La firme SreadShirt propose par exemple de vous fabriquer un tee-shirt avec le texte, la photo ou le motif de votre choix. De même, vous pouvez commander chez Coca-Cola des bouteilles avec votre prénom ou celui de vos amis. La réalisation de cette diversité n'est possible que si les entreprises peuvent adapter leur technologie de façon à produire plusieurs variétés tout en gardant des coûts de production à un niveau acceptable, au vu de la disponibilité à payer des consommateurs. En effet, proposer un A380 entièrement personnalisé à un homme d'affaire est profitable pour Airbus car il est prêt à payer le surcoût de la personnalisation plus une marge. En revanche, il est moins évident qu'il soit dans l'intérêt de Peugeot de proposer des Peugeot 107 personnalisés car la disponibilité à payer pour le modèle «idéal» de la clientèle de ce modèle est certainement plus faible.

Que peut-on penser de l'impact de la différenciation des produits sur le bien-être des consommateurs ? La réponse à cette question est complexe car si la différenciation des produits donne un certain pouvoir de monopole et entraîne une perte sèche, elle a aussi l'avantage de permettre à certains consommateurs d'obtenir leur produit «idéal». L'impact de la différenciation sur le bien-être dépend de multiples facteurs, comme la préférence des consommateurs pour la diversité (voir Dixit, Stiglitz 1977), la distribution de leurs revenus, mais aussi des structures des coûts des firmes car la diversification peut les priver des bénéfices d'économies d'échelle, mais peut aussi les pousser à l'innovation technologique.

3 questions à Gérard Moutet

Vice-president Climate energy, sustainable development and environment, Total

La recherche et développement occupe une place importante dans la stratégie de développement de Total. Que pouvez-vous nous dire sur l'évolution des investissements en R&D et sur son organisation ? Se fait-elle en interne, ou dans le cadre de partenariats ?

Les activités de Total sont très technologiques. Pour adapter son offre aux défis énergétiques et environnementaux Total mise sur l'innovation, notamment technologique, dans toutes les branches d'activité du Groupe.

Les investissements en R&D du groupe ont été de 1 milliard d'€ en 2013, toutes branches d'activités confondues, avec 22 centres de recherche et de l'ordre de 4 200 personnes dédiées. Cette R&D s'appuie également sur des partenariats de longue durée avec des universités, laboratoires et instituts de recherche de plus de 30 pays. Plus de 250 brevets ont été déposés par le groupe en 2012.

Quelle est la place des innovations de procédé dans les objectifs de la R&D chez Total ? Peut-on considérer que la technologie de l'exploration et de la production pétrolière et gazière a évolué ces dernières années et si oui, de quelle façon ?

Les techniques d'exploration et de production d'hydrocarbures sont en constante évolution et sont à la pointe de la technologie. Un exemple emblématique est la puissance de calcul utilisée par le groupe, pour les traitements des données sismiques ou la simulation des réservoirs pétroliers : elle est aujourd'hui parmi les 10 premières mondiales. Un autre exemple est le développement des techniques de séparation sous-marines pour des productions en offshore profond. L'innovation technologique touche également les autres domaines d'activités du groupe. En outre, une structure spécifique chargée d'identifier et de soutenir les start-up performantes sur des domaines liés aux activités du groupe a été mise en place.

Donc oui, l'innovation technologique est constante et elle est clé pour développer l'exploitation des ressources d'hydrocarbures de façon plus efficace, plus sûre, en limitant ses impacts environnementaux, tout en en maîtrisant les coûts.

Les énergies nouvelles (solaire, biomasse) semblent être devenues des axes prioritaires de la R&D de Total. Quels en sont les objectifs ? Innovation de procédé, de produit, organisationnelle ?

La demande en énergie restera globalement en croissance au cours des prochaines décennies, portée par les besoins pays en développement, la croissance de la population mondiale et les besoins des 2 milliards d'habitants n'ayant pas accès à des formes modernes d'énergie. Pour y répondre, la mobilisation de toutes les sources d'énergie sera nécessaire. De plus, la nécessité de limiter les émissions de CO_2 donnera une place importante aux énergies non émettrices de gaz à effet de serre. Total s'implique depuis longtemps dans le solaire et l'utilisation de la biomasse. Sur le solaire, en forte croissance à l'échelle mondiale, Total est maintenant un des premiers acteurs mondiaux via sa filiale Sunpower, qui propose une technologie de panneaux solaire très performante, permettant, sur leur durée de vie, une production d'électricité par m^2 à ce jour supérieure de moitié par rapport aux panneaux concurrents.

Les points **clés**

→ On distingue trois grands types de différenciation des produits : horizontale, spatiale et verticale.

→ Si deux firmes, fabriquant des produits différenciés horizontalement, se font concurrence en quantité ou en prix, leurs profits augmentent avec le degré de différenciation des produits.

→ Dans le modèle de Hotelling de base, l'inexistence d'équilibre est le résultat d'un conflit entre deux forces contradictoires : une force d'agglomération et une force de différenciation.

→ L'introduction de coûts de transport quadratiques dans le modèle de Hotelling permet de rétablir l'existence de l'équilibre et conduit à une différenciation maximale.

→ Les qualités proposées à l'équilibre en cas de différenciation verticale des firmes en duopole sont la qualité maximale et la qualité minimale.

→ La concurrence monopolistique a certaines des caractéristiques de la concurrence parfaite (profits nuls pour les entreprises) et du monopole (prix supérieur au coût marginal et quantité produite sous-optimale).

ÉVALUATION

QCM

▸ Corrigés p. 348

1 Les automobiles des firmes Skoda et Rolls-Royce sont des produits différenciés verticalement.

VRAI
FAUX

2 Le marché des lessives a les caractéristiques d'un marché de concurrence monopolistique.

VRAI
FAUX

3 Dans un modèle de différenciation spatiale des produits, si les coûts de transport des consommateurs sont quadratiques, la meilleure stratégie des firmes est la différenciation maximale.

VRAI
FAUX

4 Si deux firmes proposent des produits de qualité différente, leurs profits sont d'autant plus élevés que les disponibilités à payer pour la qualité des consommateurs sont différentes.

VRAI
FAUX

5 À long terme, sur un marché de concurrence monopolistique, le prix est égal au coût marginal.

VRAI
FAUX

6 Si, à une date donnée, il y a 10 firmes sur un marché de concurrence monopolistique, à long terme, il y en aura obligatoirement 20.

VRAI
FAUX

Exercices

▸ Corrigés en ligne

7 Différenciation verticale sur le marché des clés USB

Supposons que sur le marché des supports de stockage clés USB, deux firmes sont en concurrence, Queenstone et Princestone. Les qualités des clés sont mesurées par leur capacité de stockage. Pour simplifier, nous supposons que cette capacité peut prendre toutes les valeurs entre 2 Go et 32 Go.

Les consommateurs diffèrent par leur disponibilité à payer pour une clé USB. Cette disponibilité à payer est caractérisée par un paramètre $\theta \in [0, 1]$. La distribution de θ sur l'intervalle $[0, 1]$ est uniforme.

L'utilité d'un consommateur de paramètre θ qui achète une clé de capacité de stockage s au prix p est : $u(\theta, s, p) = \theta s - p$ et on suppose que tous les consommateurs ont besoin d'acheter une clé USB.

1. Deux modèles de clé sont disponibles sur le marché. Une clé de 8 Go vendue par la firme Princestone et une clé de 16Go vendue par la firme Queenstone. Si on suppose que le coût de fabrication est de 1 euro pour la clé à 8 Go et de 2 euros pour la clé à 16Go, quels seront les prix que les firmes proposeront pour ces deux produits ?

2. Calculer les profits des firmes à l'équilibre et comparez-les.

3. Quelles seront les capacités des clés USB sur le marché, et les prix pratiqués, si les firmes peuvent choisir la capacité des clés USB qu'elles vont commercialiser ?

8 Concurrence spatiale

La promenade en bord de mer à Nessebar fait 1 km de long. Deux restaurants de poisson, Le Grand Bleu et Le Grand Large, proposent des menus quasi identiques, et sont situés aux deux extrémités de la promenade (Le Grand Bleu à l'extrémité gauche et Le Grand Large, à l'extrémité droite). Les clients potentiels des deux restaurants sont uniformément répartis le long de la promenade, il y a un client par point de la promenade. Chaque client va dans le restaurant pour lequel le prix qu'il paye plus le coût de transport est le plus faible. Il y a, le long de la promenade, du vent qui transporte du sable. La direction du vent est toujours la même. Il en suit que, pour un client, marcher vers la droite de la promenade est plus désagréable que marcher vers la gauche. Ainsi, le coût de transport est de D par unité de distance pour un client qui va vers la droite et de 1 par unité de distance pour un client qui va vers la gauche.

1. On note p_{GB} le prix du menu du Grand Bleu et p_{GL} le prix du menu du Grand Large. p_{GB} et p_{GL} sont supposés donnés et vérifient : $0 < p_{GB} - D < p_{GL} < 1 + p_{GB}$.

2. Si on note $\hat{x}$ la localisation du client qui est indifférent entre les deux restaurants, calculer en fonction de p_{GB}, p_{GL} et D.

3. Si les deux restaurants proposent leurs menus au même prix $p_{GB} = p_{GL}$, quelle est la valeur minimale de D pour laquelle tous les consommateurs iront manger au Grand Bleu ?

9 Concurrence monopolistique

Une entreprise a une fonction de coût $C(y) = 20 + 4y$. Elle se trouve sur un marché de concurrence monopolistique et la demande pour son produit est :

$y^d(p) = 200\left[\frac{1}{M} - \gamma(p - \overline{p})\right]$ où M est le nombre d'entreprises sur le marché, p, le prix pratiqué par l'entreprise et $\overline{p}$, le prix moyen de ses concurrents.

1. Quelle est la demande qui s'adresse à l'entreprise si elle est seule sur le marché ?

2. Comment s'interprète le paramètre γ?

3. En supposant qu'il y a 5 entreprises identiques sur le marché, déterminez le prix d'équilibre en fonction de γ. Que devient ce prix si $\gamma = 1$?

4. Calculez le profit de l'entreprise à l'équilibre de court terme.

5. Que pouvez vous en déduire concernant le nombre d'entreprises à long terme si il y a libre entrée sur ce marché ?

6. Calculez le nombre d'entreprises à long terme sur ce marché si $\gamma = 1$.

7. Que deviendrait l'équilibre de court terme et de long terme si $\gamma = 2$?

8. Commentez l'impact de γ sur les équilibres de court terme et de court terme.

POUR ALLER PLUS LOIN

Différenciation spatiale et coûts quadratiques

La forme des coûts de transport a un impact significatif sur l'existence et les propriétés de l'équilibre sur un marché où les produits sont spatialement différenciés.

Quelles sont les caractéristiques de l'équilibre si les coûts sont quadratiques ?

Pour connaître la réponse à cette question, rendez-vous sur dunod.com, ou flashez le code ci-dessous.

Chapitre 13

Jusqu'à présent nous avons considéré que les marchés étaient complets dans le sens où, à chaque type de bien, est associé un marché et, donc, un prix. Dans ce chapitre, nous allons nous intéresser à des situations dans lesquelles certains marchés n'existent pas. Il n'y a, *a priori*, pas de marché pour l'air pur, la dégradation d'une forêt, la musique du voisin, des balcons en fleurs dans une ville ou un très beau paysage. L'absence d'un marché ne signifie pas que les individus n'accordent pas de valeur à ces biens. Dans certains cas, nous pouvons, individuellement ou collectivement, préférer limiter la quantité de certains biens ou même les supprimer complètement et, dans d'autres, au contraire, souhaiter les augmenter. Par exemple, nous pourrions souhaiter limiter la pollution de l'air et augmenter le nombre de balcons fleuris selon l'influence de ces biens sur notre bien-être. Prenons le cas de la musique du voisin, nous pouvons, suivant le type de musique, le volume sonore, et les horaires, souhaiter sa limitation ou son augmentation… Il n'y a donc pas de réponse simple à la question de la valeur attribuée à ces différents biens.

Dans ce chapitre, nous verrons comment déterminer la valeur des biens pour lesquels un marché n'existe pas en termes de prix et de quantités d'équilibre. Nous verrons aussi pourquoi, si nous ne prenons pas en compte cette valeur, l'optimalité de l'équilibre peut être remise en cause. Nous commencerons par étudier les effets de la présence d'externalité. Puis, nous étudierons la production de biens publics.

LES GRANDS AUTEURS

Vilfredo Pareto (1848-1923)

V. Pareto est un économiste et sociologue italien. Dans son *Manuel d'économie politique*, Pareto rejette l'utilité cardinale et les fonctions de bien-être social additives ainsi que l'idée de comparaisons interpersonnelles d'utilité. Sa définition d'un optimum (optimum de Pareto) récuse la définition d'un optimum social unique et suggère que les optima possibles ne peuvent être comparés. Vilfredo Pareto s'est aussi intéressé à la distribution des revenus et a observé que 20 % de la population possédait 80 % des richesses en Italie. Cette observation a été étendue à d'autres domaines et a donné naissance au « principe de Pareto » et à la loi de Pareto. ■

Externalités et biens publics

Plan

Prérequis

- → **Déterminer** l'équilibre général concurrentiel.
- → **Connaître** les deux théorèmes du bien-être.
- → **Définir** un équilibre de Nash.

Objectifs

- → **Déterminer** l'équilibre et l'optimum social en présence d'externalités.
- → **Décentraliser** l'optimum social.
- → **Déterminer** la production optimale de bien public.
- → **Connaître** les différences entre un équilibre de souscription, un équilibre de Lindahl et un équilibre de vote à la majorité simple.

1 Les externalités

La multinationale Détonnelas spécialisée dans l'agroalimentaire décide d'implanter une nouvelle usine près de la ville de Tours. Cette usine est source d'une pollution qui dégrade la qualité de l'eau des rivières voisines. En polluant son environnement, cette usine va infliger une nuisance aux habitants de la région. Le bien-être de certains agents de l'économie va s'en trouver modifier. Comment prendre en compte l'effet de cette pollution sur le bien-être ? Faut-il appliquer le principe Pollueur-Payeur pour calculer la compensation ? Si oui, de combien doit être cette compensation ? Faut-il vraiment réguler la pollution ?

Dans cette section, nous abordons le problème de l'existence d'externalités. Comme nous le verrons, en présence d'externalités, l'équilibre de l'économie de marché, même concurrentiel, n'est pas efficace. Commençons par préciser cette notion.

Définition 1

Une externalité est une conséquence de l'activité d'un ou plusieurs agents économiques qui affecte le bien-être d'un ou plusieurs agents sans que le marché, et donc un mécanisme de prix, prennent en compte cette impact. Il y a externalité quand il y a une divergence entre le coût (ou bénéfice) privé supporté (reçu) par un ou des agents et le coût (ou bénéfice) social supporté (reçu) par la collectivité.

Attention ! Il ne faut pas confondre cette notion d'externalité avec les « externalités pécuniaires » qui passent par le marché, et donc par un mécanisme de prix. Par exemple, supposons que le centre-ville devienne très attractif et qu'il y ait une migration banlieue-ville. Il peut s'en suivre une hausse des prix des logements en ville ce qui affectera le bien-être des propriétaires et des locataires. Il y a bien des effets sur le bien-être, mais, ces effets passent par le marché de l'immobilier et, par conséquent, par un mécanisme de prix. Ce ne sont donc pas des externalités au sens de la définition donnée ci-dessus et ils n'empêchent pas le fonctionnement normal de l'économie du marché.

On distingue plusieurs types d'externalité, selon leurs effets sur le bien-être et selon leurs sources. Les externalités peuvent être **positives** (amélioration du bien-être) ou **négatives** (détérioration du bien-être). Leurs sources peuvent être liées aussi bien à la production qu'à la consommation. Dans le tableau 13.1, nous proposons quelques exemples d'externalités de différentes natures.

	Sources	Production	Consommation
Externalité positive	Production	Miel	Fruits et légumes
	Consommation	Télécommande	Vaccination
Externalité négative	Production	Pollution de l'eau	Déchets en mer
	Consommation	Pollution de l'air	Voiture

▲ **Tableau 13.1 Exemples d'externalités**

Commençons par les externalités positives. Dans le cas de production de miel, l'apiculteur affecte positivement les possibilités de production d'un verger car ses abeilles facilitent la pollinisation des arbres. En triant les déchets, les consommateurs permettent une meilleure gestion de déchets et notamment leur recyclage. La production de télécommandes, inventée initialement pour les personnes handicapées, améliore également le bien-être d'individus valides. En se soignant ou en se faisant vacciner, les individus limitent la propagation des maladies.

Concernant les externalités négatives, l'utilisation d'une centrale au charbon dans la production électrique produit une pollution de l'air affectant les riverains et contribue au changement climatique. L'usage de la voiture en ville provoque aussi bien des nuisances sonores que des rejets de particules toxiques. Les élevages porcins intensifs produisent une grande quantité de déchets animaux et d'azote conduisant à de fortes pollutions des eaux. L'utilisation des sacs en plastique de supermarché a fortement contribué à une dispersion des déchets dans la nature et des pollutions en mer.

1.1 Une remise en cause des théorèmes du bien-être

La présence d'externalité invalide les hypothèses des théorèmes du bien-être (▶ chapitre 8). Pour le montrer, nous allons nous aider d'un exemple simple. Considérons une économie d'échange à deux biens, $k = 1, 2$ et deux consommateurs, $i = 1, 2$. Les dotations initiales sont $w^1=(1,0)$ et $w^2=(0,1)$. Nous notons le prix du bien k, p_k.

Supposons que la consommation de bien 1 par l'individu 2 entraîne une perte d'utilité de l'individu 1 :

$$u_1\left(x_1^1, x_2^1\right) = \left(x_1^1\right)^{1/2}\left(x_2^1\right)^{1/2} - x_1^2$$

L'utilité de l'individu 2 ne dépend pas des consommations de l'individu 1 :

$$u_2\left(x_1^2, x_2^2\right) = \left(x_1^2\right)^{1/2}\left(x_2^2\right)^{1/2}$$

L'équilibre concurrentiel est donné par un vecteur de prix $\left(p_1^*, p_2^*\right)$ et une allocation tels que (a) les individus maximisent leur satisfaction étant donné leurs contraintes budgétaires et (b) les marchés sont soldés. La définition de l'équilibre ne change pas en présence d'externalité (▶ chapitre 8).

Nous obtenons facilement que les demandes sont $x_1^1(p) = \frac{1}{2}$, $x_2^1(p) = \frac{1}{2} \times \frac{p_1}{p_2}$, $x_1^2(p) = \frac{1}{2} \times \frac{p_2}{p_1}$ et $x_2^2(p) = \frac{1}{2}$.

L'équilibre sur chacun des marchés est obtenu lorsque $\frac{p_2}{p_1} = 1$.

En normalisant le prix du bien 1 à 1, $p_1^* = 1$, nous obtenons le vecteur de prix et l'allocation à l'équilibre : $p_1^*, p_2^*) = (1,1)$, $x_1^* = \left(\frac{1}{2}, \frac{1}{2}\right)$ et $x_2^1 = \left(\frac{1}{2}, \frac{1}{2}\right)$.

Les utilités des deux consommateurs sont à l'équilibre :

$$u_1\left(x_1^{1*}, x_2^{1*}\right) = \left(\frac{1}{2}\right)^{1/2}\left(\frac{1}{2}\right)^{1/2} - \frac{1}{2} = 0 \text{ et } u_2\left(x_1^{2*}, x_2^{2*}\right) = \left(\frac{1}{2}\right)^{1/2}\left(\frac{1}{2}\right)^{1/2} = \frac{1}{2}.$$

Nous pouvons montrer qu'il existe une autre allocation $(\tilde{x}_1, \tilde{x}_2)$ telle que $(\tilde{x}_1, \tilde{x}_2)$ domine (x^*, y^*) au sens de Pareto. Par exemple, prenons l'allocation $(\tilde{x}_1, \tilde{x}_2)$ telle que $\tilde{x}_1 = \left(\frac{2}{3}, \frac{1}{3}\right)$ et $\tilde{x}_2 = \left(\frac{1}{5}, \frac{4}{5}\right)$ qui satisfait bien les contraintes de ressources. Les utilités qui en résultent sont :

$$u_1\left(\tilde{x}_1^1, \tilde{x}_2^1\right) = \left(\frac{2}{3}\right)^{1/2}\left(\frac{1}{5}\right)^{1/2} - \frac{1}{3} > 0 \text{ et } u_2\left(\tilde{x}_1^2, \tilde{x}_2^2\right) = \left(\frac{1}{3}\right)^{1/2}\left(\frac{4}{5}\right)^{1/2} > \frac{1}{2}.$$

Comme $(\tilde{x}_1, \tilde{x}_2)$ domine (x_1^*, x_2^*) au sens de Pareto, l'équilibre (x_1^*, x_2^*) n'est pas optimal.

Regardons plus précisément les différences entre ces deux allocations. Dans l'allocation $(\tilde{x}_1, \tilde{x}_2)$, l'agent 2 consomme moins de bien 1 que dans (x_1^*, x_2^*). Ceci accroît l'utilité de l'agent 1. En fait, l'agent 1 est prêt à échanger du bien 2 contre du bien 1 pour que l'agent 2 consomme moins de bien 1. Cet échange ne peut se faire à l'équilibre concurrentiel. C'est pour cela que ce dernier n'est pas optimal. Il y a donc une place pour l'intervention publique. Si une autorité publique prend en compte ces externalités, elle peut réallouer les ressources et obtenir une allocation optimale.

> À l'équilibre concurrentiel en présence d'externalités, les TMS peuvent être égaux sans que l'allocation soit optimale.

Dans une économie avec production, la présence d'une externalité négative implique une quantité de bien produite plus importante que celle socialement (collectivement) désirable. Cette quantité socialement trop grande provient de la non prise en compte des coûts liés à l'externalité. Prenons le cas de la pollution industrielle. Les entreprises polluantes maximisent leur profit sans prendre en considération la perte de bien-être (ou les dommages) que subissent les victimes de la pollution. Mais, le profit social, qui prend en compte l'ensemble des coûts (et donc les dommages subis par les victimes de la pollution), n'est pas maximisé. Quel est, dans cette situation, le niveau de pollution optimal ? Pour y répondre, nous devons prendre en considération les vrais coûts de production, c'est-à-dire les coûts de production et les coûts externes supportés par tous les membres de la société. En effet, à l'équilibre concurrentiel, seuls les **coûts et bénéfices privés** sont pris en compte. Les bénéfices marginaux (disponibilités à payer) permettent d'obtenir la demande et les coûts marginaux l'offre (▶chapitres 4 et 6). À l'optimum social, nous devons prendre en compte le **bénéfice social** et le **coût social**. Le bénéfice marginal social doit alors être égal au coût marginal social.

FOCUS

Effet d'une externalité

Si l'externalité est **négative**, le bénéfice social est égal au bénéfice privé, mais le coût social est plus élevé. À l'équilibre, le bénéfice marginal est inférieur au coût social marginal. La quantité d'équilibre doit diminuer pour atteindre une allocation optimale.
Si l'externalité est **positive**, le coût social est égal au coût privé, mais le bénéfice social est plus élevé. À l'équilibre, le bénéfice marginal est supérieur au coût social marginal. La quantité d'équilibre doit augmenter pour atteindre une allocation optimale.

En présence d'externalité négative, la quantité socialement optimale est alors inférieure à la quantité concurrentielle (▸ figure 13.1). Afin d'atteindre cet optimum, une autorité publique peut imposer une taxe sur la production afin de réduire la quantité offerte.

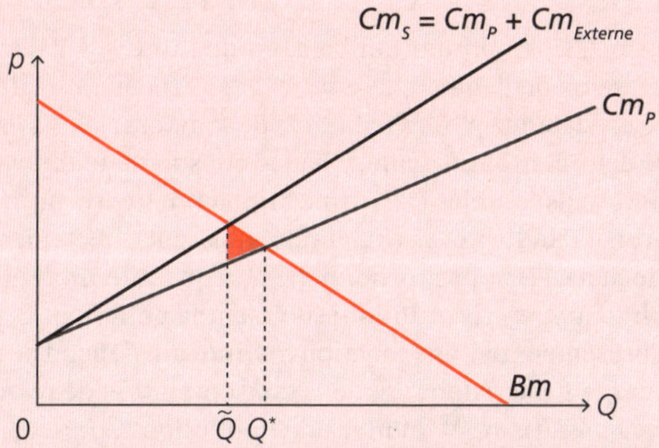

◂ Figure 13.1

À l'équilibre concurrentiel, l'offre, représentée par la courbe de coût marginal privé, Cm_P, est égale à la demande représentée par le bénéfice marginal. Ici, le bénéfice privé est égal au bénéfice social. La quantité d'équilibre est Q^*. Lorsque l'on prend en compte les effets de la pollution liée à la quantité produite, le coût marginal social s'éloigne du coût marginal privé. Ce coût marginal social, Cm_S est égal au coût marginal privé additionné du coût marginal externe lié à la présence de l'externalité. La quantité optimale, $\tilde{Q}$, est plus faible que la quantité concurrentielle.

Lorsque l'externalité est positive, la conclusion est opposée (▸ figure 13.2). Pour atteindre l'optimum, l'autorité publique peut proposer des subventions à la production.

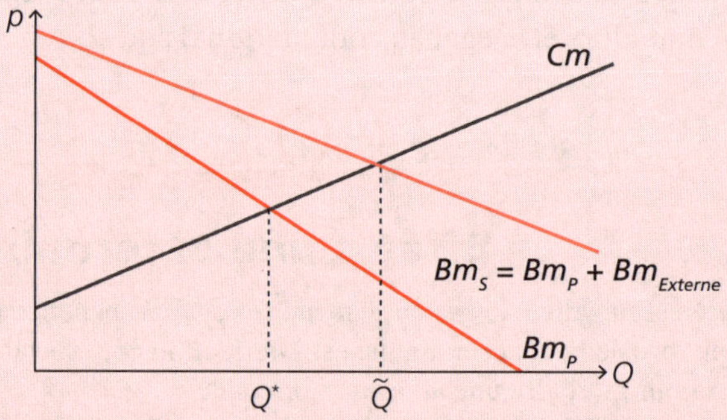

▶ Figure 13.2

À l'équilibre concurrentiel, l'offre, représentée par la courbe de coût marginal, *Cm*, est égale à la demande représentée par le bénéfice marginal privé, Bm_P. Ici, le coût privé est égal au coût social. La quantité d'équilibre est Q^*. Lorsque l'on prend en compte les effets de l'innovation, le bénéfice marginal social s'éloigne du bénéfice marginal privé. Ce bénéfice marginal social, Bm_S est égal au bénéfice marginal privé additionné du bénéfice marginal externe lié à la présence de l'externalité. La quantité optimale, $\tilde{Q}$, est plus importante que la quantité concurrentielle.

Exemple 1

Sur Pandora, l'usine Alpha produit un bien, en quantité y, à l'aide d'une ressource naturelle, la forêt, selon la technologie $y = \sqrt{z}$, avec z, la quantité de ressources utilisée. La ressource est détenue par les habitants de Pandora, les Navis. Pour simplifier, nous considérons deux consommateurs. Chaque consommateur possède la moitié des ressources naturelles disponibles ω. L'usine Alpha rejette des déchets toxiques dans la rivière qui traverse Pandora et ses habitants subissent directement cette pollution. La quantité de déchets, e, est proportionnelle à la quantité produite, $e = \alpha y$.
Considérons maintenant les riverains qui subissent la pollution. Les préférences des individus sont représentées par une fonction d'utilité qui dépend de la consommation de bien produit par la firme Alpha, x^i, de la consommation de ressources naturelles (promenade dans la forêt), ω^i, et du niveau de pollution représentée par la quantité de déchets, e. Pour simplifier, nous supposons que l'utilité est quasi-linéaire :

$$U_i\left(x^i, \omega^i, e\right) = \ln x^i + \omega^i + v_i(e)$$

avec v_i la désutilité due à la pollution et supposée décroissante.
La désutilité liée aux émissions polluantes représente le dommage subi par le consommateur lorsque la firme Alpha produit.
Commençons par déterminer la solution concurrentielle dans cette économie.
La firme Alpha détermine l'offre de bien, y, et la quantité de ressources, z, qui maximise son profit étant donné le prix du bien y, noté p, et le prix de la ressource que nous normalisons à 1. Son programme est

$$\max_{y,z} py - z$$

$$\text{s.c. } y = \sqrt{z}$$

▶▶

La solution est (▶ chapitre 4) : $y = \frac{p}{2}$ et $z = \frac{p^2}{4}$. Le profit est $\pi = \frac{p^2}{4}$ et la firme pollue une quantité $e = \alpha \frac{p}{2}$.

Pour simplifier, nous supposons que les profits sont redistribués de manière égalitaire entre les deux consommateurs.

De leur côté, les Navis maximisent leur utilité étant donné leur contrainte budgétaire :

$$\max_{x^i, \omega^i} \ln x^i + \omega^i + v_i(e)$$

$$\text{s.c. } px^i + \omega^i = R^i + \frac{\omega}{2}$$

avec R^i, la moitié des profits obtenus par la firme Alpha.

Ils choisiront donc $x^1 = x^2 = \frac{1}{p}$ et $\omega^1 = \omega^2 = \frac{\pi}{2} + \frac{\omega}{2} - 1$

À l'équilibre, les marchés sont soldés :

$$\begin{cases} x^1 + x^2 = y \\ z + \omega^1 + \omega^2 = \omega \end{cases} \Leftrightarrow \begin{cases} \frac{1}{p} + \frac{1}{p} = \frac{p}{2} \\ \frac{p^2}{4} + \frac{p^2}{8} + \frac{\omega}{2} - 1 + \frac{p^2}{8} + \frac{\omega}{2} - 1 = \omega \end{cases}$$

La loi de Walras est vérifiée (▶ chapitre 8) et le prix d'équilibre vérifie l'unique équation :

$$p^2 = 4$$

Nous obtenons à l'équilibre :

$\hat{p} = 2, \hat{x}^1 = \hat{x}^2 = \frac{1}{2}, \hat{\omega}^1 = \hat{\omega}^2 = \frac{\omega - 1}{2}, \hat{y} = 1, \hat{z} = 1$ et la quantité de déchets est $\hat{e} = \alpha$.

Supposons que la fonction de désutilité s'écrive simplement $v_i(e) = E - e$, avec E, la qualité de l'eau non dégradée. L'utilité totale à l'équilibre pour un consommateur est $\hat{U} = \ln \frac{1}{2} + \frac{\omega - 1}{2} + E - \alpha$.

Si la firme Alpha ne produit pas, le dommage sera nul mais les consommateurs ne pourront obtenir de bien alors qu'ils retirent une satisfaction de sa consommation. Il y a donc un arbitrage entre la perte et le gain liés à la présence de bien produit par la firme Alpha. Existe-t-il un niveau de déchets optimal ? Déterminons l'optimum social de cette économie. L'objectif du planificateur central (ou de l'autorité publique) est ici la somme des utilités et ses contraintes sont des contraintes de ressources.

Le programme d'un planificateur central s'écrit :

$$\max_{x^1, x^2, \omega^1, \omega^2, y, z, e} \ln x^1 + \omega^1 + \ln x^2 + \omega^2 + 2(E - e)$$

$$\text{s.c.} \quad x^1 + x^2 = y$$

$$z + \omega^1 + \omega^2 = \omega$$

$$y = \sqrt{z}$$

$$e = \alpha y$$

En utilisant les contraintes, nous pouvons réécrire le programme comme suit :

$$\max_{x^1, e} \ln x^1 + \ln\left(\frac{e}{\alpha} - x^1\right) + \omega - \frac{e^2}{\alpha^2} + 2(E - e)$$

Les conditions d'optimalité de premier ordre par rapport à x^1 et e sont

$$\frac{1}{x^1}-\frac{1}{\frac{e}{\alpha}-x^1}=0$$

$$\frac{1/\alpha}{\frac{e}{\alpha}-x^1}-\frac{2e}{\alpha^2}-2=0$$

Nous obtenons $x^1=\frac{e}{2\alpha}$ et le niveau optimal de déchets vérifie :

$$\frac{1/\alpha}{\frac{e}{2\alpha}}-\frac{2e}{\alpha^2}-2=0\Leftrightarrow\frac{2}{e}-\frac{2e}{\alpha^2}-2=0\Leftrightarrow e^2+\alpha^2e-\alpha^2=0$$

La solution de cette équation du second degré est $e^*=\frac{\sqrt{\alpha^4+4\alpha^2}-\alpha^2}{2}$.

Nous pouvons vérifier facilement que $e^*<\hat{e}$. L'optimum social correspond aux valeurs :

$$x^{1*}=x^{2*}=\frac{e^*}{2\alpha}<\frac{1}{2},\ \omega^{1*}=\omega^{*2}=\frac{\omega-z^*}{2},\ y^*=\frac{e^*}{\alpha}<1,\ z^*=\sqrt{\frac{e^*}{\alpha}}$$

La production de déchets est plus faible qu'à l'équilibre concurrentiel ainsi que la quantité de bien produit par la firme Alpha.

Nous venons de voir qu'en présence d'externalité, la solution d'équilibre est sous-optimale. Pour résoudre ce problème et rétablir l'optimalité, il est nécessaire de prendre en compte cette externalité. On dit que l'on **internalise l'externalité**. Plusieurs solutions peuvent être envisagées pour permettre d'atteindre l'optimum social.

1.2 Les solutions

Internaliser les externalités ne nécessite pas toujours de faire intervenir une autorité publique. Différentes solutions privées peuvent également être envisagées. Dans l'exemple 1, les riverains pourraient payer l'entreprise Alpha afin qu'elle réduise la pollution. Cette dernière serait incitée à accepter si le montant offert est égal ou supérieur aux profits perdus. Si la pollution affectait un autre producteur, par exemple, une pêcherie, une solution pourrait être de fusionner ces deux entreprises. Dans ce cas, les effets externes sont internalisés, autrement dit, ils sont pris en compte dans le choix de production. Sans aller jusque là, deux firmes peuvent établir des contrats stipulant les dommages et indemnités liés à la production de l'une d'entre elle.

Une solution plus générale est de mieux définir les **droits de propriété**. L'idée est que les problèmes que posent les externalités sont généralement dus à une mauvaise définition de ces droits. Par exemple, votre voisin peut croire qu'il a le droit de jouer de la trompette à 3 h du matin et vous pouvez estimer avoir droit au silence. Une firme peut considérer qu'elle a le droit de rejeter des polluants dans l'atmosphère que vous respirez et vous pouvez considérer que vous avez droit à l'air pur. Une mauvaise définition des droits à polluer peut alors provoquer un niveau inefficace de production. Le théorème de Coase (1960) repose sur l'idée que si des parties privées pouvaient négocier entre elles et sans coût des droits de propriété, elles pourraient résoudre seules le problème des externalités.

FOCUS

Théorème de Coase

Si les coûts de transaction sont négligeables, une solution efficace au problème d'externalité est obtenue à condition qu'une des parties, quelle qu'elle soit, possède les droits de propriété.

La mise en pratique de ce résultat repose sur deux principales hypothèses :

- Les coûts de négociation pour les parties sont faibles.
- Les propriétaires des ressources peuvent identifier les sources des dommages à leurs propriétés et empêcher légalement ces dommages.

Sous ces conditions un marché d'échange de droits va se mettre en place. Par exemple, si les droits de pollution de l'air appartiennent à une entreprise, rien n'empêche de lui proposer un prix pour racheter ses droits et éviter ainsi une pollution. Symétriquement, si les consommateurs possèdent les droits, rien n'empêche une entreprise de faire une proposition d'achat et ainsi de produire. L'externalité est donc bien internalisée grâce au marché des droits.

Lorsque ces hypothèses ne sont pas vérifiées ou lorsqu'une solution privée ne peut être atteinte, la solution est de recourir à l'intervention publique. Nous pouvons distinguer deux types de politiques publiques :

- les **politiques de régulation** (*command-and-control policies*) ;
- les **politiques de marché** (*market-based policies*).

Les politiques de régulation reviennent généralement à des interdictions ou des obligations de comportements. Par exemple, l'interdiction de fumer dans les lieux publics ou la décision d'une quantité d'émissions toxiques à ne pas dépasser.

Nous allons plutôt nous intéresser aux politiques économiques de marché incitatives. L'idée générale consiste à **décentraliser l'optimum social**. Autrement dit, une autorité publique décide de mettre en place un instrument économique (généralement une taxe ou une subvention) et ensuite de laisser les marchés libres. L'instrument doit permettre d'obtenir une allocation d'équilibre optimale en modifiant les comportements des agents.

Si l'autorité publique décide d'introduire une taxe sur le niveau de pollution, les coûts privés augmentent de la taxe. Le montant de taxe optimale doit alors être tel que le « nouveau » coût privé soit exactement égal au coût social. Cette taxe est appelée « **taxe pigouvienne** ». Plus généralement, la taxe pigouvienne a deux propriétés importantes. D'une part, elle minimise la somme des coûts de dépollution pour atteindre un résultat environnemental donné. D'autre part, elle est efficace puisqu'elle permet d'obtenir le niveau de pollution optimal. Cependant, ces résultats sont obtenus en information parfaite. Autrement dit, si l'autorité publique connaît parfaitement les coûts privés des firmes et la fonction de dommage.

La taxe n'est pas le seul instrument efficace. Une subvention à la dépollution permet également d'atteindre l'optimum de façon équivalente. Néanmoins, il est clair que les deux politiques ne sont pas acceptées de la même façon par les populations. Une politique de taxation des pollueurs est généralement mieux perçue. Les deux politiques n'ont pas les mêmes répercussions sur le bien-être des individus. La taxe engendre, par définition, des recettes fiscales. Ces recettes peuvent être redistribuées ou permettre de financer des projets publics. L'effet de la taxe est double : (i) d'une part, elle permet d'atteindre une allocation optimale, (ii) d'autre part, elle permet de financer d'autres projets. On parle de **double dividende**. En revanche, la subvention entraîne une baisse des recettes fiscales. L'autorité publique peut taxer davantage les agents pour ne pas diminuer ses dépenses ou les diminuer en conséquence.

Exemple 2

La commune de Pandora décide de taxer la pollution. L'entreprise Alpha voit donc ses coûts augmentés de la taxe. Nous allons déterminer le montant de taxe optimale.
Soit t, le taux de taxe. Si la firme émet e, elle paye te. Le programme de la firme Alpha s'écrit maintenant :

$$\max_{y,z,e} py - z - te$$
$$s.c. \quad y = \sqrt{z}$$
$$e = \alpha y$$

Nous pouvons réécrire le programme en intégrant les contraintes :

$$\max_{y} py - y^2 - t\alpha y$$

La condition d'optimalité est : $p - 2y - t\alpha = 0$.

La solution est : $y = \dfrac{p - t\alpha}{2}$ et $z = \dfrac{(p - t\alpha)^2}{4}$. La firme pollue une quantité $e = \alpha \dfrac{p - t\alpha}{2}$ et son profit est $\pi = \dfrac{(p - t\alpha)^2}{4}$.

Du côté des consommateurs, le seul changement se fait *via* le revenu. En effet, le produit de la taxe est redistribué. Nous supposerons que chaque consommateur reçoit la moitié des recettes fiscales, $T = te = t\alpha \dfrac{p - t\alpha}{2}$. Les choix des Navis sont donc $x^1 = x^2 = \dfrac{1}{p}$ et $\omega^1 = \omega^2 = \dfrac{T}{2} + \dfrac{\pi}{2} + \dfrac{\omega}{2} - 1$.

À l'équilibre, les marchés doivent être soldés :

$$\begin{cases} x^1 + x^2 = y \\ z + \omega^1 + \omega^2 = \omega \end{cases} \Leftrightarrow \begin{cases} \dfrac{1}{p} + \dfrac{1}{p} = \dfrac{p - t\alpha}{2} \\ \dfrac{(p - t\alpha)^2}{4} + 2 \times \left[\dfrac{t\alpha(p - t\alpha)}{4} + \dfrac{(p - t\alpha)^2}{8} + \dfrac{\omega}{2} - 1 \right] = \omega \end{cases}$$

La loi de Walras se vérifie et le prix d'équilibre vérifie l'unique équation : $p(p - t\alpha) = 4$

Nous obtenons à l'équilibre :

$\tilde{p} = \dfrac{t\alpha + \sqrt{16 + t^2\alpha^2}}{2}$, $\tilde{x}^1 = \tilde{x}^2 = \dfrac{2}{t\alpha + \sqrt{16 + t^2\alpha^2}}$, $\tilde{y} = \dfrac{4}{t\alpha + \sqrt{16 + t^2\alpha^2}}$ et la quantité de déchets est $\tilde{e} = \dfrac{4\alpha}{t\alpha + \sqrt{16 + t^2\alpha^2}}$.

La taxe optimale est celle qui permet d'atteindre l'optimum de Pareto déterminé précédemment, $e^* = \dfrac{\sqrt{\alpha^4 + 4\alpha^2} - \alpha^2}{2}$. Égalisons $\tilde{e}$ à e^* :

$$\tilde{e} = \frac{4\alpha}{t\alpha + \sqrt{16 + t^2\alpha^2}} = e^* = \frac{\sqrt{\alpha^4 + 4\alpha^2} - \alpha^2}{2}$$

Par exemple, si $\pi = 0{,}8$, le taux de taxe optimal est $t^* = 2$. Pour décentraliser l'optimum, il suffit alors d'introduire un système de taxation avec ce taux.

Remplaçons la taxe par une subvention proportionnelle. Soit s, le taux de subvention à la dépollution, le profit de l'entreprise Alpha s'écrit $\pi = py - z + s(E - e)$.

En procédant comme précédemment, il vient que la subvention optimale est $s^* = t^*$.

La quantité de déchets optimale peut être décentralisée par un système de subventions.

Terminons cette section avec un autre instrument économique qui découle directement du théorème de Coase. Si l'existence d'externalité provient de l'absence ou d'une mauvaise définition des droits, la mise en place de droits doit pouvoir rétablir l'optimalité. Dans notre exemple d'entreprise polluante, une solution serait la mise en place d'un marché de droits à polluer. Dans ce cadre, l'autorité publique fixe une limite de pollution à chaque pollueur potentiel. Puis, l'autorité émet des permis, qui seront achetés ou vendus selon la situation de chaque entreprise. Le prix d'échange des permis est déterminé sur le marché des permis. C'est le principe de base du marché carbone européen.

3 questions à Christian de Perthuis

Professeur à l'université Paris Dauphine, chaire Économie du climat, président du Comité pour la fiscalité écologique

La taxe carbone, votée en 2013, constitue-t-elle un nouvel impôt ?

À la différence de la « contribution climat-énergie » qu'avaient tenté de mettre en place de précédents gouvernements, il ne s'agit pas à proprement parler d'un nouvel impôt, mais d'un changement de calcul d'impôts existants : les taxes intérieures sur la consommation de produits énergétiques. Depuis le 1er janvier 2014, une composante carbone a été introduite dans le barème du calcul de cet impôt, au prorata de la quantité de CO_2 qui est émise lors de la consommation de chaque énergie. La Loi de Finances prévoit une montée en charge progressive de cette composante, avec un tarif qui démarre à 7 € par tonne de CO_2 en 2014 pour arriver à 22 € en 2016.

Qui va la payer ?

Tous les assujettis aux taxes existantes qui utiliseront des énergies fossiles émettrices de CO_2. Si on se réfère aux consommations énergétiques historiques, les ménages devraient régler un peu plus de la moitié de cette taxe, principalement sous forme de carburants pour se déplacer et d'achat de gaz et de fioul domestique pour les usages domestiques. Cette taxe représentera en moyenne 98 euros par ménage en 2016. Les entreprises de production d'électricité et les secteurs industriels très intenses en énergie ne sont pas assujettis aux taxes intérieures sur l'énergie. Ce sont majoritairement les entreprises de service et de l'industrie légère qui régleront, avec les administrations, le reste de la taxe carbone.

À votre avis, comment devraient être redistribuées les recettes de cette taxe ?

Une idée intuitive est d'affecter le produit de la taxe carbone au financement de la transition énergétique. D'une façon générale, beaucoup de nos concitoyens souhaiteraient que les taxes écologiques financent des actions de protection de notre environnement. Au plan macroéconomique, une telle utilisation n'est pas optimale. Il est plus efficace d'utiliser le produit de cette taxe pour baisser d'autres charges pesant sur les facteurs de production. On peut ainsi obtenir un second dividende, de nature économique. Socialement, il faut aussi prévoir des filets de sécurité sous forme de compensation forfaitaire pour éviter d'accroître la précarité énergétique des ménages les plus vulnérables.

2 Les biens publics

La théorie des biens publics permet de comprendre aussi bien la faible participation à des actions étudiantes pour des raisons d'opportunité, « Pourquoi je dois participer et perdre mon temps si d'autres peuvent le faire à ma place ? », que la non participation pour des raisons d'inefficacité « Pourquoi nettoierais-je le trottoir devant de ma maison si les autres ne font rien et en profitent ? »

2.1 La notion de bien public

Deux propriétés permettent de caractériser les différents types de biens.

Définition 2

Un bien vérifie **le principe de rivalité** si deux agents ne peuvent bénéficier simultanément de son usage. La consommation de ce bien par un agent réduit les possibilités de consommation des autres agents.

La plupart des biens sont des biens rivaux. Si vous commander une pizza dont vous êtes l'unique consommateur, personne ne pourra consommer cette pizza après vous.

Définition 3

Un bien vérifie le **principe d'exclusion (par les prix)** s'il est possible d'exclure un consommateur de son usage.

Généralement, un bien rival, comme la pizza, répond également au principe d'exclusion. Ce n'est pas le cas, par exemple, pour les biens alimentaires distribués gratuitement.

Ces deux caractéristiques permettent de définir quatre types de biens :

- **les biens privés** : ce sont des biens rivaux et qui vérifient le principe d'exclusion ;
- **les biens publics** : ce sont des biens non-rivaux et qui ne vérifient pas le principe d'exclusion ;
- **les biens communs** : ce sont des biens rivaux mais qui ne vérifient pas le principe d'exclusion ;
- **les biens club** : ce sont des biens non-rivaux et qui vérifient le principe d'exclusion.

▶ **Tableau 13.2 Exemples de biens privé, publics, communs, club**

		Principe de rivalité	
		Oui	**Non**
Principe d'exclusion	**Oui**	Pizzas, autoroutes embouteillées à péages	Réseau ADSL, autoroutes sans encombrement à péage
	Non	Poissons de mer, autoroutes embouteillées sans péage	Défense nationale, autoroutes sans encombrement et sans péage

Les biens privés comme les pizzas sont des biens rivaux et qui vérifient le principe d'exclusion. Les autoroutes à péages vérifient également le principe d'exclusion contrairement aux autoroutes sans péage. Cependant, si un effet de congestion apparaît (embouteillages), le principe de rivalité sera également vérifié. À l'opposé du bien privé, vient le bien public comme la Défense nationale dont tous les habitants bénéficient. Les biens communs comme les poissons dans la mer sont des biens rivaux car si un individu pêche un poisson, plus personne ne pourra le pêcher. Cependant, ils ne vérifient pas le principe d'exclusion. Tout individu peut aller au bord de la mer pêcher. Enfin, les biens club comme les réseaux téléphoniques sont des biens non-rivaux mais qui vérifient le principe d'exclusion.

Attention ! Il faut distinguer un bien public d'un bien produit par une entreprise publique.

Le caractère public d'un bien ou d'un service est déterminé par ses propriétés techniques, et non par le mode d'approvisionnement que la société a choisi pour se le procurer. Les timbres proposés par la Poste, entreprise publique, ne sont pas des biens publics.

Cependant, de nombreux biens publics sont fournis par le secteur public. Les terrains de sport municipaux en accès libre, la défense nationale en sont des exemples. Généralement, le marché est inapte à fournir les biens qui ne se prêtent pas à l'exclusion. La question est de savoir alors quel doit être le niveau de production de bien public. Quelle fraction de ses ressources une économie doit-elle consacrer à la production d'un bien public ? Comment le financer ?

2.2 La production optimale d'un bien public

Nous allons étudier un modèle simple de production de bien public. Une collectivité locale souhaite proposer un service de *chat* sur internet. Elle se demande combien d'heures d'ouverture hebdomadaire de ce service elle doit proposer.

Notons x, la quantité de bien public (nombre d'heures d'ouverture du service de *chat*). Le coût de production dépend du nombre d'heures d'ouverture, $CT(x)$ (salaires versés et occupation des locaux). Supposons que la commune comprend N habitants, consommateurs potentiels de ce service. La fonction d'utilité d'un consommateur dépend de la quantité de bien public proposée et des ressources financières qu'il consacrera à l'achat de biens privés : $U_i(x, M^i)$, $i = 1$ à N, avec M^i, les ressources consacrées aux biens privés. Les utilités sont supposées croissantes et concaves en chacun de leurs arguments.

Quelle sera la quantité optimale de bien public x ? Comment financer ce bien ? Supposons pour commencer qu'une partie des revenus des consommateurs serve à financer le bien public.

Soit R^i, le revenu de l'individu i, la contribution de cet individu au financement du bien public est notée t_i. L'équilibre budgétaire de la collectivité locale est obtenu lorsque la somme des contributions est égale aux dépenses, c'est-à-dire au coût de production du bien public. Pour une quantité de bien public x, le budget est équilibré lorsque :

$$\sum_{i=1}^{N} t_i = CT(x)$$

Déterminons la quantité et les contributions optimales. Elles doivent maximiser le bien-être collectif étant donné la contrainte budgétaire de la collectivité locale. Pour déterminer les optima de Pareto, nous considérons que la fonction de bien-être sociale, W, est la somme pondérée des utilités individuelles (▶ chapitre 8) :

$$W = \sum_{i=1}^{N} \alpha_i U_i(x, M^i)$$

Les α_i représentent les poids relatifs accordés aux individus i.

Comme le bien public est financé par des contributions, t_i, les ressources d'un individu i consacrées aux biens publics diminuent de cette contribution, $M^i = R^i - t_i$.

L'objectif d'une autorité publique (ou d'un planificateur central) est d'obtenir le bien-être collectif maximal étant donné sa contrainte budgétaire :

$$\max_{x,\{t_i\}} \sum_{i=1}^{N} \alpha_i U_i(x, R^i - t_i)$$

$$\text{s.c.} \quad \sum_{i=1}^{N} t_i = CT(x)$$

FOCUS

Condition de Bowen-Lindahl-Samuelson

La résolution du programme du planificateur central est obtenue en utilisant la méthode de Lagrange Σ. Le programme devient :

$$\max_{x,\{t_i\}} \mathcal{L}(x, t_1, t_2, ..., t_n) = \sum_{i=1}^{N} \alpha_i U_i(x, R^i - t_i) + \lambda\left(\sum_{i=1}^{N} t_i - CT(x)\right)$$

▶▶

Les conditions d'optimalité du premier ordre sont :

$$\frac{\partial \mathcal{L}(x, t_1, t_2, ..., t_n)}{\partial x} = \sum_{i=1}^{N} \alpha_i \frac{\partial U_i(x, R^i - t_i)}{\partial x} - \lambda \frac{\partial CT(x)}{\partial x} = 0$$

Pour tout i, $i = 1$ à N :

$$\frac{\partial \mathcal{L}(x, t_1, t_2, ..., t_n)}{\partial t_i} = -\alpha_i \frac{\partial U_i(x, R^i - t_i)}{\partial M^i} + \lambda = 0$$

et :

$$\lambda\left(\sum_{i=1}^{N} t_i - CT(x)\right) = 0$$

D'après les N conditions sur les contributions, $\alpha_i = \dfrac{\lambda}{\dfrac{\partial U_i(x, R^i - t_i)}{\partial M^i}}$, que nous pouvons utiliser dans la première condition :

$$\sum_{i=1}^{N} \alpha_i \frac{\partial U_i(x, R^i - t_i)}{\partial x} - \lambda \frac{\partial CT(x)}{\partial x} = 0 \Leftrightarrow \sum_{i=1}^{N} \frac{\lambda}{\dfrac{\partial U(x, R^i - t_i)}{\partial M^i}} \times \frac{\partial U_i(x, R^i - t_i)}{\partial x} - \lambda \frac{\partial CT(x)}{\partial x} = 0$$

$$\Leftrightarrow \lambda\left(\sum_{i=1}^{N} \frac{\dfrac{\partial U_i(x, R^i - t_i)}{\partial x}}{\dfrac{\partial U_i(x, R^i - t_i)}{\partial M^i}} - \frac{\partial CT(x)}{\partial x}\right) = 0$$

Nous obtenons la condition de Bowen – Lindahl – Samuelson (BLS) :

$$\sum_{i=1}^{N} \frac{\dfrac{\partial U_i(x, M^i)}{\partial x}}{\dfrac{\partial U_i(x, M^i)}{\partial M^i}} = \frac{\partial CT(x)}{\partial x}$$

Le terme de gauche est la somme des TMS entre la consommation de bien public et celle de bien privé :

$$\frac{\dfrac{\partial U_i(x, R^i - t_i)}{\partial x}}{\dfrac{\partial U_i(x, R^i - t_i)}{\partial M^i}} = \frac{\dfrac{\partial U_i(x, M^i)}{\partial x}}{\dfrac{\partial U_i(x, M^i)}{\partial M_i}} = \left.\frac{dM^i}{dx}\right|_{U_i} = TMS_i(x, M^i)$$

Ce TMS représente le montant des ressources dédiées à la consommation de bien privé que l'individu i est prêt à sacrifier pour obtenir un supplément de bien public : c'est sa disponibilité marginale à payer le bien public en termes de bien privé.
Le terme de droite de la condition BLS est le coût marginal du bien public.
En conséquence, à l'optimum, le coût marginal de production du bien public doit être égal à la somme des disponibilités marginales.
Qu'en est-il des contributions optimales ? D'après les conditions d'optimalité, elles vérifient :

$$\alpha_1 \frac{\partial U_1\left(x, R^i - t_1\right)}{\partial M^i} = \alpha_2 \frac{\partial U_2\left(x, R^2 - t_2\right)}{\partial M^2} = \ldots = \alpha_n \frac{\partial U_n\left(x, R^N - t^N\right)}{\partial M^N}$$

Les **utilités marginales sociales** (c'est-à-dire pondérées par les poids) du bien privé **sont identiques**.

La condition BLS et l'égalité des utilités marginales sociales caractérisent la production optimale de bien public et son mode de financement. Néanmoins, pour implémenter cette solution, il est nécessaire que le planificateur central ait bien l'information sur les disponibilités à payer et les coûts de production. Cette hypothèse ne paraît pas très réaliste. Si l'information sur les disponibilités à payer (autrement dit les préférences individuelles) n'est pas obtenue, comment déterminer la production optimale de bien public ? Une première solution est de faire appel à la population et de leur demander de verser la contribution de leur choix. Cette solution conduit à un équilibre dit de souscription.

2.3 Équilibre de souscription

Nous considérons que le planificateur central n'a pas les informations nécessaires sur les préférences individuelles pour implémenter l'optimum caractérisé précédemment, mais connaît parfaitement la fonction de coût de production du bien public. Il est demandé à chaque consommateur de verser une contribution volontaire permettant le financement du bien public. La somme des contributions obtenue définira la quantité qui sera produite.

Déterminons les choix optimaux des individus. Chaque individu va choisir sa contribution (ou souscription) sans tenir compte des choix (ou stratégies) des autres consommateurs. Il n'y pas de coopération entre les individus dans ce contexte. Nous allons ainsi caractériser un équilibre de Nash non coopératif (▸ chapitre 10).

Chaque individu, i, $i = 1$ à N, choisit une souscription, t_i, étant donné les souscriptions des autres, t_j, $j \neq i$. La somme de ces souscriptions, T avec $T = \sum_{j=1}^{N} t_j$, va déterminer la quantité de bien public produite, x, avec x obtenue à partir de la fonction de coût de production, $x = CT^{-1}(T)$.

Un individu i va choisir la souscription qui maximise son utilité sachant qu'elle contribuera à la production de bien public :

$$\max_{t_i} U_i\left(x, R^i - t_i\right)$$

$$\text{s.c.} \qquad x = CT^{-1}\left(\sum_{j=1}^{N} t_j\right)$$

En intégrant la contrainte, nous pouvons écrire le programme en mettant en évidence le choix de l'individu i :

$$\max_{t_i} U_i\left(CT^{-1}\left(t_i + \sum_{j \neq i} t_j\right), R^i - t_i\right)$$

FOCUS

Équilibre de souscription

Les conditions d'optimalité du premier ordre s'écrivent :
Pour tout i, $i = 1$ à N :

$$\frac{dU_i\left(x, M^i\right)}{dt_i} = \frac{\partial U_i\left(x, M^i\right)}{\partial x} \times \frac{1}{\frac{\partial CT(x)}{\partial x}} - \frac{\partial U_i\left(x, M^i\right)}{\partial M_i} = 0$$

Nous obtenons la caractérisation de l'équilibre :

$$\frac{\frac{\partial U_i\left(x, M^i\right)}{\partial x}}{\frac{\partial U_i\left(x, M^i\right)}{\partial M^i}} = \frac{\partial CT(x)}{\partial x}$$

À l'équilibre de souscription, le coût marginal de production du bien public est égal aux disponibilités marginales à payer pour chaque consommateur. La condition BLS n'est pas vérifiée : l'équilibre de souscription est sous-optimal.

La sous-optimalité de l'équilibre de souscription est due à son aspect non coopératif (▶ chapitre 10).

APPLICATION

Considérons le choix de production d'un bien public dont le coût de production est représenté par la fonction $CT(x) = x$. Les N consommateurs concernés par ce bien ont des préférences identiques et représentées par la fonction d'utilité $U_i(x, M^i) = a \ln x + b \ln M^i$. Le revenu est supposé être le même pour tous les individus, $R^i = R$, pour tout $i = 1$ à N.
Comme les individus sont tous identiques, il est raisonnable de leur accorder le même poids dans la fonction de bien-être social : $W = \frac{1}{N}\sum_{i=1}^{N} U_i\left(x, M^i\right)$.
Commençons par déterminer les contributions et la quantité de bien public optimales en appliquant la condition BLS. Nous pouvons facilement calculer le coût marginal de production du bien public, Cm, et les disponibilités marginales à payer (TMS) :

$$Cm = 1 \text{ et } \frac{\frac{\partial U_i\left(x,M^i\right)}{\partial x}}{\frac{\partial U_i\left(x,M^i\right)}{\partial M^i}} = \frac{a/x}{b/M^i}$$

La condition BLS s'écrit alors :

$$\sum_{i=1}^{N} \frac{a/x}{b/M^i} = 1 \Leftrightarrow \frac{a}{b}\sum_{i=1}^{N} \frac{M^i}{x} = 1$$

Les conditions sur les contributions, t_i, sont, pour tout i, j :

$$\frac{\partial U_i\left(x,M^i\right)}{\partial M^i} = \frac{\partial U_j\left(x,M^j\right)}{\partial M^j} \Leftrightarrow \frac{b}{M^i} = \frac{b}{M^j} \Leftrightarrow M^i = M^j$$

La part des ressources consacrée à la consommation de bien privée est identique pour tous les consommateurs, M. Comme le revenu est le même, les contributions optimales seront également les mêmes, $t_i = t = R - M$.
La contrainte budgétaire du planificateur s'écrit $CT(x) = \Sigma_i t_i = Nt$, ainsi $x = Nt$.
Reprenons la condition BLS pour déterminer les contributions optimales :

$$\frac{a}{b}\sum_{i=1}^{N} \frac{M}{x} = 1 \Leftrightarrow \frac{a}{b}\sum_{i=1}^{N} \frac{R-t}{Nt} = 1 \Leftrightarrow \frac{a}{b}\frac{R-t}{t} = 1$$

Nous obtenons :

$$t^* = \frac{aR}{a+b} \text{ et } x^* = \frac{aNR}{a+b}$$

Études maintenant l'équilibre de souscription. Nous avons vu qu'à l'équilibre, le coût marginal est égal aux disponibilités marginales :

$$\frac{a/x}{b/M_i} = 1 \Leftrightarrow \frac{a}{b}\frac{M^i}{x} = 1$$

Les individus étant identiques, leur contribution seront les mêmes, $t_i = t = R - M$, et $x = Nt$. L'équilibre est caractérisé par :

$$\frac{a}{b}\frac{R-t}{t} = 1$$

Nous obtenons :

$$\hat{t} = \frac{aR}{a+Nb} < t^* \text{ et } \hat{x} = \frac{aR}{a+Nb} < x^*$$

Les contributions et la quantité produite de bien public sont sous-optimales. Nous remarquons également que lorsque le nombre d'individus augmente considérablement (N tend vers l'infini), la contribution tend vers zéro.

Nous venons de montrer que l'équilibre de souscription est sous-optimal. Peut-on trouver un équilibre optimal ? Nous savons que dans le cas de biens privés, l'équilibre concurrentiel est optimal. Une solution pourrait être de créer un marché concurrentiel pour le bien public comme s'il était un bien privé. Cette solution conduit à l'équilibre dit de Lindahl.

2.4 Équilibre de Lindahl

Nous allons construire un marché du bien public un peu particulier. Nous supposons qu'il existe un « prix personnalisé » du bien public pour chaque consommateur. Les consommateurs sont, ensuite, libres de choisir leur « quantité de bien public » comme s'il était un bien privé, étant donné le prix qui leur a été affecté. Pour simplifier notre étude, nous supposons que les préférences des individus sont quasi-linéaires :

$$U_i\left(x^i, M^i\right) = u_i\left(x^i\right) + M^i$$

où x^i, la quantité de bien public consommée par l'individu i, et u_i, la satisfaction qu'il en retire, avec u_i croissante et concave.

Soit p_i, le prix du bien public pour l'individu i, son programme s'écrit :

$$\max_{x^i, M^i} U_i\left(x^i, M^i\right) = u_i\left(x^i\right) + M^i$$
$$\text{s.c.} \quad p_i x^i + M^i = R^i$$

En utilisant directement la contrainte, le programme se réécrit :

$$\max_{x^i} u_i\left(x^i\right) + R^i - p_i x^i$$

La condition d'optimalité de premier ordre est : $u'_i(x_i) = p_i$.

Supposons que le bien public soit produit par une entreprise qui maximise son profit, $\pi = px - CT(x)$, où p est le prix de chaque unité de bien public « offerte » et $CT(x)$, le coût de production. Sur ce marché du bien public, chaque consommateur, i, fait face à un prix, p_i. Le prix p (unique) doit donc être compatible avec ces prix personnalisés. Ce prix est défini comme la somme des prix personnalisés : $p = \sum_{i=1}^{N} p_i$. Si chaque consommateur consomme une quantité, x, il va payer cette quantité $p_i x$ et les recettes de l'entreprise seront bien égales à $px = \left(\sum_{i=1}^{N} p_i\right)x$.

L'entreprise se comporte comme une entreprise sur un marché parfaitement concurrentiel et maximise son profit lorsque le prix est égal au coût marginal :

$$p = \sum_{i=1}^{N} p_i = \frac{\partial CT(x)}{\partial x}$$

Définition 4

Un équilibre de Lindahl correspond à des prix personnalisés, $(\bar{p}_1, \bar{p}_2, ..., \bar{p}_N)$ et une quantité de bien public, $\bar{x}$, tels que pour ces prix, tous les consommateurs demandent la même quantité de bien public, $\bar{x}$, l'entreprise choisissant de produire cette quantité.

FOCUS

Détermination de l'équilibre de Lindahl

Les conditions d'optimalité des individus et de l'entreprise sont :

$u'_i(x_i) = p_i$ et $\sum_{i=1}^{N} p_i = \dfrac{\partial CT(x)}{\partial x}$

De plus, chaque consommateur va choisir la même quantité $x_i = \bar{x}$.

À l'équilibre de Lindahl, la quantité de bien public vérifie alors

$$\sum_{i=1}^{N} u'_i(\bar{x}) = \frac{\partial CT(\bar{x})}{\partial x}$$

L'équilibre est optimal puisque nous retrouvons la condition BLS lorsque les poids sont les mêmes pour tous les individus.

La procédure décentralisée permet ici de produire une quantité de bien public optimale. Mais, pour y arriver, le planificateur central doit pouvoir proposer des prix différents aux consommateurs pour une même quantité de bien. Peut-on mettre en place un tel système ? Nous pouvons en douter. En effet, en supposant que les consommateurs se prêtent au jeu, les prix proposés dépendent des disponibilités marginales à payer des consommateurs. Cela implique que le planificateur doit les connaître. S'il ne peut les observer directement, il peut demander aux individus de les révéler. Mais, dans ce cas, les individus n'auraient pas intérêt à dévoiler leur disponibilité à payer (c'est-à-dire la valeur qu'ils accordent au bien public) puisque, quelle que soit cette disponibilité, ils consommeront la même quantité de bien public. Les individus vont vraisemblablement déclarer une valeur plus faible que la vraie valeur qu'ils accordent à ce bien. On parle de phénomène de « **passager clandestin** ». Chaque individu veut profiter du bien public sans en payer le véritable coût. Des procédures (mécanismes de révélation) ont été proposées afin d'inciter les individus à révéler leur vraie disponibilité à payer.

POUR ALLER PLUS LOIN
▶ *Voir p. 347*

En pratique, les autorités publiques comme les collectivités locales, décident de la production d'un bien public après consultation des consommateurs potentiels. La consultation peut prendre la forme d'un vote.

2.5 Équilibre de vote

Les individus décident du montant de la contribution individuelle, t, qui sera la même pour tous les individus, par une procédure de vote. La quantité de bien public produite dépendra du montant total prélevé, $T = N\,t$. Nous considérons, ici, une procédure de vote à la majorité simple.

Pour simplifier l'allure des résultats, nous supposons que le coût total de production est représenté par la fonction $CT(x) = x$ et que les individus ont des préférences représentées par les fonctions d'utilité :

$$U_i\left(x, M^i\right) = a_i \ln x + M^i$$

On fait voter les individus sur le niveau de contribution au financement du bien public. Le niveau optimal pour un individu i, t_i, est celui qui maximise son utilité sachant que cette contribution sera la même pour tous les individus :

$$\max_{t_i, M^i} U_i\left(x, M^i\right) = a_i \ln x + M^i$$

$$\text{s.c.} \qquad M^i = R^i - t_i$$

$$Nt_i = x$$

Nous pouvons réécrire ce programme afin de mettre en avant le choix de la contribution uniquement :

$$\max_{t_i} a_i \ln\left[Nt_i\right] + R_i - t_i$$

Le choix optimal vérifie alors $\frac{a_i}{t_i} = 1$, soit $t_i = a_i$. La quantité optimale de bien public pour l'individu i est donc $x = Nt_i = Na_i$.

Les individus ne vont pas voter le même montant de contribution. Quelle sera l'issue du vote ? Les préférences des individus sont ici différenciées uniquement par le paramètre a_i. Cette particularité permet d'obtenir des préférences, dites unimodales, sur les niveaux de contribution (▶ figure 13.3).

Définition 5

Lorsque les choix peuvent être ordonnés selon une seule dimension, les préférences d'un individu sont **unimodales** si :
– l'individu a un choix préféré ;
– plus on s'éloigne de ce choix, plus l'utilité est faible.

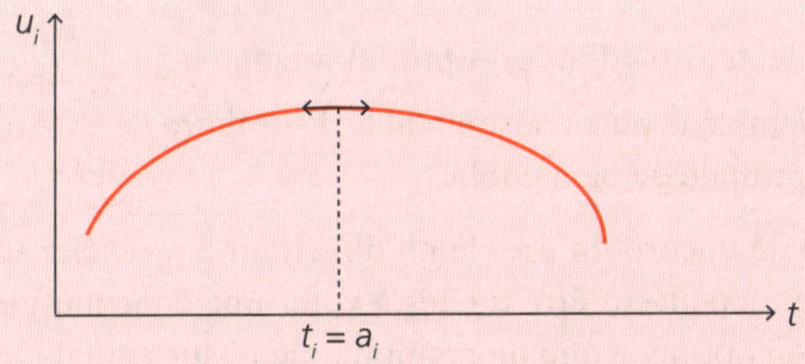

◀ Figure 13.3

Le choix optimal est caractérisé par le paramètre, a_i. Les contributions peuvent être ordonnées selon cette seule dimension et les préférences sont unimodales. L'utilité augmente à mesure que l'on se rapproche de a_i. L'utilité diminue à mesure que l'on s'éloigne de a_i.

FOCUS

Électeur médian

Classons les individus selon le paramètre a_i : $a_1 \leq a_2 \leq ... \leq a_N$ et supposons que le nombre d'individus, N, soit impair. Comme les préférences sont unimodales, la contribution votée sera celle de l'individu m avec $m = \frac{N-1}{2}$. Cet individu est appelé l'**électeur médian**.

Nous pouvons montrer ce résultat intuitivement.

Supposons que la contribution proposée soit $t_0 \neq t_m = a_m$. Comme $t_0 < a_m$, il existe un niveau de contribution t, préféré par la majorité. Prenons $t_1 > t_0$, tous les individus a_i préfèrent t_1 à t_0. Plus précisément, comme $t_0 < a_m$, plus de la moitié des individus préfèrent t_1 à t_0. Ce dernier n'est donc pas retenu. Qu'en est-il de t_1 ? Prenons $t_2 > t_1$, tous les individus a_i, avec $i = 2$ à N, préfèrent t_2 à t_1. Ce dernier n'est donc pas retenu. Nous pouvons poursuivre ce raisonnement jusqu'à $t = a_m$.

Supposons maintenant que la contribution initiale proposée soit $t_N \neq t_m = a_m$. Comme $t_N > a_m$, il existe un niveau de contribution t, préféré par la majorité. Prenons , $t_{N-1} > t_N$, plus de la moitié des individus préfèrent t_{N-1} à t_N. Ce dernier n'est donc pas retenu. Nous pouvons de même poursuivre ce raisonnement jusqu'à $t = a_m$.

La contribution votée est celle de l'électeur médian, m :

$$\tilde{t} = a_m$$

et la quantité de bien public est :

$$\tilde{x} = Na_m$$

Ce choix est-il optimal ? Pour répondre à cette question, nous allons appliquer la condition BLS avec un coût marginal égal à 1 et des disponibilités marginales à payer égales à $\frac{a_i}{x}$:

$$\sum_{i=1}^{N} \frac{a_i}{x} = 1 \Leftrightarrow x^* = \sum_{i=1}^{N} a_i$$

Le choix de l'électeur médian est optimal lorsque $a_m = \frac{1}{N}\sum_{i=1}^{N} a_i$. Dans le cas contraire, qui semble le plus vraisemblable, l'équilibre de vote ne conduit pas à une quantité optimale de bien public.

En outre, se pose encore un problème d'incitation à révéler ses préférences. Certains électeurs peuvent être incités à voter une contribution différente de leur contribution optimale afin de manipuler le résultat final.

CONTROVERSE

Les politiques incitatives sont censées modifier les comportements des agents afin d'atteindre l'allocation optimale. Néanmoins, ces politiques peuvent avoir des effets radicalement opposés à ceux désirés. Prenons l'exemple du don de sang générant une externalité positive. Une subvention aux dons devrait inciter les individus à aller donner leur sang. Titmuss (1970) a montré que rémunérer le don du sang aurait un effet désincitatif. En fait, pour les individus donner son sang « gratuitement » reviendrait à envoyer un signal de générosité à la collectivité (voisins, amis, famille), signal positif dont ils retireraient une satisfaction. En se faisant rémunérer, ce comportement peut ne plus être perçu par leur entourage comme de la générosité, mais au contraire, comme de la cupidité. Ces comportements à l'encontre de ceux souhaités peuvent se retrouver dans des problèmes de contribution au financement d'un bien public. ■

Les points **clés**

- En présence d'externalité, l'équilibre concurrentiel n'est plus optimal. Pour obtenir l'optimum, il faut prendre en compte ces effets externes.

- L'optimum peut être décentralisé à l'aide de différents instruments économiques comme la taxe pigouvienne ou la création de droits de propriété.

- La production optimale de bien public vérifie la condition de Bowen-Lindahl-Samuelson.

- À l'équilibre de souscription, les individus contribue volontairement au financement du bien public. À l'équilibre de Lindahl, des prix personnalisés sont imposés de sorte à obtenir la quantité de bien public optimale. L'équilibre de vote à la majorité simple conduit au choix de l'électeur médian.

ÉVALUATION

QCM

▶ Corrigés p 348

1. Une externalité correspond à une situation telle que :

a. L'action d'un agent est bénéfique ou coûteuse pour un autre agent, ce qui modifie le prix et la quantité de marché.
b. L'action d'un agent est coûteuse pour un autre agent, ce qui augmente le prix.
c. L'action d'un agent est bénéfique ou coûteuse pour un autre agent.
d. L'action d'un agent est bénéfique ou coûteuse pour un autre agent et augmente le prix.

2. Le coût marginal externe est :

a. L'accroissement total des coûts externes liés à une activité générant une externalité négative.
b. Le coût externe moyen que des entreprises font subir à d'autres agents.
c. La baisse des bénéfices obtenus par une tierce partie à la suite d'une augmentation de la quantité produite par une entreprise.
d. Le coût total subi par les agents lorsqu'une entreprise accroît son niveau de production en créant une externalité négative.

3. Dans le cas d'une taxe sur la pollution :

a. L'entreprise réduit ses émissions à zéro pour ne pas payer la taxe.
b. L'entreprise continue à produire et à émettre de la pollution à des niveaux identiques. Mais, elle va changer de technologie de production afin de diminuer les émissions polluantes.
c. L'entreprise réduit ses émissions jusqu'à ce que la taxe fixée par l'autorité publique soit égale au coût marginal externe.
d. L'entreprise paye la taxe et augmente son prix de vente de manière à ne pas diminuer la quantité produite.

4. Lesquels de ces biens sont des biens publics ?

a. Les routes nationales.
b. La piscine du campus universitaire.
c. Le métro londonien.
d. La police de l'air.

5. D'après la condition BLS :

a. Les disponibilités marginales à payer sont égales au coût marginal du bien public.
b. La somme des disponibilités à payer sont égales au coût du bien public.
c. La somme des disponibilités à payer sont supérieures au coût du bien public.
d. La somme des disponibilités marginales à payer est égale au coût marginal du bien public.

6. L'équilibre de Lindahl est un optimum de Pareto.

VRAI
FAUX

7. L'équilibre de souscription est un optimum de Pareto.

VRAI
FAUX

Exercices

▶ Corrigés en ligne

8 Externalité négative de production.

On considère une économie à trois biens, le travail et deux biens de consommations finales. Il y a 2 firmes et chacune de ces firmes produit l'un des deux biens exclusivement. La firme 1 produit du bien 1 en utilisant du travail avec la technologie suivante :

$$y_1 = \sqrt{L_1}$$

La firme 2 produit du bien 2 en utilisant du travail mais subit une externalité négative due à la production du bien 1 :

$y_2 = L_2 - \lambda y_1$, avec $\lambda > 0$

Enfin, il y a un consommateur représentatif dans cette économie qui offre une unité de travail inélastique. Il perçoit un revenu salarial qu'il partage entre la consommation de chacun des deux biens. Ses préférences sont représentées par la fonction d'utilité :

$$U(x_1,x_2) = x_1 + \frac{1}{2}\ln x_2$$

On normalise le salaire, w, à 1.

1. Caractériser l'équilibre concurrentiel dans cette économie. Déterminer la valeur de qui permet l'existence de cet équilibre.

2. Déterminer les optima de Pareto.

3. Pour décentraliser l'optimum, on propose de taxer la production de bien 1. Déterminer le niveau de taxe optimal.

4. On propose maintenant d'inciter les deux firmes à *négocier* directement. Quelle sera la solution de cette entente ?

9 Externalité positive de production

On considère une économie à deux biens de consommations et un facteur de production disponible en quantité limitée, ω. Il y a 2 firmes et chacune de ces firmes produit l'un des deux biens exclusivement. La firme 1 produit du bien 1 en utilisant une quantité du facteur de production avec la technologie suivante :

$$y_1 = z_1$$

La firme 2 produit du bien 2 en utilisant une quantité du facteur de production avec la technologie suivante :

$$y_2 = az_2$$

Le paramètre a considéré comme donné par la firme 2 dépend en fait de l'activité de la firme 1 et on suppose que $a = y_1$.

Enfin, il y a un consommateur représentatif propriétaire du facteur de production. Il consomme les quantité de chacun des deux biens. Sa fonction d'utilité est :

$U(x_1, x_2) = x_1 x_2$

1. En identifiant x_1 à y_1 et x_2 à y_2, déterminer les productions y_1^* et y_2^* qui maximisent le bien-être du consommateur.

2. On pose égal à 1 le prix du facteur de production et on note p_1 et p_2, les prix des biens 1 et 2. Quelle est la valeur du prix p_1 à l'équilibre ? Montrer que l'on a nécessairement $p_2 = \frac{1}{y_1}$ à l'équilibre.

3. Déterminer l'équilibre concurrentiel de cette économie.

4. On propose de taxer le bien 2. Le prix à la consommation devient $p_2 + t$ où t est la taxe unitaire. Les recettes fiscales sont distribuées au consommateur sous forme de transfert forfaitaire. Déterminer le niveau de taxe optimal.

10 Financement d'un bien public, préférences différentes et revenus identiques.

On considère une économie avec deux biens, un bien privé, x, et un bien public, y. Dans cette économie, il y a deux consommateurs. Chaque consommateur, i, $i = 1, 2$, reçoit un revenu identique, $R_i = 15$. Il partage son revenu entre une consommation de bien privé, x_i, et une contribution au financement du bien public, t_i. Les préférences des consommateurs sont représentées par les fonctions d'utilité suivantes :

$$U(x_1, y) = \ln x_1 + 2\ln y$$
$$U(x_2, y) = 2\ln x_2 + \ln y$$

Enfin, la fonction de coût de production du bien public est $CT(y) = y$.

1. Caractériser les optima de Pareto. Retrouve-t-on la condition de Bowen-Lindahl-Samuelson ?

2. Déterminer l'optimum de Pareto avec des prélèvements identiques.

3. Déterminer l'équilibre de Lindahl dans cette économie. Montrer que c'est un optimum de Pareto.

4. Déterminer l'équilibre de souscription.

11 Financement d'un bien public, préférences identiques et revenus différents

On considère une économie avec deux biens, un bien privé, x, et un bien public, y. Dans cette économie, il y a N consommateurs. Les consommateurs se divisent en deux groupes. Il y a N_r individus riches, avec un revenu $w_r = 120$, et N_p individus pauvres, avec un revenu $w_p = 40$. On pose $N_r = \frac{N}{4}$.

L'utilité d'un individu, i, $i = 1$ à N est :

$$U_i(x, y) = \ln x + \ln y$$

On normalise le prix du bien x à 1.

Enfin, la fonction de coût de production du bien public est $CT(y) = 2y$.

1. Caractériser les optima de Pareto. Déterminer l'optimum de Pareto avec des prélèvements identiques.

2. Déterminer l'équilibre de souscription.

3. Pour déterminer le niveau des prélèvements individuels, on suppose que le gouvernement décide de procéder à vote à la majorité simple. Déterminer le résultat du vote. Quelles sont alors les consommations en biens privés et en bien public des deux groupes de consommateurs ? Que penser de cette situation ?

POUR ALLER PLUS LOIN

Révélation de la demande de bien public

Nous présentons un mécanisme de révélation simple[1]. L'idée est de trouver une procédure qui incite les individus à ne pas mentir et à dévoiler leur véritable préférence. Ce mécanisme dit de Vickrey-Groves-Clarke provient du résultat de Vickrey quant à l'efficacité d'un processus « d'enchères » au second prix[2] et repose sur une taxe un peu particulière. Il s'agit de faire supporter à un individu les conséquences sociales de son comportement. Ainsi, si par sa déclaration, un individu fait basculer la décision, en faveur de l'abandon d'un projet public, il faut lui faire supporter le préjudice causé aux autres individus.

Cette méthode suppose que les préférences sont quasi-linéaires, $U_i(x, M^i) = u_i(x) + M^i$, pour tout i.

Notons v_i, la valeur que déclare l'individu i, pour une quantité donnée de bien public c'est-à-dire l'utilité qu'il déclare en retirer. Le planificateur central impose une taxe, T_i, à chaque consommateur i telle que :

$$T_i = CT(x) - \sum_{j \neq i} v_j(x)$$

Ce mécanisme va inciter les individus à déclarer leur vraie valeur, $v_i(x) = u_i(x)$. En effet, prenons un individu en particulier. Il optera pour la déclaration qui maximise son utilité :

$$U_i(x, M^i) = u_i(x) + R^i - \left[CT(x) - \sum_{j \neq i} v_j(x) \right]$$

Par ailleurs, il sait que l'autorité publique maximise le bien-être social étant donné sa contrainte budgétaire en considérant les valeurs déclarées :

$$W = \sum_i \left(v_i(x) + R^i - T_i \right) = \sum_i v_i + \sum_i R^i - \sum_i T_i$$

avec $\Sigma_i T_i = CT(x)$.

La quantité de bien public proposée par l'autorité publique maximise donc la fonction suivante :

$$v_i(x) + \sum_{j \neq i} v_j(x) - CT(x)$$

Si l'individu i révèle sa vraie valeur, l'autorité publique va maximiser :

$$u_i(x) - \left[CT(x) - \sum_{j \neq i} v_j(x) \right]$$

ce qui correspond à la fonction objectif de l'individu i.

Ainsi, les individus et l'autorité publique ont les mêmes objectifs. Ce mécanisme incite les individus à révéler leur préférence et la quantité de bien public est optimale.

Néanmoins, ce mécanisme n'est pas toujours facile à implémenter. De plus, imposer une taxe va modifier les comportements des individus et, sans doute, diminuer la consommation de biens privés.

---

1 Ces mécanismes font notamment partie de la branche de l'économie qui étudie l'allocation des ressources en présence d'information asymétrique (voir Salanié, 2012).

2 L'enchère au second prix consiste à faire payer par le gagnant le prix annoncé par son suivant immédiat.

CORRIGÉS

Chapitre 1

1 d. **2** b. **3** b. **4** b. **5** d. **6** c. **7** b.

Chapitre 2

1 a. **2** 1. c. 2. b. 3. b. **3** 1. b. 2. a.

Chapitre 3

1 FAUX. **2** FAUX. **3** FAUX. **4** FAUX. **5** FAUX

Chapitre 4

1 FAUX. **2** FAUX. **3** FAUX. **4** FAUX. **5** 1. VRAI. 2. VRAI

Chapitre 5

1 a. **2** b. **3** c.

Chapitre 6

1 a. **2** 1. FAUX 2. FAUX 3. FAUX 4. FAUX **3** b. **4** b.

Chapitre 7

1 a. **2** b. **3** b. **4** a. **5** c. **6** c.

Chapitre 8

1 FAUX. **2** VRAI. **3** FAUX. **4** VRAI. **5** VRAI. **6** FAUX.

Chapitre 9

1 a. **2** c. **3** b. **4** a. **5** c.

Chapitre 10

1 1. FAUX. 2. VRAI. 3. VRAI. 4. FAUX. **2** a. **3** b.

Chapitre 11

1 a. **2** b. **3** c. **4** d. **5** c.

Chapitre 12

1 VRAI. **2** VRAI. **3** VRAI. **4** VRAI. **5** FAUX. **6** FAUX.

Chapitre 13

1 c. **2** a. **3** c. **4** d. **5** d. **6** VRAI. **7** FAUX.

Les corrigés des exercices et sujets d'examen sont en disponibles en ligne sur dunod.com (à la page du livre) ou en flashant le code ci-dessous.

Bibliographie

Manuels d'approfondissement en microéconomie

KREPS, D., *A Course in Microeconomic Theory*, Harvester Wheatsheaf, 1990.

MAS-COLLEL *et al.*, *Microeconomic Theory*, Oxford University Press, Inc, 1995.

PICARD P., *Éléments de microéconomie*, 8e édition, Montchrestien, 2011.

VARIAN H., *Analyse microéconomique*, 2e édition, De Boeck, 2008.

Manuels de mathématiques pour économistes

HAYEK N., LECA J.-P., *Mathématiques pour l'économie*, 4e édition, Dunod.

ROSSIGNOL S., *Maths en économie et gestion*, Dunod, à paraître, 2015.

Chapitre 2

COASE R., « The Nature of the Firm », *Economica*, 4 (16), 386–405, 1937.

MARSHALL A., *Principles of economics*, Macmillan, 1890. Traduit en français : *Principes d'économie politique* (1906). Disponible en ligne.

MARSHALL A., *Industry and trade*, 1919. Traduit en français : *Industrie et commerce* (1934).

Chapitre 4

BERLE A. A., MEANS G.C., *The Modern Corporation and Private Property*, Brace & World, 1932. Réédition : Transaction Publishers, 1991.

EDGEWORTH F. Y., *Mathematical Psychics*, Kegan, 1881.

Chapitre 5

AUMANN R., "Utility Theory without the Completeness Axiom," *Econometrica* 30, 1962.

Chapitre 6

BLUNDELL, R. MACURDY T., « Labour Supply: a Review of Alternative Approaches », *in* O. Ashenfelter, D. Card (eds.), *Handbook of Labour Economics*, vol. 3, 1999.

DEBREU G.,« Representation of a Preference Ordering by a Numerical Function », *in* Thrall *et al.* (eds), *Decision Processes*, 1954.

HOLTZ-EAKIN D. *et al.*, « The Carnegie Conjecture: Some Empirical Evidence », *The Quarterly Journal of Economics*, 5, 1993.

PLISKIN, J. S. *et al.*, « Utility Functions for Life Years and Health Status », *Operations Research* 28, 1980.

Chapitre 7

ALLAIS M., « Le comportement de l'homme rationnel devant le risque : critique des postulats de l'école américaine », *Econometrica*, 21, 503-546, 1953.

ARROW K. J., *Aspects of the Theory of Risk-Bearing*, Yrjo Jahnssonin Saatio, 1965.

COHEN M., TALLON J.-M., « Décision dans le risque et l'incertain : l'apport des modèles non additifs », *Revue d'économie politique*, n° 110 (5), 631-681, 2000.

EECKOUDT *et al.*, *Economic and financial decisions under risk*, Princeton University Pressn 2005t

ETNER J., JELEVA M., TALLON J.-M., « Decision theory under ambiguity », *Journal of Economic Surveys*, 26, n° 2, 234-270, 2012.

KAHNEMAN P., TVERSKY A., « Prospect Theory : an Analysis of Decision under Risk », *Econometrica*, 47, 263-291, 1979.

KNIGHT F. H., *Risk, Uncertainty and Profit*, Houghton Mufflin, 1921.

KREPS D.M., « Static choice in the presence of unforeseen contingencies », *in* Dasgupta, P., Hart, O., Maskin, E. (eds), *Economic analysis of markets and games* MIT Press, 1992.

PRATT J., « Risk Aversion in the Small and in the Large », Econometrica, 32, 1964.

TVERSKY A., KAHNEMANN D., « Advances in Prospect Theory: Cumulative Representation of Uncertainty », *Journal of Risk and Uncertainty*, 5, 297-323, 1992.

Von Neumann J., Morgenstern O., *The theory of games and economic behavior*, Princeton University Press, 1944.

Kimball M., « Precautionary Saving in the Small and in the Large », *Econometrica*, 58(1), 53-73, 1990.

Chapitre 8

Tallon J.M., Équilibre général, Vuibert, 1998.

Walras L., Éléments d'Économie Pure, R. Pichon et R. Durand Auzias, 1874. Disponible en ligne.

Chapitre 9

Boiteux M., « Sur la gestion des monopoles publics astreints a l'équilibre budgétaire », *Econometrica*, 24(1) 22-40, 1956.

Pigou A. C., *The Economics of Welfare*, Macmillan, 1920.

Ramsey F. P., « A Contribution to the Theory of Taxation », *The Economic Journal*, 1927.

Robinson J., *The Economics of Imperfect Competition*, 1933. Réédition : Macmillan, 1969.

Chapitre 10

Fudenberg D., Tirole J., *Game Theory*, MIT Press, 1991

Kuhn, H. W., « Extensive Games and the Problem of Information », *in* H. W. Kuhn, A. W. Tucker (eds.), *Contributions to the Theory of Games*, vol. II, Princeton University Press, 1953.

Nash J., « Non-Cooperative Games », *The Annals of Mathematics*, 1951.

Tucker A. W., *A two person dilemma,* Stanford University, 1950

Zermelo, E., « Uber eine Anwendung der Mengenlehre auf die Theorie des Schachspiels, Proc. Fifth Congress Mathematicians » (Cambridge 1912), Cambridge University Press, 1913.

Chapitre 11

Bertrand J., « Book review of theorie mathematique de la richesse sociale and of recherches sur les principes mathématiques de la théorie des richesses », *Journal de Savants* 67 : 499–508, 1883.

Cournot A.-A., *Recherches sur les principes mathématiques de la théorie des richesses,* Vrin, 1838. Réédition : 1980.

Edgeworth F., « La teoria pura del monopolio », *Giornale Degli Economisti*, 1897.

Kreps D., Scheinkman J. A., « Quantity Precommitment and Bertrand Competition Yield Cournot Outcomes », *The Bell Journal of Economics*, 14, no. 2, 1983.

Stackelberg H. F. Von, *Market structure and equilibrium,* Springer. Traduction de l'ouvrage : *Marktform und Gleichgewicht*, Verlag Wirtschaft und Fianzen, 1934.

Chapitre 12

Chamberlain E., Théorie de la concurrence monopolistique, 1933.

Dixit A., Norman V., « Advertising and Welfare », The Bell Journal of Economics, 9.1, 1-17, 1978.

Gabszewicz J., La différenciation des produits, La Découverte, 2006.

Hotelling, H., « Stability in Competition », Economic Journal, 39, 1929.

Kaldor, N. V., « The Economic Aspects of Advertising », Review of Economic Studies, 18, 1-27, 1950.

Lancaster, « A New Approach to Consumer Theory », Journal of Political Economy, 74, 132-157, 1966.

Telser, L. G., « Advertising and Competition », Journal of Political Economy, 72, no. 6, 537-62, 1964.

Tirole J., Théorie de l'organisation industrielle, Economica, 1993.

Chapitre 13

Coase R. H., « The Problem of Social Cost », *Journal of Law and Economics* 1-44, 1960.

Pareto V., *Manuel d'économie politique*, Piccola Bibliotheca Scientifica, Società Editrice Libraria, 1906. Réédition française *in Œuvres Complètes de Vilfredo Pareto*, Librairie Droz, 1966.

Salanié B., *Théorie des contrats*, Economica, 2e édition, 2012.

Titmuss, R., *The Gift Relationship: From Human Blood to Social Policy*, Allen & Unwin, 1970.

Index

71000 - (I) - (2,5) - OSB 80° - 172 - PCA - MLN
Dépôt légal : juin 2014
Imprimé en France par I.M.E. - 25110 Baume-les-Dames